Michaela Veit-Engelmann
Marc Wischnowsky

Who's who im Alten Testament?

Berühmte Personen der hebräischen Bibel
im Porträt

Mit Illustrationen von Rainer Holweger

Vandenhoeck & Ruprecht

Bibliografische Information der Deutschen Nationalbibliothek:
Die Deutsche Nationalbibliothek verzeichnet diese Publikation in der
Deutschen Nationalbibliografie; detaillierte bibliografische Daten sind
im Internet über https://dnb.de abrufbar.

© 2022 Vandenhoeck & Ruprecht, Theaterstraße 13, D-37073 Göttingen,
ein Imprint der Brill-Gruppe
(Koninklijke Brill NV, Leiden, Niederlande; Brill USA Inc., Boston MA, USA;
Brill Asia Pte Ltd, Singapore; Brill Deutschland GmbH, Paderborn, Deutschland;
Brill Österreich GmbH, Wien, Österreich)
Koninklijke Brill NV umfasst die Imprints Brill, Brill Nijhoff, Brill Hotei, Brill Schöningh,
Brill Fink, Brill mentis, Vandenhoeck & Ruprecht, Böhlau, Verlag Antike und V&R unipress.

Umschlagabbildung: © Rainer Holweger
Bibelzitate: Lutherbibel, revidiert 2017, © Deutsche Bibelgesellschaft, Stuttgart

Satz: SchwabScantechnik, Göttingen
Druck und Bindung: ⊕ Hubert & Co. BuchPartner, Göttingen
Printed in the EU

Vandenhoeck & Ruprecht Verlage | www.vandenhoeck-ruprecht-verlage.com

ISBN 978-3-525-63063-1

Inhalt

Geleitwort 7

Vorwort 10

Erzählte Geschichte. Vom Werden und Verstehen des Alten Testaments 12

Auserwählt aus der ganzen Menschheit
Heldengestalten aus grauer Vorzeit 29

Adam und Eva. Eine Entscheidung und ihre Folgen 30

Noah. Erbauer der Arche und erster Weinbergbesitzer 40

Abraham und Sara. Von unsteten Wanderern zu Eltern eines ganzen Volkes 49

Jakob. Held oder Schlitzohr? 61

Josef. Ein Stoff, aus dem die Träume sind 77

Mose. Von Auszug und Befreiung 92

Zwischen Volk und Staat
Bedeutende Personen in Israels Frühzeit 115

Debora. Quotenfrau unter Israels Richtern 116

David. Wahrer König, wahrer Mensch 126

Salomo. Ein Märchen von Reichtum und Weisheit 143

Unterwegs im Auftrag Gottes
Die alttestamentlichen Propheten 153

Elia. Gott begegnet in Wind und Feuer 154

Jesaja. Ein Prophet wird zum Buch 165

Jeremia. Ein Prophet wider Willen 185

Amos. Ruf nach Gerechtigkeit 197

Jona. Auf der Flucht vor der Berufung 205

Daniel. Fromm in der Fremde 212

Aus den alttestamentlichen Schriften

Besondere Menschen und Schicksale 225

Rut. Eine Schwiegertochter geht ihren Weg 226
Hiob. Der leidende Gerechte 233
Der Prediger. Wenn Weisheit auf Wirklichkeit trifft 250
Hanna und die Psalmen. Der Glaube singt 257

Anhang

Stammbaum 265
Zeitstrahl 266
Glossar 267
Sach- und Personenregister 283
Bibelstellenregister 285
Literatur 288

Geleitwort

Ginge es bei der Frage »Who's who im Alten Testament?« lediglich darum, auf dem begehrten Sessel bei Günther Jauch im Millionenquiz zu bestehen, dann wäre dieses Buch entbehrlich. Zu den Namen und Gestalten der Bibel gibt es eine Fülle von Nachschlagewerken, in denen man sich im Handumdrehen informieren kann. Und man wird wohl kaum eine Quiz-App finden, in die die wichtigsten Personen der Bibel nicht bereits eingespeist worden wären. Personen aber sind mehr als Namen und Informationen. Personen haben ein Geheimnis und ein Schicksal.

Der Begriff der »Person« hat seinen Ursprung im antiken Theaterwesen. Dort wurde die Maske, die ein Mime trug, oder die Rolle, die er spielte, als *persona* bezeichnet. Die Maske des Schauspielers steht für das Geheimnis der Person. Sie offenbart und verbirgt zugleich die sichtbare und unsichtbare Gestalt sowie die hörbare und unhörbare Stimme (*per-sonare* = hindurchtönen), die der Darsteller seiner gespielten Figur verleiht. Personen gehen eben nicht im Sichtbaren auf. Sie haben immer auch unsichtbare verschlossene Kammern. Und daher besteht die Kunst eines guten Schauspielers darin, in der sichtbaren Figur oder Rolle, die er spielt, durch sein Sprechen, seine Gestik und Mimik den Schlüssel im verrosteten Schloss umzudrehen, um so für einen Augenblick Zugang zu den verborgenen Kammern einer Gestalt zu gewähren. Auf diese Weise werden Figuren zu lebendigen Personen und das Theater zum Spiel des Lebens, dem so manches traurig-schaurige, aber auch frech-fröhliche Schicksal auf den Leib geschrieben worden ist. Denn wenn der Mime in den Tragödien und Komödien im Halbrund der antiken Theater die Bühne betrat, dann wurde das gebannte Publikum von Furcht und Zittern, Erbarmen und Entsetzen, aber auch von Spott und Gelächter, Entzücken und Glückseligkeit ergriffen. Und nicht selten erschien dabei ein *Deus* oder eine *Dea ex machina*, eine Gottheit, die mithilfe von raffinierten Theatermaschinen für einen Augenblick nur aus der Verborgenheit des Olymps heraustrat, um das erlösende Wort zu sprechen.

Bei alledem muss ich an meinen alten Latein- und Griechischlehrer denken, der zuweilen – die Fallgruben der Grammatik und des Vokabelstudiums hinter sich lassend – das Klassenzimmer zur Bühne machte. Immer wieder einmal stürmte, marschierte, schlich, tanzte und schleppte er sich – breite Passagen der Odyssee oder die Liebeslyrik Catulls und Ovids rezitierend – von der Tafel zum Katheder, durch die Bankreihen und zurück. Wir, unreife Pennäler, die wir waren, hatten zunächst Mühe damit, unser Kichern zu unterdrücken. Doch bald schon

sperrten wir bei seinen schauspielerischen Einlagen Mund und Augen auf. Er
überfiel uns gleichsam mit der Welt der antiken Literatur, ihren Personen, Cha-
rakteren und Schicksalen, dass uns Hören und Sehen verging. Jedenfalls solches
Hören und Sehen, das sich mit dem Sichtbaren, Äußerlichen, den Namen und
Fakten zufrieden gibt, mit denen man auch in einem Quiz bestehen kann. Er
wollte mehr sein als ein Pauker von alten Sprachen. Ihm war es wichtig, seinen
Schülern mitten in der versteinerten Welt des real existierenden Sozialismus
eine emanzipatorische Gegenwelt zu erschließen, die Welt der antiken Litera-
tur, der griechischen Philosophie und Demokratie sowie des römischen Rechts.
Damit hatten wir nicht gerechnet, dass der Unterricht im Griechischen und
Lateinischen auch zu einer Schule indirekter, aber keineswegs wirkungsloser
politischer Subversion werden kann. Mehr jedenfalls als nur ein bürgerliches
Wissens- und Bildungsgut – eine Anleitung zum aufrechten Gang!

Schauspieler – Mime: Könnte das nicht auch eine Rolle für den Religions-
lehrer, die Religionslehrerin sein, in der sie sich von Zeit zu Zeit einmal die Maske
einer biblischen Gestalt aufsetzen, um ihren Schülerinnen und Schülern die Welt
der Heiligen Schriften aufzuschließen? Das Drehbuch jedenfalls, die Bibel, ist
geschrieben. Es gilt, daraus etwas zu machen, die Gestalten und Figuren so zum
Leben zu erwecken, dass sie am geistigen Auge ihrer Schüler und Schülerinnen
als lebendige Personen vorüberziehen. Dabei geht es allerdings nicht nur um
ein Heraufbeschwören der biblischen Antike, um einen Rückblick in längst ver-
gangene Zeiten und Lebensmodelle, sondern um die Vergegenwärtigung biblischer
Gestalten im großen Spiel des Lebens, in dem auch heutige Schülerinnen und
Schüler auf der Suche nach ihrer ganz eigenen Rolle sind. Biblische Gestalten als
Rollenangebote für das Leben! Dies aber nicht nur in schlichter Annahme oder
Ablehnung, sondern immer in kritischer Auseinandersetzung mit ihnen. Immer
auf der Suche nach den emanzipatorischen Potenzialen, die sich in ihnen finden
lassen, auf der Suche nach dem wahrhaft Menschlichen, das sich eben nicht nur
im Gelingen, sondern auch im Scheitern, nicht nur im Glauben, sondern auch im
Zweifeln, nicht nur im Perfekten, sondern auch und gerade im Unvollkommenen
zu erkennen gibt. Nicht die Verklärung und Heiligsprechung von Heldinnen und
Helden wäre ein Lernziel in der Begegnung mit den biblischen Gestalten, sondern
die Entdeckung von »komischen Heiligen«, die sich in ihrer Komik und Tragik
vor die gleichen Grundfragen des Lebens gestellt sahen wie der heutige Mensch:
Geburt und Tod, Liebe und Hass, Glück und Leid, Heimat und Fremde, Krieg und
Frieden, Sein oder Nichtsein, Gott oder Nicht-Gott ...

Für eine solche Inszenierung des Lebens durch biblische Gestalten stellen die
in diesem Buch aus der »Who's-Who-Liste« des Alten Testaments ausgewählten
Porträts nicht nur solide Grundinformationen bereit. Vielmehr geben sie den
Gestalten ein Gesicht und eine Stimme. Und in diesem Sinne kann man die leben-

digen Personenskizzen zu den prominenten Personen des Alten Testaments auch als ein Handbuch biblischer Regieanweisungen lesen. Sie stellen die Figuren auf die Bühne des *theatrum mundi et caeli* und laden Lehrerinnen und Lehrer und Schülerinnen und Schüler dazu ein, in Zustimmung oder Ablehnung ihre eigene Rolle im großen Bibel-Lebens-Spiel zwischen Erde und Himmel zu suchen. Es ist diesem Buch zu wünschen, dass von ihm eifrig und kreativ Gebrauch gemacht wird, wenn es auf die Reise zu seinen Lesern und Leserinnen geht.

Prof. em. Dr. Rüdiger Lux
Leipzig im April 2021

Vorwort

Das Alte Testament erzählt die Geschichte Gottes mit seinem Volk. Es erzählt sie von den Anfängen bis in die Gegenwart derer hinein, die diese Geschichte(n) aufgeschrieben haben. Erzählt wurden solche Geschichten jedoch nicht, um die Vergangenheit abzubilden, sondern um die eigene Gegenwart und die Zukunft zu deuten. Die – häufig auch von Schülerinnen und Schülern gestellte – Frage, ob das denn alles so passiert sei, was da überliefert werde, geht an dem, was die Autoren des Alten Testaments beabsichtigen, vorbei. Erzählt wird im Alten Testament nicht, was (früher) war, sondern erzählt wird, was (heute) wirkt.

Diese Differenz gilt es sich bewusst zu machen. Und sie gilt es auszuloten hin auf ihre Bedeutung für die Beschäftigung mit den biblischen Texten und für die Relevanz der Heiligen Schrift im Blick auf den eigenen Glauben und die didaktische Umsetzung im Religionsunterricht. Zu all dem leistet dieses Buch einen Beitrag.

Wir wollen bedeutende biblische Personen in ihrem historischen Kontext zur Geltung bringen. 19 Porträts enthält dieses Buch, in denen es jeweils um die Biografie der einzelnen Gestalten, um den historischen Kontext und um Fragen der Historizität geht. Auf diese Weise kommen die zentralen Personen des Alten Testaments heutigen Leserinnen und Lesern nahe. Dabei geht es um die Menschen, von denen diese Texte handeln, aber es geht immer auch um die Menschen, die diese Texte aufgeschrieben, bearbeitet und überliefert haben.

Manche biblische Überlieferung bleibt heute fremd, manches kann man aus dem Blick des 21. Jahrhunderts heraus nicht verstehen, manches will man vielleicht auch nicht verstehen, weil es eben nicht Teil der eigenen Lebenswirklichkeit ist. Doch gerade die Fremdheit der biblischen Texte bietet große Chancen: Abraham und Amos, Hiob und Hanna, David und Debora, sie alle sind Vorbilder des Glaubens. So stellen sie einerseits ein bis heute wirksames Identifikationsangebot dar. Andererseits aber ermöglichen gerade die Elemente, die fremd bleiben, eine fruchtbare theologische Auseinandersetzung. Fremdheit regt an: Sie kann Gewissheiten infrage stellen und sie schützt davor, immer alles gleich verstehen zu müssen – manchmal vorschnell.

Die Texte des Alten Testaments stammen aus einer vergangenen Zeit und spielen in einer vergangenen Zeit. Das gilt es ernst zu nehmen. Und gerade weil diese Texte alt sind und vielleicht fremd bleiben, ist es unabdingbar, etwas über sie zu wissen: über die historischen Hintergründe, den religionsgeschichtlichen Kontext, die Theologie ihrer Zeit. Wer etwas weiß über die biblischen Texte und die alttestamentlichen Personen, gewinnt Sicherheit – auch und gerade im unterrichtlichen Kontext.

Die Texte in diesem Buch handeln übrigens selbstverständlich von Männern und Frauen, denn beide Geschlechter haben in der Geschichte Israels eine wichtige Rolle gespielt. Und das gilt auch für die Erforschung dieser Texte. Wenn wir also in manchen Zusammenhängen nur von Leserinnen oder Prophetinnen sprechen, sind Männer selbstverständlich mitgemeint. Auch für die Umschrift hebräischer Begriffe und die historischen Namen wählen wir aus Gründen der Verständlichkeit eine vereinfachende Schreibweise.

Unser Buch bietet einen leicht verständlichen Überblick über die zentralen Personen des Alten Testaments, über die Bedingungen, unter denen die Texte über sie entstanden sind, und die theologische Absicht, mit der von ihnen erzählt wird. Alle Kapitel sind jeweils für sich verständlich. Wer will, kann das Buch von vorne bis hinten durchlesen; wer möchte, kann aber auch einfach blättern – und wird sich dann vielleicht trotzdem irgendwo festlesen. Einen kompakten Eindruck von der Geschichte Israels und der Entstehung des Alten Testaments insgesamt vermittelt das Einleitungskapitel. Alle mit einem * gekennzeichneten Begriffe werden am Schluss des Buches in einem Glossar erläutert. Und wer gerne selbst auf biblische Spurensuche geht, der entdeckt mithilfe des Bibelstellen- und des Sachregisters noch weitere Querverbindungen zwischen den einzelnen alttestamentlichen Gestalten.

Zur Entstehung dieses Buches haben viele Menschen beigetragen: Rainer Holweger hat die Veröffentlichung durch seine Zeichnungen bereichert, Prof. Dr. Rüdiger Lux hat dankenswerterweise das Geleitwort geschrieben. Hilfreich waren die konstruktiven Rückmeldungen von Dr. Alexa Wilke, Lena Sonnenburg, Almut Volkers und Ulrike Schaper, die zur inhaltlichen Profilierung beigetragen haben. Dank gebührt auch Stephanie Bödeker für ihre Unterstützung. Die Mühen des Korrekturlesens nahmen Birgit Nowak und Lothar Veit auf sich, auch ihnen sei herzlich gedankt. Nicht unerwähnt bleiben sollen auch all diejenigen, auf deren wissenschaftliche Erkenntnisse wir uns stützen konnten. Hier seien ausdrücklich die Autorinnen und Autoren des WiBiLex, des Wissenschaftlichen Bibellexikons im Internet, genannt, die wir nicht alle im Literaturverzeichnis erwähnen konnten, ohne deren Arbeiten dieses Buch aber wohl kaum hätte geschrieben werden können. Zu danken haben wir schließlich auch Elisabeth Schreiber-Quanz vom Verlag Vandenhoeck & Ruprecht nicht nur für die Aufnahme ins Verlagsprogramm, sondern auch für die freundliche, kompetente und umfassende Betreuung während der Erstellung dieses Buches.

Michaela Veit-Engelmann und Marc Wischnowsky
Loccum und Göttingen im Sommer 2021

Erzählte Geschichte

Vom Werden und Verstehen des Alten Testaments

Von der Wahrheit der Bibel 12
So erzählt das Alte Testament die Geschichte Israels 13
Am Anfang stand das Ende 16
Öffentliche und private Religion – Gottesverehrung in der Königszeit 17
Das Babylonische Exil als Geburtsstunde des Monotheismus 19
Wer war eigentlich dieser Gott namens JHWH? 19
Einer unter vielen? – JHWH und die anderen Götter 20
Ein Gott der ganzen Welt – die Reformation des JHWH-Glaubens nach dem Exil 21
Gottes Schöpfung ist wohlgeordnet – so erzählt die Priesterschrift 22
Gottes Gesetz muss gelten – die Geschichte der Königszeit im Licht
    des Deuteronomistischen Geschichtswerks 23
Ungehörte Mahner – zur Neuinterpretation der prophetischen Texte 25
Viele Stimmen – eine Bibel 26
Das Alte und das Neue Testament 27

Von der Wahrheit der Bibel

Wer die Bibel in die Hand nimmt, merkt gleich: Das ist kein Buch. Das ist eine ganze Sammlung von Büchern. Das gilt in besonderer Weise für das Alte Testament. Und diese Sammlung – auch das wird schnell klar – erzählt Geschichte und Geschichten aus vielen Jahrhunderten und ist selbst in einem fast ebenso langen Zeitraum aufgeschrieben worden. Ganz verschiedene Schreiber und Schriftgelehrte haben zu unterschiedlichen historischen Zeiten ihren Beitrag zu diesem Buch geleistet. Sie haben gesammelt, aufgeschrieben, weitererzählt, bearbeitet und neu geordnet, was ihnen überliefert worden war. Die Vorstellung eines begabten Literaten also, dessen Genie sich ein Text verdankt, ist dem Alten Testament vollkommen fremd – wie überhaupt der Zeit und der Kultur, aus der diese Texte stammen. Schriftstellerei im Antiken Orient zeigte ihre Authentizität im Gegenteil darin, dass sie getreu überlieferte, was als Autorität galt, und dass sie deren Stimme in die eigene Gegenwart hinein zum Klingen brachte. Für die Autoren des Alten Testaments war deshalb vor allem eines wichtig: Gottes Geschichte mit seinem Volk in die Gegenwart ihrer Leserschaft hinein auszulegen und einzuschreiben.

Führt man sich die Entstehungsgeschichte der biblischen Texte, ihre Überlieferung und die Intention ihrer Autoren vor Augen, dann wird schnell deutlich: »Wahr« ist die Bibel nicht deshalb, weil sie als historisches Geschichtsbuch zuverlässige Daten über das alte Israel liefert. Historische Korrektheit war nicht das, was die Menschen antrieb, die sie schrieben. Ihnen war es vielmehr wichtig, ihre Zeit im Lichte der überlieferten Vergangenheit und ihrer eigenen Glaubenserkenntnisse zu deuten. »Wahr« ist die Bibel aber auch nicht in dem Sinne, dass sie eine Verschriftlichung göttlich eingegebener Worte wäre. Auch da, wo die Bibel Gottes Worte überliefert – etwa in prophetischen Sprüchen – ist klar, dass sie es im Medium menschlicher Erzählung tut. Wahr aber ist die Bibel darin, dass sie die Erfahrung der Menschen mit Gottes Wort und seiner Führung bewahrt. Sie bezeugt, dass und wie Gottes Wirklichkeit den Menschen betrifft. Und zwar je und je neu. Darin ist sie zur »Heiligen Schrift« geworden. Und vor diesem Horizont sollen die Geschichten der Bibel gelesen werden.

So erzählt das Alte Testament die Geschichte Israels

Das Alte Testament fängt, wie es sich für eine Erzählung gehört, ganz vorne an: »Am Anfang schuf Gott Himmel und Erde ...« – so beginnt das erste der Fünf Bücher Mose (Gen 1,1). Und dann erzählt die hebräische* Bibel zunächst die Geschichte der gesamten Menschheit, bevor sie in die des Volkes Israel und seiner Erfahrungen mit dem Gott JHWH einmündet.

Das Alte Testament startet also mit der Entstehung der Welt, berichtet in der sogenannten Urgeschichte von der Erschaffung der ersten Menschen und deren ersten Krisen – dem Bruderstreit zwischen Kain und Abel, der Vernichtung fast allen Lebens durch die Sintflut und dem vergeblichen Turmbau von Babel. Danach rückt, gleichsam wie durch ein Brennglas betrachtet, das eine aus allen Völkern hervorgehobene Volk in den Blick: Israel. Bereits durch die Erzeltern Abraham und Sara ist dieses Volk von Gott auserwählt: Abraham, sein Sohn Isaak und dessen Sohn Jakob (und auch deren jeweilige Ehefrauen) sind beauftragt, Kanaan* für ihre Nachkommen in Besitz zu nehmen, weil es das von Gott verheißene gelobte Land ist.

Unter Jakobs Sohn Josef verlässt die Familie jedoch Kanaan* wieder und wandert in Ägypten* ein. Dort leben Josefs Söhne und ihre Nachkommen zunächst freiwillig, so heißt es, dann jedoch unter zunehmender Unterdrückung. In dieser Zeit wird aus der Familiengeschichte endgültig die Geschichte eines Volkes – aus Abrahams Sippschaft wird das Volk Israel, aus Josef und seinen Brüdern werden die zwölf Stämme*. Die Bibel erzählt, dass das Volk Israel in Ägypten* nicht frei lebt, sondern Sklavendienste für den Pharao leisten muss. Doch Gott hört in dieser Situation den Hilfeschrei der Israeliten und erwählt sich einen Retter: Mose. Als Sohn einer hebräischen* Sklavin aufgewachsen am Hof des Pharao, wird er zum ersehnten Befreier Israels aus der Knechtschaft der Ägypter*. Der Auszug (lateinisch: Exodus*) aus Ägypten* ist im jüdisch-christlichen Gedächtnis bis heute als eines der Urdaten der Geschichte Israels verankert; auf ihn werden die meisten jüdischen Feste zurückgeführt und mit ihm ist die Gabe der Zehn Gebote und vieler wesentlicher Regeln des jüdischen Glaubens verbunden. Denn: Am Sinai schließt Gott einen Bund* mit Mose, wie er ihn auch schon mit Noah und mit Abraham geschlossen hatte. Gott verpflichtet sich damit zu immer-währender Treue und Fürsorge. Doch noch während Mose mit Gott spricht und die Zehn Gebote empfängt, macht sich das Volk Israel unter Anleitung von Moses Bruder Aaron ein goldenes Kalb, um es anzubeten. Als Strafe dafür erlaubt Gott niemandem aus dieser sündhaften Generation, das gelobte Land tatsächlich zu betreten. 40 Jahre irren die Israeliten daraufhin durch die Wüste, begleitet von Gott und gestärkt durch Manna und Wachteln. Mose darf das gelobte Land immerhin noch sehen, bevor er stirbt. Erst sein Nachfolger Josua überquert mit-samt dem (neuen) Volk Israel den Jordan und betritt nun endlich (wieder!) das Land Kanaan*, das bereits Abraham und Jakob Lebensraum geboten hatte und das nun zur Heimat der zwölf Stämme* werden soll.

Dort leben die Israeliten, folgt man der Überlieferung der Bibel, zunächst in einer Art vorstaatlicher Anarchie, ohne feste politische Struktur, aber mit einer Abfolge von Anführern oder Heerführern, die Gott ihnen in Krisenzeiten schickt – die sogenannten Richter. Die Bibel erzählt, dass darunter mindestens eine Frau war: die Richterin Debora.

Doch das Volk ist mit dieser Situation offensichtlich nicht zufrieden; wie seine Nachbarn will es einen König haben. Gott gibt diesem Drängen schließlich nach: Saul, David und Salomo heißen die drei großen Könige der goldenen Anfangs-zeit, unter denen Israel zum Großreich wird – groß zumindest in der eigenen Erinnerung. Salomo ist es dann auch, der den Jerusalemer Tempel* errichten lässt, den »Salomonischen Tempel*«. Doch nach dem Tod Salomos kommt es zur Staatenteilung: Jerobeam I. herrscht über das Nordreich*, genannt »Israel«. Dort leben der genealogischen* Erzählung nach die meisten der zwölf Stämme*. Wesentlich kleiner ist das Südreich* »Juda«, das von Rehabeam regiert wird. In beiden Königtümern wird der gleiche Gott verehrt, die Herrscher schließen gelegentlich Allianzen – doch sie finden nie mehr zu einem gemeinsamen Reich zusammen.

Die Bibel erzählt, dass fast alle weiteren Könige, die in Israel und Juda regieren, sündhaft seien und sich nicht an die Gebote Gottes hielten – sowohl was ihre Politik als auch was den Staatskult* angeht. Wie die passend ausgewählte Begleitmusik wirken deshalb die prophetischen Mahnungen und Aussprüche. Diese sind in den biblischen Prophetenbüchern gesammelt und werden durch die Buchüberschriften den Regierungszeiten einzelner Könige zugeordnet. Immer wieder warnen die Propheten vor dem Abfall von Gott und vor politischen Allianzen, rufen auf zu sozialer Gerechtigkeit und zum richtigen Gottesdienst. Doch egal, was die Propheten sagen und wann sie auftreten, ihr Schicksal ist immer das gleiche: Niemand hört auf sie – weder die Herrscher noch das Volk.

Dass die beiden Reiche schließlich untergehen, scheint deshalb die einzig logische Konsequenz zu sein: Wer solche Sünden begeht, wie sie die Propheten den Königen vorwerfen, dessen Herrschaft kann keinen Bestand haben. Bald wird das Nordreich* Israel von den Assyrern* erobert. Einige Generationen judäischer Könige später schlägt auch dem Südreich* die letzte Stunde. In mehreren Anläufen belagern die Babylonier* die Hauptstadt Jerusalem, erobern und plündern sie und zerstören den Tempel*. Es folgt die Deportation ins Babylonische Exil* – in der Erzähllogik der Bibel die Strafe für begangene Sünden.

Erst als einige Jahrzehnte darauf die Perser* unter Kyros dem Großen das babylonische* Reich erobern, kommt es zur Wende: Denn Kyros erlaubt den Deportierten die Rückkehr in die Heimat. Dieses in der Bibel so genannte »Kyrosedikt« wird den Heimkehrern zum Fanal neu gewonnener Freiheit. Denn auch wenn sie nicht wirklich frei sind, so ermöglichen ihnen ihre neuen persischen* Herren doch die Wiederaufnahme von Gottesdienst und Kult*.

So beginnt der Wiederaufbau der Stadt Jerusalem und des Tempels*. Dieser kann aber mit der Pracht des Salomonischen Tempels* nach dem zeitgenössischen Zeugnis nicht mithalten. So berichtet das Alte Testament, dass viele, die den ersten Tempel* noch gekannt hätten, beim Anblick dieses zweiten Tempels* zu weinen begonnen hätten. Die beiden Bücher Esra und Nehemia erzählen von dieser Zeit und überliefern die typischen Probleme und Fragen der kleinen jüdischen Gemeinde, die nach dem Ende des Exils* auf den Ruinen Jerusalems neu gegründet wird: Sollten Ehen mit Nichtjüdinnen erlaubt sein? Welche Gebote sind zu befolgen? Darf man als Jude außerhalb des gelobten Landes leben? Immer wieder geht es dabei um die richtige Balance zwischen Nähe und Distanz im Umgang mit der andersgläubigen Umwelt – Themen, die auch in vielen weiteren Texten des Alten Testaments durchschimmern und die verraten, was den Tradenten* dieser Texte wichtig war.

All diese geschichtlichen Überlieferungen sind in den Fünf Büchern Mose und den sogenannten »Geschichtsbüchern« (Buch Josua, Richterbuch, die Samuelbücher, die Königebücher, die beiden Chroniken und Esra und Nehemia) festgehalten und finden ihren Niederschlag auch in den Prophetenbüchern, zum Beispiel bei Jeremia, Jesaja, Hosea, Micha oder Amos.

Die sogenannten »Schriften« des Alten Testaments (Hiob, Rut, Psalmen, die Sprüche, der Prediger und das Hohelied) füllen dazu die Zwischenräume farbig auf: Das Buch der Psalmen zeugt von individueller Frömmigkeit und spiegelt manche gottesdienstliche Tradition wider. Das Buch der Sprüche ist ein wunderbares Beispiel für die vorderorientalische Weisheitsliteratur*, andere weisheitliche* Bücher wie das Buch Hiob oder der Prediger tragen einen skeptisch-philosophischen Blick und damit einen ganz eigenen Weltzugang ein. Mit dem Hohelied der Liebe findet schließlich sogar ein erotischer Text Eingang in die hebräische* Bibel. So beschließen diese Schriften den hebräischen* Kanon* des Alten Testaments und runden ihn ab.

Am Anfang stand das Ende

Das Alte Testament erzählt linear, aber so ist es nach einhelliger Meinung der Wissenschaft nicht entstanden. Niemand hat den Untergang Jerusalems protokolliert, niemand das Gespräch des Mose mit Gott auf dem Berg Sinai erlebt, an dessen Ende sein Antlitz erleuchtet war und er die zwei Tafeln mit den Zehn Geboten in Händen hielt. Und erst recht war niemand bei der Vertreibung Adams und Evas aus dem Paradies dabei. Erzählt wird das Alte Testament chronologisch, seine Entstehung jedoch verdankt sich einer theologischen Krise. Entstanden sind die Geschichtstexte des Alten Testaments, so wie sie heute vorliegen, nämlich erst, als es das, wovon sie erzählen, gar nicht mehr gab: das Volk Israel als politische Größe und zwei Staaten namens Israel und Juda.

722 v. Chr. wurde das Nordreich* Israel zerstört, 587 v. Chr. folgte der Untergang des Südreiches* Juda. Damit hörten im Abstand von 150 Jahren die beiden Staaten auf zu existieren, in denen der Gott verehrt wurde, der den Namen JHWH trägt. Eigentlich wäre zu erwarten gewesen, dass der Glaube an JHWH nun mit untergeht. Denn nach altorientalischer Vorstellung zeigte sich die Macht eines Gottes darin, sein Volk, seine Stadt und seinen Staat beschützen zu können. Da waren sich die Menschen in Juda und Israel mit den Völkern in ihrer Nachbarschaft durchaus einig, auch wenn diese an andere Gottheiten glaubten. Und diese Erwartung hatte JHWH, so hätte man denken können, nun ja offensichtlich nicht erfüllt.

Genau das aber geschah nicht. Der Glaube an JHWH ging nicht unter. Vielmehr hielten die Menschen an ihrem Gott fest und versuchten zu verstehen, was passiert war. Sie begriffen diese Krise geglaubter Gewissheiten und die Exilszeit* als theologische Herausforderung: Wie war der Untergang des eigenen Staates zu erklären, ohne den Glauben an den eigenen Gott JHWH aufzugeben und seine Macht infrage zu stellen? Diese Herausforderung beschäftigte die Schriftgelehrten und die theologisch Gebildeten. Ihre Antworten sind im Alten Testament zu lesen und geben diesen Texten ihre prägende Gestalt.

Öffentliche und private Religion – Gottesverehrung in der Königszeit

Um den theologischen Umbruch in der Zeit des Babylonischen Exils* zu verstehen, hilft es sich vor Augen zu führen, was zu der Zeit, von der das Alte Testament erzählt, die »öffentliche« Religion bestimmte.

Die öffentliche Religion beziehungsweise der »offizielle« Staatskult* war zur Zeit der beiden Königreiche Israel und Juda von Gewissheiten geprägt, die alle durch die kollektive Erfahrung des Exils ins Wanken gerieten: Man huldigte dem Gott, den man für den mächtigsten hielt, und man erwartete im Gegenzug von ihm *Schutz für das eigene Volk.* Diese Gottheit wurde an *einem kultischen* Zentrum* nach festgelegten kultischen* Regeln mit (Tier)Opfern* und durch die dafür ausgebildete Priesterschaft* verehrt. Dafür gab es in Israel besondere Heiligtümer, deren wichtigste im Nordreich* Silo, Dan und Bethel und im Südreich* der Tempel* in Jerusalem waren. Doch die Bedeutung von Bethel und Dan verblasste, als das Nordreich* von den Assyrern* erobert wurde. Und als dann 587 v.Chr. auch noch der Jerusalemer Tempel* zerstört wurde, verlor die JHWH-Religion ihr letztes kultisches* Zentrum. Wo sollte also nun der gebotene Kult* stattfinden?

Im Vorderen Orient glaubte man auch, dass eine Gottheit durch *den König als ihren irdischen Stellvertreter* repräsentiert wurde. So galt auch in Israel und Juda der König als »Sohn Gottes« und damit als Repräsentant Gottes in der von Gott erwählten Stadt. In Juda war Jerusalem das Zentrum einer solchen »Zionstheologie«* – die ihren Namen dem Berg Zion* verdankt, auf dem die Stadt erbaut war. Auch diese Vorstellung wurde jedoch mit

Randbemerkung

Die Unterscheidung zwischen »öffentlicher« und »privater« Religion hat große Bedeutung. Denn die öffentliche Religion – genauer: der staatliche Kult* – zeigt nur eine Seite des religiösen Lebens. Das war auch im alten Israel nicht anders. Und vermutlich war die private Seite der Religion für das alltägliche Leben der Menschen sogar viel wichtiger: die religiösen Traditionen in der eigenen Familie und der Kult* in der eigenen Ortschaft. Die Erinnerung daran hat auch im Alten Testament überdauert: So wird erzählt, dass Jakobs Frau Rahel den Hausgott ihres Vaters stiehlt – der offensichtlich zur Verehrung der vergöttlichten Ahnen diente. Und daraus, dass der Kult* auf den Höhenheiligtümern* immer wieder scharf kritisiert wird, lässt sich im Umkehrschluss rekonstruieren, welche immense Bedeutung er für die Volksfrömmigkeit gehabt haben muss.

der Katastrophe 587 v. Chr. infrage gestellt: Der König von Juda – und damit der Herrscher von Gottes Gnaden – wurde gefangen gesetzt und an seiner Stelle und in seiner Stadt regierten nun Herrscher von Gnaden fremder Mächte. Wieso hatte Gott das zugelassen?

Am befremdlichsten ist der modernen Leserschaft vermutlich die Vorstellung, dass *die Verehrung einer Gottheit an ein bestimmtes Land* gebunden ist. So verpflichtet sich Gott in den Erzelterngeschichten nicht nur einem Volk (den Nachkommen Abrahams), sondern verbindet seinen Bund* auch mit einem Land, dem »gelobten Land« Kanaan*. Die Königebücher erzählen, dass ein Syrer namens Naaman nach Jerusalem kommt und dort von seiner Krankheit geheilt wird. Weil er daraufhin so begeistert von diesem wirkmächtigen Gott gewesen sei, habe er darum gebeten, zwei Wagenladungen Jerusalemer Erde mit in seine Heimat nehmen zu können, um Gott dort verehren zu dürfen (vgl. 2Kön 5,17). Auch wenn diese Geschichte erst aufgeschrieben wurde, als das Volk Israel dieses Land bereits verloren hatte, so hat sich darin doch die Vorstellung bewahrt, dass das »gelobte Land« der Erzeltern, das Land, in das Mose Israel aus Ägypten* führte, eine eigene von Gott verliehene Würde hat. Mit dem Verlust staatlicher Souveränität verlor das Volk Israel jedoch sein Land und damit den geografischen Bezugspunkt der JHWH-Religion.

Der Untergang Judas bedeutete also aus religionspolitischer Sicht einen vielfachen Verlust: Gottes Schutzmacht hatte versagt, der rechtmäßig eingesetzte Tempelkult* konnte nicht mehr ausgeübt werden, das Königtum von Gottes Gnaden endete und das verheißene Land war verloren. Doch nun geschah nicht, was man vielleicht hätte erwarten können: Der Gott JHWH verschwand nicht in der Bedeutungslosigkeit. Das Volk wandte sich nicht anderen – vermeintlich mächtigeren – Göttern zu. Israel vergaß seine Bindung an das Land nicht. Und die alten Überlieferungen wurden nicht bedeutungslos.

Der Untergang Jerusalems markierte die Geburtsstunde der Religion, die heute als jüdische bezeichnet wird. Im Laufe der Zeit konkretisierte sich immer weiter heraus, was bis heute zentraler Bestandteil dieser Religion ist, nämlich die Ver-

---

Randbemerkung

Das Deportationssystem der Babylonier* sollte sich als Glücksfall für die Menschen des Königreichs Juda erweisen. Die Assyrer* nämlich, die das Nordreich* erobert hatten, waren dafür bekannt, dass sie die eroberten Völker in alle Winde zerstreuten. Die Babylonier* jedoch ließen die Deportierten gemeinsam in Babylon* wohnen. Dort im »Babylonischen Exil«* konnten auch die Verbannten ihre religiösen Traditionen und ihren Glauben bewahren. Allerdings war nicht »ganz Juda«, wie es manche Texte glauben machen, deportiert worden, sondern nur die Oberschicht Jerusalems. Die ländliche Bevölkerung, der Landadel und die einfachen Stadtbewohner blieben durchaus im Land. Deshalb bildeten sich auch in Juda selbst vermutlich schriftgelehrte Gruppierungen, sodass es nun also zwei Orte gab, an denen man sich um die theologische Bewältigung der Krise bemühte. Dies sollte nach dem Ende des Exils* und der Rückkehr der Deportierten durchaus auch zu (theologischen) Spannungen führen.

ehrung des einen einzigen und allmächtigen Gottes als Schöpfer und Herrscher der Welt.

Das Babylonische Exil als Geburtsstunde des Monotheismus

Mit dem Nachdenken über den Untergang Jerusalems und Gottes Plan dahinter kam man zu einer neuen Erkenntnis: Der Gott JHWH ist der einzige Gott und Schöpfer der ganzen Welt. Diese theologische Einsicht und diesen Glauben bezeichnet man heute als Monotheismus*.

Wer die Geschichten des Alten Testaments kennt, der wird sich jetzt vielleicht die Augen reiben und sagen: Was ist an dieser exilischen* Erkenntnis denn so neu? In der Bibel steht doch, dass all das bereits seit Beginn der Welt so war!

Genau dieser Eindruck sollte sich nach dem Wunsch derjenigen, die die alten Texte aus der vorexilischen Zeit im 6. Jahrhundert v. Chr. weiterschrieben oder überhaupt erstmals aufschrieben, sortierten, überarbeiteten oder zu Schriftrollen zusammenfassten, beim Lesen der Geschichten tatsächlich einstellen. Sie erzählten nämlich die Geschichte und die Geschichten Israels neu – und trugen diese neue theologische Perspektive darin ein.

Heute aber weiß man, dass die Entstehung des Glaubens an den einen Gott JHWH nicht einfach mit Beginn des JHWH-Glaubens da war. Sie vollzog sich schrittweise. Davon legen die Texte des Alten Testaments vielfältig Zeugnis ab. Sie lassen erkennen, wie religiöse Vorstellungen, die erst nach der Katastrophe entstanden sind, von dort in die ältere Überlieferung zurückprojiziert wurden. Und wenn man genau hinschaut, findet man in den Überlieferungen noch viele Hinweise darauf, wie lange es brauchte, bis sich die Idee des einen Gottes durchsetzte.

Wer war eigentlich dieser Gott namens JHWH?

Schon dass ein Gott einen Namen hat, sollte stutzig machen. Denn einen Namen braucht eine Gottheit ja nur, wenn es mehrere Götter gibt und man sie durch ihre namentliche Benennung auseinanderhalten will. Andernfalls hätte die Bezeichnung als »Gott« ja durchaus ausgereicht. Doch nun hat Gott einen Namen – und nicht irgendeinen, sondern einen durchaus sprechenden: JHWH. Selbst nach seinem Namen gefragt, antwortet Gott in Ex 3,14 »Ich bin, der ich bin, und ich werde sein, der ich sein werde!« – eine fast philosophische Umschreibung.

Der Name JHWH besteht aus vier Konsonanten, dem sogenannten Tetragramm*. Dies lässt sich übersetzen mit »Er (= Gott) lässt es wehen«. Das dürfte sich auf Wetterphänomene wie Blitz oder Sturm bezogen haben und legt die Vermutung nahe, dass JHWH ganz ursprünglich als Wettergott verehrt wurde. Dazu passt, dass zu Begegnungen mit diesem Gott oft Wetterphänomene wie Erdbeben, Stürme und Regengüsse gehörten:

HERR, als du auszogst von Seïr, als du einhergingst vom Gefilde Edoms, da erzitterte die Erde, auch der Himmel troff, auch die Wolken troffen von Wasser. Die Berge erbebten vor dem HERRN – das ist der Sinai –, vor dem HERRN, dem Gott Israels. (Ri 5,4–5)

Die Wissenschaft geht davon aus, dass JHWH ursprünglich von Nomaden verehrt wurde, die in der Region um das Gebirge Seïr südlich von Israel lebten und die ihn als ihren Gott mitbrachten, als sie nach Kanaan* einwanderten. Auch daran erinnern die Vätergeschichten um Abraham, Isaak und Jakob, in denen die Verehrer JHWHs noch nicht sesshaft waren – was übrigens auch Dtn 26,5 bewahrt hat: »Mein Vater war ein umherirrender Aramäer«.

Dass in den trockenen Regionen wie dem Vorderen Orient ein Gott, der für den lebensspendenden Regen verantwortlich war, eine besondere Verehrung erfuhr, leuchtet ein. Kein Wunder, dass dem Gott JHWH eine herausgehobene Rolle zuwuchs und er schließlich sogar mit dem höchsten Gott des Himmels, dem Gott El*, verschmelzen konnte.

Einer unter vielen? – JHWH und die anderen Götter

Die Erinnerung daran, dass es mal viele Gottheiten gab, hat auch im Alten Testament ihre Spuren hinterlassen: Ganz selbstverständlich wird davon erzählt, dass die Nachbarvölker andere Göttinnen und Götter anbeten; zur Diskussion stand also offensichtlich weder deren Existenz noch deren Wirkmächtigkeit, wohl aber ihre Zuständigkeit für die Israeliten. Diese sollten sich nämlich von solchen fremden Gottheiten fernhalten und ausschließlich JHWH anbeten. Besonders hartnäckig wird im Alten Testament gegen den Gott Baal* gewettert – und das ist kein Zufall: Im Götterhimmel der Nachbarvölker war Baal* nämlich für das Wetter zuständig, also im Grunde, etwas flapsig ausgedrückt, ein »Kollege« und »Konkurrent« JHWHs.

Doch auch das Volk Israel hat nicht von Anfang an nur einen einzigen Gott verehrt. Tatsächlich gab es wohl sogar mehrere Götter, die JHWH hießen. So haben archäologische Funde gezeigt, dass es einen »JHWH von Teman« und einen »JHWH von Samaria« gab – und dass damit keineswegs der gleiche Gott gemeint war. Doch nach und nach wurden die verschiedenen Götternamen auf einen einzigen Gott namens JHWH übertragen.

Und aus diesem Wettergott JHWH wurde schließlich der höchste Gott des Götterhimmels. Diesen Platz hatte in der Vorstellung der Umwelt Israels eigentlich El* inne. Doch schließlich verschmolz JHWH mit El* – der Name dieses Gottes steckt ja nach wie vor in der Bezeichnung des Volkes »Israel«: Isra-El heißt so viel wie »Gott streitet«. Damit wurde aus JHWH der einzige und der höchste Gott. Das jüdische »Glaubensbekenntnis«, das Schma Jisrael, spiegelt diesen Prozess der Verschmelzung zu dem einen Gott vermutlich noch wider. Dass seine Einheit und Alleinigkeit dort so betont werden muss, legt ja gerade nahe, dass diese Erkenntnis noch neu und ungewohnt war: »Höre, Israel, JHWH ist unser Gott, JHWH ist einer/allein« (Dtn 6,4).

Von El* übernahm JHWH bestimmte Herrschaftsfunktionen und Attribute – man denke nur an die Bezeichnung JHWHs als El* Eljon oder El* Schaddaj – und außerdem dessen weibliche Gefährtin, die Aschera*.

Auch biblische Texte wissen noch, dass es eine solche Aschera* gab. So geht es im Alten Testament immer wieder darum, dass symbolische Darstellungen der Aschera* zerstört werden müssen. Doch solche Forderungen ergeben nur Sinn, wenn es eine solche Verehrung tatsächlich gab – zerstören muss man nur, was noch im Gebrauch ist, vielleicht sogar bis in die Exilszeit* hinein.

Randbemerkung

Mag die Vorstellung, dass Gott eine »Ehefrau« hat, heute merkwürdig anmuten – in der Antike tat sie das nicht. So belegen Inschriften, dass JHWH zusammen mit einer Göttin verehrt wurde. Ein Text, der in der Karawanserei Kuntillet Adschrud gefunden wurde und aus dem 8. Jahrhundert v. Chr. stammt, kann völlig unproblematisch davon sprechen: »Amaryo sprach zu seinem Herrn: … Ich habe dich gesegnet durch JHWH und seine Aschera.«

Ein Gott der ganzen Welt – die Reformation des JHWH-Glaubens nach dem Exil

Die Forscher vermuten, dass sich Israel an diesen Punkten während der Jahrhunderte andauernden Königszeit religiös gar nicht so sehr von seiner Umwelt unterschied. Das änderte sich erst nach 587 v. Chr., als man in dem Versuch, die Katastrophe des Untergangs theologisch zu bewältigen, zu neuen Einsichten kam.

Die theologische Leistung, die das Volk Israel nach 587 v. Chr. erbrachte, kann in ihrer Bedeutung gar nicht hoch genug eingeschätzt werden: Es gelang, die Untergangserfahrung in den eigenen Glauben an den Gott JHWH zu integrieren. Die Frage war doch: Wie konnte es sein, dass JHWH Israel und Jerusalem nicht vor dieser Katastrophe bewahrt hatte? Die alten Überlieferungen, die Legenden der Urzeit und die Aussprüche der Propheten wurden daraufhin befragt, ob sie eine Antwort boten auf die großen, drängenden Fragen: Wie

mächtig ist unser Gott? Und wieso hatte Gott die Katastrophe zugelassen? Als
man sicher war, die Antworten gefunden zu haben, wurden alle Geschichten von
JHWH neu erzählt. Und zwar unter folgender Perspektive: Der Gott JHWH ist
der einzige Gott und damit der Herrscher über die gesamte Welt. Alle anderen
vermeintlichen Götter sind nur Götzen*, also lediglich Geschöpfe dieses einen
Gottes und damit seinem Willen untertan. Gott beherrscht die Geschichte und
auch die Völker – und zwar alle. Dieser eine Gott hat sich allerdings das Volk
Israel zum Eigentum erwählt. Dass Gott sich ausgerechnet dieses – im Kontext
der Geschichte kleine und wenig bedeutende – Volk ausgesucht hat, gründet
in seinem freien Willen. Die Bibel lässt das auch da durchblicken, wo in den
Erzeltern-Geschichten stets der Jüngere den Segen bekommt, also der, der ihn
nicht »verdient«. Doch Gott ist der, der erwählt, und er bleibt darin souverän.
Das gilt auch für sein Handeln in der Weltgeschichte. Deshalb ist der Untergang Samarias und Jerusalems als Folge seines Handelns zu verstehen: JHWH
regiert genauso die Assyrer* und Babylonier*. Die erfahrene Katastrophe ist
also keineswegs Ausdruck seiner Machtlosigkeit, sondern vielmehr seines Zor-
nes – auch über sein erwähltes Volk. Und dieser Zorn ist berechtigt. Ja, dass
Gott sein Volk straft, weil es sich seiner Erwählung nicht würdig erwiesen hat,
ist geradezu Ausweis seiner Gerechtigkeit.

Gottes Schöpfung ist wohlgeordnet – so erzählt die Priesterschrift

Unter eben diesem Vorzeichen der Gerechtigkeit Gottes wurden in der Folge
der Katastrophe 587 v. Chr. die Geschichten vom Beginn der Welt und von der
Volkwerdung Israels überarbeitet und verschriftlicht: Ältere Erzählsammlungen
und Sagenkränze, die von nomadischen Sippen und deren Leben berichten, wurden im Exil* zu einer Familiengeschichte zusammengefügt und unter der oben
beschriebenen Deutebrille neu gefasst. Die Forschung vermutet heute, dass hinter dieser Überarbeitung, die sich in den Büchern Genesis bis Numeri niedergeschlagen hat, ehemalige Priester und Schriftgelehrte des Jerusalemer Tempels*
stehen – denn wer sonst hätte das theologische Wissen und die organisatorische
Struktur gehabt, um ein solches Werk schaffen zu können? Aufgrund der Verortung in priesterlichen Kreisen und dem erkennbaren Interesse am Kult* spricht
die Forschung von der »Priesterschrift«*. Wichtig ist: Niemand würde behaupten,
dass sich die Priesterschrift* alle Geschichten ausgedacht hat, die da erzählt werden – sondern die Autoren im Babylonischen Exil* und auch noch danach haben
Geschichten, die ihnen schon vorlagen, auf eine Weise neu erzählt, die das zum
Ausdruck bringt, was ihnen wichtig war.

Höchstwahrscheinlich stammt auch der erste Schöpfungsbericht aus der Feder der Priesterschriftautoren* – am Beginn des Alten Testaments steht damit das programmatische Bekenntnis zu dem einen höchsten Gott, der die gesamte Welt geschaffen und wohlgeordnet hat. Ein bisschen Polemik inklusive: Denn die Sterne, die die Babylonier* als Götter verehrten, wurden hier zu reinen Schöpfungswerken Gottes degradiert. Aus dieser Welt heraus erwählt Gott sich nun einen Menschen, aus dessen Nachfahren er sich ein Volk zum Eigentum erschaffen will: Abraham. Aus dessen Sohn entsteht das Volk Israel, dessen zwölf Stämme* sich in genealogischer* Fiktion auf die zwölf Söhne Jakobs, also auf Abrahams Urenkel, beziehen. Die Priesterschrift* beschreibt nun auch deren Weg, geleitet von dem Interesse, die Wohlordnung der Welt durch den einen Schöpfergott abzubilden. Ein zentrales Element ist die Gliederung dieser Geschichte Gottes mit seinem Volk als eine Abfolge von Bundesschlüssen, die Gott mit Noah, mit Abraham und dessen Nachkommen und mit dem Volk Israel unter Moses Führung eingeht.

Gottes Gesetz muss gelten – die Geschichte der Königszeit im Licht des Deuteronomistischen Geschichtswerks

Auch die Erinnerungen an die Königszeit und die vorstaatliche Zeit, also die sogenannten Königslisten und die alten Erzählkränze um die Richter, Davids Königreich, Salomo, die Könige und die ersten Propheten wurden im Rückblick auf den Untergang Jerusalems einem kritischen Blick unterzogen. Auf den Trümmern des eigenen Staates stehend, folgerte man nun: Es war falsch gewesen, sich auf die Könige als Stellvertreter Gottes zu verlassen. Einige sahen bereits in der Errichtung des Königtums selbst einen Fehler; andere betonten, dass die Könige nicht den Geboten Gottes gefolgt seien und deshalb ihr eigenes Volk der Vernichtung durch den strafenden Gott

Randbemerkung

Es gibt in den Königebüchern übrigens eine positive Ausnahme unter all den Sündern, die in Israel oder Juda auf dem Thron saßen: König Josia. Die Bibel überliefert, dass er ein offensichtlich in Vergessenheit geratenes Regelwerk, einen Auszug aus der Tora*, gefunden und daraufhin umfangreiche kultische* Reformen in Jerusalem in Gang gesetzt habe (2Kön 22–23). Die theologische Forschung war sich lange Zeit sicher, dass dieses verlorene Buch das Deuteronomium* gewesen sein müsse. Heute weiß man aber: Die josianische Reform im 7. Jahrhundert v. Chr., bei der der König angeblich alle Kultsymbole aus dem Jerusalemer Tempel* entfernen und die Höhenheiligtümer* zerstören ließ, hat es so nicht gegeben – die archäologischen Befunde sprechen da eine eindeutige Sprache. Man vermutet eher, dass die Reformerzählungen rund um Josia verschiedene Überlieferungen bündeln. Vermutlich wurde dieser König also erst im Rückblick zu einem der wenigen aufrechten Kämpfer für die bildlose Verehrung JHWHs. Und auch wenn das Deuteronomium* in seinem Kern identisch sein sollte mit dem geheimnisvollen Gesetzeswerk des Josia, dann wohl am ehesten, weil es für genau diesen Zweck entworfen wurde, nämlich als theologisch-politisches Reformprogramm.

preisgegeben hätten. Liest man die alttestamentlichen Texte über die Herrschaft der verschiedenen Könige im Nord- und Südreich*, so hat man das Gefühl, dass sie allesamt verderbt gewesen sein müssen. Immer wieder wird ihnen ein ähnlicher Vorwurf gemacht: Sie seien gewandelt in der »Sünde Jerobeams«. Dazu muss man wissen: Jerobeam I. war der erste König des Nordreichs* und er ließ zur Verehrung des Gottes JHWH zwei große Stierbilder aufstellen. Dies war zu seiner Zeit, als JHWH immer mehr Funktionen von El* übernahm, eine eigentlich völlig akzeptable Form der JHWH-Verehrung.

> **Randbemerkung**
>
> Aus der Umwelt kannte man Stierdarstellungen des Gottes El* – ein Symbol für Macht und Potenz dieses Gottes. Als JHWH an die Stelle Els* trat, konnte er auch als Stier verehrt werden, so zum Beispiel in den Heiligtümern von Bethel und Dan. Dass es nicht richtig ist, Gott abzubilden, ist eine theologische Bewertung späterer Zeiten. Deshalb muss man sich klarmachen: Die Verehrung JHWHs in Stiersymbolen war eine Zeit lang gang und gäbe – auch wenn die späteren Generationen dies abgelehnt haben mögen. Die Geschichte vom goldenen Kalb, dem das Volk am Sinai huldigt, ist nichts anderes als eine kritische Auseinandersetzung mit der eigenen kultischen* Vergangenheit.

Erst im Rückblick auf die Katastrophe 587 v. Chr. kam man zu der Erkenntnis: Was Jerobeam I. da getan hat, war ein katastrophaler Fehler. Der Gott JHWH lässt sich nicht einfach abbilden und anbeten, wie es die anderen Völker mit ihren Gottheiten tun. So wurden die Gesetzgebung am Sinai und das 5. Buch Mose zur Deutebrille für die Berichte über die Königszeit. Weil dieses 5. Buch Mose auch als Deuteronomium* bezeichnet wird, hat die Wissenschaft es sich angewöhnt, diese Überarbeitung »deuteronomistisch«* zu nennen und bei den Büchern Deuteronomium* bis 2. Könige vom sogenannten Deuteronomistischen Geschichtswerk* zu sprechen.

Die historische Entstehungsreihenfolge war dabei allerdings eine andere, als es die Bibel suggeriert: Nicht die Könige des Nord- und Südreichs* weichen von den Regeln im Deuteronomium* ab, sondern das Deuteronomium* selbst entstand erst später und wurde rückblickend als Beurteilungsraster über das Verhalten der Könige gelegt. Historisch betrachtet konnten sie also noch nicht wissen, ja nicht einmal ahnen, dass es einmal das Gebot geben würde, JHWH nur in Jerusalem zu verehren und ihn nicht bildlich darzustellen. Deshalb war das, was das Alte Testament rückblickend »die Sünde Jerobeams« nennt, für sie noch gängige und unhinterfragte Praxis. Erst an späteren Maßstäben gemessen, wurden alle Könige zu Sündern – und mussten es im Grunde werden, weil nur so der Untergang der beiden Königreiche erklärt werden konnte.

Ungehörte Mahner – zur Neuinterpretation der prophetischen Texte

Was für die Könige Israels und Judas galt, gilt auch für die gesammelten prophetischen Aussprüche der früheren Zeiten: Die meisten Propheten Israels unterschieden sich ursprünglich nicht wesentlich von denen der Nachbarvölker. Sie weissagten – im Grunde staatlich bestellt – Heil für das eigene Volk und Unheil für die Nachbarvölker. Da mag es trotzdem manche gegeben haben, die auch als »Hofpropheten« ihrem König nicht nur nach dem Mund redeten, sondern diesem beratend und kritisch zur Seite standen. Das wird etwa von Nathan am Hof Davids erzählt und galt der biblischen Überlieferung nach auch für Samuel, den Hofpropheten Sauls. Einige besondere Männer und vielleicht auch Frauen traten auf mit einem wachen Blick auf die Zeichen der Zeit. Ihre Namen sind bis heute ein Begriff: Als das Nordreich* unterzugehen drohte, prangerten Elia und Hosea die selbstverständliche Verehrung anderer Gottheiten neben JHWH an, Amos und Micha kritisierten die sozialen Verwerfungen im Land. Im Südreich* beklagten Jesaja und Jeremia das fehlende Gottvertrauen und stellten die Entscheidungen der Könige infrage. Damit bereiteten sie die theologische Wende vor: Unheilsprophezeiungen an die Nachbarvölker konnten nun gelesen werden als ungehört verhallte Warnungen Gottes an das eigene Volk. Auch die Worte der prophetischen Mahner wurden deshalb gesammelt, bearbeitet und zu Schriftrollen zusammengefasst. Prophetische Einzelsprüche, Orakel* und Erzählungen wurden in eine Gesamtschau prophetischen Wirkens und Redens eingebettet und unter die Autorität der großen Namen gestellt. So konnten die Prophetenbücher als »Schriftprophetie« in das wachsende Schrifttum Israels eingebunden werden.

Manche dieser Prophetenüberlieferungen wurden dabei in einer Weise überformt, die von deuteronomistischen* Ideen inspiriert war. Immer deutlicher wurde die Erkenntnis: Rechtzeitige Umkehr wäre möglich gewesen, weil Gott seine Propheten gesandt hatte, um vor dem drohenden Unheil zu warnen. Aber niemand hatte auf diese Männer gehört – nicht das Volk, nicht die Gelehrten, nicht der König. Damit veränderte sich das Prophetenbild: Im 5. Jahrhundert v. Chr. wurde Mose zum Urbild des Propheten, der mit den am Sinai empfangenen Geboten bereits vor der Staatsgründung allgemeingültige Maßstäbe gesetzt hatte. So erweckt das Deuteronomium* in seiner Letztgestalt den Eindruck, dass die Forderungen der Alleinverehrung JHWHs und der Kultzentralisation* in Jerusalem bereits vor der Besiedlung Kanaans* allen Israeliten hätten bekannt sein müssen. Damit werden diese Gebote nun auch zum Maßstab der prophetischen Kritik an den Königen Israels und dem gesamten Volk. Nun scheint es so, als müssten die Propheten permanent kritisieren, dass die Gebote des Mose nicht eingehalten werden.

Viele Stimmen – eine Bibel

Die Priesterschrift*, das Deuteronomistische Geschichtswerk*, die Prophetenbücher und all die weiteren Stimmen, die sich mit eigenen Erklärungsversuchen
zu Wort meldeten, waren sich übrigens gar nicht immer einig darin, wie JHWHs
Handeln an seinem Volk zu verstehen sei. Es gab also offensichtlich im und nach
dem Exil* ganz verschiedene Gruppen von Tradenten*, von höfischen, priesterlichen und anderen Schreiberschulen und Prophetenjüngern, die über die Jahrhunderte ihre Sicht auf die Geschichte eintrugen und erzählten – und dabei um
die richtige und wahre Auslegung der überlieferten Texte rangen. Gerade das
macht die Besonderheit der Bibel aus, dass sich dieses Ringen um das rechte
Verstehen darin erhalten hat.

Denn mit jeder neuen Erzählung der alten Geschichten tauchten auch neue
Fragen auf und mussten beantwortet werden: Wenn JHWH nämlich nicht
(mehr) nur der Gott Israels ist, sondern der universale Schöpfergott aller Welt –
wie ist dann unter diesem Vorzeichen das Verhältnis Israels zu den Völkern zu
beschreiben? Hat Gott sich ein Volk auserwählt und die anderen verworfen? Oder
umfasst sein Heilswille die gesamte Völkerwelt? Auch diese Fragen versuchten
die Theologen und Schriftgelehrten zu beantworten, indem sie ihre Erkenntnisse
dazu in die alten Geschichten eintrugen.

Das ist übrigens eine Form des Umgangs mit den Texten, die sich noch lange
fortsetzt, vermutlich bis ins 2. Jahrhundert v. Chr. Über Jahrhunderte hinweg
wurden die Texte des Alten Testaments fortgeschrieben und dabei aktualisiert.
Gemeinsam war den Tradenten* dabei die Absicht, die Überlieferungen in die
eigene Gegenwart hinein sprechen zu lassen. Die Geschichten der Vergangenheit sollten nicht Geschichte sein, sondern die Gegenwart deuten. Die eigene
Existenz wurde verstanden als Ergebnis des Handelns Gottes an seinem und
für sein Volk – und damit letztlich als Teil einer Geschichte, die durch alle kritischen Erfahrungen hindurch eine Heilsgeschichte ist.

Übrigens hat sich all das nicht nur in den geschichtlichen und prophetischen Überlieferungen des Alten Testaments niedergeschlagen, sondern auch
darüber hinaus: So legen zum Beispiel die Psalmen Zeugnis ab von individueller und kollektiver Not und von der Erfahrung von Bewahrung. Auch die Weis-
heitstexte* zeigen, wie die Menschen um die Frage der Gerechtigkeit Gottes rangen. Sie bieten moralische Orientierung oder erzählen davon, wie Menschen im
Glauben wachsen, wie sie scheitern und neu zu Gott finden.

Auslegen, schreiben und fortschreiben, redigieren und neu ordnen – das alles
ging so weiter, bis dann wieder eine Katastrophe über das jüdische Volk herein-
brach: Im Jahr 70 n. Chr. eroberten die Römer Jerusalem und zerstörten auch
den Zweiten Tempel*. Diese erneute Krise löste, so vermutet die Wissenschaft

heute, den Drang aus, die Texte des Alten Testaments in Inhalt und Form endgültig festzuschreiben. Damit wurde der jüdische Kanon* geboren – die hebräische* »Bibel«, die jüdisch nach den drei Schriftwerken Tora*, Propheten *(nebiim)* und Schriften *(ketubim)* der Tanach* genannt wird.

Von nun an wurde dieser Schriftenkanon* zwar nicht mehr verändert. Aber in mancher Weise setzte sich die Schriftproduktion und Aktualisierung fort – in Kommentierung, Verkündigung und Erläuterung im Grunde bis heute. So bleiben diese Texte lebendig und prägend als Heilige Schriften des Judentums und eben auch als Altes Testament des christlichen Bibelkanons*.

Das Alte und das Neue Testament

Das aber bedeutet: Das Alte Testament ist in sich abgeschlossen. Es ist zwar auf Auslegung angewiesen wie alle Texte, doch braucht es keine Ergänzung, um vollständig zu sein. Die Bezeichnung »Altes Testament« mag das suggerieren, doch stammt sie eben aus der Perspektive einer christlichen Auslegung, die auch das »Neue Testament« kennt. Und dieses ist sehr wohl auf das Alte angewiesen – wobei »alt« und »neu« hier nicht als Wertung aufzufassen sind, sondern als Beschreibung einer literarischen Beziehung.

Die Theologie des Neuen Testaments erwächst aus der Theologie des Alten Testaments. Nicht nur Jesus war Jude, sondern auch seine Jüngerschaft. Aber nicht nur das: Auch die, die sein »Evangelium« weitergaben und es wie Paulus zum Leuchten brachten, waren Menschen jüdischen Glaubens. Die Autoren des Neuen Testaments selbst machen deutlich, dass sie ihre Erzählungen und Deutungen der Person Jesus Christus im Lichte der Überlieferung des Alten Testaments verstanden wissen wollen: Im Leben und Sterben Jesu von Nazareth sahen sie die Verheißungen ihres ureigensten alttestamentlichen Glaubensdokuments erfüllt, die von der Erwartung eines Messias* und der Verwirklichung des Gottesreiches zeugten. Immer wieder wird im Neuen Testament deshalb auf die Texte des Alten Testaments Bezug genommen.

Das Neue Testament braucht das Alte, um verstanden zu werden. Auch christliche Theologie ist nicht anders zu haben als in Verbindung mit und in Bezug auf Gottes Geschichte mit seinem Volk Israel und den Überlieferungen, welche die hebräische* »Bibel« von diesem Gott bewahrt.

Auserwählt aus der ganzen Menschheit

Heldengestalten aus grauer Vorzeit

Adam und Eva

Eine Entscheidung und ihre Folgen

Ende gut, alles gut? 30
Schuf Gott am Anfang die Erde oder den Menschen? – Zwei Schöpfungsgeschichten
    im Alten Testament (Gen 1 und Gen 2–3) 31
Gott erschafft den Erdling aus dem Staub der Erde (Gen 2,7) 32
Adam und Eva – aus dem einen Erdling werden Mann und Frau (Gen 2,18–24) 33
Eine kluge Verführerin – die listige Schlange (Gen 3,1–7) 34
Das Rätsel um den Baum in der Mitte des Gartens 35
Der Biss in die verbotene Frucht – Sünde oder Glücksfall? 36
Willkommen im realen Leben – ein neuer Anfang jenseits von Eden (Gen 3,14–24) 37
Kain und Abel – der erste Familienkrach der Weltgeschichte (Gen 4,1–16) 38
…zum Schluss 39

Ende gut, alles gut?

Ende gut, alles gut – so sagt der Volksmund. Blickt man auf das Ende der Geschichten von Adam und Eva, dann ist das Bild, das sich da zeigt, allerdings ziemlich düster: Von zwei Söhnen ist einer tot und der andere als Brudermörder für ewig gebrandmarkt. Den beiden Eltern, Adam und Eva, geht es nicht viel besser: Sie sind aus dem Paradies vertrieben, hinaus auf den kargen Acker. Dort wird Adam zukünftig das Lebensnotwendige erwirtschaften müssen und Eva ist es bestimmt, unter Schmerzen Kinder zur Welt zu bringen.

Man sagt auch, wenn etwas noch nicht gut ist, dann ist es noch nicht das Ende. Und tatsächlich markiert der Ausgang der Geschichte von Adam und Eva nicht etwa ein Ende, sondern vielmehr den Beginn der Geschichte der Menschheit. Der Weg aus dem Garten Eden führt hinaus in die Wirklichkeit, die diejenigen vor Augen hatten, die diese Geschichten erzählten: Die Böden sind karg, die tierische Umwelt feindlich gesinnt, das menschliche Leben ist kurz, nur eine schnelle Generationenfolge sichert das Überleben.

Genau dieses »Ende« ist es, das die Menschen damals interessierte: Ihnen ging es nicht in erster Linie um das verlorene Paradies, sondern um die Lebenswirklichkeit in ihrem Heute. Der Fachbegriff für solche Geschichten wie die von Adam und Eva und ihren beiden Söhnen Kain und Abel lautet Ätiologie*: Diese Texte erklären, warum etwas so ist, wie es ist. Und in Gen 2–4 wird nun erklärt, wieso Gottes Urteil in Gen 1,31, dass die Schöpfung »sehr gut« sei, nicht mit dem eigenen Empfinden dieser Schöpfungswirklichkeit übereinstimmt.

Schuf Gott am Anfang die Erde oder den Menschen? – Zwei Schöpfungsgeschichten im Alten Testament (Gen 1 und Gen 2–3)

Die Wissenschaft geht heute davon aus, dass die Erzählungen in Gen 2–3 tatsächlich deshalb zu Gen 1 ergänzt wurden, um diese Frage nach dem »Warum« zu beantworten. Vermutlich sind die beiden Schöpfungstexte ursprünglich unabhängig voneinander entstanden und auch von verschiedenen Autoren verfasst worden. Erst später wurden sie dann miteinander verbunden und so in eine Reihenfolge gebracht, die zugleich als Interpretationshilfe dient.

Gen 2–3 ist vermutlich älter als Gen 1 und bereits vor dem Babylonischen Exil* entstanden. Beide Geschichten sind durch Gen 2,4a verbunden: »Es war zu der Zeit, da Gott der HERR Himmel und Erde machte.« Dieser Vers erweckt den Eindruck, dass nun der Blick absichtlich von der Weltschöpfung auf die Menschenschöpfung gelenkt werden soll, herangezoomt wie mit der Kamera. Tatsächlich aber setzt Gen 2 nochmal ganz neu an und erzählt ein weiteres Mal die gesamte Schöpfung. Der Mensch steht nun allerdings nicht mehr an deren Ende, sondern an ihrem Beginn. Gemeinsam ist beiden Schöpfungsgeschichten, dass der Mensch innerhalb der Schöpfung eine herausgehobene Position einnimmt. Gen 2 signalisiert dabei: Alles Schöpfungshandeln geschieht um des bereits erschaffenen Menschen willen. Dies mag ein wenig überheblich wirken, doch muss man sich klarmachen, dass dahinter die antike Vorstellung steht, wonach der Mensch den Mittelpunkt des Universums bilde. Die Forschung bezeichnet das als »anthropozentrisches Weltbild«.

Randbemerkung

Gen 1, die klassische Schöpfungserzählung, die von der Erschaffung der Welt in sieben Tagen berichtet, stammt aus der Feder der sogenannten Priesterschrift*. Dazu muss man wissen: Als 587 v. Chr. der Tempel zerstört und die Stadt Jerusalem durch die Babylonier* erobert worden war, suchten die Menschen aus Juda nach Erklärungen dafür, wie das passieren konnte. Sie fanden Antworten im Rückblick auf die Geschichte Gottes mit ihrem Volk. Deshalb schrieben sie diese Geschichte auf – und weil ihr Interesse dabei dem Kult* und der Wohlordnung der Welt galt, hat die Wissenschaft für diese Erzählung den Namen »Priesterschrift« geprägt. Verfasst wurde sie vermutlich im Babylonischen Exil* und sie beginnt tatsächlich am zeitlichen Nullpunkt: »Am Anfang schuf Gott Himmel und Erde« (Gen 1,1). Ihre Erzählung von der Schöpfung der Welt verrät das Interesse, alles strukturiert zu wissen: In sechs fast gleich ablaufenden Tagen habe Gott durch sein Wort die Welt geschaffen und als Lebensraum für Tier und Mensch geordnet und am siebten Tag dann geruht. Gegen das Chaos, das spätestens mit der Eroberung Jerusalems durch die Babylonier* über das eigene Leben hereingebrochen war, setzt die Priesterschrift* das Bekenntnis zur Allmacht des einen und einzigen Gottes JHWH, der die Welt als seine Schöpfung nach seinem Willen gestaltet und formt. Nichts ist dem Zufall überlassen, sondern hinter allem ist, so die Botschaft von Gen 1,1–2,4a, Gottes Ordnungswille erkennbar.

Gott erschafft den Erdling aus dem Staub der Erde (Gen 2,7)

Dieser Mensch, der Erstling der in Gen 2 erzählten Schöpfung, ist zunächst allein. Adam heißt er übrigens deshalb, weil es sein Wesen ist, vom Erdboden (hebräisch *adamah*) zu stammen – er ist also ein »Erdling«. Und wenn man es noch genauer nehmen wollte, müsste man sagen: *Es* ist ein Erdling. Denn davon, dass dieses Erdlingswesen Adam ein Mann ist, wird hier nichts gesagt. Zum Mann wird der Erdling erst durch die Erschaffung der Frau. Das genaue Vorgehen Gottes bleibt dabei allerdings etwas nebulös: »Da machte Gott der HERR den Menschen aus Staub von der Erde und blies ihm den Odem des Lebens in seine Nase. Und so ward der Mensch ein lebendiges Wesen« (Gen 2,7).

Die Einzelheiten dieser Menschenschöpfung sind dem Erzähler erkennbar egal. Wichtig ist ihm allerdings das, was damit theologisch zum Ausdruck gebracht wird: Dass der Mensch aus Staub ist, weist von Beginn an auf seine Sterblichkeit hin. Nur Gott, der ihm den Atem einhaucht, verdankt Adam seine lebendige Existenz. Nach dem sogenannten »Sündenfall« kann Gott deshalb bilanzieren: »Staub bist du und zum Staub kehrst du zurück!« (Gen 3,19).

Für diesen sterblichen Menschen schafft Gott nun eigenhändig einen Garten und erteilt ihm den Auftrag, sich darum zu kümmern. Hier sind sich übrigens beide Schöpfungsgeschichten sehr ähnlich, denn einen solchen Auftrag zur Bewahrung der Schöpfung erhalten die Menschen auch in Gen 1.

Randbemerkung

Der Begriff »Garten« hatte für damalige Ohren einen ganz anderen Klang als heute, wo man Gärten als Dekoration fast jedes Einfamilienhauses kennt. Der Begriff des Paradieses, der in der Septuaginta* in Gen 2–3 für den Garten Eden verwendet wird, stammt aus dem Altiranischen und bezeichnet dort die umfriedeten Gartenanlagen des Großkönigs. In den wasserarmen Gegenden des Vorderen Orients kam das üppige Grün eines Gartens mit einer sprudelnden Wasserquelle tatsächlich sehr nahe an das heran, was man heute noch immer mit dem Bild des Paradieses verbindet. Und wenn es um den König herum grünte und blühte, so war das nichts weniger als ein sichtbarer Beweis seiner besonderen Gottesnähe. Gen 2 weitet das, was eigentlich für einen Herrscher gilt, nun auf die gesamte Menschheit aus: So wie in Israels Umwelt der König werden hier durch den Erstling alle Menschen in die Nähe Gottes gerückt: »Was ist der Mensch, dass du seiner gedenkst, und des Menschen Kind, dass du dich seiner annimmst? Du hast ihn wenig niedriger gemacht als Gott, mit Ehre und Herrlichkeit hast du ihn gekrönt. Du hast ihn zum Herrn gemacht über deiner Hände Werk, alles hast du unter seine Füße getan« (Ps 8,5–7). Spannend ist: Dieses Paradies, dieser Garten *in* Eden (und später: der Garten Eden), ist dabei nicht jenseitig gedacht. Er ist Teil der Ackerwelt, in die Gott den Menschen entlässt. In der Vorstellung des Erzählers existierte dieser Garten auch noch zu seiner eigenen Zeit, allerdings wird der Eingang nun von zwei Fabelwesen, den Cheruben*, flankiert (vgl. Gen 3,24) – so wie übrigens der Garten des assyrischen* Königs Sanherib von zwei geflügelten Stieren bewacht wurde.

Adam und Eva – aus dem einen Erdling werden Mann und Frau (Gen 2,18–24)

Zunächst lebt der Mensch, Adam, in diesem wunderbaren Garten allein. Doch Gott erkennt die Einsamkeit seines ersten Geschöpfes und versucht sie zu mildern. So wie die Bibel davon erzählt, wird Gott allerdings in einer Weise vermenschlicht, die heute merkwürdig anmutet: Denn wie vorher den Menschen, so macht Gott nun alle Tiere aus dem Staub der Erde, um zu sehen, ob sich darunter eine passende Begleitung für den Menschen findet – »trial and error« sozusagen. Gott und Mensch arbeiten hier Hand in Hand: Gott formt und der Mensch benennt, doch ein passendes Gegenüber findet sich nicht. So weiß sich Gott schließlich keinen anderen Rat mehr, als Adam in einen besonderen Tiefschlaf zu versetzen und aus einer seiner Rippen die passende Gefährtin zu formen.

Immer wieder hat man sich gefragt: Wieso ausgerechnet aus der Rippe? Wären andere Körperteile nicht passender gewesen? Die griechische Bibelübersetzung, die Septuaginta*, deutet das hebräische* Wort anders und beschreibt, dass Gott Eva aus Adams »Seite« gemacht habe. Das ist bereits der erste Versuch einer Interpretation dieses schwierigen Begriffs. Heute weiß man allerdings: Im Sumerischen*, also in einer benachbarten Sprache, bezeichnet das gleiche Wort die beiden Begriffe »Rippe« und »Leben«. Vielleicht steht das ja auch hier im Hintergrund? Was auch nicht aufgelöst wird: Woher weiß Adam eigentlich, dass dieses Gegenüber hier von ihm stammt? »Fleisch von meinem Fleisch«, so erkennt er es sofort, dabei hat er den entscheidenden Moment doch verschlafen!

Nun sind sie also zu zweit: Der Mensch hat sein Gegenüber – endlich eines auf Augenhöhe. Denn von einer Unterordnung des einen unter das andere Geschlecht wird hier nichts gesagt; beide stehen vielmehr in einer gleichberechtigten Partnerschaft nebeneinander. Deshalb bricht der Mann sofort in Jubel aus – ein höchst philosophischer Text:

Die ist nun Bein von meinem Bein und Fleisch von meinem Fleisch; man wird sie Männin nennen, weil sie vom Manne genommen ist. Darum wird ein Mann seinen Vater und seine Mutter verlassen und seiner Frau anhangen, und sie werden sein ein Fleisch. (Gen 2,23–24)

Erst durch diese Frau wird Adam selbst zum Mann. Dieses Wortspiel, das Adam hier in den Mund gelegt ist, kann man im Deutschen nicht so einfach wiedergeben: Adam bezeichnet sich selbst als *isch* (Mann) und seine Gefährtin als *ischa.* Luther übersetzt mit »Mann« und »Männin«; man denke an die englischen Bezeichnungen »man« und »woman«. Der Name Eva lässt sich hingegen deuten als »Mutter alles Lebendigen«. Für diese *ischa,* das weiß selbst Adam, obwohl er keine Eltern hat, wird ein Mann Vater und Mutter verlassen. Dass aus Mann und Frau dann ein Fleisch werden wird, meint mehr als den puren Akt der sexuellen Vereinigung. Hierin spiegelt sich vielmehr das hohe Eheideal einer untrennbaren und lebenslangen Gemeinschaft – und das in einer Zeit, als es noch keine Liebesheirat gab. Die Geschichte schließt mit dem Hinweis auf die unkomplizierte Nacktheit, in der die beiden leben. Auch das beschreibt die Unschuld einer vergangenen Zeit – denn jeder, der die Geschichte von Adam und Eva liest und hört, weiß, dass das inzwischen anders ist.

Eine kluge Verführerin – die listige Schlange (Gen 3,1–7)

Nun tritt die Schlange auf den Plan. Ihr Charakter wird sofort offengelegt, sie ist von großer Listigkeit. Tatsächlich zeigt sie sich als eine kluge Verführerin und fragt ganz unschuldig: »Ja, sollte Gott gesagt haben: Ihr sollt nicht essen von allen Bäumen im Garten?« (Gen 3,1). Mit ihren Halbwahrheiten bringt sie Eva in die schwierige Position, Gott verteidigen zu müssen. Der Schlange gelingt es, in der Frau den Keim des Zweifels zu säen: Hatte Gott ihr und ihrem Mann wirklich den Genuss all der leckeren Früchte im Garten verboten? Die Schlange behauptet, Gott habe sie belogen, denn wer von diesem Baum esse, der sterbe nicht, sondern der gelange zur Erkenntnis über Gut und Böse und werde damit wie Gott. Treffsicher legt die Schlange den Finger – den sie zu diesem Zeitpunkt, nimmt man den Fluch in Gen 3,14 wörtlich, tatsächlich noch gehabt haben soll – in die sprichwörtliche Wunde und lenkt den Blick auf das Verbotene. Und tatsächlich kann die Frau der Verlockung nicht widerstehen: Sie isst und gibt auch ihrem Mann von der Frucht.

Dieser Biss in die verbotene Frucht wird, wie die Leserschaft weiß, das Ende des Lebens im Paradies besiegeln. Die

Randbemerkung

Die Bibel sagt übrigens nicht, dass es ein Apfel ist, in den die beiden hier herzhaft beißen. Diese Vorstellung, die ja bis in Malerei und Film hinein sehr prägend gewirkt hat, kam erst später auf. Sie lässt sich wohl damit erklären, dass das Substantiv »malum«, das in der lateinischen Übersetzung des Bibeltextes steht, sowohl »Apfel« als auch »Böses« bedeuten kann.

theologische Tradition hat sich angewöhnt, die »Schuld« für das, was da passiert ist, allein bei Eva zu suchen. Schon die apokryphe* Schrift Jesus Sirach kann im 2. Jahrhundert v. Chr. behaupten: »Die Sünde nahm ihren Anfang bei einer Frau, und um ihretwillen müssen wir alle sterben« (Sir 25,24). Über Jahrhunderte ist diese problematische Auslegung ausgesprochen wirkmächtig gewesen. Man –

und hier gilt tatsächlich: Mann – glaubte, im weiblichen Geschlecht lebe die Ursünde Evas fort. Die Rolle der Frau schien damit festgelegt: Sie ist diejenige, die einen Mann mit ihren Reizen zu dem verführt, was doch verboten ist.

Die Bibel sagt das übrigens so nicht: Nicht Eva erscheint als kluge Verführerin, der Adam nur hilflos nachgeben kann, sondern beide haben ihren Anteil daran, dass das geschehen ist, was nach Gottes Willen eben nicht geschehen sollte.

Das Rätsel um den Baum in der Mitte des Gartens

Spätestens jetzt lohnt sich auch ein genauerer Blick auf den Baum, von dem Adam und Eva nicht essen sollen. Wenn man nämlich genau hinschaut, bemerkt man: So ganz klar ist es gar nicht, wie viele Bäume da in der Mitte des Gartens stehen.

Und Gott der HERR ließ aufwachsen aus der Erde allerlei Bäume, verlockend anzusehen und gut zu essen, und den Baum des Lebens mitten im Garten und den Baum der Erkenntnis des Guten und Bösen. (Gen 2,9)

Sind es ein, zwei oder drei Bäume? Zumindest der Baum des Lebens und der Baum der Erkenntnis werden hier voneinander unterschieden. Das wären dann ja schon mal zwei Bäume. Parallelen in vergleichbaren Texten aus Israels Umwelt legen nahe, dass es eigentlich auch noch einen sogenannten Weltenbaum gegeben haben müsste, der in keinem solchen Garten fehlen durfte. Ist das Nebeneinander mehrerer Bäume vielleicht ein Hinweis darauf, dass hier später in den Text eingegriffen wurde? Das scheint plausibel, weil auffälligerweise nur das Essen von *dem einen* Baum verboten wird und auch die Frau im Gespräch mit der Schlange nur von »*dem* Baum in der Mitte des Gartens« spricht. Heute vermutet man Folgendes: Ursprünglich kannte die Geschichte nur den Weltenbaum, der in der Mitte des Gartens stand und den zu berühren verboten war. Ein solcher Baum konnte im Alten Orient die Macht des Königs symbolisieren und steht hier vielleicht für die Macht des Weltenkönigs Gott. Zu einem späteren Zeitpunkt in der Überlieferung der Paradiesgeschichte wurde dieser eine Weltenbaum dann als »Baum der Erkenntnis von Gut und Böse« beschrieben, der dafür sorgt, dass der Mensch die Fähigkeit zur Erkenntnis gewinnt. Auffällig ist dabei, wie ambivalent diese Erkenntnisfähigkeit in der Geschichte dargestellt wird: Dass der Mensch nun mehr ist als ein dumpfer Erdling, kostet ihn zugleich das Paradies. Um diese Konsequenzen mit aller Härte zu beschreiben, wurde dann in einem dritten Schritt der »Baum des Lebens« in die Geschichte eingefügt: Weil das erste Menschenpaar Gottes Gebot übertreten und Erkenntnis gewonnen hat, ist ihm der Zugang zum ewigen Leben verwehrt.

Offen bleibt: Warum dürfen Adam und Eva eigentlich nicht von diesem Baum essen? Steht dahinter die Fürsorge Gottes, der sie vor den unangenehmen Folgen bewahren will, oder möchte er gern, dass die Menschen für immer im Status infantiler Abhängigkeit verharren? Gottes Warnung, dass sie sonst sterben werden, ist ja übertrieben. Zumindest sterben sie nicht sofort.

Oder muss es – um einmal ganz anders zu fragen – diese Regel des Nichtessens geben, damit der Mensch die Möglichkeit hat, sie zu brechen? Die Notwendigkeit, sich entscheiden zu müssen, führt ja überhaupt erst dazu, sich entscheiden zu können. In jedem Fall ist es so: Der Mensch muss sich entscheiden, und er entscheidet sich für das Essen und damit für das Wissen um Gut und Böse. Der Mensch ist nun also vermeintlich frei – in seinen Entscheidungen und in seinem Handeln. Von nun an wird der Zwiespalt zwischen der Bestimmung zum Guten und dem Hang zum Bösen sein dauerhafter Begleiter sein.

Der Biss in die verbotene Frucht – Sünde oder Glücksfall?

Der Mensch wählt die Erkenntnis. Doch ist das mit dieser Erkenntnis ja durchaus eine ambivalente Sache. Zwar kann der Mensch nun zwischen Gut und Böse unterscheiden, doch ist der Preis dafür sehr hoch: Nicht weniger als die Vertreibung aus dem Paradies kostet die beiden der Biss in die verbotene Frucht. Ist das nun also ein Sündenfall oder doch eher ein Glücksfall? Auch wenn es sich in der theologischen Tradition eingebürgert hat, hier von einem »Sündenfall« zu sprechen, so muss man feststellen, dass das biblische Urteil so eindeutig nicht ist – und dass der Begriff der »Sünde« hier auch gar nicht fällt.

Die Erzählung selbst macht die Ambivalenz zwischen der Freiheit zur Entscheidung und dem Zwang dazu mit sehr viel psychologischem Feingefühl deutlich: Der Mensch erlangt das, was sein Wesen ausmacht, ausgerechnet durch die Übertretung eines göttlichen Gebotes; seinen Verlust der seligen Unwissenheit hat er sich also selbst zuzuschreiben. Diese biblische Erzählung beschreibt so etwas wie eine zweistufige Menschwerdung: Der Mensch ist, wie die Tiere, zuerst als Naturwesen geschaffen und wird dann durch die Aneignung der Erkenntnisfähigkeit zum Kulturwesen. Was dann passiert, dürfte allerdings eine herbe Enttäuschung gewesen sein. Die Schlange hatte Gottgleichheit versprochen; doch was für ein Kontrast: Von universaler Erkenntnis und von Gott ist nicht die Rede – sondern nur davon, dass die beiden sich ihrer Nacktheit bewusst werden. Sie erlangen Erkenntnis, ja, aber sie erkennen nicht die Geheimnisse der Welt und des Universums, sondern nur ihre eigene Schutzlosigkeit und Verletzlichkeit. Und sie beginnen Scham zu empfinden, eine Scham übrigens, die in der Erzählung genauso wenig mit der Entdeckung der

Geschlechtlichkeit verbunden ist wie die Erkenntnis von Gut und Böse. Hier hat die theologische Tradition, die jahrhundertelang fast ausschließlich von Männern dominiert wurde, etwas in den Text hineingelesen, was nicht drinsteht; sehr zum Leidwesen vieler Frauen, die über Generationen unter dieser Auslegung leiden mussten.

Willkommen im realen Leben – ein neuer Anfang jenseits von Eden (Gen 3,14–24)

Adam und Eva müssen erfahren, welche Konsequenzen die Übertretung des Gebotes Gottes für sie hat. Bei dem göttlichen Verhör, das nun folgt, reagieren die ersten Menschen übrigens allzu menschlich: Sie schieben die Schuld weiter, Adam auf Eva und Eva auf die Schlange. Aber die interessiert Gott schon gar nicht mehr, sein Urteil steht fest: Die Schlange wird ausdrücklich zum verfluchten Tier erklärt, Kriechen und Staubfressen sind ihr Los. Und das Schicksal der Frau beschreibt nicht weniger als eine Verschiebung der Verhältnisse: Nicht mehr gleichberechtigt stehen sich »Mann« und »Männin« zukünftig gegenüber, sondern der Mann wird von nun an über seine Frau herrschen. Das ist die Realität zur Zeit des Erzählers. Doch auch für Adam ändert sich das Leben grundlegend: Vertrieben aus dem immergrünen Garten, der Nahrung in Fülle verspricht, muss er zukünftig unter Mühen dem kargen Ackerboden das Wenige abtrotzen, das ihn ernähren soll. Der Mensch kann nun auf eigenen Füßen stehen – und er muss es auch tun. Zugleich lässt Gott ihn nicht ohne Schutz. Seine Fürsorge für seine Geschöpfe gilt weiterhin und so macht er den beiden Fellschurze, bevor er sie in die neugewonnene Freiheit entlässt. Die Erwähnung des Fells lässt aufhorchen: Hätte dafür nicht eigentlich ein Tier sterben müssen – ein erster Hinweis auf die raue Wirklichkeit, die nun gilt?

Die Welt ist nun so, wie sie ist: Eva bringt ihren ersten Sohn zur Welt, Kain. Ihr Jubel darüber, selbst einen Menschen erschaffen zu haben, zeigt: Mit der Vertreibung aus dem Paradies erwacht auch das Selbstbewusstsein des Menschen; er entdeckt seine Sexualität. Die Menschen erfahren, dass sie selbst Kinder zeugen können; nicht mehr Gott allein erschafft nun Menschen. Erst viel später nannte man das »Erbsünde« und begann von einem durch Sexualität vererbten Sündengeschehen zu sprechen. Der biblische Text gibt das nicht her. Nach der besonderen Freude über den Erstgeborenen überrascht allerdings, wie lakonisch von der Geburt des zweiten Sohnes berichtet wird. Und schon der Name lässt erahnen: Das Leben von Abel – dem »nichtigen Windhauch« (Gen 4,2) – wird schnell vorüber sein.

Kain und Abel – der erste Familienkrach der Weltgeschichte (Gen 4,1–16)

Gen 4 knüpft nahtlos dort an, wo Gen 3 aufgehört hat – in beiden Kapiteln geht es darum, was passiert, wenn Menschen Fehler machen. Diese Erzählung wäre deshalb missverstanden, würde man sie psychologisch als Brüderrivalität oder historisierend als Geschwisterstreit der zweiten Generation deuten. Dieses Kapitel trägt einen neuen Blick auf die gesamte Menschheit ein. Es zeichnet die Grundlinien menschlichen Daseins nach. In Abel und Kain, im Hirten und Ackerbauern, begegnen die ältesten Berufe der Menschheit. Und obwohl zu dieser Zeit der Name JHWHs noch nicht angerufen wird, wie die Bibel feststellt, obwohl es keine Heiligtümer und keine Kultstätten* gibt, bringen die beiden ein Opfer. Allerdings: Abels Opfer findet Wohlgefallen vor Gott, das von Kain nicht. Dieser erschlägt daraufhin Abel und wird als Brudermörder von Gott gekennzeichnet.

Noch spannender ist all das, was die Geschichte nicht sagt. So bleibt offen, wieso Gott nur das Opfer Abels anerkennt, das von Kain aber nicht. Und woran merkt Kain eigentlich, dass sein Opfer abgelehnt wird? Kain jedenfalls interpretiert das als Abweisung seiner gesamten Person, was seinen Gewaltausbruch veranlasst. Dabei hatte Gott ihn extra noch gewarnt: Kain soll sich nicht von der Sünde beherrschen lassen. Doch genau das passiert: Kain senkt seinen Blick, er vermag nur noch sich selbst zu sehen, nicht mehr den Bruder, den Nächsten oder Gott – und dann schlägt er zu. Obwohl Gott das schon weiß, sucht er den ermordeten Abel. »Soll ich meines Bruders Hüter sein?«, fragt Kain daraufhin unwirsch. Angriff ist ja bekanntlich die beste Verteidigung. Doch Abels Blut schreit zum Himmel – so wie man bis heute sagen kann, dass Unrecht zum Himmel schreit. Und tatsächlich macht sich JHWH zum Anwalt Abels und verurteilt Kain für seine Tat: Er wird verdammt zu einem unsteten Leben, denn der Ackerboden – den er durch den Mord an seinem Bruder entweiht hat – wird ihm zukünftig nicht mehr all das schenken, was er zum Leben benötigt. Auch seine Nachkommen werden nur noch unruhige Gäste in diesem Niemandsland östlich von Eden sein, unterwegs als Zither- und Flötenspieler oder als Werkzeugmacher. Was ihr Vorfahre getan hat, wirkt sich bis in die Gegenwart auf ihr Leben aus. Hier schimmert die antike Vorstellung durch, dass die Folgen der Tat auf den Täter zurückfallen. Und doch endet die Geschichte mit einem Hoffnungszeichen:

Gott nimmt selbst den Brudermörder in Schutz. Das Kainszeichen ist kein Brandmal, kein Strafzeichen für einen Verurteilten, sondern ein Schutzzeichen Gottes. Auch der Sünder gehört bleibend zu Gott – damals und bis heute.

… zum Schluss

Am Ende der Erzählung geht der Blick zurück auf den Anfang, das Paradies. Die Welt könnte besser sein, als sie ist. Diese Erinnerung hat sich unauslöschlich in das kollektive Gedächtnis eingebrannt. Und sie hat sich auch in Gen 2–4 niedergeschlagen, in den Geschichten rund um Adam und Eva und um Kain und Abel. Die Erzählung von der Vertreibung aus dem Paradies hält fest: Gott hat die Welt gut geschaffen, voller Möglichkeiten. Dass sie jetzt so ist, wie sie ist, erklärt sich aus einer Entscheidung des Menschen.

Die beiden Schöpfungsgeschichten wollen also nicht darüber berichten, wie die Welt tatsächlich entstanden ist. Alle Versuche, daraus eine wissenschaftliche Beschreibung der Erschaffung von Welt und Menschen abzuleiten, gehen deshalb an der Absicht der Texte weit vorbei. Und auch Adam und Eva stehen nicht biologisch für die beiden ersten Menschen, die jemals auf Erden gelebt haben, sondern sie repräsentieren das, was Menschen sind: Geschöpfe Gottes, ihm irgendwie ähnlich und aus seiner Schöpfung hervorgehoben, aber zugleich auch fehlbar und in Schuld verstrickt. Die christliche Tradition hat das mit dem schwierigen Begriff der »Erbsünde« bezeichnet und damit doch etwas Richtiges erkannt. Bereits der Apostel Paulus konnte diese Erkenntnis in Worte fassen und damit eine Erfahrung beschreiben, die offensichtlich so alt ist wie die Menschheit selbst: »Das Gute, das ich will, das tue ich nicht; sondern das Böse, das ich nicht will, das tue ich« (Röm 7,19).

Die ersten Kapitel der Bibel erklären, wie die Welt zu dem wurde, was sie ist. Sie erzählen von Schöpfer und Geschöpf. Und sie erzählen von einer Art Emanzipation des Geschöpfes. So wird hier etwas Zeitloses überliefert – das auch dem modernen Menschen zum Gleichnis wird.

Noah

Erbauer der Arche und erster Weinbergbesitzer

Es beginnt mit einem Stammbaum (Gen 5,1–32) 40
Sintflut oder Sündflut? 41
Gottes Auftrag an Noah: »Bau dir eine Arche!« (Gen 6,5–22) 42
Der Himmel öffnet seine Schleusen – das altorientalische Weltbild 43
Ein neuer Anfang (Gen 8,1–22) 44
Im Zeichen des Regenbogens – die Realität der neuen Schöpfung (Gen 9,1–17) 45
Noah als Weingärtner (Gen 9,18–29) 46
…zum Schluss 47

Es beginnt mit einem Stammbaum (Gen 5,1–32)

Die Geschichte Noahs beginnt so wie die Erzählungen vieler großer Helden in der Bibel: mit einem Stammbaum. Bevor erzählt werden kann, was jemand tut, muss erst einmal geklärt werden, von wem er abstammt. Noah wird hier deshalb über zehn Generationen auf Adam zurückgeführt, wobei auffällt: Alle Genannten erreichen ein wahrhaft biblisches Alter und leben alle mehrere hundert Jahre. Wie hätte man in Zeiten, in denen viele Menschen nicht älter als 50 wurden und viele Kinder früh starben, besser zum Ausdruck bringen können, dass das die goldene Urzeit gewesen sein muss? Aus der Reihe fällt nur Noahs Urgroßvater Henoch, der fast noch ein Jüngling ist – schließlich hat er erst 365 Jahre auf dem Buckel –, als Gott ihn von der Erde hinwegnimmt. Dass er nicht stirbt, sondern lebendig in den Himmel entrückt wird, dürfte wohl als Belohnung für sein besonders untadeliges Leben gedacht sein. Henochs Enkel Lamech wird dann der Vaters Noahs werden. Bei diesem Stammbaum fällt auf: Lediglich bei Noah wird nicht nur der Name des erstgeborenen Sohnes genannt, sondern der aller drei Söhne; Sem, Ham und Jafet. Das bedeutet: Seine Geschichte wird nun nicht mehr nur linear erzählt, sondern fächert sich auf in die Breite – die Urgeschichte ist vorbei und die Völkergeschichte beginnt. Noah wird als Überlebender der Flut zum exemplarischen Menschen und zum Repräsentanten der neuen Menschheit.

Sintflut oder Sündflut?

War die große Flut nun eine Sintflut oder eine Sündflut? Seit dem Ende des Mittelalters ist auch die letztgenannte Bezeichnung belegt: Sündflut ist die volksetymologische Umschreibung dafür, dass die große Flut verstanden wurde als Gottes Strafe für die Bosheit der Menschen. Tatsächlich bedeutet der Begriff »sint« aber »immer/überall« und hat mit Sünde nichts zu tun.

Die Bibel ist übrigens sicher, dass der Schöpfer der Welt selbst diese allumfassende Flut geschickt hat. Tatsächlich erzählen auch andere Kulturen aus dem Vorderen Orient vergleichbare Geschichten, die zum Teil bis heute erhalten sind, wie zum Beispiel das sumerische* Gilgameschepos und das Atra-Chasis-Epos aus Mesopotamien*. Man vermutet, dass die Israeliten diese Geschichten spätestens im Babylonischen Exil* kennenlernten und dann auch in die eigene Überlieferung einbauten. Die Erzählungen der Nachbarvölker setzen allerdings voraus, dass mehrere Götter handeln. So retten in der mesopotamischen* Sintflutgeschichte einzelne Gottheiten ihre menschlichen Lieblinge durch eine List, während andere die gesamte Erde vernichten wollen. Das Volk Israel konnte bei seiner Variante der Sintflut nicht auf solche erzählerischen Kniffe zurückgreifen – denn als diese Geschichte erzählt wurde, hatte man schon erkannt: Es gibt nur einen Gott. Vielleicht kann man so aber verstehen, warum der Gott der Sintflutgeschichte solch merkwürdigen Stimmungsschwankungen unterliegt und überhaupt ein recht menschliches Gesicht trägt: Erst beschließt er die Vernichtung der Welt, entscheidet sich dann aber doch, Noah zu retten. Er zeigt zudem Gefühle – er ist bekümmert und sein Verhalten reut ihn – und führt sowohl Selbstgespräche als auch solche mit Noah und seiner Familie.

Auslöser der Sintflut ist in der hebräischen* Bibel wie in den Überlieferungen der Nachbarvölker das Verhalten der Menschen:

Randbemerkung
Lange hat die Forschung vermutet, dass die verschiedenen vorderorientalischen Sintfluterzählungen auf eine gemeinsame historische Erfahrung zurückgehen, dass also das Erlebnis einer Flutkatastrophe riesigen Ausmaßes – die vielleicht nicht die ganze Erde, wohl aber den gesamten altorientalischen Raum betroffen haben mag – ihr Auslöser gewesen sei. Dies lässt sich allerdings nicht mehr nachweisen. Näher liegt deshalb die Vermutung, dass die Erfahrung von typischen kleinen, regional begrenzten und durchaus häufigen Überschwemmungen bildprägend gewirkt hat und dass die Erzählung der großen Flut etwas verarbeitet, was Teil des menschlichen Alltags war.

Als aber der HERR sah, dass der Menschen Bosheit groß war auf Erden und alles Dichten und Trachten ihres Herzens nur böse war immerdar, da reute es den HERRN, dass er die Menschen gemacht hatte auf Erden, und es bekümmerte ihn in seinem Herzen, und er sprach: Ich will die Menschen, die ich geschaffen habe, vertilgen von der Erde, vom Menschen an bis hin zum Vieh und bis zum Gewürm und bis zu den Vögeln unter dem Himmel; denn es reut mich, dass ich sie gemacht habe. (Gen 6,5–8)

Diese Erkenntnis veranlasst Gott dazu, die Vernichtung (fast) allen Lebens auf Erden zu beschließen, um hinterher mit einer gereinigten Schöpfung neu anfangen zu können. Nur Noah findet Gnade vor Gottes Augen und wird verschont.

Doch Gottes Plan geht nicht auf, denn im Anschluss an die Sintflut muss er erneut einsehen, dass der Mensch von Grund auf verderbt ist. Nun allerdings veranlasst ihn das nicht mehr zur Vernichtung der Menschheit, sondern dazu, Gesetze zum Schutz dieses gefährdeten Lebens zu erlassen. Nicht der Mensch ändert sich also im Verlauf der Sintflut, sondern Gott.

Gottes Auftrag an Noah: »Bau dir eine Arche!« (Gen 6,5–22)

Die Erzählung beginnt mit einem Auftrag Gottes an Noah; der allerdings ergeht in vielen Wiederholungen: Noah soll ein Schiff bauen, das Platz für seine Familie und alle Tiere bietet. Die Schilderungen sind ganz detailliert und trotzdem widersprüchlich. So bleibt offen: Wie viele Tiere soll Noah denn nun mitnehmen: Jeweils ein Paar von allen oder von den reinen Tieren jeweils sieben (vgl. Gen 6,19–20 mit Gen 7,2–3)?

Nicht nur hier fällt auf: Die Erzählung rund um Noah braucht viele Worte, um das zu wiederholen, was eigentlich schon gesagt ist – als wolle man eine Version der Geschichte durch eine andere ergänzen oder gar korrigieren. Immer wieder finden sich deshalb Unstimmigkeiten: Zunächst klingt es so, als betrete Noah samt seinem Gefolge die Arche schon sieben Tage vor der Flut, quasi zum Probewohnen, später heißt es jedoch, er gehe erst hinein, als es schon zu regnen beginne. Die Sintflut wird zwei Mal angekündigt und dauert einmal 40 und einmal 150 Tage. Harmonisieren lässt sich all das nicht.

Randbemerkung

Wie die Noahgeschichte zwischen »reinen« und »unreinen« Tieren zu unterscheiden, ist ein Gedanke, der einer modernen Leserschaft zunächst fremd anmutet. Diese Vorstellung entstammt der Tradition der Priesterschrift* und meint zunächst die grundlegende Differenz zwischen dem, was heilig (rein) ist und damit zur Sphäre Gottes gehört – und eben dem Unheiligen oder Unreinen. Innerhalb der Noahgeschichte geht es dabei vor allem um die Frage, welche Tiere als Opfertiere* infrage kommen und welche nicht.

Auffällig viele Worte werden auf die Beschreibung des Baus der Arche verwendet – das ist sicher kein Zufall. Und der erste Eindruck, dass dieser rechteckige Kasten aus drei Stockwerken wohl niemals würde schwimmen können, trügt auch nicht. Hier soll kein seetüchtiges Schiff beschrieben werden, sondern hier entsteht ein Heiligtum. Eines übrigens, das aussah wie einer der typischen Tempel aus Babylon*. Ob man diese Arche tatsächlich jemals hätte zu Wasser lassen können, war dem Erzähler egal: Die Geschichte von Noah wird, das schimmert immer wieder durch, nicht erzählt, weil sie sich so ereignet hat, sondern weil sie eine theologische Wahrheit in Worte fassen soll, die gültig ist unabhängig davon, ob sie »passiert« ist.

Randbemerkung

Die Widersprüche innerhalb der Sintflutgeschichte sind von der Wissenschaft als Hinweis darauf gedeutet worden, dass hier verschiedene Überlieferungen miteinander verwoben wurden: Offensichtlich wurde die Sintflutgeschichte in verschiedenen Kreisen unterschiedlich erzählt. Und als die Priesterschrift* diese verschiedenen Überlieferungen zur Zeit des Babylonischen Exils* miteinander verband, wurden die Widersprüche nicht geglättet, sondern stehen gelassen. Vielleicht wollte man nicht entscheiden müssen, was richtig ist und was nicht? Dass diese Widersprüche in der Sintfluterzählung beim Lesen heute nicht unbedingt auffallen, liegt daran, dass sich solche Doppelüberlieferungen in der gesamten Urgeschichte und in den Erzelternüberlieferungen bis zum Exodus* finden – man hat sich bei der Bibellektüre also schon daran gewöhnt. Die Wissenschaft vermutet daher, dass für all diese Überlieferungen das gleiche gilt wie für die Noahgeschichte: Sie sind aus mehreren Erzählungen ähnlichen Inhalts zusammengesetzt, die nur vorsichtig aneinander angeglichen wurden.

Der Himmel öffnet seine Schleusen – das altorientalische Weltbild

40 Tage regnet es ununterbrochen und das Wasser steigt auf Erden, genauso wie Gott es angekündigt hatte. Die Zahl 40 spielt in verschiedenen Überlieferungen des Alten Testaments eine Rolle: 40 Tage lang hält sich Mose auf dem Sinai im Angesicht Gottes auf (Ex 24,18), 40 Tage wandert Elia zum Gottesberg Horeb (1Kön 19,8) und ebenso lang dauert die Prüfung Ninives unter Jona (Jona 3,4). 40 Jahre sind es, die die Israeliten beim Auszug aus Ägypten* durch die Wüste wandern müssen – und 40 Tage regnet es nun auf Erden.

In der Sintflutgeschichte spiegelt sich das typische antike Weltbild: Nicht nur der Himmel öffnet seine Schleusen, sondern auch die Tiefe öffnet ihre Brunnen. Dahinter steht die Vorstellung, dass die bewohnte Welt ein von Gott geschaffener und geschützter Lebenskosmos inmitten der feindlich gesinnten und zerstörerischen Chaosmächte des Wassers ist. Die Erde ist selbstverständlich eine Scheibe; aus Sicht der Israeliten und ihrer Umwelt ist nichts anderes denkbar. Doch diese Scheibe schwebt nicht im Nichts, sondern ruht auf Säulen, die aus dem Urmeer hervorragen. Inmitten dieses Urmeeres, das beherrscht ist von Chaosmächten und Ungeheuern, hat Gott die Welt als schützenden Kokon geschaffen. Von allen Seiten ist sie von Wasser umgeben. Das Himmelsgewölbe, das auf den Horizontbergen ruht, schirmt dabei gegen die Fluten des Himmels ab, die Säulen sorgen dafür, dass die Erde auf den Urwassern einen stabilen Stand findet. Doch in der Sintflut gibt Gott selbst diesen Schutz auf – und nun gibt es kein Halten mehr. Die Arche ist zum letzten Schutzraum geworden, ein Heiligtum aus Holz und eine Erde im verkleinerten Format.

Die Wasser steigen immer weiter, bis selbst die höchsten Berge 15 Ellen (das sind fast sieben Meter) hoch von Wasser bedeckt sind. Das ist eigentlich unvorstellbar, und genau dieses innere Bild sollen diese Zahlen auch auslösen – denn so wird klar: Eine solche Katastrophe kann niemand, weder Mensch noch Tier, überleben! (Von den Meerestieren ist übrigens weder hier noch an anderer Stelle die Rede; sie sind schlicht nicht im Blick.)

Da ging alles Fleisch unter, das sich auf Erden regte, an Vögeln, an Vieh, an wildem Getier und an allem, was da wimmelte auf Erden, und alle Menschen. Alles, was Odem des Lebens hatte auf dem Trockenen, das starb. So vertilgte er alles, was auf dem Erdboden war, vom Menschen an bis hin zum Vieh und zum Gewürm und zu den Vögeln unter dem Himmel. Sie wurden von der Erde vertilgt. Allein Noah blieb übrig und was mit ihm in der Arche war. (Gen 7,21–23)

Ein neuer Anfang (Gen 8,1–22)

Gottes Zorn ist es, der die Sintflut verursacht, sein Erbarmen mit den Lebewesen in der Arche sorgt dafür, dass sie endet. Er verstopft schließlich alle Schleusen. Doch nun heißt es Warten: Die Sintflut dauert viele Wochen und mindestens ebenso lange braucht es, bis das Wasser sich wieder verläuft. Was sie in der Arche wohl die ganze Zeit gemacht haben?

Irgendwann ist das Wasser so weit gesunken, dass das Schiff auf Grund läuft, genauer: auf der Spitze des Berges Ararat stecken bleibt. Gemeint ist vermutlich nicht das gleichnamige Gebirge in der heutigen Türkei, sondern das altorientalische Reich Urartu; mit letzter Sicherheit lässt sich dies jedoch nicht mehr sagen. Alle archäologischen Versuche, noch heute Reste der Arche finden zu wollen, sind zum Scheitern verurteilt. Es hat dieses Schiff nie gegeben.

Noah bleibt während dieser langen Wartezeit nicht untätig: Er schickt einen Raben und eine Taube aus, doch beide finden nichts, wo sie landen können. Das zeigt, dass die Erde noch von Wasser bedeckt ist. Eine weitere Taube bringt Noah immerhin den Zweig eines Ölbaums, doch erst als eine dritte Taube gar nicht mehr zur Arche zurückkehrt, weiß Noah, dass es an der Zeit ist, das Schiff zu verlassen. Fast ein Jahr hat, folgt man dem Bibeltext, all das gedauert: Am ersten

Tag des ersten Monats seines 601. Lebensjahres verlässt Noah die Arche. Dieses Datum symbolisiert eine Neuschöpfung: Das neue Leben präsentiert sich rein und unschuldig, die Erde gleichsam als Tabula rasa. Keinen Gedanken verschwendet der Bibeltext an die Frage, die nicht nur Kindern auf der Zunge liegt: Wo sind denn die Leichen all derer, die nicht das Glück hatten, einen Platz in der Arche zu finden?

Noah tut erstmal das, was man von einem frommen und rechtschaffenen Mann erwartet: Er baut einen Altar und bringt Gott ein Tieropfer*. Gott riecht diesen Duft, Balsam für sein aufgewühltes Gemüt, und lässt sich deshalb zu der Zusage hinreißen:

Ich will hinfort nicht mehr die Erde verfluchen um der Menschen willen; denn das Dichten und Trachten des menschlichen Herzens ist böse von Jugend auf. Und ich will hinfort nicht mehr schlagen alles, was da lebt, wie ich getan habe. Solange die Erde steht, soll nicht aufhören Saat und Ernte, Frost und Hitze, Sommer und Winter, Tag und Nacht. (Gen 8,21–22)

Vorausgegangen war dem eine eigentlich bittere Erkenntnis: Das menschliche Herz ist (immer noch) böse von Jugend an. Das heißt doch auch: Durch die Sintflut hat sich nichts Grundlegendes geändert; die Neuschöpfung wird an dem Gleichen kranken, an dem schon die erste Schöpfung litt. Dennoch verspricht Gott, dass es keine weitere Flut mehr geben wird. Seit dem Auszug aus dem Paradies kann der Mensch zwischen Gut und Böse wählen – doch seit Noah weiß man: Gott hält zu seinen Geschöpfen, egal, wie deren Entscheidung ausfällt.

Im Zeichen des Regenbogens – die Realität der neuen Schöpfung (Gen 9,1–17)

Aber etwas verändert sich dann doch: Das Leben auf der Erde wird nun stärker reguliert, als es bisher der Fall war, und die Idylle des Garten Eden ist endgültig vorbei: Die Tierwelt wird dem Menschen nun untergeordnet, Fleischgenuss ist ausdrücklich erlaubt. Allerdings wird schon hier eine Regel verankert, die auch später Gültigkeit behalten sollte: der Verzicht auf Blutgenuss und damit auf nicht rituell geschlachtetes Fleisch.

Randbemerkung

Insgesamt sieben sogenannte »noachitische Gebote« leitet das Judentum bis heute aus der kurzen Gottesrede nach der Flut ab (Gen 9,3–6): das Gebot, eine Rechtsordnung aufzustellen, das Verbot der Gotteslästerung, das Verbot des Götzendienstes*, das Verbot sexueller Vergehen, das Verbot von Mord und Blutvergießen, das Verbot des Diebstahls und schließlich das Verbot der Tierquälerei. Die rabbinische Auslegungstradition betont dabei: Weil diese Gebote vor der Aufsplitterung der Völker ergangen sind, wie sie spätestens mit dem Turmbau zu Babel (Gen 11,1–9) unumkehrbar ist, haben sie universale Gültigkeit.

Wie bereits vor der Sintflut schließt Gott hier einen Bund*, dieses Mal allerdings nicht nur mit Noah, sondern mit allen Tieren der Arche und mit seinen Söhnen – und man will doch mal hoffen, dass die Frauen dabei mitgedacht sind. Mit diesem Bund* macht Gott die Regung seines Herzens öffentlich, die die Lesenden schon kennen: Er verpflichtet sich selbst zur Bewahrung seiner Schöpfung.

Und Gott sprach: Das ist das Zeichen des Bundes, den ich geschlossen habe zwischen mir und euch und allem lebendigen Getier bei euch auf ewig: Meinen Bogen habe ich gesetzt in die Wolken; der soll das Zeichen sein des Bundes zwischen mir und der Erde. Und wenn es kommt, dass ich Wetterwolken über die Erde führe, so soll man meinen Bogen sehen in den Wolken. Alsdann will ich gedenken an meinen Bund zwischen mir und euch und allem lebendigen Getier unter allem Fleisch, dass hinfort keine Sintflut mehr komme, die alles Fleisch verderbe. [...] Und Gott sagte zu Noah: Das sei das Zeichen des Bundes, den ich aufgerichtet habe zwischen mir und allem Fleisch auf Erden. (Gen 9,12–15.17)

Die Erde präsentiert sich neu. Und Gott macht ein Versprechen: Der Bogen am Himmel soll künftig ein Zeichen dafür sein, dass die Erde von nun an Bestand haben wird. Vor dem inneren Auge einer modernen Leserin steht bei diesen Zeilen stets ein Regenbogen. Doch meint der Bogen am Himmel, den Gott ankündigt, nicht zwingend einen solchen bunten Regenbogen. In der Wissenschaft vermuten einige, dass hier vielmehr auf einen Kampfesbogen und also auf eine Waffe angespielt werde. So soll zum Ausdruck gebracht werden, dass zukünftig Frieden herrscht zwischen Gott und seiner Welt.

Noah als Weingärtner (Gen 9,18–29)

Das könnte ein schönes Ende der Noahgeschichte sein – doch nein: Nun taucht plötzlich ein ganz anderer Noah auf. Aus dem frommen und rechtschaffenen neuen Stammvater aller Völker ist ein Ackerbauer und Weingärtner – und vor allem: ein Trunkenbold – geworden. Als Bauer wird Noah zum Kulturbringer, doch zugleich wird ihm dieses Kulturgut Wein zum Verhängnis. Will man diese Verse mit der vorangehenden Geschichte verbinden, dann vielleicht so: Als Bauer nimmt Noah Gottes Zusage in Bezug auf den Wechsel der Jahreszeiten ernst (vgl. Gen 8,21–22). Doch ist dies eine eher behelfsmäßige Krücke. Die Wissenschaft vermutet deshalb, dass hier eine andere Noahtradition hinzugekommen ist, die

ursprünglich nichts mit dem Noah der Sintflut zu tun hatte. Noah wird stattdessen als Ackermann vorgestellt, der seinen Weinberg bestellt und sich über die
Maßen an den Früchten seiner Arbeit gütlich tut – was die biblische Erzählung
übrigens nicht rügt. Kritisiert wird hingegen ein Fehlverhalten, dessen Schwere
zu verstehen heute vielleicht schwerfällt: Ham sieht den betrunkenen Vater nackt.
Dabei kann Ham nun wirklich nichts dafür, dass er sieht, wie sein volltrunkener
Vater entblößt seinen Rausch ausschläft. Noah jedoch reagiert augenblicklich,
sobald er ausgenüchtert und aufgewacht ist: Er verflucht Ham für seine Tat und
damit das ganze Volk Kanaan*. Noah scheint hier also schon zu wissen, dass aus
den Familien Völker werden.

Die abschließenden Fluch- und Segensworte Noahs lassen erkennen, worauf die Geschichte vom betrunkenen Ackerbauern Noah wirklich zielt: Hier werden Völkerschicksale in Familienstrukturen abgebildet; das nennt man genealogisch*. Noahs drei Söhne repräsentieren also Israel und die Nachbarvölker. Die
Geschichte bildet dabei eine Realität ab, die zur Zeit ihrer Abfassung galt, und ver-
lagert sie in die urzeitliche Vergangenheit: Während aus Sems Nachkommen das
Volk Israel erwächst, so wird Ham durch seinen Sohn Kanaan* zum Stammvater
der Kanaanäer*. Das waren die, die nach der Vorstellung der biblischen Erzähler
vor dem Volk Israel im gelobten Land lebten und von Israel in der sogenannten
»Landnahme«* vertrieben werden mussten. Kein Wunder, dass sich beide Völker
nicht besonders gut verstanden haben. Die Geschichte von Noah behauptet nun,
dass dem Volk Israel vor dem Volk Kanaan* eine Vorrangstellung zukomme – ein
mindestens einseitig zu nennender Blick auf die Geschichte.

Noch 350 Jahre, so erzählt es die Bibel, habe Noah nach der Sintflut gelebt und
sei dann hochbetagt mit immerhin 950 Jahren gestorben. Alt und lebenssatt, so
möchte man ergänzen, auch wenn das hier nicht erwähnt wird. Wenn das mal
kein versöhnlicher Abschluss eines sehr turbulenten Lebens ist!

… zum Schluss

*Ich halte es wie zur Zeit Noahs, als ich schwor, dass die Wasser Noahs nicht mehr über
die Erde gehen sollten. So habe ich geschworen, dass ich nicht mehr über dich zürnen
und dich nicht mehr schelten will. (Jes 54,9)*

Mit diesen Worten wird im Jesajabuch, also Jahrhunderte nachdem die Geschichte
der Sintflut gespielt haben soll, die grundlegende Einsicht Gottes selbst zusammengefasst: Gott wird die Erde nicht mehr der Vernichtung preisgeben. Und was Gott
Noah gemäß der biblischen Überlieferung vor Urzeiten zugesagt hatte, gilt im
»Heute« weiter und begründet neue Zuversicht. Gott weiß, dass das »Herz des

Menschen böse ist von Jugend an« (Gen 8,21), er kennt die menschliche Fehlbarkeit – und garantiert trotzdem den Fortbestand der Schöpfung. Seit der Sintfluterzählung ist die Geschichte der Menschheit eine Geschichte des großen »Trotzdem«.

Manche moderne Darstellung von Noah entbehrt dabei nicht einer gewissen Kitschigkeit: Die Arche auf dem Berg, hinter Noah drängen Elefanten, Löwen und andere Tiere ins Freie. Über Noah der strahlend blaue Himmel, die weiße Taube mit dem grünen Zweig im Schnabel, Symbol der Hoffnung und des Friedens – und über allem der Regenbogen ... Doch steckt darin nichts weniger als die Erinnerung an das verlorene Paradies (vgl. Gen 2–3) und zugleich die Hoffnung auf eine Zeit, in der wieder ein paradiesischer Frieden auf Erden herrschen wird:

Da wird der Wolf beim Lamm wohnen und der Panther beim Böcklein lagern. Kalb und Löwe werden miteinander grasen, und ein kleiner Knabe wird sie leiten. Kuh und Bärin werden zusammen weiden, ihre Jungen beieinanderliegen, und der Löwe wird Stroh fressen wie das Rind. Und ein Säugling wird spielen am Loch der Otter, und ein kleines Kind wird seine Hand ausstrecken zur Höhle der Natter. (Jes 11,6–8)

Noah reiht sich so, folgt man der biblischen Chronologie, ein in die Helden der Ur- und Frühzeit. Nach Adam wird er zum zweiten Stammvater der Menschheit. Denn wie sich aus Adam alles menschliche Leben entwickelt haben soll, so entsteht es aus Noah neu. Und in ihm bildet sich schon eine Erfahrung ab, die zu einem späteren Zeitpunkt dann Abraham machen wird: So wie demnächst nämlich Abraham von Gott aus seinem Alltag herausgerufen werden wird, so ist es auch Noah geschehen: Geh und bau eine Arche! Noah gehorcht, wie auch Abraham gehorchen wird. Doch Noah bleibt dabei stumm. Und das ist sehr schade. An seiner Stelle hätte man doch viele Fragen stellen können. Durchaus große Fragen – wie zum Beispiel die nach der Gerechtigkeit: Warum muss die ganze Schöpfung für etwas büßen, was doch nur der Mensch verbrochen hat? (Eine Frage übrigens, die durch den Klimawandel ganz neue Aktualität gewinnt!) Und so kann man den Bogen am Himmel auch als Zeichen eines Lernprozesses verstehen: Gott wird sich niemals wieder von seinem Zorn leiten lassen, sondern von nun an nur noch von seiner Barmherzigkeit.

Abraham und Sara

Von unsteten Wanderern zu Eltern eines ganzen Volkes

Die Reise beginnt – Aufbruch aus Haran (Gen 12,1–9) 49

Abraham und das große »Trotzdem« – Vorbild späterer Generationen 51

Der Bundesschluss zwischen Gott und Abraham (Gen 15 und Gen 17) 51

Die Ahnfrau in Gefahr (Gen 12,10–20) 53

Eine Dreiecks-Beziehung mit Folgen: Abraham, Sara und Hagar (Gen 16,1–6) 54

Der ersehnte Sohn ... – Gott erscheint Abraham (Gen 18,1–15) 55

Abraham bittet für die Menschen in Sodom (Gen 18,16–33) 56

Ein neuer Anfang und beinahe das Ende – Geburt und Opferung Isaaks
(Gen 21–22) 57

Abraham bestellt sein Haus (Gen 23–25) 59

... zum Schluss 60

Die Reise beginnt – Aufbruch aus Haran (Gen 12,1–9)

»Und der HERR sprach zu Abram: Geh aus deinem Vaterland« (Gen 12,1). Mit diesem Paukenschlag beginnt die Geschichte Gottes mit seinem Volk Israel. Wie bei der Schöpfung der ganzen Welt ergreift Gott hier das Wort und greift sich einen Menschen – und in ihm dann ein ganzes Volk – aus seiner gesamten Schöpfung heraus.

Gott spricht zu Abraham und er gehorcht. Dabei ist das, was Gott verlangt, für einen Menschen der Antike eigentlich unvorstellbar: Abraham soll alles verlassen, was sein Leben ausmacht: seine Verwandtschaft, sein Land und sein Elternhaus. Dabei ist Abraham, der zu diesem Zeitpunkt noch Abram heißt, bereits 75 Jahre alt – also wirklich kein junger Heißsporn mehr. Und Sara (zu diesem Zeitpunkt noch: Sarai), seine Frau, sicher auch nicht. Umso erstaunlicher ist das, was Gott den beiden verspricht: Aus ihnen soll ein großes Volk werden. Und noch mehr verheißt Gott: Abraham soll selbst zum Segen werden und wie er (und mit ihm) sollen auch alle

Randbemerkung

Am Beginn der Abrahamgeschichte steht ein Stammbaum, in dem ausführlich Abrahams verwandtschaftliche Beziehungen erläutert werden (Gen 11,27–33). Diese Informationen sind nur scheinbar überflüssig. Denn hier zeichnen sich bereits zwei Themen ab, die die gesamten Erzelterngeschichten – also die Erzählungen über Abraham, Isaak und Jakob und ihre Frauen – bestimmen sollen: Familiengeschichte ist zum einen immer auch Völkergeschichte, denn Israel und die Völker rings umher sind nicht einfach nur Nachbarn, sondern miteinander verwandt. Zum anderen ist der Bestand der Familie Abrahams von Beginn an gefährdet – auch dies wird immer wieder Thema sein.

anderen Völker der Erde gesegnet werden. Dabei sind die Voraussetzungen für Gottes Plan nicht gerade glänzend, denn Sara ist unfruchtbar und das gelobte Land von den Kanaanäern* bewohnt. Kann man deutlicher zum Ausdruck bringen, dass die Verwirklichung des Segens allein an Gottes Handeln hängt?

Die Verheißung des Landes an Abraham wird im Laufe der Erzählung immer wieder wiederholt, allerdings mit einer kleinen, aber feinen Nuance: Gott wird Abraham das Land zwar zeigen, besitzen aber werden es erst seine Nachkommen. Diese Notiz verrät viel über die Situation der Erzähler, die mit Abraham offensichtlich eine Erfahrung teilen: Der Besitz des Landes ist nicht selbstverständlich, sondern eine Gabe Gottes. Das Land war bereits den Vätern von Gott versprochen, doch es gehört ihnen nicht – es bleibt das »Land der Fremdlingschaft« (Gen 17,8; 28,4). Daraus kann man schließen: Offensichtlich stand die Erfüllung der Landverheißung zum Zeitpunkt der Verschriftlichung erneut aus, weil das gelobte Land in den Wirren der politischen Geschichte verloren gegangen war. Dies weist in die Zeit, in der die Abrahamerzählung ihre endgültige Gestalt fand – nämlich in die Jahrzehnte nach der Zerstörung Jerusalems 587 v.Chr., als der letzte Staat, in dem JHWH verehrt wurde, aufgehört hatte zu existieren.

Es fällt auf: Wie Perlen auf einer Schnur reihen sich die Geschichten rund um Israels Stammvater Abraham aneinander. Sie sind nämlich nur lose miteinander verbunden; zwischen den einzelnen Erzählungen gibt es Spannungen in der Chronologie, manche Episoden werden mehrfach erzählt und dabei stillschweigend korrigiert, einige Übergänge passen nicht. Dies bestätigt die Vermutung, dass viele dieser Geschichten zunächst einzeln überliefert und erst nach und nach in einen größeren Kompositionszyklus eingebunden wurden. Dies geschah vermutlich im Babylonischen Exil*, als man die Geschichten nochmal neu verschriftlichte und dabei einen neuen Akzent setzte. Am Beispiel Abrahams erkannte man nun: Gottes Versprechen behalten auch dann Gültigkeit, wenn sich alles dagegen verschworen hat. Sie gelten unverbrüchlich und trotz allem. So steht auch die Erinnerung an Abraham unter einem großen »Trotzdem«.

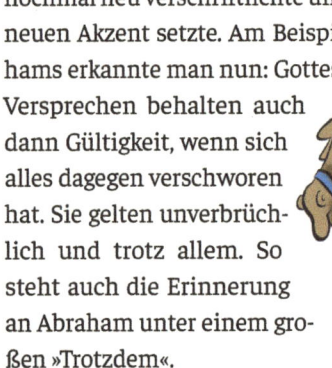

Abraham und das große »Trotzdem« – Vorbild späterer Generationen

Von Abraham und seiner Frau Sara wird deshalb erzählt, weil ihre Geschichten fundamentale Bedeutung für die Gegenwart haben: Die Texte wurden geschrieben, um Antworten auf die Fragen zu finden, die die Verfasser und ihre Lesenden bewegten. Für die Abrahamgeschichten gilt wie für alle biblischen Texte, dass die Wahrheit einer Erzählung nicht an ihrer Historizität hängt, sondern an der Bedeutung, die sie für die Leserschaft gewinnt. Bei Abraham spielen zwei Inhalte eine zentrale Rolle: die Verheißung des gelobten Landes und das Versprechen von Nachkommenschaft.

Der Stammvater des Volkes Israel ist ein heimatloser Einwanderer – eigentlich ist das in einer Zeit, in der Landbesitz von großer Bedeutung war, ein Affront. Doch damit wurde Abraham zur Identifikationsfigur für die Menschen, die nach dem Untergang des Nordreichs* 722 v. Chr. und des Südreichs* 587 v. Chr. ebenfalls heimatlos waren. Anhand der Abrahamerzählungen begriffen sie: Sie selbst sind der »Same Abrahams« (Jes 41,8). Gerade in seiner Heimatlosigkeit bietet Abraham nämlich ein Beispiel dafür, wie sich die aus Israel vertriebenen, die im Babylonischen Exil* lebenden und die über die ganze Welt verstreuten Angehörigen des Volkes Israel verhalten sollen: Auch sie sind heimatlos und fremd – und sie sollen wie Abraham bereit sein, das gewohnte Leben in der Fremde hinter sich zu lassen und sich auf Gottes Ruf hin aufzumachen, um in das gelobte – und bereits ihrem großen Vorfahren verheißene – Land zu ziehen.

Der Bundesschluss zwischen Gott und Abraham (Gen 15 und Gen 17)

Die Geschichte Abrahams mit Gott ist die Geschichte eines göttlichen Versprechens, seiner Erfüllung und einer menschlichen Entsprechung. Das alles kann auch bezeichnet werden als »Bund«*, ein Begriff, der in der Abrahamgeschichte immer

Randbemerkung

Immer wieder findet sich in den alttestamentlichen Erzählungen der Begriff des Bundes*. Wie ein roter Faden zieht sich diese Gewissheit durch die Geschichten des Volkes Israel und seiner Erzeltern: Gott hat einen Bund* mit seinem auserwählten Volk geschlossen – damit steht Israel für alle Zeiten in einer besonderen, hervorgehobenen Beziehung zu dem einen Gott der ganzen Welt. So unterschiedlich wie die Menschen, die die Texte über diese Bundesschlüsse* aufgeschrieben haben, so verschieden sind die Vorstellungen, was dieser »Bund«* nun genau bedeutet: Ist er vor allem eine Selbstverpflichtung Gottes oder eine vertragliche Verpflichtung Israels? Anders gefragt: Kann die menschliche Seite den Bund* so brechen, dass er seine Gültigkeit verliert und also neu geschlossen werden muss – oder gilt Gottes Zusage unverbrüchlich, egal, was Israel tut? Braucht es eine Bundesurkunde* oder gibt es ein Bundeszeichen* (wie zum Beispiel die Beschneidung*)? Grundlegend ist in jedem Fall die Gewissheit: Die Beziehung zwischen JHWH und seinem Volk Israel ist eine besondere, im Guten wie im Schlechten. Gerade weil Gott dieses eine Volk auserwählt hat, hat er das Recht, besondere Erwartungen an die zu richten, die ihm zugehören. Und dies galt schon immer in der Geschichte und Vorgeschichte Israels – zu deren Anfang eben auch Abraham und sein Bund* mit Gott gehören.

wieder begegnet. Gen 15 ist dabei eines der zentralen Kapitel, denn Gott schließt hier einen Bund* mit Abraham, so wie schon vorher mit Noah und wie danach mit Mose. Die Geschichte Gottes mit seinem Volk wird so als Abfolge von Bundesschlüssen* dargestellt.

Im Chor dieser Bundesschlüsse* bildet Gen 15 eine ganz besondere Stimme. Gottes Wort ergeht an Abraham:

Sieh gen Himmel und zähle die Sterne; kannst du sie zählen? Und sprach zu ihm: So zahlreich sollen deine Nachkommen sein! Abram glaubte dem HERRN, und das rechnete er ihm zur Gerechtigkeit. Und er sprach zu ihm: Ich bin der HERR, der dich aus Ur in Chaldäa geführt hat, auf dass ich dir dies Land zu besitzen gebe. Abram aber sprach: Herr HERR, woran soll ich merken, dass ich's besitzen werde? Und er sprach zu ihm: Bringe mir eine dreijährige Kuh, eine dreijährige Ziege, einen dreijährigen Widder, eine Turteltaube und eine andere Taube. Und er brachte ihm dies alles und zerteilte es in der Mitte und legte je einen Teil dem andern gegenüber; aber die Vögel zerteilte er nicht. [...] Als nun die Sonne untergegangen und es finster geworden war, siehe, da war ein rauchender Ofen, und eine brennende Fackel fuhr zwischen den Stücken hin. An dem Tage schloss der HERR einen Bund mit Abram und sprach: Deinen Nachkommen gebe ich dies Land von dem Strom Ägyptens an bis an den großen Strom, den Euphrat. (Gen 15,5–10.17–18)

Gen 15 erzählt von großer Nähe zwischen Gott und Abraham. So kann Abraham es sich erlauben, gegenüber Gott seinem Frust freien Lauf zu lassen. Er fragt: Welchen Zweck hat denn sein Streben nach Reichtum, wenn niemand erbt? Daraufhin verheißt Gott Abraham einen leiblichen Sohn. Dieses Versprechen wird von nun an immer wieder Thema sein – sei es als Wiederholung der Verheißung, sei es aufgrund von Saras Plänen, die nicht auf ein Wunder warten, sondern das Ganze anders regeln will. Zugleich nimmt der Text eine Perspektive ein, die weit über Abrahams Leben hinausreicht: Nachkommen wie Sterne am Himmel – was für ein Versprechen!

Abraham kann hier von Gott sogar ein Zeichen fordern und Gott gibt dieser Bitte nach. Abraham soll fünf ganz bestimmte Tiere herbeischaffen und wie für ein Opfer* zerteilen. Nun schließen Gott und Abraham einen Bund*, der auf Gottes Seite sogar die Bereitschaft zur Selbstverfluchung einschließt. Indem Gott nämlich, symbolisiert durch das Feuer, zwischen den Tierhälften hindurchfährt, nimmt er quasi das Schicksal der zerteilten Tiere auf sich. Dass man im Hebräischen* davon sprechen kann, einen »Bund* [zu] schneiden«, spielt genau auf dieses vertragsrechtliche Ritual an.

Übrigens findet sich in Gen 17 erneut ein Bericht von einem Bundesschluss* zwischen Gott und Abraham – so, als habe es all die Kapitel vorher nicht gegeben:

Wieder verheißt Gott Abraham das Land und wieder
verspricht er, ihn zum »Vater vieler Völker« zu machen.
Neu ist allerdings, dass Abraham und Sara neue Namen
erhalten. Aus Abram (deutsch »der Vater ist erhaben«) wird
nun Abraham (deutsch »Vater einer Menge von Völkern«). Sarai
wird in Sara (deutsch »Fürstin«) umbenannt. Auch sie wird in
Gen 17 gesegnet – endlich setzt Gott also auch an ihr seinen
Schöpfungssegen in Kraft.

Konstitutiv für den Bund* zwischen Gott und den Menschen seines auserwählten Volkes Israel ist übrigens die Bundesformel* »Ich will euer Gott sein
und ihr sollt mein Volk sein«. Deutlicher als auf diese Weise kann die Sonderstellung Israels nicht zum Ausdruck gebracht werden: Gott wählt sich ein Volk
aus und wird ihm zum Gott: »Und ich will aufrichten meinen Bund zwischen
mir und dir und deinen Nachkommen von Geschlecht zu Geschlecht, dass es ein
ewiger Bund sei, sodass ich dein und deiner Nachkommen Gott bin« (Gen 17,7).

Im Unterschied zu Gen 15 fällt in Gen 17 auf: Auf die Zusage Gottes wird eine
menschliche Reaktion erwartet, die Beschneidung*. Sie ist nicht nur Zeichen
des Bundes*, sondern zugleich Unterscheidungsmerkmal: Im Vorderen Orient
praktizierten viele Völker ein Ritual männlicher Beschneidung*, die Babylonier*
allerdings nicht. Daher vermutet die Wissenschaft heute, dass gerade in der Zeit
des Babylonischen Exils* das Ritual der Beschneidung* für die Israeliten an
immenser Bedeutung gewann: So konnten sie sich von den Siegern (und Nachbarn) unterscheiden. Um dieses Identitätsmerkmal fest in der eigenen Geschichte
zu verankern, erzählte man sich schon von Abraham, dass er zum Zeichen des
Bundes* mit Gott beschnitten worden sei.

Gott hat also mit Abraham einen Bund* geschlossen und ihm Land, Nachkommenschaft und seinen eigenen Schutz zugesagt – und doch geraten Gottes Segen und seine Verheißung an Abraham immer wieder in Gefahr. Eine
Schwierigkeit löst die andere ab und mehr als einmal ist nicht klar, ob Gottes
Zusage wirklich in Erfüllung gehen wird ...

Die Ahnfrau in Gefahr (Gen 12,10–20)

Merkwürdig nüchtern und unkommentiert kommt eine erste gefährliche Episode
daher; dabei ist sie alles andere als jugendfrei! Zunächst beginnt alles so, wie es
der antike Leser aus eigener Erfahrung kennt: Wegen einer Hungersnot ziehen
Sara und Abraham nach Ägypten*; das fruchtbare Nildelta lässt darauf hoffen,
noch etwas Essbares zu finden. Die Familie seines Enkels Jakob sollte es ihm der
biblischen Überlieferung nach Jahre später gleichtun (vgl. dazu die Geschichte

Josefs, S. 77–90). Aber dann taucht plötzlich ein lüsterner Pharao auf, der auf der Suche nach neuen Frauen für seinen eigenen Harem ist und den Saras Schönheit bezirzt hat. Dass diese hier ausdrücklich erwähnt wird, überrascht. Denn folgt man der biblischen Chronologie, ist Sara zu diesem Zeitpunkt bereits 70 Jahre alt; also doch vermutlich nicht das, wonach der Pharao sucht. Und was tut Abraham? Nicht das, was man von einem Auserwählten Gottes erwartet. Er stellt sich jedenfalls nicht schützend vor seine Frau, sondern geht den Weg des geringsten Widerstands und befiehlt Sara aus Angst, sie solle sich als seine Schwester ausgeben. Mag die Anwendung einer solchen List in der Antike durchaus als würdiges Mittel des geistig überlegenen Schwächeren gegolten haben, so hat die ganze Geschichte für heutige Lesende einen schalen Beigeschmack.

Zum Glück greift Gott ein und schlägt den Pharao mit einer schweren Plage. Der versteht sofort, dass es sich dabei um eine Strafe Gottes handeln muss, und reagiert entsprechend. Abraham wird – zur Belohnung seiner Täuschung, so scheint es – reich beschenkt und verlässt das Land; übrigens samt Ehefrau, die aus dem Harem des Pharao wieder entlassen wird.

Randbemerkung

Diese Geschichte von Saras Aufenthalt im Harem des Pharao, bekannt unter dem Titel »Die Gefährdung der Ahnfrau«, hat eine Wiederholung erfahren: »Die Gefährdung der Ahnfrau 2.0«, so könnte man Gen 20,1–18 betiteln. Tatsächlich wird hier die gleiche Geschichte berichtet, aber erkennbar mit der Absicht erzählt, Abraham von jedem Verdacht reinzuwaschen: Nun wird betont, dass Sara tatsächlich Abrahams Halbschwester sei und er also nicht gelogen habe. Gott verhindert mithilfe eines Traums auch, dass der König Sara überhaupt zu nahe kommt. Die Reinheit Saras muss hier so deutlich herausgestellt werden, weil die Geschichte eingeschoben ist zwischen die Verheißung eines Nachkommen (Gen 18,10) und die Geburt Isaaks (Gen 21,2) – und damit muss der allerleiseste Verdacht aus dem Weg geräumt werden, Isaak könne nicht der Sohn Abrahams sein.

In Gen 20 wird die Geschichte von der Gefährdung der Ahnfrau außerdem zu einem Lehrstück über das Leben unter Menschen mit anderem Glauben: Auch als Fremde erleben Abraham und Sara, gleichsam als die ersten Juden in der Diaspora*, Güte und Entgegenkommen von Nichtjuden; eine Erfahrung, die sie im Folgenden stellvertretend für ihre Glaubensgeschwister noch öfter machen sollen. Man vermutet heute, dass solche eher weltoffenen Texte sehr jung sind und aus der hellenistischen* Zeit stammen. An ihnen lässt sich gut erkennen, welche Fragen die Menschen damals bewegten: Hier hatte man offensichtlich gute Erfahrungen mit Nachbarn und anderen Menschen gemacht, die nicht jüdischen Glaubens waren – und man wollte nun die Legitimität solcher Erfahrungen schon bei Abraham grundgelegt wissen.

Eine Dreiecks-Beziehung mit Folgen: Abraham, Sara und Hagar (Gen 16,1–6)

Gott hatte Abraham Nachkommen so zahlreich wie Sterne am Himmel und wie Sand am Meer verheißen. Doch nichts passiert. Und schließlich hat Sara es satt zu warten. In ihrer Welt und zu ihrer Zeit galt Kinderlosigkeit als Schmach, weshalb sie nun keine Geduld mehr hat und ihr Geschick selbst in die Hand nimmt. Das, was sie nun vorschlägt, mag heute anstößig erscheinen, war jedoch im Alten Orient eine durchaus übliche Sitte: Sara denkt an eine Leihmutterschaft. Ihre Sklavin Hagar soll das Kind Abrahams austragen, das Sara als eigenes annehmen und als legitimen Erben großziehen wird. Und auch wenn es sonst heißt, dass Abraham Gott vertraue, so scheint er hier keine Einwände zu haben – ein bisschen nachhelfen möchte offensichtlich auch er. Hagar hingegen wird gar nicht erst gefragt, ob sie sich gerne mit ihrem greisen Herrn einlassen will. Als Sklavin steht sie auf der untersten gesellschaftlichen Stufe, da muss sie sowieso gehorchen.

Leider geht der Plan aber dann doch nicht so glatt auf, wie Sara es sich erhofft hat. Hagar wird zwar schwanger, aber damit offensichtlich auch selbstbewusster. Das wiederum passt nun Sara gar nicht und sie beschwert sich bei Abraham. Und der? Ist erkennbar überfordert von der Situation, die er doch selbst herbeigeführt hat. Die beiden Frauen sollen das unter sich regeln, so scheint er zu denken.

Und weil Sara als Herrin natürlich am längeren Hebel sitzt, flieht Hagar in die Wüste. Dort geschieht dann ganz unverhofft eine Gottesbegegnung. Gott nimmt Hagar ernst und spricht sie an: Hagar soll zu Sara und Abraham zurückkehren, so beauftragt er sie und verheißt zugleich, dass auch aus Hagars Sohn Ismael ein großes Volk werden wird. »Ismael« bedeutet wörtlich »Gott hat gehört«, wird hier aber auf Hagars konkrete Situation gedeutet: »Gott hat deine Unterdrückung gehört«. Die schwangere Hagar geht tatsächlich zu Sara und Abraham zurück. Von den Leihmutterschaftsplänen ist nun keine Rede mehr; indem allerdings Abraham Ismael den Namen gibt, den Gott ihm schon längst verheißen hat, erkennt er ihn als eigenen Sohn an.

Randbemerkung

Die unschöne Geschichte von der Vertreibung der schwangeren Hagar hat später eine Wiederholung erfahren (Gen 21,9–21): Jahre nach Ismaels Geburt sorgt Sara erneut dafür, dass die verhasste Nebenbuhlerin vertrieben wird. Denn Sara will nicht, dass Ismael erbt. Und Abraham schickt Mutter und Sohn tatsächlich fort. Man erfährt nichts von einem Abschiedswort oder einer liebevollen Abschiedsgeste, und dass Abraham Sorge für Wasser und Brot trägt, beruhigt nicht, sondern veranlasst eher zu der bangen Frage, wie lange dieser karge Proviant wohl reichen wird. Und tatsächlich: Nicht lange – doch Gott greift ein. In Gestalt seines Boten öffnet er Hagar die Augen für eine Wasserquelle ganz in der Nähe, die sie und ihren Sohn vor dem Verdursten rettet. Der positive Ausgang der Geschichte ist schnell erzählt: Ismael wächst in der Wüste heran, wird Bogenschütze und heiratet eine Frau aus Ägypten*. So bewahrheitet sich, was Gottes Bote seiner Mutter viele Jahre zuvor prophezeit hatte: Wie ein Wildesel würde Ismael leben!

Der ersehnte Sohn ... – Gott erscheint Abraham (Gen 18,1–15)

Eine merkwürdige Geschichte ist das: Wie viele Besucher hat Abraham denn in Mamre nun empfangen? Einen oder doch drei? Die Bibel erzählt bewusst uneindeutig und wechselt zwischen Einzahl und Mehrzahl. Sie tut dies, weil

Gott hier in menschlicher Gestalt erscheint und es das Geheimnis seiner göttlichen Identität zu wahren gilt. Eine christliche Lesart will in dieser Geschichte die alttestamentliche Vorwegnahme der Trinität erkennen – Gott als einer und drei zugleich –, doch hieße dies, das Alte Testament mit einer Deutebrille zu lesen, mit der es nicht gelesen werden will. Näher liegt deshalb eine auch aus der Umwelt Israels bekannte Vorstellung, wonach Götter zusammengeordnet und quasi familiär dargestellt werden: männlich, weiblich und als Kind. Und wie so oft weiß die Leserschaft mehr als der Protagonist, denn gleich zu Beginn wird festgestellt: Gott erscheint Abraham. Und obwohl dieser das nicht ahnen kann, erweist sich Abraham als formvollendeter Gastgeber: Er lässt Brot backen, ein Kalb schlachten, Milch und Butter auftragen und bleibt selbst aus Respekt stehen, während die drei Männer essen. Das anschließende Gespräch ist ebenso mysteriös und zweideutig wie die Identität der Besucher. Gesprächspartner ist zwar Abraham, aber angeredet ist eindeutig Sara, der ein Sohn zugesagt wird. Doch Sara bleibt skeptisch – und das durchaus zu Recht. Dass die beiden noch ein Kind empfangen, ist eine biologische Unmöglichkeit, Sara ist eindeutig jenseits der Wechseljahre. Der geheimnisvolle Gast allerdings beharrt auf seiner Prophezeiung: »Sollte dem HERRN etwas unmöglich sein?« (Gen 18,14).

Hinter dieser knappen Frage steht ein großes theologisches Problem, nämlich der scheinbare Sieg des Faktischen über die Macht Gottes. Israel hatte im Verlauf seiner Geschichte die Erfahrung machen müssen, dass Gottes Macht – scheinbar – nicht ausreichte, um sein Volk zu beschützen. Dies bedeutete allerdings nichts weniger als eine Infragestellung des Gottseins Gottes und seiner Macht: Hält Gott, was er verspricht? Die Geschichte im Hain von Mamre erzählt gegen ein solches resignatives Gefühl an und verheißt ein Wunder: Innerhalb eines Jahres wird Sara einen Sohn gebären. Eigentlich müsste Abraham nun wirklich wissen, dass es Gott ist, der ihm hier begegnet – ausdrücklich gesagt wird das aber nicht.

Abraham bittet für die Menschen in Sodom (Gen 18,16–33)

Abraham macht sich auf, um seinen Besucher ein Stück auf seinem weiteren Weg zu begleiten. Und so wandert er mit Gott nach Sodom und unterwegs unterhalten sich die beiden. Eine solche Szene ist eigentlich kaum vorstellbar: Abraham wird zum Mitwisser Gottes, diskutiert, hält Fürsprache, ja ringt mit Gott, aber nicht für sich selbst, sondern im Namen der Städte Sodom und Gomorra.

Die Grundfrage dieses Disputs lautet: Wie kann Gott als Herrscher der Welt gerecht genannt werden, wenn er doch bereit ist, in Sodom und Gomorra die Gerechten zusammen mit den Ungerechten zu vernichten? Die Erzählung gibt die Antwort selbst: Wenn Gott das tun würde, dann wäre er tatsächlich nicht gerecht. Doch gerade weil er gerecht ist, lässt er sich von Abraham immer weiter herunterhandeln, bis er schließlich zusagt: Wären nur zehn Gerechte in den beiden Städten zu finden, so würde er sich bereit erklären, sie zu verschonen. Denn Recht sprechen heißt ja, zwischen Schuldigen und Unschuldigen zu unterscheiden. Doch der Fortgang der Geschichte zeigt: Es finden sich auch keine zehn Gerechten mehr in Sodom und Gomorra.

Diese Erzählung, von der die Wissenschaft heute vermutet, dass sie sehr spät zu den Abrahamgeschichten ergänzt wurde, ist im Grunde ein ausgefeiltes theologisches Lehrstück über die Gerechtigkeit Gottes: Darf der Richter der Welt Sodom vernichten, wenn dort noch Gerechte zu finden sind? Dass dabei weniger das Schicksal Sodoms als das Jerusalems interessiert, scheint unzweifelhaft. Übertragen auf die Zeit derer, die diesen Text aufschrieben, geht es hier nämlich um die Frage: War es gerecht, dass Gott seine Stadt Jerusalem dem Untergang preisgegeben hat? Nimmt er hierfür nicht billigend in Kauf, dass neben den Ungerechten auch die Gerechten ums Leben kommen? Der Fachbegriff dafür lautet »kollektive Haftung« und die Antwort, die

> ### Randbemerkung
>
> Oft bewegt moderne Menschen der Gedanke, dass Gott hier nur deshalb mit sich handeln lässt, weil er als Allwissender sowieso schon weiß, wie weit er »heruntergehen« kann, ohne von der Vernichtung der Stadt Abstand nehmen zu müssen. Gott würde in dieser Geschichte dann jedoch nicht nur zum Rächer, sondern verkäme auch zu einem Zyniker, der Abraham flehen und zappeln ließe, obwohl er das Ergebnis des Disputs schon kennt. In diesem Lichte betrachtet, würde die Geschichte in der Tat zu einem Kabinettstück für die Bösartigkeit Gottes – doch muss man dagegenhalten: Eine solche Vorstellung ist der Erzählung selbst völlig fremd. Nicht um die Frage, was Gott wusste oder was nicht, geht es hier, sondern ein ganz anderes Thema ist im Fokus: Wie zeigt sich Gottes Gerechtigkeit im Lauf der Geschichte? Dieses Thema begegnet übrigens auch in anderen Schriften, die im Rückblick auf den Untergang Jerusalems entstanden sind. So heißt es beim Propheten Hesekiel: »Der Sohn soll nicht tragen die Schuld des Vaters, und der Vater soll nicht tragen die Schuld des Sohnes, sondern die Gerechtigkeit des Gerechten soll ihm allein zugutekommen, und die Ungerechtigkeit des Ungerechten soll auf ihm allein liegen« (Hes 18,20).

die Geschichte von Sodom und Gomorra gibt, ist folgende: Niemals würde Gott die Gerechten gemeinsam mit den Ungerechten der Vernichtung preisgeben – sondern in ganz Jerusalem waren 587 v. Chr. einfach keine Gerechten mehr zu finden.

Ein neuer Anfang und beinahe das Ende – Geburt und Opferung Isaaks (Gen 21–22)

Es besteht kein Zweifel: Die Geburt Isaaks ist ein von Gott gewirktes Geschenk. Angekündigt schon von den drei Besuchern in Mamre, geschieht jetzt dieses Wunder: Sara wird schwanger und gebärt einen Sohn. Hoffen, Bangen,

neun Monate Vorfreude und dann die Schmerzen der Geburt, um endlich das erhoffte, ersehnte, im wahrsten Sinne des Wortes erbetene Kind im Arm zu halten –
all das fasst die Bibel in dem einen lapidaren Satz zusammen: »Und Sara ward
schwanger und gebar dem Abraham in seinem Alter einen Sohn« (Gen 21,2). Wie
in Gen 17 eingefordert, nennt Abraham seinen Sohn Isaak und beschneidet ihn
am achten Tag. Und aus dem Säugling wird im Laufe der Jahre ein junger Mann.

Doch dann nimmt die Geschichte von Isaak eine schreckliche Wendung. Man
fragt sich: Was ist das für ein grausamer Gott, der Abraham erst den lang ersehnten
Sohn schenkt und ihn dann doch wieder von ihm fordert? Im Judentum heißt
diese Geschichte in Gen 22 übrigens nicht »Opferung Isaaks«, sondern »Bindung
Isaaks« – denn Gottseidank wird Isaak ja nicht geopfert, auch wenn lange alles
danach aussieht. Zwar haben die Lesenden auch hier einen Wissensvorsprung vor
Abraham, weil sie bereits seit dem ersten Vers wissen, dass Gott Abraham auf die
Probe stellen wird. Aber diese Probe hat es in sich. Gott sagt zu Abraham: »Nimm
Isaak, deinen einzigen Sohn, den du lieb hast, und geh hin in das Land Morija und
opfere ihn dort zum Brandopfer auf einem Berge, den ich dir sagen werde« (Gen 22,2).

Der Konflikt, in den Gott Abraham damit stürzt, ist unlösbar: Verweigert er
den Gehorsam, hat er von Gott keine Zukunft zu erwarten, doch erfüllt er Gottes
Befehl, verliert er mit seinem einzigen Sohn doch ebenfalls seine Zukunft. Und
was tut Abraham? Er gehorcht, weil er glaubt. Der Glaubensbegriff selbst fällt
hier zwar nicht, doch er ist vorauszusetzen. »Glauben« meint dabei so viel wie
darauf zu vertrauen, dass Gott gerecht ist.

Abrahams Antwort an die Knechte verrät bereits seine Hoffnung auf ein gutes
Ende: »Bleibt ihr hier mit dem Esel. Ich und der Knabe wollen dorthin gehen,
und wenn wir angebetet haben, wollen wir wieder zu euch kommen« (Gen 22,5).
Gegen allen Anschein und gegen die scheinbare Forderung Gottes hofft Abraham,
dass dieses »und« gilt. Auch im Gespräch mit seinem Sohn über das Opfertier*
schaut die Leserschaft direkt in Abrahams Herz: Gott ist's, der sich das Tier zum
Brandopfer* ersehen hat, so erklärt er Isaak. Abraham weiß, dass der Konflikt, in
den Gott ihn gestürzt hat, nur von Gott selbst gelöst werden kann. Und Gott löst
ihn, zur Erleichterung nicht nur Abrahams, sondern aller: In allerletzter Sekunde
gebietet er Einhalt und präsentiert einen Widder als Opferersatz.

Abraham war aufgebrochen, ein Opfer* darzubringen – und er bringt es drei
Tage lang auf dem Weg dar, bevor er mit seinem Sohn nach Hause zurückkehren
darf. Als Belohnung dafür, dass er auf Gottes Stimme gehört hat und bereit war,
auch seinen Sohn nicht zu verschonen, verheißt Gott erneut Nachkommen, zahlreich wie die Sterne am Himmel und der Sand am Meer!

Wichtig ist: Diese Erzählung will weder eine bestimmte Opferpraxis* begründen
noch die Forderung Gottes kritisieren, sondern sie will zeigen: Gott prüft, um
den Menschen die Chance zu geben, sich zu bewähren. Die Geschichte will dazu

anregen, sich wie Abraham zu verhalten und das eigene Schicksal vertrauensvoll in Gottes Hand zu legen. Abraham wird damit zu einer Projektionsfigur für eine Überlebensfrage Israels im Babylonischen Exil*. Denn Gen 22 zeigt: Keine Lage kann so verzweifelt sein, dass man das Vertrauen auf Gott aufgeben muss.

Abraham bestellt sein Haus (Gen 23–25)

Der uralt gewordene Abraham bestellt sein Haus: Reich und lebenssatt sorgt er sich um das Fortbestehen seiner familiären Linie, der Gott doch Großes verheißen hat. Er lässt seinen ebenfalls alt gewordenen Knecht schwören, dass er eine Frau aus der eigenen Verwandtschaft für Isaak auswählen wird (Gen 24,1–67). Ein kurzer Disput entspinnt sich um die Frage, ob Isaak in ihr Land zurückkehren dürfe, wenn diese Frau nicht bereit sei, mit ihm in das neue Land zu kommen. Abraham lehnt das ab – und zeigt sich damit als Hardliner: Weder darf man als Nachfahre Abrahams, so werden die späteren Lesenden diese Geschichte verstanden haben, eine nichtjüdische Frau heiraten, noch darf man um solcher Heiratspläne willen das eigene (gelobte) Land verlassen.

Der Knecht jedenfalls macht sich auf den Weg zurück in Abrahams Heimat; er stellt dabei die Wahl der Braut für Isaak ganz in Gottes Hand, indem er sich durch ein Zeichen leiten lässt. Auf diese Weise findet er tatsächlich zu Rebekka, einer jungen Frau, die ganz dem (orientalischen) Brautideal entspricht: Sie ist anmutig und jung, aber auch zupackend und gastfreundlich. Der Knecht preist die Vorzüge seines Herrn; da ist es kaum überraschend, dass Rebekka sich für Isaak entscheidet und bereit ist, dem Knecht sofort in die Fremde zu dem ihr unbekannten Mann zu folgen. Die Familie entlässt sie mit einem Segen, der weit über Hochzeit und Familie hinausgeht und wieder den Kontext der Völkerwelt einträgt, der den ganzen Abrahamzyklus prägt.

Das Erzelternpaar stirbt schließlich hochbetagt. Sara wird 127 Jahre alt, und nach ihrem Tod beerdigt Abraham sie in der Höhe Machpela, die er extra zu diesem Zweck als Familiengrabstätte kauft (Gen 23,1–20). Abraham heiratet danach – Hagar mitgerechnet – tatsächlich ein drittes Mal (Gen 25,1–18). Seine letzte Frau heißt Ketura und auch wenn er mit ihr noch weitere Kinder hat, ist Isaak sein Haupterbe; die anderen Söhne bezahlt Abraham aus und

> **Randbemerkung**
>
> Die Geschichte der Brautschau für Isaak wurde erst spät zur Abrahamsüberlieferung ergänzt. Dahinter steht die Frage, wie die kleine jüdische Gemeinde der nachexilischen Zeit ihre religiöse Identität bewahren konnte – nämlich nur durch radikale Separation. Und diese Geschichte der Werbung um Rebekka ist dabei noch strikter als andere Stimmen aus dem Alten Testament, die sich dieses Themas ebenfalls annehmen (vgl. S. 226–232). Die deutliche Antwort auf die Frage, ob man für die Reinheit der Ehe das (gelobte) Land verlassen darf, lautet Nein. Dahinter stand wohl die Erfahrung, dass immer mehr Menschen jüdischen Glaubens aus wirtschaftlichen Gründen emigrierten oder in der Fremde Wurzeln schlugen. Abraham und mit ihm diejenigen, die diese Geschichte nach dem Exil* verschriftlicht haben, lehnen das ab. Mag diese Radikalität heute befremden, so ist sie doch Zeugnis einer Zeit, die erkennbar anders war.

schickt sie fort. Dann stirbt Abraham, alt und lebenssatt – was aus antiker Sicht der gerechte Lohn für ein Gott wohlgefälliges und erfülltes Leben ist – in dem wahrhaft gesegneten Alter von 175 Jahren. Spannenderweise wird erzählt, dass Isaak und Ismael ihren Vater gemeinsam begraben. Ob sie sich doch wieder versöhnt haben?

… zum Schluss

Die Geschichte von Abraham und Sara ist nicht einfach eine Erzählung über die verschlungenen Wege, die Gott mit einer Familie geht, sondern hier wird nichts weniger erzählt als eine Ursprungsgeschichte des Volkes Israel. In den Erzeltern bildet sich bereits das ab, was für das Volk Israel im Gegenüber zu seinem Gott konstitutiv sein wird. Abraham und Sara werden als Einzelne ausgesondert und stehen doch stellvertretend für das gesamte Volk. Ihre Familiengeschichte ist Volks- und Völkergeschichte.

Abraham wird aus allem herausgelöst, was sein Leben ausmacht: aus seinem Heimatland, seiner Verwandtschaft und seinem Elternhaus. Verheißen wird ihm dafür das von Gott auserwählte Land, reiche Nachkommenschaft und Gottes Segen. Die Versprechen, die Gott ihm gibt, sprengen jeden Rahmen: ein großes Volk zu werden, eine Menge an Völkern, Nachkommen so zahlreich wie die Sterne am Himmel und der Staub der Erde. Und das alles, obwohl Abrahams Frau unfruchtbar und er selbst seiner Heimat entwurzelt ist! Kann man deutlicher sagen, dass sich all das, was Abraham und dann dem Volk Israel als dem »Samen Abrahams« (Ps 105,6, Jes 41,8) passiert, nur dem Willen und Wunderwirken Gottes verdankt? Wie Abraham sollen die Generationen nach ihm deshalb ihre Hoffnung vertrauensvoll in Gottes Hände legen. Abraham wird so zum Vorbild für richtiges Verhalten, zum prototypischen Gläubigen und zum exemplarischen Gerechten. Entgegen dem deutschen Sprachgebrauch meint dieser Glauben, der Abrahams Leben prägte, nicht ein »Nicht-genau-Wissen« oder ein »Für-wahr-Halten«, sondern steht für viel mehr: Abrahams Glauben ist gekennzeichnet von einem tiefen Vertrauen in Gottes helfendes Handeln, seine Güte und Liebe. Mit diesem Glauben an Gott ist Abraham bis heute ein Vorbild – und zwar nicht nur im Judentum, sondern auch in den Weltreligionen, die aus dem Judentum hervorgingen, im Christentum und im Islam.

Hört mir zu, die ihr der Gerechtigkeit nachjagt, die ihr den HERRN sucht: Schaut den Fels an, aus dem ihr gehauen seid, und des Brunnens Schacht, aus dem ihr gegraben seid. Schaut Abraham an, euren Vater, und Sara, von der ihr geboren seid. Denn als einen Einzelnen berief ich ihn, um ihn zu segnen und zu mehren. (Jes 51,1–2)

Jakob

Held oder Schlitzohr?

Aus Jakob wird Israel – Repräsentant eines Volkes 61
Konflikte über Konflikte um Muttersöhnchen Jakob (Gen 25,24–28) 62
Für ein Linsengericht – Esaus Erstgeburtsrecht (Gen 25,31–34) 63
Jakob der Listige – Jakob erschleicht sich den Segen (Gen 27,1–40) 64
Die Himmelsleiter – Gott erscheint Jakob in Bethel (Gen 28,10–22) 65
Aus Jakob wird der Enkel Abrahams – zum Zusammenwachsen
    der Erzelterngeschichten 67
Vom Betrüger zum Betrogenen: Jakob dient um Rahel (Gen 29,1–30) 68
Gott auf der Seite der Schwächeren: Jakob wird Vater von zwölf Söhnen
    (Gen 29,31–30,24) 69
Mühsame Lohnverhandlungen – Jakob und Laban trennen sich
    (Gen 30,25–31,54) 70
Der Kampf am Jabbok – aus Jakob wird Israel (Gen 32,23–33) 71
Betrüger und Betrogener – Wiedersehen nach vielen Jahren (Gen 33) 73
Endlich zu Hause – Jakob trifft seinen Vater Isaak (Gen 35) 74
Aus Jakobs Söhnen werden die zwölf Stämme 75
... zum Schluss 75

Aus Jakob wird Israel – Repräsentant eines Volkes

Ausgerechnet er wird zum Namensgeber eines ganzen Volkes: ein Schlitzohr und Muttersöhnchen, ein Betrogener und ein Betrüger, ein Flüchtling und ein Gottesstreiter. Die Rede ist von Jakob, dem jüngeren Sohn Isaaks, der von Gott selbst den Ehrennamen Israel erhält. Er geht verschlungene Pfade und doch erfüllt sich an ihm das, was Gott einst Abraham verheißen hat: Aus seinen Nachkommen wird das Volk Israel – ja, Jakob selbst wird zu Israel.

Das, was Jakob widerfahren ist, könnte sich immer und überall ereignen. In diesem Sinne also ist Jakobs Geschichte wahr. Historisch ist sie jedoch nicht. Esau und Jakob, Lea und Rahel, Benjamin und Josef hat es nicht gegeben. Doch sie alle stehen für Menschen, mit denen sich die Leserinnen und Leser identifizieren können. Sie haben große Stärken und ebenso große Schwächen, sie lieben und streiten, sie hassen und versöhnen sich. Im Mittelpunkt der Erzählungen steht dabei Gottes Segen. Und dieser Segen hat es in sich: Er kann erschlichen oder gar gestohlen werden, er ist ein umkämpftes Gut – aber er ist nur dann wirksam, wenn er von Gott selbst kommt.

Gott ist gegenwärtig in Jakobs Familiengeschichte. Und die Geschichte dieser Großfamilie ist von Beginn an transparent hin auf die Völkergeschichte. So wird der schwangeren Rebekka ein Gottesorakel* zuteil, dessen Wahrheit sich im Laufe der Erzählung entfaltet: »Zwei Völker sind in deinem Leibe, und zweierlei Volk wird sich scheiden aus deinem Schoß; und ein Volk wird dem andern überlegen sein, und der Ältere wird dem Jüngeren dienen« (Gen 25,23).

Esau gilt als der Stammvater des Volkes Edom*. Er ist rötlich (Gen 25,25) und isst von einem roten Gericht (Gen 25,30) – in all dem klingt im Hebräischen* das Wort *edom* – rot – an. Und so wird ausdrücklich festgestellt: Esau ist Edom* (Gen 36,1)! Er repräsentiert das eine der beiden bereits im Mutterleib streitenden Völker – für wen der zweite Bruder Jakob steht, wissen die Lesenden natürlich. Nach und nach wird in der Geschichte enthüllt, was schon klar ist: Jakob ist Israel.

Konflikte über Konflikte um Muttersöhnchen Jakob (Gen 25,24–28)

Erzählt wird die Geschichte von Jakob in konzentrischen Konfliktszenarien: Jakob und Esau, Jakob und Laban, Rahel und Lea, sie alle streiten sich und machen schließlich ihren Frieden miteinander. Erstmal geschieht allerdings gar nichts. Zwar hatte Abrahams Sohn Isaak, aus dem doch Abraham ein ganzes Volk an Nachkommen erwachsen sollte, seine Rebekka geheiratet – jedoch: Sie ist unfruchtbar! Wie so oft in den Erzelternerzählungen ist die Verwirklichung des göttlichen Segenszuspruchs gefährdet. Aber dann wird Rebekka wunderbarerweise doch noch schwanger, sogar mit Zwillingen. Doch die schon genannte Weissagung sollte Recht behalten: Die beiden Brüder könnten unterschiedlicher nicht sein; der Konflikt ist deshalb vorprogrammiert.

Der erste, der herauskam, war rötlich, ganz behaart wie ein Fell, und sie nannten ihn Esau. Danach kam heraus sein Bruder, der hielt mit seiner Hand die Ferse des Esau, und sie nannten ihn Jakob. […] Und als nun die Knaben groß wurden, wurde Esau ein Jäger und streifte auf dem Felde umher, Jakob aber war ein ruhiger Mann und blieb bei den Zelten. Und Isaak hatte Esau lieb und aß gern von seinem Wildbret; Rebekka aber hatte Jakob lieb. (Gen 25,25–28)

Der letzte Satz lässt aufhorchen: Isaak schätzt Esau wegen seines Wildbrets – doch Rebekka liebt den anderen Sohn, und das bedingungslos. Wenn das mal gut geht?

Für ein Linsengericht – Esaus Erstgeburtsrecht (Gen 25,31–34)

Nein, es geht nicht gut. Der erste Konflikt lässt nicht lange auf sich warten. Jakobs sprichwörtliche Listigkeit zeigt sich darin, dass er Esaus Notlage ausnutzt: Der ältere Bruder kommt hungrig und durstig vom Feld und verlangt in grobem Ton von Jakob etwas zu essen. Und Jakob weiß sich das geschickt zunutze zu machen:

Aber Jakob sprach: Verkaufe mir zuvor deine Erstgeburt. Esau antwortete: Siehe, ich muss doch sterben; was soll mir da die Erstgeburt? Jakob sprach: So schwöre mir zuvor. Und er schwor ihm und verkaufte so Jakob seine Erstgeburt. Da gab ihm Jakob Brot und das Linsengericht, und er aß und trank und stand auf und ging davon. So verachtete Esau seine Erstgeburt. (Gen 25,31–34)

Der Leser steht ratlos angesichts des Geschehens und fragt sich: Muss man nun Mitleid haben mit dem tumben Esau oder eher nicht? Man hat das Bild direkt vor Augen: der grobe und kräftige Esau, ein plumper Geselle, der sein Essen in sich reinschaufelt und dann einfach davontappt. Weiß er, was er da gerade aufgegeben hat? Und was soll man von Jakob halten? Soll man ihn für seine Schläue bewundern oder für seine Skrupellosigkeit verachten?

Randbemerkung

Mit der »Erstgeburt« wird die materielle Aufteilung des väterlichen Erbes unter seinen Söhnen beschrieben. Wie diese zu erfolgen hat, ist gesetzlich genau geregelt – der Erstgeborene erhält zwei Drittel des väterlichen Besitzes: »Wenn jemand zwei Frauen hat, eine, die er lieb hat, und eine, die er nicht lieb hat, und beide ihm Kinder gebären, die Frau, die er lieb hat, und die ungeliebte, und der Erstgeborene ist von der ungeliebten Frau und die Zeit kommt, dass er seinen Söhnen das Erbe austeile, so kann er nicht den Sohn der Frau, die er lieb hat, zum erstgeborenen Sohn machen vor dem erstgeborenen Sohn der ungeliebten; sondern er soll den Sohn der ungeliebten Frau als den ersten Sohn anerkennen und ihm zwei Teile geben von allem, was vorhanden ist; denn dieser ist der Erstling seiner Kraft, und sein ist das Recht der Erstgeburt« (Dtn 21,15–17). Liest man allerdings die Geschichte von Jakob, so fällt auf: Anders als in den Rechtstexten des Deuteronomiums* festgehalten scheint hier zwischen den Söhnen aushandelbar, wem die »Erstgeburt« zuteil wird. Und noch etwas fällt auf: Jakob erkauft sich zwar das Erstgeburtsrecht, ausgezahlt bekommt er diesen Anteil aber nie. Seinen Reichtum erwirbt er sich vielmehr im Verlauf der Geschichte aus eigener Kraft beziehungsweise als sichtbaren Beweis für Gottes Segen.

Jakob der Listige – Jakob erschleicht sich den Segen (Gen 27,1–40)

Das Erstgeburtsrecht hat Jakob schon, doch er will mehr. Und seine Mutter unterstützt ihn dabei: Ihrer beider Stunde kommt, als der blind gewordene Isaak seinen Tod nahen fühlt und sich anschickt, sein Haus zu bestellen. Der väterliche Segen auf dem Sterbebett ist eine wichtige Angelegenheit – und Rebekka sorgt dafür, dass ihr Lieblingssohn dabei nicht zu kurz kommt:

Da sprach Rebekka zu Jakob, ihrem Sohn: Siehe, ich habe deinen Vater mit Esau, deinem Bruder, reden hören: Bringe mir ein Wildbret und mach mir ein Essen, dass ich esse und dich segne vor dem HERRN, ehe ich sterbe. So höre nun auf mich, mein Sohn, und tu, was ich dich heiße. Geh hin zu der Herde und hole mir zwei gute Böcklein, dass ich deinem Vater ein Essen davon mache, wie er's gerne hat. Das sollst du deinem Vater hineintragen, dass er esse, auf dass er dich segne vor seinem Tod. (Gen 27,6-10)

Selbst Jakobs Einwand, der Vater könne die Täuschung schon aufgrund der äußerlichen Unterschiede bemerken, wischt Rebekka beiseite.

Da machte seine Mutter ein Essen, wie es sein Vater gerne hatte, und nahm Esaus, ihres älteren Sohnes, Feierkleider, die sie bei sich im Hause hatte, und zog sie Jakob an, ihrem jüngeren Sohn. Aber die Felle von den Böcklein tat sie ihm um seine Hände und wo er glatt war am Halse. (Gen 27,14-16)

Und der Betrug gelingt. Isaak erkennt zwar Jakobs Stimme, doch er fühlt Esaus raue Haut. Jakob lügt Isaak ins Gesicht. »Bist du Esau?«, so fragt der blinde Vater. Und Jakob antwortet: »Ja!« So segnet Isaak den, den er für seinen Erstgeborenen hält:

Gott gebe dir vom Tau des Himmels und vom Fett der Erde und Korn und Wein die Fülle. Völker sollen dir dienen, und Stämme sollen dir zu Füßen fallen. Sei ein Herr über deine Brüder, und deiner Mutter Söhne sollen dir zu Füßen fallen. Verflucht sei, wer dir flucht; gesegnet sei, wer dich segnet! (Gen 27,28-29)

Dieser Segen reicht weit über die Familiengeschichte hinaus – wie alles, was bisher passiert ist. Jakob wird zum Herrn über seine Brüder eingesetzt (womit sicher nicht nur Esau gemeint ist) und ihm wird verheißen, dass ganze Völker ihm dienen werden.

Spannend ist das Segensverständnis, das in dieser Geschichte durchblitzt, denn das hat schon fast etwas Magisches*: Der einmal von Isaak ausgesprochene

Segen kann offensichtlich nicht mehr zurückgenommen werden, selbst dann nicht, als der greise Vater bemerken muss, dass er betrogen wurde. Denn kaum hat der gesegnete Sohn das Lager des Sterbenden verlassen, trifft Esau ein, um dem Vater das erbetene Wildbret zu bringen und sich segnen zu lassen. Jakobs (und Rebekkas) Betrug fliegt also auf und beide Betrogenen sind entsetzt. Von Verzweiflung zeugt Esaus flehentlich vorgebrachte Frage: »Hast du denn keinen Segen mehr für mich, Vater?« Eigentlich nicht, denn allen Segen hat bereits Jakob empfangen. Doch Isaak segnet Esau dennoch wie erhofft – mit dem sozusagen, was an Segen noch übrig ist:

Siehe, du wirst wohnen fern vom Fett der Erde und fern vom Tau, der vom Himmel kommt. Von deinem Schwerte wirst du dich nähren, und deinem Bruder sollst du dienen. Aber es wird geschehen, dass du einmal sein Joch von deinem Halse reißen wirst. (Gen 27,39–40)

Auch hier reicht die Perspektive weit über die Familie hinaus und bildet das Verhältnis zwischen den beiden Völkern Edom* und Israel ab: Wenn Esau verheißen wird, dass er einst das Joch seines Bruders Jakob abschütteln wird, so steckt darin auch die Erinnerung an das Konkurrenzverhältnis zwischen den beiden Königreichen Edom* und Juda im 9. und 8. Jahrhundert v. Chr.

Die Erkenntnis Esaus ist bitter: Jakob hat ihn gleich doppelt betrogen, sowohl um sein Erstgeburtsrecht als auch um den väterlichen Segen. Und Rebekka muss sich eingestehen: Ihrem Liebling Jakob bleibt nur die Flucht, weshalb sie ihn zu ihrem Bruder Laban schickt. Angeblich, so behauptet sie gegenüber Isaak, damit Jakob auf Brautschau gehen kann. Das leuchtet dem greisen Vater sofort ein, waren ihm die beiden heidnischen Frauen seines Sohnes Esau doch immer schon ein Dorn im Auge gewesen. Jakob bricht also auf, dieses Mal mit dem wissentlich erteilten väterlichen Segen (Gen 27,41–28,5).

Rebekka spricht davon, dass Jakob nur wenige Tage wegbleiben solle, bis Esau sich beruhigt habe. Doch wird es wohl mehr als nur ein paar Tage dauern, bis Esau bereit ist, den Betrug seines Bruders zu verzeihen. Und tatsächlich werden viele Jahre vergehen, bis Jakob wieder nach Hause kommt.

Die Himmelsleiter – Gott erscheint Jakob in Bethel (Gen 28,10–22)

Gott erscheint Jakob – ausgerechnet dem flüchtigen Betrüger. Die Begegnung findet statt in einer nächtlichen Traumvision. Und es ist wohl keine andere Szene aus den Jakoberzählungen so oft gemalt worden wie dieses Traumbild von der Himmelsleiter in Bethel.

Jakob war vor Esau geflohen und ist nun unterwegs zu Laban, dem Bruder seiner Mutter Rebekka. Auf seiner Reise legt er sich eines Abends schlafen und sieht im Traum eine Leiter – vom Hebräischen* her muss man sich diese Leiter eher wie eine aufgeschüttete Rampe vorstellen –, auf der Engel* vom Himmel auf die Erde steigen. Hier ist also der Himmel wortwörtlich offen. Und tatsächlich: Ganz oben auf der Leiter steht Gott selbst. Und nun wird aus dem Traum-Stummfilm eine Gottesrede:

Ich bin der HERR, der Gott deines Vaters Abraham, und Isaaks Gott; das Land, darauf du liegst, will ich dir und deinen Nachkommen geben. Und dein Geschlecht soll werden wie der Staub auf Erden, und du sollst ausgebreitet werden gegen Westen und Osten, Norden und Süden, und durch dich und deine Nachkommen sollen alle Geschlechter auf Erden gesegnet werden. Und siehe, ich bin mit dir und will dich behüten, wo du hinziehst, und will dich wieder herbringen in dies Land. Denn ich will dich nicht verlassen, bis ich alles tue, was ich dir zugesagt habe. (Gen 28,13–15)

Randbemerkung

Bethel als Ort, an dem Gott selbst zu Hause ist – was für eine Aussage! Die Forschung vermutet, dass Gen 28 so etwas wie eine nachträglich zurückprojizierte Gründungslegende des Nordreichheiligtums Bethel darstellt – eine Ätiologie*. Dazu muss man wissen: Laut 1Kön 12,36–33 ließ König Jerobeam I., der erste König des Nordreichs*, in Bethel ein Stierheiligtum errichten. Dort wurde also der Reichsgott, nämlich der Gott JHWH, in Gestalt eines Stieres verehrt. Eine solche bildhafte Gottesdarstellung war zur Zeit Jerobeams nichts Ungewöhnliches und ein Stierbild als Kultstatue für JHWH problemlos denkbar. Deshalb ist es durchaus möglich, dass die Geschichte von Jakobs Gottesbegegnung in Bethel erzählt wurde, um die dortige Verehrung JHWHs nachträglich zu legitimieren: Schon der große Vorfahre Jakob hatte erkannt, dass an diesem Ort Gott zu Hause ist – dann aber musste auch der durch Jerobeam an diesem Ort veranlasste Kult* korrekt sein.

Umstritten ist allerdings, wann es nötig wurde, eine solche Geschichte von Jakob zu erzählen: Als der Staatskult* in Bethel noch in voller Blüte stand, also zur Zeit des Nordreichs*? Oder erst als sich nachexilisch die Einsicht durchzusetzen begann, dass man JHWH nur bildlos und ausschließlich im Jerusalemer Tempel* verehren durfte? Argumente gibt es für beides, doch muss dies letztlich offenbleiben.

Hier wird Jakob also eine eigene Gottesbegegnung zuteil: Gott selbst spricht zum ersten Mal direkt mit ihm. Und wie bei dem Orakel* im Mutterleib ist auch hier mehr im Blick als das Leben eines einzelnen Menschen: Aus Jakobs Nachkommenschaft soll ein großes Volk werden. In ihm soll sich erfüllen, was JHWH bereits Abraham zugesagt hatte (vgl. S. 51 ff.). Die Zusage von Vermehrung und Land durch den Gott JHWH hält also beide Erzelterngeschichten zusammen und verleiht ihnen einen roten Faden.

Jakob spürt, dass dieser Ort etwas Besonderes ist: Denn hier ist Gott selbst gegenwärtig. Kaum aus seinem Traum erwacht, errichtet Jakob deshalb ein Kultdenkmal zur Erinnerung an die Begegnung mit Gott. Und er selbst legt ein Gelübde ab:

Fürwahr, der HERR ist an dieser Stätte, und ich wusste es nicht! Wie heilig ist diese Stätte! Hier ist nichts anderes als Gottes

Haus, und hier ist die Pforte des Himmels. [...] Und Jakob tat ein Gelübde und sprach: Wird Gott mit mir sein und mich behüten auf dem Wege, den ich reise, und mir Brot zu essen geben und Kleider anzuziehen und mich mit Frieden wieder heim zu meinem Vater bringen, so soll der HERR mein Gott sein. (Gen 28,16–17.20–21)

Aus Jakob wird der Enkel Abrahams – zum Zusammenwachsen der Erzelterngeschichten

Abraham, Isaak und Jakob – immer wieder werden in den Geschichten der Genesis diese drei »Erzväter« in einem Atemzug genannt. Die Wissenschaft ist sich heute allerdings sicher, dass diese Zusammenfügung von Abraham, Sara, Isaak, Rebekka und Jakob zu einer einzigen Familiengeschichte ein späteres Konstrukt ist.

Ursprünglich wurden die Erzählungen um Jakob selbstständig überliefert. Die Orte, die in diesen Geschichten eine Rolle spielen, liegen alle im Nordreich* (während die Überlieferung von Sara und Abraham eher im Südreich* zu lokalisieren ist). Man vermutet deshalb, dass der Zyklus um Jakob, der ja später auch den Ehrennamen Israel erhält, zu den Gründungsmythen des Nord-Königreichs Israel gehörte. Jakob-Israels Geschichte war zunächst eng mit dem Staat verbunden, dessen Namen er trägt. Das änderte sich wohl mit dem Untergang dieses Reiches 722 v. Chr., als Flüchtlinge aus dem Nordreich* die Erinnerungen an Jakob mit in den Süden brachten – und als man auch in Juda begann, sich selbst als Teil eines Volkes namens Israel zu fühlen. Dankbar griff man dann auf die Jakoberzählungen zurück und fügte sie in die eigenen Traditionen ein. Erst zu diesem Zeitpunkt wurde Jakob zum Enkel Abrahams und damit zum Ahn Gesamtisraels.

Vermutlich wurden zunächst nur einzelne Geschichten rund um Jakob erzählt, aus denen erst auf schriftlicher Ebene die heute vorliegende Jakobüberlieferung wurde. Die vielfältigen textlichen Bezüge zwischen den Einzelepisoden und die kunstvolle Gestaltung der Gesamtkomposition sind tatsächlich auf einer mündlichen Überlieferungsebene nicht denkbar. Dann jedoch hätte der Jakobzyklus seine Endgestalt zu dem Zeitpunkt erhalten, als er Teil der Erzelternüberliefe-

Randbemerkung

Übrigens kennt auch der Prophet Hosea die Überlieferungen von Jakob: »Schon im Mutterleib hat er seinen Bruder gepackt und im Mannesalter mit Gott gekämpft. Er kämpfte mit dem Engel und siegte, er weinte und flehte ihn an. In Bethel hat er ihn gefunden, und dort redet er mit uns, der HERR, der Gott Zebaoth; HERR ist sein Name. [...] Jakob floh in die Gegend von Aram, und Israel diente um eine Frau; um einer Frau willen hütete er Schafe« (Hos 12,4–7.13–14). Auch die Hoseaüberlieferung hat ihren Ursprung im Nordreich*, was wiederum dazu passen würde, dass man sich dort tatsächlich Episoden von Jakob erzählte. Angespielt wird bei Hosea unter anderem auf den Bruderzwist, auf den Gotteskampf am Jabbok und auf Jakobs Dienst bei Laban – all diese Geschichten waren also offensichtlich bekannt. Allerdings lässt sich aus diesen Anspielungen nicht folgern, dass schon der gesamte Jakobzyklus vorlag, wie er sich jetzt im 1. Buch Mose findet.

rungen wurde – also frühestens exilisch*. Auch diese Kompositionsleistung verdankt sich der Priesterschrift*, die sich im Babylonischen Exil* daran machte, die eigene Geschichte mit Gott neu zu erzählen. Ihre Erzählung war dabei getragen von dem Interesse, den Untergang des Südreichs* und die Zerstörung des Jerusalemer Tempels* 587 v. Chr. mit dem Glauben an Gott zusammendenken zu können. Indem die Verfasser der Priesterschrift* sich neu an Gottes Geschichte mit seinem Volk erinnerten, gelang es ihnen, die Gegenwart erträglich zu machen und neue Hoffnung zu wecken.

Vom Betrüger zum Betrogenen: Jakob dient um Rahel (Gen 29,1–30)

Jakob hat endlich das Ziel seiner Reise, den Wohnort seines Onkels Laban, erreicht, und nun scheint sich die Geschichte von der Brautschau seines Vaters Isaak in seiner alten Heimat (vgl. Gen 24) unter umgekehrten Vorzeichen zu wiederholen: Wieder trifft jemand aus der Nachkommenschaft Abrahams bei Laban ein, wieder kommt es zu einer schicksalhaften Begegnung am Brunnen. Doch Jakob kommt nicht als reicher Bewerber, sondern als mittelloser Flüchtling und muss sich bei seinem Onkel Laban als Knecht verdingen. Der Lohn ist schnell ausgehandelt. Denn seitdem Jakob Labans Tochter Rahel erblickt hatte, weiß er: Diese und keine andere! So vergehen ihm die sieben Jahre, die er um sie dienen soll, wie im Fluge. Doch dann wird der Betrüger selbst zum Betrogenen: In der Nacht der Hochzeitsfeierlichkeit ist es Rahels ältere Schwester Lea, die auf Labans Geheiß zu Jakob kommt. Jakobs bitterliche Klage wischt Laban beiseite: »Es ist nicht Sitte in unserm Lande, dass man die Jüngere weggebe vor der Älteren« (Gen 29,26).

Würde Jakob ein wenig nachdenken, sollte ihm das alles bekannt vorkommen: Der Betrüger nutzt aus, dass der Betrogene nicht sehen kann, und im Zentrum des Betrugs steht das Vorrecht des älteren vor dem des jüngeren Kindes. Hier wiederholt sich die Geschichte des Segens, den Jakob sich zu Unrecht erschlichen hatte – doch nun ist er derjenige, der überrumpelt wird: Statt der geliebten Rahel erhält er ihre ältere Schwester Lea zur Frau, die zu verheiraten dem Vater in den vergangenen sieben Jahren offensichtlich nicht gelungen war. Dass Jakob eigentlich Rahel will, macht sich Laban zunutze: Der frischgebackene Schwiegersohn darf auch die jüngere Tochter heiraten – und verpflichtet sich damit für weitere sieben Jahre zum Dienst bei seinem Onkel.

Gott auf der Seite der Schwächeren: Jakob wird Vater von zwölf Söhnen (Gen 29,31–30,24)

Nun tut sich ein neues Konfliktfeld um Jakob auf: Er, der eigentlich Rahel zur Frau nehmen wollte, bevorzugt diese gegenüber der Schwester, die er zur Frau nehmen musste. Die Bibel erzählt, dass Gott selbst deshalb Partei für Lea ergreift: »Als aber der HERR sah, dass Lea ungeliebt war, machte er sie fruchtbar; Rahel aber war unfruchtbar« (Gen 29,31).

Und so gebiert Lea einen Sohn nach dem anderen – zunächst Ruben, Simeon, Levi und Juda – in der (vergeblichen) Hoffnung, sich so die Liebe ihres Mannes zu sichern. Ihre Schwester Rahel andererseits leidet unter ihrer Unfruchtbarkeit und dem Gefühl, von ihrer Schwester übertrumpft zu werden:

Als Rahel sah, dass sie Jakob kein Kind gebar, beneidete sie ihre Schwester und sprach zu Jakob: Schaffe mir Kinder, wenn nicht, so sterbe ich. Jakob aber wurde sehr zornig auf Rahel und sprach: Bin ich doch nicht Gott, der dir deines Leibes Frucht nicht geben will. (Gen 30,1–2)

Der Konflikt zwischen Lea und Rahel ist in Wirklichkeit ein Konflikt zwischen Rahel und Gott. Gott hat sich auf die Seite der ungeliebten und deshalb benachteiligten älteren Schwester geschlagen. Gerecht ist das eigentlich nicht – denn nichts ist davon zu lesen, dass Rahel irgendetwas getan habe, um sich vor ihre Schwester zu setzen, wenn es um die Gunst ihres Mannes geht. Genauso wenig kann sie nun dafür, dass Lea Nachkommen gebiert, sie jedoch nicht. Das kann Rahel schließlich nicht länger ertragen. Sie arbeitet nun mit allen Tricks: Sie schlägt vor, dass Jakob ihre Leibmagd Bilha schwängert und dass sie das Kind nach der Geburt als ihr eigenes annimmt. Ein Procedere, das damals durchaus üblich war, von dem aber die aufmerksame Leserschaft weiß, dass es schon bei Jakobs Großvater Abraham nicht zu dem gewünschten Erfolg geführt hatte (vgl. S. 54 f.). Bilha jedenfalls schenkt Jakob zwei weitere Söhne namens Dan und Naftali. Rahel darf sich diese Söhne ihrer Magd dem Gesetz nach als eigene anrechnen. Dennoch: Ob sie wirklich glaubt, durch diesen »Gebärstreit« glücklich zu werden? Im Folgenden gebärt auch Leas Magd Silpa für Jakob noch zwei Söhne, Gad und Asser, bevor wiederum Lea Issachar und Sebulon empfängt. Und dann endlich, endlich kommt für Rahel die erlösende Nachricht:

Gott gedachte aber an Rahel und erhörte sie und machte sie fruchtbar. Da ward sie schwanger und gebar einen Sohn und sprach: Gott hat meine Schmach von mir genommen; und sie nannte ihn Josef. (Gen 30,22–24)

Rahels sehnlichster Wunsch geht in Erfüllung: Sie bekommt einen Sohn. Und die Bedeutung des Namens Josef, den sie für ihn aussucht, verrät, dass sie auf weitere hofft: »Der HERR wolle mir noch einen Sohn dazugeben« (Gen 30,24). Dass ein zweiter Sohn folgen wird, ist für Rahel also schon klar. Und doch kommt es anders, als sie sich das gedacht hat: Denn bei der Geburt ihres zweiten Kindes, auf der Reise von Labans Wohnort in Jakobs Heimat, stirbt Rahel. Sterbend gibt sie ihrem Neugeborenen den Namen Ben-Oni, Sohn des Schmerzes. Doch Jakob benennt ihn um: Ben-Jamin soll er heißen, Sohn der rechten Seite – ein Name, der schon verrät, wie viel der jüngste Sohn seiner Lieblingsfrau dem Vater bedeutet.

Zwölf Söhne werden Jakob von seinen vier Frauen geschenkt – für einen Patriarchen wie ihn eine wahre Erfüllung. Und doch geht es hier nicht darum, denn die Leserschaft weiß natürlich, dass die Namen dieser Söhne die sind, die auch die zwölf Stämme* Israels tragen. Auch hier gilt, was schon mehrfach notiert wurde: Die Geschichte des Mannes Jakob ist transparent hin auf die Geschichte des Volkes Israel.

Mühsame Lohnverhandlungen – Jakob und Laban trennen sich (Gen 30,25–31,54)

Aus den wenigen Tagen, die Rebekka ihren Lieblingssohn Jakob bei Laban in Sicherheit wissen wollte, sind viele, viele Jahre geworden. Doch nun bereitet sich Jakob darauf vor, in seine Heimat zurückzukehren. Als Knecht in Labans Haus muss er dafür förmlich um Erlaubnis fragen: »Lass mich ziehen und reisen an meinen Ort und in mein Land. Gib mir meine Frauen und meine Kinder, um die ich dir gedient habe, dass ich ziehe; denn du weißt, wie ich dir gedient habe« (Gen 30,25–26).

Der Sachverhalt ist also eigentlich klar, doch das Gespräch zwischen Laban und Jakob kompliziert. Im Zentrum steht die Frage nach einem gerechten Lohn für Jakob. Laban weiß, dass er seinen Reichtum nur dem Wirken seines Knechtes Jakob verdankt – und er ahnt, dass das mit Gottes Segen zusammenhängt. Die Lohnverhandlungen sind so komplex – oder beide Partner so vorsichtig und hintertrieben –, dass sie zunächst scheitern. Jakob jedenfalls bleibt doch noch da und erarbeitet sich etwas für die eigene Tasche. Erst dann wird seine Rückkehr endgültig zur »Chefsache«: »Und der HERR sprach zu Jakob: Zieh wieder in deiner Väter Land und zu deiner Verwandtschaft; ich will mit dir sein« (Gen 31,3).

Es fällt auf, dass Jakob trotz dieses göttlichen Marschbefehls um die Zustimmung seiner beiden Hauptfrauen zu seinen Plänen wirbt. Denn Lea und Rahel sind ja nicht nur seine Frauen, sondern auch die Töchter ihres Vaters Laban, in dessen Hause Jakob als eine Art Unfreier gedient hatte. Es wäre also durchaus denkbar gewesen, dass die beiden sich seinen Reiseplänen verweigern und beschließen, bei ihrem Vater zu bleiben. Deshalb bietet Jakob hier all seine Überzeugungskraft auf: Indem er eine deutlich ausgeschmückte Variante der Lohnverhandlungen mit Laban präsentiert, kann er Lea und Rahel überzeugen:

Da antworteten Rahel und Lea und sprachen zu ihm: Haben wir denn noch Anteil und Erbe am Hause unseres Vaters? Gelten wir ihm nicht als Fremde? Hat er uns doch verkauft und unsern Kaufpreis verzehrt! Fürwahr, der ganze Reichtum, den Gott unserm Vater entzogen hat, gehört uns und unsern Kindern. Alles nun, was Gott dir gesagt hat, das tu! (Gen 31,14–16)

Die biblische Überlieferung legt sehr viel Wert darauf, dass Gott Jakobs Reisepläne unterstützt – und Jakob dürfte das vermutlich auch sehr wichtig sein. Denn: Bei Laban kann er nach all dem Hin und Her nicht mehr bleiben; doch ob er zu Hause willkommen ist, weiß er ja auch nicht. Immerhin lebt dort nach wie vor sein Bruder Esau, den er um Erstgeburtsrecht und väterlichen Segen betrogen hatte.

Randbemerkung

Als Jakob aufbricht, verhält sich seine Lieblingsfrau Rahel nicht ganz korrekt: Sie stiehlt den »Hausgott« ihres Vaters. Das hebräische* Wort lautet *terafim* und meint eigentlich eine Mehrzahl: Hausgötter. Doch was ist es, was Rahel da mitgehen lässt? Aufgrund von Parallelen aus der Umwelt Israels geht die Wissenschaft heute davon aus, dass damit kleine figürliche Darstellungen gemeint sind, die entweder verstorbene Ahnen darstellen sollen, von denen man sich quasi himmlischen Beistand erhoffte, oder die aber tatsächlich für eigene (Haus)Götter stehen. Solche privaten Hausaltäre waren übrigens noch bis weit in die staatliche Zeit und vielleicht sogar in die Exilszeit* hinein nichts Ungewöhnliches. Zwar gab es in Israel und Juda seit der Staatwerdung einen offiziellen religiösen Staatskult*, der an den Hauptheiligtümern in Jerusalem, Dan und Bethel gepflegt wurde, doch hatte das oft wenig mit den religiösen Bedürfnissen und der Frömmigkeit der Landbevölkerung zu tun: Archäologische Funde belegen, dass es hier weiterhin viele Formen häuslicher Götterkulte* gegeben hat. Die Terafim von Jakobs Schwiegervater Laban, die Rahel mitnimmt, sind nur ein Beispiel dafür. Übrigens ist das ein Diebstahl, den Laban nicht hinnehmen kann; denn die Terafim gehören zu seinem Haushalt und hätten höchstens auf die Haupterben übergehen dürfen. Er jagt deshalb der Familie hinterher und durchsucht alle Zelte, findet aber aufgrund der Listigkeit Rahels das Gesuchte nicht. Erfolglos muss er wieder abziehen.

Der Kampf am Jabbok – aus Jakob wird Israel
(Gen 32,23–33)

Auf dem Weg nach Hause hat Jakob eine unheimliche Begegnung. Nachdem er dafür gesorgt hat, dass seine Familie und sein Hab und Gut sicher den Fluss Jabbok überqueren, bleibt er im nächtlichen Dunkel allein zurück. Und da passiert es:

Da rang einer mit ihm, bis die Morgenröte anbrach. Und als er sah, dass er ihn nicht übermochte, rührte er an das Gelenk seiner Hüfte, und das Gelenk der Hüfte Jakobs wurde über dem Ringen mit ihm verrenkt. Und er sprach: Lass mich gehen, denn die Morgenröte bricht an. Aber Jakob antwortete: Ich lasse dich nicht, du segnest mich denn. (Gen 32,25–27)

Eine Geschichte, die mehr Fragen offenlässt als beantwortet: Mit wem ringt Jakob da eigentlich? Wer ist der Sieger? Der andere, der Jakob offensichtlich bleibend an der Hüfte verletzt, oder Jakob, der dem Ringpartner einen Segen abtrotzen kann? Welche Rolle spielt die Morgenröte, zu der der Kampf anscheinend vorbei ist? Und schließlich: Wird hier etwas erzählt, das Jakob erlebt oder das er nur geträumt hat?

Manche Forscher vermuten, dass in diese Geschichte vom Kampf am Jabbok Elemente einer uralten Sage eingeflossen sind, die ursprünglich beschrieb, wie ein Flussdämon versuchte, einen Wanderer an der nächtlichen Überquerung eines Flusses zu hindern: Vielleicht bleibt der Name des Gegners deshalb trotz Nachfrage ungenannt und vielleicht spielt deshalb auch die Morgenröte so eine wichtige Rolle? Folgt man der biblischen Erzählung, ist für Jakob jedenfalls klar: Er kämpft hier mit einem göttlichen Wesen, ja mit Gott selbst! Würde er sonst so nachdrücklich darauf bestehen, von ihm gesegnet zu werden? Sein göttlicher Gegner bestätigt ihm das, indem er ihm einen neuen Namen verleiht. Aus Jakob wird Israel – wörtlich: der »Gottesstreiter«: »Er sprach: Du sollst nicht mehr Jakob heißen, sondern Israel; denn du hast mit Gott und mit Menschen gekämpft und hast gewonnen« (Gen 32,29).

Sollte Jakob diesen Kampf tatsächlich gewonnen haben? In der Tat erzählt die Bibel davon, dass der unheimliche Gegner Jakob nicht zu besiegen vermag – berichtet aber auch, dass er ihn an der Hüfte verletzt. Als die Sonne aufgeht, hinkt Jakob deshalb; eine bleibende Erinnerung an diese Nacht, in der er mit Gott am Fluss Jabbok rang. Auf diese Weise weist Gott ihn, den Gottesstreiter, in seine Schranken.

Dennoch: Endlich ist Jakob nach all dem, was er bisher erreicht und erlebt hat, auch der ausdrückliche Segen Gottes zuteilgeworden. Zwar hatte sich die

---

Randbemerkung

Der Name Israel, den nicht nur Jakob führt, sondern der für ein Volk und für einen Staat steht, ist ein sogenannter »Satzname«: *Isra-El.* Der Wortstamm *srh* heißt so viel wie »kämpfen«. Da liegt es nahe, bei dem Namen Israel an den Kampf Jakobs mit Gott zu denken; auf diese Weise wird in Gen 32,29 und Hos 12,5 der Name auch erklärt. Etymologisch ist das nicht ganz korrekt, denn Isra-El meint nicht den Kampf mit Gott, sondern heißt übersetzt: »[Der Gott] El* kämpft« – und zwar für den Träger des Namens. Solche Satznamen waren im antiken Orient nichts Ungewöhnliches. Auffällig ist jedoch, dass diese Personen- oder Volksbezeichnung nicht den Namen des eigenen Gottes JHWH im Namen trägt, sondern den des Gottes El*, also des höchsten Gottes im kanaanäischen* Götterhimmel. Dieser Name verrät, dass die Entstehungsgeschichte des Volkes Israel, das Zusammenwachsen zu einem Volk und zur Verehrung des einen Gottes JHWH deutlich komplizierter ist, als es die Überlieferung des Alten Testaments glauben machen möchte (vgl. S. 120 ff.).

Wirksamkeit des väterlichen Segens bereits in Jakobs Leben sichtbar erwiesen, doch stand die ausdrückliche Bestätigung durch Gott selbst noch aus. Hier nun widerfährt sie ihm. Der Gotteskampf am Jabbok stellt einen Scheidepunkt dar: Die Überquerung des Flusses Jabbok markiert wie die Morgenröte einen Neubeginn und Jakobs neuer Lebensabschnitt beginnt mit einem neuen Namen: Israel. Nun ist endlich ausgesprochen, was die Leserin schon die ganze Zeit weiß: Jakob selbst ist Israel und steht für das Volk Israel.

Betrüger und Betrogener – Wiedersehen nach vielen Jahren (Gen 33)

Jakob hatte das Wiedersehen mit seinem betrogenen Bruder Esau akribisch geplant. Er hatte Boten mit Geschenken vorausgeschickt und seinen Besitz sicherheitshalber auf zwei Lager aufgeteilt – um im Falle eines feindlichen Empfangs durch Esau wenigstens eine Hälfte retten zu können. Und nun ist es so weit: Esau hat 400 Mann bei sich; das weckt nicht gerade die Hoffnung darauf, den Konflikt friedlich beilegen zu können. Doch es kommt ganz anders:

Jakob hob seine Augen auf und sah seinen Bruder Esau kommen mit vierhundert Mann. Und er verteilte seine Kinder auf Lea und auf Rahel und auf die beiden Mägde und stellte die Mägde mit ihren Kindern vornean und Lea mit ihren Kindern dahinter und Rahel mit Josef zuletzt. Und er ging vor ihnen her und neigte sich siebenmal zur Erde, bis er zu seinem Bruder kam. Esau aber lief ihm entgegen und herzte ihn und fiel ihm um den Hals und küsste ihn, und sie weinten. Und Esau hob seine Augen auf und sah die Frauen mit den Kindern und sprach: Wer sind diese bei dir? Er antwortete: Es sind die Kinder, die Gott deinem Knecht beschert hat. (Gen 33,1–5)

Jakobs Unterwürfigkeit – sieben Mal fällt er vor Esau auf die Erde – scheint zu wirken. Oder tun das die Gaben, die er hatte schicken lassen? Jedenfalls verläuft die Begegnung friedlich. Jakob nötigt Esau einige Geschenke auf, mit denen er wohl hofft, den erschlichenen Segen gleichsam zurückzahlen zu können. Doch so weit, dass beide Brüder gemeinsam reisen, vertraut Jakob Esau dann doch nicht. Und beide werden auch zukünftig nicht beieinander wohnen: Esau lebt weiterhin in Seïr, Jakob hingegen lässt sich zunächst in der Nähe von Sichem nieder.

Endlich zu Hause – Jakob trifft seinen Vater Isaak (Gen 35)

Das Ende der Geschichte scheint erreicht – doch fehlt noch eins: Jakobs Heimkehr. Denn erst damit erfüllt sich das einst in Bethel abgelegte Gelübde. Gott
selbst macht ihm Mut zu dieser Heimkehr: »Mach dich auf und zieh nach Bethel
und wohne daselbst und errichte dort einen Altar dem Gott, der dir erschien, als
du flohst vor deinem Bruder Esau« (Gen 35,1). Gott erscheint Jakob also erneut
in Bethel. Und obwohl JHWH ihm das gar nicht ausdrücklich befohlen hatte,
bereitet sich Jakob dieses Mal gründlich auf diese Begegnung vor.

Dass er »hinaufziehen« soll – wie es wörtlich in der Gottesrede heißt –, ist für
Jakob der Auftrag zu einer Wallfahrt. Deshalb soll sich sein ganzes Haus durch
eigene Reinigung und Kleiderwechsel auf die kultische* Begegnung mit Gott einstimmen. Jakob gibt auch den Befehl, alle
fremden Götter abzulegen; er vergräbt sie
sogar eigenhändig. Und die aufmerksame
Leserschaft dieser Geschichte weiß sofort:
Unter dieser Eiche bei Sichem liegen
nun auch die Terafim, die Rahel aus dem
Haus ihres Vaters mitgenommen hatte.
Auf diese Weise äußerlich und innerlich
gereinigt, tritt Jakob erneut vor Gott:

Randbemerkung

Die Wissenschaft ist sich heute einig, dass es sich
bei Gen 35 um eine Dublette zu Gen 28 handelt,
die absichtlich erneut und leicht verändert erzählt
wird: Wenn Jakob nun in Bethel vor Gott tritt, so
tut er das vorbereitet und macht alles richtig.
Bethel wird auf diese Weise zum Ort der Erinnerung an eine Gottesbegegnung, zum Kultort*.

*Und Gott erschien Jakob abermals [...] und segnete ihn und sprach zu ihm: Du heißt
Jakob; aber du sollst nicht mehr Jakob heißen, sondern Israel sollst du heißen. Und so
nannte er ihn Israel. Und Gott sprach zu ihm: Ich bin der allmächtige Gott; sei frucht-
bar und mehre dich! Ein Volk und eine Menge von Völkern sollen von dir kommen, und
Könige sollen aus deinen Lenden hervorgehen, und das Land, das ich Abraham und
Isaak gegeben habe, will ich dir geben und will's deinem Geschlecht nach dir geben.
Und Gott fuhr auf von ihm an der Stätte, da er mit ihm geredet hatte. (Gen 35,9–13)*

Als von seinem Gott Gesegneter tritt Jakob nun endlich seinem Vater entgegen.
Der lebt tatsächlich immer noch – dabei war es doch Isaaks Eindruck, vor dem
nahen Tod noch sein Haus bestellen zu müssen, der in Gen 27,2 erst das ganze
Geschehen ausgelöst hatte: den erschlichenen Erstgeburtssegen auf dem Sterbebett, Esaus Zorn und Jakobs Flucht zu Laban ... Das passt in der erzählerischen
Logik in der Tat nicht so recht zusammen. Doch wichtiger als Stringenz ist hier
der ausdrückliche Hinweis darauf, dass Isaak die Erfüllung seines väterlichen
Segens vor seinem Tod noch erlebt. Begraben wird er übrigens von beiden Söhnen
gemeinsam. Es mag nicht immer eitel Sonnenschein zwischen Esau und Jakob
herrschen – ihren Sohnespflichten aber kommen sie zusammen nach (Gen 35,29).

Aus Jakobs Söhnen werden die zwölf Stämme

Aus der Geschichte Jakobs wird nun nach und nach die Geschichte seines Sohnes Josef. Dieser holt auf verschlungenen Pfaden seine ganze Familie nach Ägypten*, wo Jakob auch stirbt. Begraben wird er aber – das war ihm wichtig – in dem Familiengrab in Machpela. Am Ende der Geschichte Jakobs steht, was zu Beginn verheißen wurde: In ihm wird Israel zum Volk.

Damit ist auch deutlich, was diese Geschichte neben aller verschlungenen Sagenhaftigkeit leistet: Sie begründet die Identität Israels als Volk, das von Gott in Jakob erwählt und gesegnet ist. Der Stammbaum Jakobs und seiner Kinder bringt nicht nur zum Ausdruck, wie nah oder fern sich Israel und seine Nachbarvölker waren, sondern lässt auch Rückschlüsse darauf zu, wie die verschiedenen Stammesgruppen zueinander standen, die sich selbst in »Israel« wiederfanden. Im Verhältnis und in den implizierten Hierarchien der Jakobssöhne bilden sich die politischen Verhältnisse späterer Zeit ab. Die Wissenschaft ist sich durchaus uneins, aus welcher Zeit dieses Konstrukt von den zwölf »Stämmen«* Israels nun genau stammt. Lange hat man vermutet, dass sich darin die Geschichte eines archaischen Stämmebündnisses niedergeschlagen hat. Vermutlich ist es aber genau umgekehrt: Von den zwölf Stämmen* Israels musste man erst dann erzählen, als es dieses Volk als politische Größe gar nicht mehr gab – dann nämlich brauchte man die-

Randbemerkung

Das Konstrukt der zwölf Stämme* ist vermutlich sehr jung. Und liest man die biblischen Texte genau, so stellt man fest: Jakob hatte zwar zwölf Söhne, doch es gibt 13 Stämme*. Weil der Stamm Levi, so die Fiktion, für den Tempelkult ausgesondert wird und kein Land erhält (vgl. Num 26), wird die Zwölfzahl des Landbesitzes durch die Aufnahme von Ephraim und Manasse, also der beiden Söhne Josefs, in die Stämmerunde wieder aufgefüllt.

ses genealogische* »Narrativ«, um zu begründen, wer sich eigentlich zu diesem »Volk Israel« zählen durfte. Auf diese Weise wurde »Nachkommenschaft Jakobs« zum Identitätsmarker und zum Kennzeichen der Zugehörigkeit wie der Zusammengehörigkeit.

… zum Schluss

Doch egal, wie eng oder weit man nun das Konzept des Volkes Israel fasst – im Zentrum stand und steht immer die Gewissheit einer besonderen Erwählung dieses Volkes durch Gott. Diese Gewissheit konnte natürlich in Zweifel geraten und musste wie bei Jakob am Jabbok immer mal wieder neu erstritten werden, doch sie behielt Bestand. Und mit ihr die Erkenntnis: »Gott« ist kein Besitz und Glaube kennt auch immer Zweifel. Eben deshalb geht es in Jakobs Geschichte wie überhaupt bei den Erzeltern immer wieder um den Segen – sei es um einen väterlichen oder zwischenmenschlichen, sei es um den göttlichen: »Ich lasse Dich nicht, Du segnest mich denn.« Dieser Segen muss immer zugesprochen werden, will manchmal aber eben auch errungen sein.

Im Ursprung ist eine Segenshandlung wohl genau das gewesen: der Zuspruch göttlicher Lebenskraft in Zeiten von Abschied und Gefährdung. Gott allein kann garantieren, was Menschen sich gegenseitig zusprechen. Und dieser Segen entfaltete sich, auch das kann man in den Erzelterngeschichten noch sehen, ganz konkret und lebensweltlich: im Besitz fruchtbaren Landes, in einem Überfluss von Nahrung, als Familienzusammenhalt und Gemeinschaft, als reiche Nachkommenschaft und materieller Wohlstand.

Erst im theologischen Nachdenken über die eigene Herkunft als Gottesvolk gewinnt dieser Segen einen weiteren Horizont: So wie Menschen auf diesen Zuspruch angewiesen sind, ist und war es eben auch Israel als Volk. Diese Erkenntnis bringen die Theologen der Priesterschrift*, die diese Erzählungen nach dem Exil* noch einmal neu zusammenstellten und fortschrieben, immer wieder zum Ausdruck. Sie entfalten quasi eine ganze Segenstheologie: So wird der Segen, den Jakob erhält, zum Segen, den Israel erfährt. Und zwar, das ist hier ganz wichtig, bedingungslos. Gott garantiert den Fortbestand Israels als Gottes Volk auch in Zeiten heftigster Angriffe und Gefährdungen, er schenkt Nachkommenschaft, Wohlergehen und Zukunft.

Josef

Ein Stoff, aus dem die Träume sind

Josef, der Lieblingssohn seines Vaters (Gen 37,1–4) 77
Josef träumt vom Sieg über seine Brüder (Gen 37,5–11) 78
Josef und sein bunter Rock (Gen 37,12–36) 79
Josef in Ägypten – vom Haus des Potifar ins Gefängnis (Gen 39) 80
Josef der Traumdeuter – vom Gefängnis an den Hof des Pharao
    (Gen 39,21–41,40) 81
Josef wird zum Obersten in Ägypten (Gen 41,37–57) 82
Josef trifft seine Brüder wieder (Gen 42) 84
Josef und Benjamin (Gen 43–44) 85
»Ich bin Josef!« – Der Moment der Wahrheit (Gen 45) 86
Jakobs Ende und sein Segen für Josefs Söhne (Gen 46–48) 87
»Gott gedachte es gut zu machen!« – Josefs Einsicht in Gottes Plan
    (Gen 49,29–50,26) 89
Die Josefgeschichte – Entstehungslegende eines Volkes 90
…zum Schluss 91

Josef, der Lieblingssohn seines Vaters (Gen 37,1–4)

Eine große Geschichte braucht keine großen Worte – auch die von Josef nicht. Mit nur wenigen Pinselstrichen wird ein buntes Bild gemalt, in dem der prächtige Rock, den Josef trägt, nur einen kleinen Farbtupfer ausmacht. Die Josefsnovelle umfasst 14 Kapitel im Buch Genesis (Gen 37–50). Zu Beginn erfährt man alles, was man über Josef wissen muss: Er steht mit seinen 17 Jahren an der Schwelle zum Erwachsenwerden und ist wie seine älteren Brüder mit dem Schafehüten betraut. Für seine Brüder ist er nur ein Laufbursche, während sein Vater ihn bevorzugt – und das nicht nur heimlich. In dieser Konstellation steckt viel Sprengstoff! Als Jakob seiner Vorliebe für Josef durch das Geschenk eines besonderen Rockes auch noch sinnfälligen Ausdruck verleiht, explodiert das Ganze. Und daran haben tatsächlich alle Beteiligten einen Anteil: Josefs Brüder behandeln ihn verächtlich und kommandieren ihn herum; dabei sind einige von ihnen nur die Söhne von Jakobs Nebenfrauen Bilha und Silpa, während er der späte Erstgeborene von Jakobs Lieblingsfrau Rahel ist. Kein Wunder, dass er, dem die anderen das Gefühl geben, der Letzte zu sein, davon träumt, einmal ganz oben zu stehen. Bisher hat er diesen ersten Platz nur im Herzen seines Vaters inne und er festigt ihn dort mit nicht gerade lauteren Mitteln: Er trägt Jakob kritische Äußerungen seiner

Geschwister zu. Wen überrascht es da, dass Josef von diesen nicht besonders geliebt wird? Doch auch der Vater trägt seinen Teil zum familiären Unfrieden bei, indem er keinen Hehl aus seiner Vorliebe für Josef macht. Dabei müsste er, geprägt durch den dauerhaften Zwist mit seinem eigenen Zwillingsbruder Esau, doch dafür sensibilisiert sein, wozu es führen kann, wenn Eltern ein Kind bevorzugen: Jakob ist nämlich eigentlich der Jüngere der beiden Brüder, doch gelingt es ihm, sich mithilfe seiner Mutter Rebekka den Segen des Erstgeborenen zu erschleichen. Inzwischen hat er geheiratet, doch als Ehemann ist er nicht frei davon, die eine Ehefrau mehr zu lieben als die andere, was wiederum neues Leid verursacht und auch zur Rivalität unter seinen Söhnen führt.

Man möchte den Kopf schütteln über den jungen Josef, der so viel Öl ins Feuer dieses Geschwisterkonflikts gießt, dass daraus ein Flächenbrand wird: Aus Naivität, jugendlicher Dummheit oder tatsächlich aus berechnendem Kalkül heraus erzählt er seinen Brüdern von seinen Träumen:

Denn er sprach zu ihnen: Hört doch, was mir geträumt hat. Siehe, wir banden Garben auf dem Felde, und meine Garbe richtete sich auf und blieb stehen, aber eure Garben stellten sich ringsumher und neigten sich vor meiner Garbe. [...] Ich habe noch einen Traum gehabt; siehe, die Sonne und der Mond und elf Sterne neigten sich vor mir. Und als er das seinem Vater und seinen Brüdern erzählte, schalt ihn sein Vater und sprach zu ihm: Was ist das für ein Traum, den du geträumt hast? Sollen denn ich und deine Mutter und deine Brüder kommen und vor dir niederfallen? (Gen 37,6–7.10–11)

Josef träumt vom Sieg über seine Brüder (Gen 37,5–11)

Träume spielen in dieser Geschichte eine wichtige Rolle. Insgesamt drei Mal wird davon berichtet, dass Menschen träumen und jedes Mal sind es gleich zwei Träume mit jeweils fast identischem Inhalt. Die Zweizahl ist nicht nur ein stilistisches Mittel, sondern dient auch als Untermalung einer theologischen Aussage: Gott wird sicher eintreten lassen, was er hier ankündigt. Auch dass es um drei Mal zwei Träume geht, ist kein Zufall. Mehrfach spielen in der Josefsgeschichte die Zahlen »Drei« und »Sieben« eine Rolle: Drei Anläufe braucht Josef, bis er den Gipfel seiner Macht erreicht, drei Reisen muss seine Familie unternehmen, bis die Aussöhnung endlich vollzogen ist, und auf sieben fette folgen sieben magere Jahre. Solche Zahlenspielereien gehör(t)en zum typischen Motivrepertoire eines Märchens und haben wohl auch deshalb hier Eingang gefunden.

Tatsächlich geht am Schluss das in Erfüllung, was Josef zu Beginn geträumt hatte: Seine Brüder fallen vor ihm auf den Boden und huldigen ihm. Man spricht hier von einem sogenannten Gestaltschließungszwang: Einmal eröffnete Handlungsstränge müssen auch zu Ende erzählt werden. Und wenn am Ende alle Tränen geweint, alle Übeltaten verziehen und alle bösen Gedanken zum Guten gewendet sind, wird Josef gelernt haben, dass jeder Glückserfahrung auch die Möglichkeit des Scheiterns innewohnt.

Josef und sein bunter Rock (Gen 37,12–36)

Das erste Glück Josefs, von dem erzählt wird, ist der bunte Rock, den sein Vater ihm zum Geschenk macht. Dieses Kleidungsstück ist für seine Brüder der Anlass, ein Mordkomplott zu schmieden. Und als Josef sich auf Jakobs Geheiß aufmacht, um seine Schafe hütenden Brüder zu besuchen, da ist für sie die Gelegenheit gekommen, diese Pläne in die Tat umzusetzen. Ausgerechnet eine Bitte Jakobs, der doch für seinen Sohn Josef nur das Beste will, setzt also die Kette von Ereignissen in Gang, die schließlich am Hof des Pharao enden

Randbemerkung

Die Geschichte von Josef hat märchenhafte Züge. Sie wäre allerdings missverstanden, würde man sie lediglich als Märchen interpretieren. Ursprünglich mag sie nichts anderes als eine antike Variante der sprichwörtlichen Karriere vom Tellerwäscher zum Millionär gewesen sein – die Erfolgsgeschichte des hebräischen* Sklaven Josef, der in Ägypten* zum Hofbeamten aufstieg, könnte ein beliebter Erzählstoff ohne konkreten historischen Hintergrund gewesen sein. Solche Geschichten wurden vermutlich immer und immer wieder erzählt. Doch die Josefsnovelle in der heute vorliegenden Form ist eine in sich geschlossene Erzählung mit einem durchgehaltenen Spannungsbogen und mehreren kunstvoll ineinander verwobenen Erzähllebenen. Sie hat auch durchaus theologischen Tiefgang: Das Glückskind Josef erscheint hier als vorbildlicher JHWH-Gläubiger in der Diaspora* Ägyptens*. Dass diese religiöse Erzählung mit Ausnahme einiger weniger Ergänzungen aus einer Feder stammt, ist heute deshalb in der Forschung weitestgehend Konsens. Auf welche Vorlagen ihr Autor genau zurückgreifen konnte, lässt sich jedoch nicht mehr mit Sicherheit sagen.

soll. Alles nur Zufall? Der Erzähler der Josefsnovelle ist da anderer Meinung. Hinter all diesen ach so menschlichen Verwicklungen steckt ein großer göttlicher Plan. Die Frage nach dem Verhältnis von göttlichem und menschlichem Willen durchzieht die ganze Geschichte. Die Antwort am Ende ist dann eindeutig – und sicher ebenfalls nicht zufällig ausgerechnet Josef in den Mund gelegt: Gott kann auch aus dem bösesten Tun Gutes entstehen lassen (vgl. Gen 50,19–20).

Der Plan der Brüder ist ebenso einfach wie perfide: Sie wollen Josef töten und durch die Fälschung von Beweisen dem Vater weismachen, er sei Opfer eines wilden Tieres geworden. Dem Erstgeborenen Ruben gelingt es zunächst, die Mordpläne zu vereiteln: Josef wird »nur« entkleidet und in eine leere Zisterne geworfen – ein damals durchaus übliches »Ersatzgefängnis«. Dass die Brüder Josef auch noch ausziehen, dient seiner zusätzlichen Beschämung und erinnert vielleicht daran, dass es ein Kleidungsstück war, das die Ereigniskette in Gang gesetzt hatte.

Während die Brüder gemeinsam essen, schmachtet Josef also in der Zisterne, nackt, hungrig und einsam. Doch Rubens Plan, Josef zu retten und ihn wohlbehalten zu seinem Vater zurückzubringen, geht nicht auf: Als eine ismaelitische

Karawane naht, schwingt sich Juda zum zweiten Wortführer unter den Brüdern auf und schlägt vor, den verhassten Josef in die Sklaverei zu verkaufen. Doch selbst dieses lukrative Geschäft geht den Elf durch die Lappen: Als sie den Bruder holen wollen, finden sie die Zisterne leer, weil Josef bereits von midianitischen Kaufleuten entdeckt und mitgenommen worden war.

Josef in Ägypten – vom Haus des Potifar ins Gefängnis (Gen 39)

Josef ist verschwunden – und die Brüder entschließen sich, zumindest den zweiten Teil des ursprünglichen Plans auszuführen und den Vater durch sein in Ziegenblut getränktes Gewand zu täuschen. Dem Vater bricht es das Herz. Trost ist nicht möglich; der letzte Blick des Bibeltextes auf Jakob zeigt ihn weinend und in Erwartung eines kummervollen Todes, den er auch schon ganz nahe wähnt: »Ich werde mit Leid zu meinem Sohn in die Grube fahren« (Gen 37,35).

Danach wendet sich die Erzählung übergangslos wieder Josef zu: Dieser ist inzwischen in Ägypten* angekommen und dort als Sklave in das Haus des Potifar verkauft worden, eines Mannes, der eine bedeutende Stellung innerhalb der Hierarchie des Pharao innehat. Josef muss sich dort in der Fremde bewähren. »Fremde Länder, fremde Sitten«, so sagt der Volksmund – doch dies gilt erkennbar nicht für Josef, den vorbildlichen Helden dieser weisheitlichen* Lehrerzählung: »Und der HERR war mit Josef, sodass er ein Mann wurde, dem alles glückte« (Gen 39,2).

Der Erzähler setzt ein deutliches Statement: Auch in der Fremde gehört Josef zu dem Gott JHWH, der bereits das Geschick seiner Vorfahren gelenkt hatte, und lebt nach dessen Regeln. Und deshalb »ist« dieser Gott auch »mit« Josef und begleitet ihn durch das turbulente Auf und Ab der folgenden Jahre. Und auch Potifar, der doch wohl seine eigenen (ägyptischen*) Gottheiten verehrt haben dürfte, erkennt schnell, welches Potenzial in Josef und in Josefs Gott steckt: Zügig steigt Josef zum obersten Hausverwalter auf und genießt das uneingeschränkte Vertrauen seines Herrn. Doch da wird ihm wieder etwas zum Verhängnis, was doch eigentlich positiv ist, nämlich sein gutes Aussehen: Die namenlos bleibende Ehefrau des Potifar wirft ein Auge auf diesen jungen Mann. Mehrfach versucht sie, ihn zu verführen, doch Josef erwidert ihre unzweideutigen Avancen nicht und hat gute Gründe dafür: Würde er auf das Angebot von Potifars Frau eingehen, würde er das Vertrauen ihres Mannes missbrauchen und außerdem gegen Gottes Gebote verstoßen. So erscheint Josef auch als Kenner der weisheitlichen* Warnungen an junge Männer gegenüber den Annäherungsversuchen (älterer und) verheirateter Frauen:

Denn das Gebot ist eine Leuchte und die Weisung ein Licht, und die Vermahnung ist der Weg des Lebens, auf dass du bewahrt werdest vor der bösen Frau, vor der glatten Zunge der Fremden. Lass dich nach ihrer Schönheit nicht gelüsten in deinem Herzen, und lass dich nicht fangen durch ihre Augenlider. Denn eine Hure bringt einen nur ums Brot, aber eines andern Ehefrau um das kostbare Leben. (Spr 6,23–26)

Eines hat Josef bei aller Klugheit allerdings nicht bedacht: wie schnell enttäuschte Liebe in Hass umschlagen kann. Doch genau das geschieht: Potifars Frau wirft Josef nun das vor, was sie vergeblich versucht hat – eine Verführung. Und sie stellt das sehr geschickt an: Als alle Dienstboten außer Haus sind, nähert sie sich Josef, der sich nur dadurch retten kann, dass er sein Kleid zurücklässt. Damit hat Potifars Frau nun einen vermeintlichen Beleg in den Händen. Wieder ist es übrigens Josefs Kleid, das als Beweis für ein Verbrechen herhalten muss, das gar nicht stattgefunden hat. Und noch etwas kann man von Potifars Frau lernen: Angriff ist die beste Verteidigung! »Der hebräische Knecht, den du hergebracht hast« (Gen 39,17), so beginnt sie ihre Schilderung der Ereignisse gegenüber ihrem Mann und gibt damit die Schuld nicht nur an ihn weiter, sondern bedient auch scheinbar bereits damals geläufige fremdenfeindliche Ressentiments. Mit Erfolg übrigens: Potifar lässt Josef ins Gefängnis werfen.

Josef der Traumdeuter – vom Gefängnis an den Hof des Pharao (Gen 39,21–41,40)

Auch jetzt gilt, was in der Josefsgeschichte immer gilt: Aus jedem Unglück erwächst ein Glück. Selbst im Gefängnis, eigentlich doch einem Ort der Hoffnungslosigkeit, greift Gott wieder zu Josefs Gunsten ein, sodass dieser auch in der Gefängnishierarchie erneut in verantwortliche Position aufsteigt. Im Gefängnis begegnet Josef zwei hochrangigen Beamten des Pharao, die dort auf ihr Urteil warten. Und die Leserschaft ahnt schon, dass diese Begegnung kein glücklicher Zufall, sondern Fügung Gottes ist: Nur Josef ist in der Lage, die zwei Träume der beiden zu deuten. Ausdrücklich lenkt er aber den Blick auf den, dem er diese Gabe verdankt (»Auslegen steht bei Gott!«, Gen 40,8). Ist darin vielleicht eine implizite Kritik an der in Ägypten* weit verbreiteten Traumdeutepraxis enthalten, wonach jeder schriftkundige Ägypter* in einem Traumdeutebuch die Erklärung vermeintlicher

Standardträume nachschlagen konnte und nur bei Spezialproblemen jemanden gegen Honorar konsultieren musste?

Josef verhält sich jedenfalls vorbildlich. Und seine Auslegung erweist sich als richtig: Während der Oberste der Bäcker, der sich ganz darauf verlassen hatte, dass Josef seinen Traum positiv deuten würde, hingerichtet wird, wird der oberste Mundschenk schon bald wieder in sein Amt eingesetzt. Josef hofft deshalb, dass dieser ihn aus dem Gefängnis holen würde. Und auch wenn der Mundschenk ihn letztlich vergisst, so ist damit erzählerisch bereits eine Schneise in den Palast des Pharao geschlagen. Dass Josef noch zwei weitere Jahre im Gefängnis schmoren muss, ist ein retardierendes Element – die Leserschaft ahnt schon, was kommen könnte und fiebert mit. Und tatsächlich: Endlich erinnert sich der Mundschenk des Pharao an Josef und an seine besondere Begabung. Auch der Pharao hat nämlich zwei (!) Träume, die keiner der ägyptischen* Magier* und Mantiker* zu deuten vermag: Sieben fette Kühe werden von sieben mageren aufgefressen und sieben fetten Ähren droht das gleiche Schicksal durch sieben dürre Ähren. Vor dem Pharao erweist sich Josef wiederum als kluger Traumdeuter und zugleich als kluger Politiker: Er legt dem Pharao nicht nur aus, was dieser geträumt hat, sondern legt ihm auch gleich die praktischen Schlussfolgerungen ans Herz, die aus diesen Träumen erwachsen. Der Pharao soll eine spezielle Verwaltungshierarchie einrichten und eine Getreidesteuer einführen. Ob Josef bei diesem Amt sofort an sich gedacht hat? Der Pharao jedenfalls tut es und setzt Josef zum Obersten ein. Im Grunde sind das Vorschusslorbeeren, denn bisher ist ja noch nichts von dem eingetreten, was Josef aus den Träumen herausgelesen hatte.

Josef wird zum Obersten in Ägypten (Gen 41,37–57)

Josef wird also in ein hohes Amt eingesetzt und ist nun direkt dem Pharao unterstellt. Um seine Machtfülle zu demonstrieren, verleiht der Pharao ihm einen besonderen Ring, schenkt ihm neue Kleider und eine goldene Kette und lässt ihn schließlich in seinem Wagen durch die Gegend fahren, sodass jeder vor ihm niederfallen muss. In diesem Zusammenhang bekommt Josef vom Pharao auch einen neuen ägyptischen* Namen verliehen; eine damals durchaus gängige Praxis, an der man aber deutlich erkennen kann, wie zweischneidig das Leben in der Fremde ist. Denn obwohl Josef, belegt mit dem Ehrentitel »Vater des Pharao« (Gen 45,8), der zweite Mann im Reich ist, darf er das Land nicht ohne die ausdrückliche Einwilligung des Pharao verlassen. Dies gilt selbst dann, als er seiner Sohnespflicht nachkommen und zur Beerdigung seines Vaters aufbrechen möchte.

Josef jedenfalls ist nach Jahren im Gefängnis ins Leben zurückgekehrt. Und dazu gehört, dass er, inzwischen schon 30 Jahre alt, heiratet. Auch diese Ehe stiftet der Pharao: Er verheiratet Josef mit Asenat, der Tochter eines ägypti-

Randbemerkung

Immer wieder wird deutlich, dass dieser Text auf die Erfahrungen der Menschen hin durchlässig ist, die sich Josefs Geschichte in der Diaspora* erzählt haben. Auch sie mussten vielleicht erleben, dass sie als Fremde in einem fremden Land in ihrer (Bewegungs)Freiheit eingeschränkt waren – und sie mussten abwägen zwischen einem ungewissen Leben im gelobten Land und einem möglicherweise durchaus komfortablen Leben in der Fremde.

schen* Priesters. Für den ehemals mittellosen hebräischen* Sklaven einerseits ein gewaltiger sozialer Aufstieg, doch andererseits ein Skandal – zumindest aus der Sicht des 6. Jahrhunderts v. Chr.: Spätestens seit der Reform Josias (vgl. S. 23) und allerspätestens in der Zeit nach der Rückkehr aus dem Babylonischen Exil* wurde es eigentlich undenkbar, dass ein Mann jüdischen Glaubens eine Nicht-jüdin heiratet. Solche »Mischehen« – ein problematischer Ausdruck – galten als Gefahr für die Reinheit der eigenen Religion:

Das Land, in das ihr kommt, um es in Besitz zu nehmen, ist ein beflecktes Land, denn die Völker der Länder haben es befleckt mit ihren Gräueln, mit denen sie es von einem Ende bis zum andern Ende in ihrer Unreinheit angefüllt haben. So sollt ihr nun eure Töchter nicht ihren Söhnen geben, und ihre Töchter sollt ihr nicht für eure Söhne nehmen. Und sucht nicht ihren Frieden noch ihr Gutes ewiglich, damit ihr stark werdet und das Gute des Landes esst und es euren Kindern vererbt ewiglich. (Esr 9,11–12; vgl. Neh 10,13)

Es ist angesichts solcher Äußerungen über nicht-israelitische Ehefrauen sicher kein Zufall, dass in Gen 48 sehr ausführlich berichtet wird, dass Jakob Josefs halbägyptische Söhne vor seinem Tod segnet und sie so explizit in die Familie aufnimmt.

Josef ist als zweiter Mann im Staat auf dem Zenit seiner Macht angelangt. 13 Jahre sind vergangen, seit die Brüder den naiven 17-Jährigen in eine leere Zisterne geworfen hatten. Und nun wird Josef, der doch bis dahin von einer Krise in die nächste geschlittert war, selbst zum Krisenmanager par excellence. Sieben Jahre lang sammelt er das überschüssige Getreide, kontrolliert die Abgaben und baut Kornspeicher – und bereitet sich so auf die große Hungersnot vor, von der er weiß, dass sie kommen wird, und in der Menschen auch aus anderen Ländern sich in Ägypten* Korn und Rettung erhoffen.

Josef hat die Macht, den Hunger zu stillen – und er nutzt das, so erscheint es zumindest einem modernen Leser, auch weidlich aus. Im Interesse seines Herrn verkauft er das Getreide aus seinen Kornspeichern gegen alles, womit die Menschen bereit sind zu bezahlen. Zunächst gegen Geld, später gegen Naturalien und schließlich gegen die Freiheit derer, die Hunger haben: Am Ende der Hungersnot gehört deshalb ganz Ägypten* tatsächlich dem Pharao.

Randbemerkung

Es ist historisch durchaus denkbar, dass Menschen anderer Länder in Ägypten Hilfe erhofften. Das belegen altägyptische Texte und Inschriften: Dort wird zum Beispiel beschrieben, wie halbverhungerte Nomaden in das fruchtbare Land im Nildelta drängen und dabei die befestigten Grenzen Ägyptens* passieren müssen. Auch die älteste Erwähnung Israels verdankt sich einer solchen Notiz, nämlich der sogenannten Stele des Merenptah aus dem Jahr 1208 v. Chr., auf der es heißt: »Israel ist verwüstet; es hat kein Saatgut!« Dieser kurze Satz deutet eine sehr prekäre Lage an, da sowohl für das gegenwärtige als auch für das kommende Jahr nicht mit einer Ernte zu rechnen und eine Hungersnot also vorprogrammiert ist. Spannend ist auch, dass »Israel« hier nicht als Staat gemeint ist, sondern eine Volksgruppe beschreibt.

Josef trifft seine Brüder wieder (Gen 42)

Die Bibel erzählt, dass Josef seine Kornkammern auch für Menschen außerhalb Ägyptens* öffnete – und dass eine solche Praxis üblich war, ist auch in ägyptischen* Quellen belegt. Unter diesen hungernden »Ausländern« sind auch Josefs Brüder. Doch hatte die Leserschaft sie zunächst als ränkeschmiedende Bösewichte kennengelernt, so wirken sie nun eher tumb und etwas phlegmatisch: Auf die Idee, in Ägypten* Korn zu kaufen, um zu überleben, muss sie erst ihr greiser Vater bringen – und als sie dann vor Ort sind, erkennen sie ihren eigenen Bruder nicht, obwohl der nicht nur mit dem sprichwörtlichen Zaunpfahl winkt, sondern gleich mit mehreren.

Wie schon Josefs Aufstieg zur rechten Hand des Pharao in Etappen erfolgt war, so bedarf es, Wellenbewegungen gleich, auch mehrerer Ägyptenreisen, bis schließlich am Ende ein Happy End steht. Zunächst machen sich die älteren Brüder Josefs allein auf den Weg an den Nil; Benjamin bleibt bei dem greisen Vater zurück. Josef erkennt die Zehn sofort; doch er verstellt sich und zeigt ihnen gegenüber eine gewisse Härte. Vielleicht als Teil seines Plans, vielleicht als Element lange gehegter Rachegelüste? Jedenfalls lässt Josef seine Brüder aufgrund des (gefährlichen!) Vorwurfs, Kundschafter zu sein, für drei Tage einsperren. Sein Plan: Die Zehn sollen einen als Geisel zurücklassen und mit Benjamin, den Josef unbedingt wiedersehen will, nach Ägypten* zurückkehren. Die Brüder willigen ein. Was bleibt ihnen auch anderes übrig? Und schlagartig regt sich ihr schlechtes Gewissen. Auch nach so vielen Jahren denken sie sofort an ihre Schuld gegenüber Josef. Deutlicher kann man nicht machen, wie sehr sie diese Verfehlung in all der Zeit begleitet hat:

Sie sprachen aber untereinander: Das haben wir an unserem Bruder verschuldet! Denn wir sahen die Angst seiner Seele, als er uns anflehte, und wir wollten ihn nicht erhören; darum kommt nun diese Trübsal über uns. [...] Nun wird sein Blut gefordert. (Gen 42,21–22)

Die Brüder machen sich also auf den Rückweg. Doch Josef bringt sie absichtlich in eine missliche Lage: Heimlich gibt er ihnen den Kaufpreis zurück, den sie für das Korn gezahlt hatten. Die Brüder entdecken das erst unterwegs. Eine erneute Reise ist damit unmöglich, denn nun müssten sie wirklich Angst haben, sofort verhaftet zu werden. Das sieht auch Jakob so und verbietet eine zweite Reise nach Ägypten*.

Josef und Benjamin (Gen 43–44)

Und so bleibt der eine Bruder in ägyptischer* Haft, bis die Lage wieder so prekär wird, dass die Familie keine andere Wahl hat, als ihr Überleben durch eine erneute Reise nach Ägypten* zu sichern. Nun ist auch Jakob gezwungen, in die Bedingungen einzuwilligen. Dass Juda ihm zusagt, für Benjamins Sicherheit zu bürgen, dürfte ihn vermutlich nur marginal beruhigt haben. Doch tatsächlich wird es genau zu einer solchen Situation kommen. Wieder stehen die Brüder vor dem vermeintlichen ägyptischen* Beamten, den sie noch immer nicht erkennen, wieder voller Angst. Doch ihre Sorgen bewahrheiten sich nicht. Josef empfängt sie freundlich und zeigt großes und sehr emotionales Interesse am Ergehen des Vaters und des jüngsten Bruders Benjamin. Und auch wenn Josef nun wirklich alles dransetzt, dass sie in ihm den verlorenen Bruder erkennen – zum Beispiel durch eine Sitzordnung bei Tisch, die nur ein Familienmitglied kennen kann: Sie kapieren es nicht.

Wieder schmiedet Josef Ränke: Erneut lässt er den Brüdern heimlich das Geld in die Säcke legen, von dem sie doch glauben, es bezahlt zu haben. Und er lässt, ausgerechnet bei Benjamin, noch seinen silbernen Wahrsagebecher dazutun. Dieses Mal kommen die Brüder nicht ungeschoren davon. Unter dem Vorwurf des Diebstahls lässt Josef sie verfolgen – und wie zu erwarten, wird bei Benjamin der Becher gefunden. Josefs Verhalten ist hinterrücks und schändlich. Selbst wenn er auf diese Weise testen wollte, ob die Brüder nun endlich gelernt haben, als Gemeinschaft zusammenzustehen, so muss man doch konstatieren: Für das, was er tut, gibt es eigentlich keine Entschuldigung. In diesem Zusammenhang erweist sich Juda, der für Benjamin gebürgt hatte, als moralisch integrer. Juda fragt hier nicht einmal, ob Benjamin den ihm zur Last gelegten Diebstahl tatsächlich begangen hat; für seine Bereitschaft, anstelle seines jüngsten Bruders die Strafe auf sich zu nehmen, spielt dies keine Rolle. Ihm ist allein das Versprechen wichtig, dass Benjamin zu seinem Vater zurückkehrt. In einer langen Rede legt er Josef genau das dar. Offensichtlich nämlich hat Benjamin, der zweite Sohn Rahels, Josef als Lieblingssohn abgelöst. Doch neiden seine älteren Brüder ihm dies nicht, sondern scheinen (stillschweigend?) akzeptiert zu haben, dass väterliche Liebe ungleich verteilt sein kann.

»Ich bin Josef!« – Der Moment der Wahrheit (Gen 45)

Mit der nun folgenden emotionalen Versöhnung erreicht die Josefserzählung ihren Höhepunkt. Mit schlichten Worten, deren Wirkung jedoch wuchtiger nicht sein könnte, gibt sich Josef zu erkennen: »Ich bin Josef!« Seine erste Frage gilt dann seinem Vater: Gibt es noch eine Chance auf ein Wiedersehen? Doch seine Brüder sind so erschrocken, dass sie darauf zunächst gar nicht antworten können. Da hebt Josef zu einer längeren Rede an, mit der es ihm gelingt, der Schuld, die nach wie vor schwer auf den Brüdern lastet, die Macht zu nehmen:

Ich bin Josef, euer Bruder, den ihr nach Ägypten verkauft habt. Und nun bekümmert euch nicht und lasst es euch nicht leid sein, dass ihr mich hierher verkauft habt; denn um eures Lebens willen hat mich Gott vor euch hergesandt. Denn es sind nun zwei Jahre, dass Hungersnot im Lande ist, und sind noch fünf Jahre, dass weder Pflügen noch Ernten sein wird. Aber Gott hat mich vor euch hergesandt, dass er euch übrig lasse auf Erden und euer Leben erhalte zu einer großen Errettung. (Gen 45,4–7)

Im Rückblick kann Josef die Erkenntnis zusammenfassen, die die ganze Geschichte dominiert: Nicht die neidischen Brüder haben all das bewirkt, was nun geschehen ist, sondern Gott. Sein Ziel war die Rettung der Familie Jakobs, denn an dieser sollte sich das verwirklichen, was Gott bereits Abraham zugesagt hatte: Aus ihm sollte ein Volk werden, so zahlreich wie der Sand am Meer und die Sterne am Himmel. In ihrem Handeln waren die Brüder bei der Verfolgung dieses Plans nur Spielbälle im Walten Gottes.

Eine solche Einsicht ist übrigens eine, die man stets nur aus der Rückschau gewinnen kann. Nur so wird nämlich das lenkende Handeln Gottes an der Familie Jakobs erkennbar. Weil auch Josef dies verstanden hat, steht aus seiner Sicht einer Versöhnung mit seinen Brüdern nichts mehr im Wege. Unter Tränen und Umarmung findet sie statt. Josef lädt die Familie ein, nach Goschen umzusiedeln, ein Landstrich in Ägypten*, über den außerhalb der biblischen Überlieferung nichts bekannt ist. Und der Pharao erweist sich ebenfalls als großzügig: Josefs Familie soll »das Fett des Landes essen« – ein Bild, mit dem zu biblischer Zeit die Qualität der Nahrung hervorgehoben werden konnte. Schon jetzt reich beschenkt, kehren Josefs Brüder zu ihrem Vater zurück, doch dessen Herz bleibt zunächst kalt. Die Nachricht vom Überleben seines totgesagten Sohnes glaubt er erst, als er die prunkvollen Wagen des Pharao sieht, mit denen seine Söhne nach Hause zurückgekehrt sind. Erst langsam dämmert ihm, dass sie Recht haben könnten. Seine Reaktion mag überraschen, passt aber dazu, wie Jakob auf die Nachricht vom Tod Josefs reagiert hatte: »Mir ist genug, dass mein Sohn Josef noch lebt; ich will hin und ihn sehen, ehe ich sterbe« (Gen 45,28). Das krönende Ende eines erfüllten Lebens ist für die Menschen aus der Zeit des Alten Testaments ein Tod, den man »alt und lebenssatt« stirbt. Lange musste Jakob befürchten, dies könne ihm aufgrund der Trauer um Josef verwehrt sein, doch nun weiß er: Sein Leben findet zu einem guten Ende.

Jakobs Ende und sein Segen für Josefs Söhne (Gen 46–48)

Die Reise der Großfamilie nach Ägypten* gerät zu einem Triumphzug. Dort kommt es zu einem emotionalen Wiedersehen zwischen Josef und Jakob. Wieder kommentiert Jakob dies mit seinem bevorstehenden Tod: »Ich will nun gerne sterben, nachdem ich dein Angesicht gesehen habe, dass du noch lebst« (Gen 46,30).

17 Jahre lebt Jakob noch mit seinen Kindern und Kindeskindern in Ägypten*. Vor seinem Tod lässt er Josef noch schwören, ihn in seinem Heimatland Israel zu begraben: Sein ganzes Leben lang ist er ein Fremdling gewesen, nun möchte er wenigstens seine Ruhe dort finden, wo er sich zu Hause fühlt. Bevor jedoch von Jakobs Tod und dem Trauerzug nach Kanaan* berichtet wird, wird die Sterbeszene in Gen 48 und Gen 49 nachträglich um zwei Einschübe erweitert. Auf diese Weise erhält sie, was den Textumfang angeht, erhebliches Gewicht innerhalb der Josefsnovelle – was von den Bearbeitern vermutlich beabsichtigt war.

Gen 48 beginnt übrigens so, als habe es das vorangegangene Gespräch zwischen Josef und seinem sterbenden Vater nicht gegeben. Weil Josef davon hört, dass sein Vater erkrankt sei, macht er sich mit seinen Söhnen Ephraim und

Manasse zu ihm auf den Weg. Er beabsichtigt offensichtlich genau das, was nun eintritt: den Erhalt des väterlichen Segens für seine beiden Söhne. Und der sterbende Jakob scheint diese Absicht verstanden zu haben. Er erinnert an Gottes Zusage, seine Familie zu einem großen Volk zu machen. Zwölf Söhne hat er mit dieser Absicht gezeugt, und nun nimmt er Manasse und Ephraim, die beiden ägyptischen* Söhne Josefs, explizit in diesen Kreis mit auf: »Ephraim und Manasse sollen für mich sein wie Ruben und Simeon« (Gen 48,5).

Vermutlich stammen diese Verse aus einer Zeit, als die Heirat Josefs mit einer ägyptischen* Frau eben doch etwas war, worüber man nicht einfach hinwegsehen konnte. Durch die explizite Legitimation, die ja quasi einer Adoption gleichkommt, beseitigt der Stammvater Israels diesen vermeintlichen Makel ihrer halbägyptischen Herkunft. Dass Jakob Josef fragen muss »Wer sind diese?« und also offensichtlich seine Enkel nicht kennt, obwohl er doch schon 17 Jahre im Land lebt, überrascht. Vermutlich handelt es sich hierbei lediglich um eine erzählerische Ungenauigkeit, die demjenigen unterlaufen ist, der diesen Text ergänzt hat.

Beim Segen wiederholt sich etwas, das sowohl Josef als auch Jakob eigentlich bekannt vorkommen müsste: Das falsche, weil jüngere Kind wird bevorzugt. So war es Jakob ergangen, der sich mithilfe seiner Mutter den eigentlich Esau zustehenden Erstgeburtssegen seines Vaters Isaak erschlichen hatte, und so hatte es ja auch Josef erlebt, der als einer der jüngsten Söhne in der Liebe seines Vaters an erster Stelle stand.

Man muss Josef zugutehalten, dass er dieses Mal alles richtig machen will. Der biblische Erzähler beschreibt mit viel Liebe zum Detail, dass Josef seine Söhne so hinstellt, dass der Vater die rechte – und damit nach antiker Vorstellung bessere, weil für die reineren Tätigkeiten gebrauchte – Hand auf den Erstgeborenen Manasse, die linke Hand aber auf den Kopf Ephraims legen kann. Und als Jakob dann seine Hände kreuzt, hebt Josef sogar dazu an, diesen vermeintlichen Fehler zu korrigieren. Doch Jakob beharrt auf der Richtigkeit seines Handelns und erweist sich damit als Prophet: Er sieht, dass Ephraim die größere Zukunft hat, während Manasse eher in der

Randbemerkung

An Jakobs Segen für Ephraim und Manasse schließen sich in Gen 49 die sogenannten Stammessprüche an. Die Sprüche sind, so viel steht fest, älter als die Josefsgeschichte und haben ein kompliziertes literarisches Wachstum hinter sich, bevor sie hier einen Platz fanden. Nicht alle Bedeutungen und Anspielungen lassen sich heute tatsächlich noch bis ins Letzte erhellen. Hier nun erscheinen diese Sprüche aufgrund des Kontextes als Sterbesegen Jakobs für seine Söhne und erhalten dadurch besonderes Gewicht. Die Sprüche nehmen das Leben und Wirken der Nachfahren Jakobs in den Blick – und in den Söhnen sind stets auch die Stämme* Israels mitgemeint. Damit machen sie etwas explizit, was für die Leserschaft bereits seit der Umbenennung Jakobs in Israel nach dem Gotteskampf am Jabbok (Gen 32,23–33) mitschwingt: Die Geschichte von Josef und seinen Brüdern ist nicht nur eine Familiengeschichte, sondern immer auch durchlässig für die Geschichte des Volkes Israel. Die Forschung nennt eine solche Darstellung deshalb genealogisch*; sie dient einer Erklärung bestimmter Verhältnisse.

Bedeutungslosigkeit verschwinden wird. Hier verrät die Erzählung die Kenntnisse eines Verfassers, der Jahrhunderte später gelebt hat und der weiß, dass »Ephraim« zum Synonym für das gesamte Nordreich* werden sollte: »Was soll ich dir tun, Ephraim? Was soll ich dir tun, Juda? Ist doch eure Liebe wie eine Wolke am Morgen und wie der Tau, der frühmorgens vergeht!« (Hos 6,4).

»Gott gedachte es gut zu machen!« – Josefs Einsicht in Gottes Plan (Gen 49,29–50,26)

Nun stirbt Jakob tatsächlich und Josef trauert. In dem Bericht über die Vorbereitungen auf das Begräbnis wird das Detailwissen des Erzählers über den ägyptischen* Totenkult deutlich: Jakobs Leichnam wird gemäß den ägyptischen* Ritualen und Kenntnissen präpariert – 40 Tage lang! Bei der Beschreibung verwendet der Verfasser sogar ägyptische* Fachterminologie. Der Trauerzug zum Familiengrab, der Höhle Machpela, gerät dann fast zum Staatsbegräbnis. Nicht allein Josef und seine Familie erweisen dem Vater die letzte Ehre, sondern auch hochrangige ägyptische* Staatsbeamte.

Kaum ist der Vater begraben, blitzt ein letztes Mal der Familienkonflikt zwischen Josef und seinen Brüdern auf: Diese haben nun, da Jakob als Sicherheitsinstanz und Familienoberhaupt wegfällt, Sorge vor einer Rache Josefs. Sie behaupten deshalb, der gemeinsame Vater habe sie alle zur Versöhnung aufgerufen. Von einer solchen Mahnung Jakobs weiß die Leserschaft zwar nichts – weshalb offen bleiben muss, ob die Brüder hier zu einer Notlüge greifen –, doch ist so immerhin das letzte Wort, das Jakob in den Mund gelegt wird, ein versöhnliches. Die im Text gewählte Formulierung trägt zugleich eine neue Perspektive ein: Die Elf, denen Josef es verdankt, dass er nach Ägypten* kam, sind nicht nur die Söhne des gleichen Vaters, sondern auch die Knechte des gleichen Gottes. Sie werden also nicht nur durch die familiären Bande, sondern auch durch den gemeinsamen Glauben zusammengehalten. Dieses Stichwort ermöglicht es Josef außerdem, im Rückblick auf sein wechselvolles Leben zu erkennen: Hinter all dem, was ihm widerfahren ist, steckt das Wirken eines großen Gottes:

Fürchtet euch nicht! Stehe ich denn an Gottes statt? Ihr gedachtet es böse mit mir zu machen, aber Gott gedachte es gut zu machen, um zu tun, was jetzt am Tage ist, nämlich am Leben zu erhalten ein großes Volk. (Gen 50,19–20)

Die Josefgeschichte – Entstehungslegende eines Volkes

Im Alter von 110 Jahren stirbt schließlich auch Josef. Sein Leichnam wird einbalsamiert und in den Sarg gelegt, um dann im gelobten Land beigesetzt zu werden.

Mit Josefs Wunsch, im eigenen Land begraben zu werden, endet die Josefsnovelle. Von einem Begräbnis ist nämlich nicht die Rede, weder in Ägypten* noch in Kanaan*. Im biblischen Erzählgang tauchen die Gebeine Josefs erst viel später ganz überraschend wieder auf: Mose nämlich trägt dafür Sorge, dass sie beim Exodus* mit auf den Weg ins Gelobte Land genommen werden (vgl. Ex 13,19).

Die Josefsnovelle dient innerhalb der Fünf Bücher Mose der Verzahnung der beiden großen Entstehungslegenden Israels, nämlich der Erzelterntraditionen und der Mose-Exodus*-Tradition – und weist deshalb Ankerpunkte in beiden auf: So ist Josefs Geburt Teil der Erzelterngeschichte, sein Begräbnis in Kanaan* hingegen Teil der Exoduserzählung*. Man geht heute davon aus, dass die Josefsnovelle ursprünglich als eigenständige Erzählung unabhängig von Isaak, Jakob und Mose überliefert wurde, bevor sie dann in diesen Kontext – in den sie in der Tat ja fast perfekt passt – eingebaut wurde. Für diesen redaktionellen* Einbettungsprozess zeichnet, da ist sich die Wissenschaft heute weitestgehend einig, die Priesterschrift* verantwortlich. Hinter diesem Namen verbirgt sich eine Gruppe von theologisch gebildeten (und liturgisch geschulten) Männern, die im Babylonischen Exil* die Geschichte ihres eigenen Volkes auf ihre eigene Situation hin rekapitulierten und neu erzählten.

> **Randbemerkung**
>
> Die Hinweise auf die Bestattungen von Jakob und Josef verraten etwas über die Zeit, in der der Autor lebte: Hier ist nämlich implizit vorausgesetzt, dass keiner der zwölf Söhne Jakobs (und man darf stillschweigend ergänzen: gemeint sind die zwölf Stämme* Israels) mehr im Land lebt. Derjenige, der die Josefsnovelle aufschrieb, ist also ein Kind der Exilszeit*, nachdem auch das Südreich* 587 v. Chr. untergegangen war: Kanaan* ist für ihn nur noch das Land, das die Gräber der Vorfahren beherbergt. Aus seiner Sicht spielt sich das Leben nun im Ausland ab. Dass der Text große Kenntnisse der ägyptischen* Lebenswirklichkeit und Sympathien für die dortigen Traditionen verrät, legt nahe, dass der Schreiber der ägyptischen* Diaspora* nahestand oder selbst dort lebte.

Dabei machten sie Josef zum Teil ihrer Geschichte und zum Prototypen des richtigen Verhaltens, selbst noch nach seinem Tod: Denn als in der frühpersischen Zeit (539–520 v. Chr.) eine Rückkehr nach Israel möglich war, änderte sich der Blick auf die Existenz in der Diaspora*: Israel sollte nicht länger nur die Begräbnisstätte der Vorfahren sein, sondern von den Nachfahren Jakobs mit Leben gefüllt werden. Dies geschieht, als das Volk Israel sich unter Mose für den Exodus* rüstet: Das Volk Israel ist in das Land zurückgekehrt, das bereits Abraham verheißen wurde. Mit dabei: Urenkel Josef – jedenfalls dessen Gebeine.

… zum Schluss

Dass Josef eine historische Gestalt war, also »wirklich gelebt hat«, würde in der wissenschaftlichen Forschung heute niemand mehr behaupten. Zu sehr ist er eine Märchengestalt, aus deren Lebensstoff die Träume der Menschen gewebt sind, die sich in der Diaspora* ihre Zukunft erträumten. Doch auch als literarische Gestalt hat Josef unübersehbar Geschichte gemacht und dient bis heute als Beispiel, Mahnung und Vorbild – ganz so, wie es die Verfasser vermutlich beabsichtigt hatten.

Die Geschichte von Josef ist eine Geschichte von Schuld und Vergebung, von menschlichem Versagen und göttlicher Lenkung. Und genau damit trägt ihr Autor ein Moment der Hoffnung ein: Auch in der Schuldgeschichte der Familie Jakobs kann man die Spuren der Führung Gottes wahrnehmen – sogar in der Fremde. Und das ist doch etwas, das bis heute gilt.

Mose

Von Auszug und Befreiung

Mose: Mensch oder Mythos? – Zur Überlieferung der Mosegeschichte 92
Sklavendienste in Ägypten – das Schicksal der Familie Jakobs (Ex 1) 94
»Ich habe ihn aus dem Wasser gezogen!« – Die wundersame Rettung
    des Kindes namens Mose (Ex 2) 95
»Der Platz, auf dem du stehst, ist heiliger Boden!« – Gott erscheint (Ex 3,1–12) 96
»Ich bin, der ich bin und ich werde sein, der ich sein werde!« –
    Gott offenbart Mose seinen Namen (Ex 3,13–15) 97
Die zehn Plagen und das erste Passafest (Ex 7–13) 98
Der Aufbruch aus Ägypten und das Schilfmeerwunder (Ex 12–15) 99
Das Murren des Volkes in der Wüste – Gott schickt Manna und Wachteln (Ex 16) 101
Israels Begegnung mit Gott am Sinai (Ex 19 bis Num 10) 102
Die Zehn Gebote (Ex 20,1–17) 104
Der Bundesschluss am Sinai (Ex 24,1–11) 105
Das Goldene Kalb – der erste Bundesbruch und seine Folgen (Ex 32) 107
Die Abschiedsrede – das Deuteronomium als Vermächtnis 108
Mose, der Mann mit der besonderen Gottesnähe 110
Mose als Urbild des Propheten 111
Mose und der eine Gott – die Verknüpfung des Monotheismus
    mit der Person des Mose 111
… zum Schluss 112

Mose: Mensch oder Mythos? – Zur Überlieferung der Mosegeschichte

Mose – wer war das eigentlich? Ein Hebräer* mit ägyptischem* Namen, dem sein Gott in einem brennenden Dornbusch erscheint. Der Bruder von Aaron und Mirjam, die von Gott gleich mit in Beschlag genommen werden. Mose, der Anführer wider Willen, der sein Volk aus der Sklaverei führt, durch Schilfmeer und Wüste hindurch ins verheißene Land bringt. Mose, der Mittler, der dem Volk Israel die Zehn Gebote gibt. Liest man die Geschichten, die in den Fünf Büchern Mose über ihn aufgeschrieben sind, so muss man sagen: Mose, das ist der Mann, dem Israel seine Existenz verdankt.

Eine historische Gestalt »Mose« ist hinter den Geschichten und Legenden, die sich um seine Person ranken, kaum noch auszumachen. Mose ist keine Gestalt der Geschichte, sondern der Erinnerung. Und in dieser Erinnerung ist mit seinem

Namen all das verknüpft, was für die Identität des Volkes Israel grundlegend ist. Die Geschichte des Mose ist nicht weniger als die Gründungslegende einer Nation. Allerdings sind solche Legenden in der Regel nicht so alt, wie sie behaupten zu sein. Auch für Mose trifft deshalb zu, was man von anderen Mythen kennt: Eine solche Legende spielt zwar in der grauen Vorzeit eines Volkes, wurde aber erst viel später ausgestaltet und verschriftlicht. Der Mose, der den Lesenden in den biblischen Geschichten der Fünf Bücher Mose gegenübertritt, entspricht also dem Mosebild einer viel späteren Generation. In ihm, dem Hoffnungsträger einer längst vergangenen Heilszeit, verdichten sich die Sehnsüchte und Erwartungen von Menschen, die viele Jahrhunderte später gelebt haben. Mose wird ideal-typisch zum Führer, Priester und Propheten.

Die Wissenschaft geht heute davon aus, dass die Geschichten und Traditionen rund um Mose ihre endgültige Gestalt zur Zeit des Babylonischen Exils* erhielten. Zurückblickend auf die Katastrophe, die zur Zerstörung des Tempels* und zum Verlust der eigenen Staatlichkeit geführt hatte, versuchte sich der übriggebliebene Rest des Volkes Israel an einer theologischen Verarbeitung dieses Geschehens. Die Menschen im Babylonischen Exil* blickten zurück und erzählten die Geschichte Israels deshalb neu, um die eigene Gegenwart zu deuten. Sie erzählten vom Scheitern des Volkes Israel an den Ansprüchen seines Gottes – vom Bemühen Gottes, von einem Bund*, der vom Volk unmittelbar gebrochen wurde. Sie erzählten davon, dass das Volk von Anfang an dank Mose alle Gebote Gottes gekannt und sie dennoch nicht gehalten habe. Die Verfasser der Priesterschrift* legen Mose Worte in den Mund, um so zu erklären, warum Gott schließlich nicht mehr anders gekonnt habe, als seine Stadt und seinen Tempel* der Zerstörung preiszugeben. Immer wieder habe JHWH, schon in der Wüste, Geduld bewiesen, doch sei die schließlich erschöpft gewesen. So verstand man: Der Verlust von Staat und Tempel* und das Leben im Exil* waren die gerechte Strafe Gottes. Gleichzeitig vermittelte die Gestalt des Mose auch eine Hoffnung für die eigene Gegenwart. Denn die Geschichten aus der Frühzeit Israels zeigen: Der Gott JHWH ist nicht an ein Land gebunden, sondern er geht mit. Sein Bund* mit dem Volk Israel wird außerhalb Israels geschlossen und hat also, so der Rückschluss für die eigene Zeit, auch außerhalb des Landes Gültigkeit, zum Beispiel im Exil* oder der späteren Diaspora*.

Niedergeschlagen haben sich all diese Erfahrungen in den vier biblischen Büchern Exodus bis Deuteronomium*, die heute zusammen mit dem Buch Genesis als »Bücher des Mose« bezeichnet werden. Hier wird anhand der Biografie eines Menschen – nun nämlich Mose – die Geschichte erzählt, wie Israel zu Israel wurde.

Sklavendienste in Ägypten –
das Schicksal der Familie Jakobs (Ex 1)

Folgt man den biblischen Angaben, wurde Mose als Sohn eines Ehepaars aus
dem Stamm Levi geboren. Seine Eltern teilen das Schicksal ihrer hebräischen*
Geschwister: Sie müssen als Sklaven in Ägypten* Frondienste beim Bau der Vor-
ratsstädte Pitom und Ramses leisten. Ihre Vorfahren waren als Geschwister Josefs,
des Retters in der Hungersnot (vgl. S. 82–85), in Ägypten* willkommen gewesen
und hatten sich deshalb dort als freie Kleinviehhirten niedergelassen. Sie ver-
mehrten sich und so wurde im Laufe der Zeit aus der Familie Josefs das Volk
Israel. Lange lebten sie dort frei und zufrieden, so hat man den Eindruck. Doch
mit einem Generationenwechsel im ägyptischen* Herrscherhaus geht auch ein
Epochenwechsel einher:

Randbemerkung

In der Erinnerung an den in Exodus berichteten
Frondienst könnte sich eine historische Remi-
niszenz bewahrt haben: Tatsächlich lässt sich
nachweisen, dass in Pi-Ramesse unter dem Pharao
Ramses II. (Regierungszeit 1279–1213 v. Chr.)
umfangreiche Bautätigkeiten stattfanden. In der
19. und 20. Dynastie wurde diese Stadt im östlichen Nildelta zur Residenzstadt der ägyptischen*
Könige. Ägyptische* Quellen zeigen, dass für solche
Arbeiten tatsächlich halb-nomadisch lebende
Wanderarbeiter angeheuert wurden, auch welche,
die Hebräer* (ägyptisch *hapiru*) genannt wurden.
Vielleicht hat sich hier das Wissen um solche
ägyptischen Bauprojekte mit Erinnerungen an die
Lebensumstände früherer Generationen vermischt.

*Da kam ein neuer König auf in Ägypten, der
wusste nichts von Josef und sprach zu seinem Volk: Siehe, das Volk der Israeliten ist
mehr und stärker als wir. Wohlan, wir wollen sie mit List niederhalten, dass sie nicht
noch mehr werden. [...] Und man setzte
Fronvögte über sie, die sie mit schweren
Diensten bedrücken sollten. (Ex 1,8–11)*

Der ägyptische* Pharao lässt also die
Israeliten schuften und hofft, so ihr weiteres Erstarken zu verhindern. Doch die
Bibel berichtet, dass all das nichts nutzt.
Deshalb ersinnt der Pharao einen noch
perfideren Plan: Er befiehlt den beiden hebräischen* Hebammen Schifra
und Pua, alle hebräischen* Jungen direkt nach der Geburt zu töten. Die beiden
gehorchen zum Glück nicht, so dass der Pharao schließlich seine ägyptischen*
Untertanen zum Mord an allen hebräischen* Knaben aufrufen muss. Ob sie dem
Folge leisten, verrät die Erzählung nicht. Doch ist es genau diese Situation, in die
hinein Mose geboren wird. Seine Mutter versteckt ihn für einige Monate, doch
aus Angst vor Entdeckung weiß sie sich schließlich keinen anderen Rat mehr,
als ihn in einem Körbchen im Schilf des Nil auszusetzen.

»Ich habe ihn aus dem Wasser gezogen!« – Die wundersame Rettung des Kindes namens Mose (Ex 2)

Dass der kleine Mose in seinem Körbchen auf dem Nil ausgerechnet von der Tochter des Pharao gefunden wird, entbehrt nicht einer gewissen Ironie. Immerhin ist es ihr Vater, der das ganze Szenario erst in Gang gesetzt hat.

Die Geschichte der Rettung des Mose ist übrigens voll von weiblichen Heldinnen: Die Tochter des Pharao rettet den Säugling, dessen hebräische* Herkunft sie sofort erkennt, aus dem Nil und seine leibliche Schwester Mirjam sorgt dafür, dass ihre Mutter dessen Amme wird. Erst als er abgestillt ist, also vermutlich nach drei Jahren, wird er zu der Tochter des Pharao zurückgebracht. Die Geschichte setzt voraus, dass der Kleine bis zu diesem Zeitpunkt namenlos bleibt; denn erst die ägyptische* Prinzessin ist es, die ihm einen Namen gibt: »Und als das Kind groß war, brachte sie es der Tochter des Pharao, und es ward ihr Sohn, und sie nannte ihn Mose; denn sie sprach: Ich habe ihn aus dem Wasser gezogen« (Ex 2,10).

Was der Bibeltext hier behauptet, ist historisch nicht vorstellbar: Es kann nicht sein, dass eine ägyptische* Pharaonentochter die Sprache der hebräischen* Sklaven beherrscht. Doch die Erklärung von Moses ägyptischer* Pflegemutter, sie nenne den Jungen Mose, weil sie ihn aus dem Wasser gezogen habe, spielt mit der lautmalerischen Ähnlichkeit des Namens Mose und des hebräischen* Verbs *maschah*. Man weiß zudem, dass das etymologisch nicht korrekt ist: »Mose« ist ein typisch ägyptischer* Name und bedeutet so viel wie »Sohn«. An diesem Punkt ist nicht zu rütteln: Der spätere Retter der israelitischen Sklaven trägt einen ägyptischen* Namen. Da ein solches Detail kaum hätte erfunden werden können, geht die Wissenschaft heute davon aus, dass diese Namensnennung historisch ist, auch wenn alle Versuche, Mose mit einer bekannten Person der ägyptischen* Geschichte zu identifizieren, als gescheitert gelten müssen.

Randbemerkung

Neben dem ägyptischen Namen des Mose hält die Wissenschaft noch zwei weitere Aspekte der Mosegeschichte für sehr alt, auch wenn die Verschriftlichung erst viel später erfolgte: Da ist zunächst Nehuschtan, die eherne Schlange, zu nennen. Während der Wüstenwanderung richtet Mose eine eherne Schlange auf, die vor tödlichen Schlangenbissen bewahren soll (Num 21,4–9). Solche Kultgegenstände waren in der Umwelt Israels weit verbreitet; dass eine solche Schlange Eingang auch in die JHWH-Verehrung fand, ist also durchaus denkbar. Noch im 2. Königebuch wird davon berichtet, dass eine von Mose gemachte Schlange im Jerusalemer Tempel* gestanden habe (2Kön 18,4). Erst der König Hiskia ließ sie dann entfernen. Dass Mose, der doch in der Erinnerung wie kein Zweiter für die bildlose Alleinverehrung JHWHs steht, für die Einführung eines solchen Gegenstandes verantwortlich gewesen sei, hätte sich niemand ausdenken können – die Erinnerung muss also historisch sein. Und ebenfalls historischer Erinnerung geschuldet ist die verwandtschaftliche Verbindung des Mose nach Midian und seine Hochzeit mit der Tochter eines heidnischen Priesters. Das hätten sich spätere Generationen, die auf eine lange Feindschaft mit Midian zurückblicken (vgl. zum Beispiel Ri 6–7) und die später Wert darauf legten, dass man eine Frau der gleichen Religion heiratete, nicht ausdenken können.

Mose wächst also als Ziehsohn einer ägyptischen* Prinzessin am Hof des Pharao auf. Doch offensichtlich fühlt er sich zu den hebräischen* Sklaven hingezogen. Als er einmal beobachtet, wie sie gequält werden, erschlägt er kurzerhand den ägyptischen* Aufseher. Daraufhin muss Mose nach Midian fliehen, um seiner Bestrafung zu entgehen. Die knappe Erzählung dieser Episode lässt vieles offen, vor allem aber die dringliche Frage: Weiß Mose eigentlich, wer er ist? Einerseits geht er hinaus zu seinen hebräischen* »Brüdern« (Ex 2,11), doch andererseits tritt er auf wie ein ägyptischer* Machthaber. Die Bibel klärt das nicht auf.

In Midian jedenfalls trifft Mose an einem Brunnen auf die Töchter des dortigen Priesters, der mal Reguel (Ex 2,18) und mal Jitro (Ex 3,1; 18,1) heißt. Er heiratet eine dieser Töchter, nämlich Zippora.

»Der Platz, auf dem du stehst, ist heiliger Boden!« – Gott erscheint (Ex 3,1–12)

Die Leserschaft weiß bereits seit der Geschichte rund um die wundersame Rettung des neugeborenen Mose, dass Gott mit diesem Mann Großes vorhat. Nun ist es soweit. Als Mose die Schafe seines Schwiegervaters hütet, kommt er an einen Berg namens Horeb. Und die Leser wissen, was Mose nicht weiß: Bei diesem Berg handelt es sich um den Gottesberg – und der brennende Dornbusch ist ein Zeichen für die Anwesenheit Gottes. Wie in anderen alttestamentlichen Texten auch changiert hier Gottes Gegenwart in beabsichtigter Uneindeutigkeit: Einerseits ist er selbst gegenwärtig, andererseits wird er durch einen Engel* repräsentiert. Einige Forscherinnen haben übrigens versucht, den hier genannten Dornbusch mit einer bestimmten Pflanze zu identifizieren, um so den Eindruck, dass er »brenne«, durch eine natürliche Blütenfärbung zu erklären. Der biblischen Erzählung geht es aber doch gerade um die Schilderung einer Begegnung mit dem Übernatürlichen. Und das darf man auch ruhig merken – eben anhand eines Dornbusches, der brennt und doch nicht verbrennt.

Die Erzählung vom brennenden Dornbusch gehört zu den bekanntesten Texten des Alten Testaments:

Mose aber hütete die Schafe Jitros, seines Schwiegervaters, des Priesters in Midian, und trieb die Schafe über die Wüste hinaus und kam an den Berg Gottes, den Horeb. Und der Engel des HERRN erschien ihm in einer feurigen Flamme aus dem Dornbusch. Und er sah, dass der Busch im Feuer brannte und doch nicht verzehrt wurde. Da sprach er: Ich will hingehen und diese wundersame Erscheinung besehen, warum der Busch nicht verbrennt. Als aber der HERR sah, dass er hinging, um zu sehen, rief Gott ihn aus dem Busch und sprach: Mose, Mose! Er antwortete: Hier bin ich. Er sprach: Tritt nicht herzu, zieh deine Schuhe von deinen Füßen; denn der Ort, darauf du stehst, ist heiliges Land! Und er sprach weiter: Ich bin der Gott deines Vaters, der Gott Abrahams, der Gott Isaaks und der Gott Jakobs. Und Mose verhüllte sein Angesicht; denn er fürchtete sich, Gott anzuschauen. Und der HERR sprach: Ich habe das Elend meines Volks in Ägypten gesehen, und ihr Geschrei über ihre Bedränger habe ich gehört; ich habe ihre Leiden erkannt. Und ich bin herniedergefahren, dass ich sie errette aus der Ägypter Hand und sie aus diesem Lande hinaufführe in ein gutes und weites Land. (Ex 3,1–8)

Gottes Plan ist ganz klar: Mose soll das bedrängte Gottesvolk aus Ägypten* führen und dazu zum Pharao gehen. Indem beschrieben wird, dass Gott Mose wie einen Propheten »sendet«, machen die biblischen Autoren ihn zum Archetypen alles Prophetentums (vgl. S. 111). Und wie die meisten Propheten ist auch Mose keineswegs begeistert von dem, was er da tun soll. Er versucht, diesem Auftrag zu entgehen, indem er schon im Vorfeld mögliche Schwierigkeiten anführt – die Israeliten werden ihm nicht glauben, er ist kein redegewandter Mann – und schließlich rundweg ablehnt. Auf diese Weise ist Gott gezwungen, im Zweiergespräch immer mehr Informationen über seinen Auftrag preiszugeben: Mose wird mit magischen* Fähigkeiten ausgestattet, damit er in der Lage ist, seine besondere Sendung zu beweisen, sein Bruder Aaron wird zu seinem »Mund« ernannt und Mose erhält schließlich ein Zeichen für die Wahrheit seiner Beauftragung: Er und sein Volk werden einst Gott an diesem Berg dienen. Gerade dieses Zeichen ist übrigens typisch für eine prophetische Beauftragung: Ob diese nämlich wahr ist und also tatsächlich von Gott stammt, erweist sich immer erst im Rückblick. Ob das in Moses aktueller Situation wohl hilfreich ist?

»Ich bin, der ich bin und ich werde sein, der ich sein werde!« – Gott offenbart Mose seinen Namen (Ex 3,13–15)

Die Begegnung zwischen Mose und Gott am brennenden Dornbusch ist von großer theologischer Bedeutung. Hier offenbart Gott seinen Namen und gibt damit auch sein Wesen preis. Die entsprechende Frage des Mose zielt, anders als es im Deutschen den Anschein hat, nämlich nicht auf die reine Namens-

Randbemerkung

Was in der deutschen Übersetzung nicht so gut erkennbar ist, ist die Tatsache, dass der Satz »Ich bin, der ich bin« oder »Ich werde sein, der ich sein werde« sprachlich dem Gottesnamen JHWH eng verwandt ist. Die hebräische* Namenserklärung spielt nämlich mit dem Verb »sein« (hebräisch *hjh*), das man mit ein bisschen gutem Willen in dem Gottesnamen wiederentdecken kann. Tatsächlich stammt das Tetragramm* JHWH aber von dem Verbstamm *hwj* ab, der so viel wie »wehen« bedeutet. Das passt dazu, dass JHWH, davon ist die Forschung heute überzeugt, ursprünglich ein Wettergott war, der erst nach und nach zum alleinigen und obersten Gott aufstieg (vgl. S. 19 ff.).

nennung, sondern fragt darüber hinaus nach der Programmatik des Namens Gottes. Die Antwort Gottes – »Ich bin, der ich bin!« oder auch »Ich werde sein, der ich sein werde!« – greift diese Tiefendimension auf. Mose möchte wissen, mit welchem Gott er es hier zu tun hat – und Gott sagt es ihm. Dass seine Antwort irgendwie nicht hilfreich ist, ist oft notiert worden. Ich bin, der ich bin – und weiter?

Die Antwort Gottes an Mose verrät jedenfalls: Gott ist beständig. Er ist, der er ist, und er wird es auch in Zukunft sein. Und genau für diese Zukunft ist Mose ja berufen. Dass man im Deutschen bei der Übersetzung zwischen Gegenwart (»Ich bin, der ich bin!«) und Zukunft (»Ich werde sein, der ich sein werde!«) wechseln kann, liegt daran, dass im Hebräischen* die Verben nicht so eindeutig einer Zeitform zugeordnet werden können. Beide Übersetzungen sind deshalb richtig. Besonders findige Exegetinnen und Exegeten verwenden übrigens die Formulierung »Ich bin, der ich sein werde!«, wodurch der Eindruck der Beständigkeit ja nochmal unterstrichen wird. Gefragt nach seinem Namen, antwortet Gott nicht nur mit der schon zitierten Namensumschreibung, sondern nennt ihn später auch direkt: Er heißt JHWH und ist der Gott der Väter.

Die zehn Plagen und das erste Passafest (Ex 7–13)

Mose macht sich schließlich auf den Weg zurück nach Ägypten*. Doch wie er erwartet hat, gibt es Schwierigkeiten: Mag das Volk ihm zunächst glauben, so stößt er beim Pharao von Beginn an auf Ablehnung. Eine Ablehnung übrigens, die von Gott selbst herbeigeführt wurde, der das Herz des Pharao verhärtet hatte. Eigentlich sabotiert er damit seinen eigenen Auftrag an Mose und hat im Grunde die später folgenden drakonischen Strafen selbst zu verantworten. Die biblische Erzählung enthält sich allerdings jeder moralisch-theologischen Wertung und also sollte auch die moderne Leserschaft nichts eintragen, was dem Text fremd ist.

Zehn verschiedene Plagen lässt Mose im Auftrag Gottes über das Land Ägypten* kommen. Die zehnte und schlimmste Plage – nämlich der Tod aller ägyptischen* Erstgeborenen – veranlasst den Pharao schließlich dazu, das Volk der Israeliten endlich ziehen zu lassen. Mit dem Tod seines eigenen Nachfolgers steht immerhin der Fortbestand seiner Dynastie auf dem Spiel.

Randbemerkung

Immer wieder hat man diskutiert, inwiefern sich in den zehn Plagen historische Erinnerungen niedergeschlagen haben. Das mag bei einigen Plagen, wie zum Beispiel solchen, die vom Auftreten von Ungeziefer, Heuschrecken oder Stechmücken berichten, durchaus denkbar sein, ist aber bei anderen eher unwahrscheinlich. Heute weiß man zudem: Solche Versuche einer historisierenden Erklärung dessen, was da passiert sein könnte, gehen an der Erzählabsicht des biblischen Textes vorbei. Es geht nicht darum, ein vermeintlich historisches Geschehnis zu finden, das dann nachträglich als Handeln Gottes verklärt werden kann, sondern es geht dem Text um ein Kräftemessen zwischen dem Gott Israels und dem sich als gottgleich fühlenden Pharao.

In der biblischen Überlieferung wird das Passafest eng mit diesen Ereignissen verknüpft: Gott beauftragt die Israeliten, ein Lamm zu schlachten, in der gleichen Nacht noch mit bitteren Kräutern und aufbruchbereit zu verzehren und das Blut dieses Tieres an die Türpfosten der eigenen Häuser zu streichen. So soll sichergestellt sein, dass Gott die entsprechend gekennzeichneten Häuser bei der Tötung der Erstgeborenen verschont. Das Passafest ist in der Bibel also einerseits verknüpft mit dem Versuch, Schutz zu erlangen, und andererseits mit der freudigen Erwartung des Aufbruchs verbunden.

Für dieses Passa gelten genaue Regeln: Das ausgewählte Tier soll gebraten und möglichst vollständig verzehrt werden, die Israeliten sollen essen, während sie bereits für den Aufbruch gerüstet sind. Und sie sollen außerdem sieben Tage lang nur ungesäuertes Brot essen und auch keinerlei Sauerteig im Haus haben.

Der Aufbruch aus Ägypten und das Schilfmeerwunder (Ex 12–15)

Eigentlich hatte der Pharao den Israeliten ja die Erlaubnis zum Aufbruch erteilt. Doch wie aus heiterem Himmel überlegt er es sich anders. Daraufhin setzt sofort die Verfolgung der Israeliten ein, die der oberste Herrscher Ägyptens* auch noch selbst anführt. Wie diese endet, hat sich in das kollektive Gedächtnis eingebrannt: Mit Gottes Hilfe teilt Mose das Meer, lässt Israel hindurchziehen und die Wassermassen über den Verfolgern wieder zusammenstürzen. Zweifelsohne ist dieser Durchzug durch das (Schilf-)Meer der erzählerische Höhepunkt der Flucht aus

Randbemerkung

Die Wissenschaft ist sich heute einig, dass das Passafest nicht von Beginn an dem Exodus* zugeordnet war, sondern wohl unabhängig davon entstand und gefeiert wurde. Einige Forschende vermuten, dass das Passa ursprünglich ein nomadischer Ritus war: Vor dem jährlichen Aufbruch zur Sommerweide wurde ein Tier geopfert, um die Gottheit gnädig zu stimmen. Zu diesem Kontext würde auch passen, dass dieses Tier im Stehen und mit gegürteten Lenden und also in der Bereitschaft zum Aufbruch gegessen werden sollte. Letzteres wurde dann später auf den (einmaligen) Aufbruch zum Exodus* umgedeutet. Andere Forschende setzen die Entstehung des Passa viel später an: Wichtig ist beim Passa aus ihrer Sicht weder das Tieropfer* noch das Essen, sondern allein das Streichen des Blutes an die Türpfosten. Dann aber könnte sich das Passaritual erst entwickelt haben, als die Menschen schon in Häusern mit Türen und Türpfosten und nicht mehr in Zelten gewohnt hätten. Hier habe dieses Ritual zur Abwehr von Dämonen gedient und sei dann später auf die Nacht des Aufbruchs aus Ägypten* übertragen worden, weil auch dort, der biblischen Erzählung folgend, ein mörderischer Dämon habe abgewehrt werden müssen. Tatsächlich lässt sich diese Frage nach dem genauen Ursprung des Passafestes nicht mehr klären. Die alttestamentlichen Tradenten* wehren sich gegen solche Spekulationen, indem sie das Passafest ganz explizit mit dem Glauben an JHWH und dem Exodus* in Verbindung bringen: »Und wenn eure Kinder zu euch sagen werden: Was habt ihr da für einen Brauch?, sollt ihr sagen: Es ist das Passaopfer des HERRN, der an den Israeliten vorüberging in Ägypten, als er die Ägypter schlug und unsere Häuser errettete. Da neigte sich das Volk und betete an« (Ex 12,26–27).

Ägypten*. Dieser Eindruck wird noch dadurch verstärkt, dass die Geschichte hier durch ein Lied ergänzt und also gedoppelt wird. Dieses Lied, das Mose und die Israeliten gemeinsam singen, erzählt vom Schilfmeerwunder noch mal aus einer neuen Perspektive. Und am Schluss kommt dann auch noch Moses Schwester Mirjam zu Wort, die als Prophetin die Frauen mit ihrer Pauke zu einem Reigen animiert: »Lasst uns dem HERRN singen, denn er ist hoch erhaben; Ross und Reiter hat er ins Meer gestürzt!« (Ex 15,21).

Manche Forscher vermuten, dass dieses kurze Lied sehr alt sein könnte und vielleicht sogar am Beginn der Überlieferung vom Schilfmeerwunder gestanden habe. Doch das ist Spekulation. Was man heute ziemlich sicher sagen kann: Passiert ist diese Geschichte nicht, zumindest nicht so, wie sie in der Bibel erzählt wird. Wäre ein Pharao unter diesen Umständen ums Leben gekommen, könnten die ägyptischen* Quellen darüber nicht schweigen. Doch das tun sie. Auch alle Versuche einer genaueren Lokalisierung jenes Schilfmeeres – oder auch nur des »Meeres«, wie es in einigen Texten heißt – scheitern. Und schließlich fallen in der biblischen Erzählung jenes Schilfmeerwunders selbst eklatante Widersprüche auf, deren gewichtigster der folgende ist: Scheint einerseits vorausgesetzt, dass Mose das Wasser teilt, so dass die Israeliten trockenen Fußes zwischen zwei Wassermauern hindurchziehen können, so findet sich andererseits auch die Vorstellung, dass ein Ostwind das Wasser auf Gottes Geheiß so weit zurücktreibt, dass eine Meeresdurchquerung möglich ist (vgl. Ex 14,16 und Ex 14,21). Beide Angaben lassen sich nicht harmonisieren. Hier gilt wie auch

Randbemerkung

Der im 5. Buch Mose überlieferte Festkalender hat die Erinnerung bewahrt, dass es sich beim Passafest und beim Fest der ungesäuerten Brote ursprünglich um zwei verschiedene, aber zeitlich eng zusammenliegende Feste handelt (Dtn 16,1–8). Überhaupt fällt bei einer kritischen Lektüre auf, dass sich in der Beschreibung des Passafestes erhebliche Unterschiede zwischen Ex 12–13 und Dtn 16 finden: Im Deuteronomium* ist aus dem Passafest ein Wallfahrtsfest geworden, für das man zum Tempel* nach Jerusalem pilgerte. Das Buch Exodus hingegen bewahrt die Erinnerung daran, dass es sich beim Passa ursprünglich um ein familiäres Fest handelte. Und die Wissenschaft würde heute sagen: Das liegt auch daran, dass die Menschen, die Ex 12–13 verschriftlicht haben – also die Verfasser der sogenannten »Priesterschrift«* – gar keine Möglichkeit gehabt hätten, für dieses Fest zum Tempel* nach Jerusalem zu reisen. Wenn sie also Passa als Familienfeier schildern, dann deshalb, weil sie selbst es gar nicht anders begehen konnten, weil sie nämlich im Babylonischen Exil* lebten und der Jerusalemer Tempel* zu ihrer Zeit zerstört war. Bis heute feiern Menschen jüdischen Glaubens das Passafest am ersten Vollmond nach Frühlingsanfang (vgl. Ex 12,18) im Familienkreis – und erinnern damit an die Nacht, als die Geschichte ihres Volkes mit ihrem Gott den Anfang nahm.

sonst: Es geht nicht um eine historische Nachzeichnung der Auszugsroute und der den Exodus* begleitenden Ereignisse, sondern um ein Bekenntnis: Gott ist der Retter Israels. Dies kann gar keine historische Aussage sein, sondern immer nur Ausdruck einer Glaubenserfahrung, im Rückblick gesprochen.

Das Murren des Volkes in der Wüste – Gott schickt Manna und Wachteln (Ex 16)

Im Anschluss an die Rettung aus Ägypten* und durch das Schilfmeer hindurch beginnt die Wüstenwanderung der Israeliten, bei der sie von einer Wolken- oder Feuersäule als sichtbaren Zeichen der Präsenz Gottes begleitet werden. Die biblische Überlieferung erzählt, dass 600.000 Männer (und ihre unzähligen Frauen und Kinder) an dem Marsch beteiligt gewesen seien – eine im Wortsinne »sagenhafte« Zahl. Dies sind Angaben, von denen man heute sagen muss, dass sie jeder Grundlage entbehren – nicht nur, was die Größe des Zugs, die Organisation der Wanderung und die Frage der Versorgung all dieser Menschen in der Wüste angeht. Dass mehr als eine halbe Million Israeliten unter Josua den Jordan durchquert und ins Land Kanaan* eingewandert sein sollen, steht völlig konträr zu dem, was man sonst über die Landnahme*, also die Sesshaftwerdung in Palästina, weiß und von ihr sagen kann (vgl. S. 120 f.).

Das erste große Ziel des wandernden Volkes ist der Sinai. Davor und vor allem danach steht eine jahrelange Wanderung durch die Wüste. Typisches Element der Wüstenzeit sind die sogenannten Murrgeschichten, von denen insgesamt zehn überliefert sind: drei auf dem Weg hin zum Sinai und sieben hinterher. Man kann zwischen zwei Typen von Murrgeschichten unterscheiden: Entweder murren die Israeliten wegen einer Notlage oder weil sie gegen Gott, Mose oder Aaron aufbegehren. Die Bibel legt Mose dazu im Rückblick folgende Worte in den Mund:

Und gedenke des ganzen Weges, den dich der HERR, dein Gott, geleitet hat diese vierzig Jahre in der Wüste, auf dass er dich demütigte und versuchte, damit kundwürde, was in deinem Herzen wäre, ob du seine Gebote halten würdest oder nicht. Er demütigte dich und ließ dich hungern und speiste dich mit Manna, das du und deine Väter nie gekannt hatten, auf dass er dir kundtäte, dass der Mensch nicht lebt vom Brot allein, sondern von allem, was aus dem Mund des HERRN geht. Deine Kleider sind nicht zerrissen an dir, und deine Füße sind nicht geschwollen diese vierzig Jahre. So erkennst du ja in deinem Herzen, dass der HERR, dein Gott, dich erzogen hat, wie ein Mann seinen Sohn erzieht. So halte nun die Gebote des HERRN, deines Gottes, dass du in seinen Wegen wandelst und ihn fürchtest. (Dtn 8,2–6)

Die bekannteste Murrgeschichte ist wohl die, wo Gott die Israeliten mit dem schon fast sprichwörtlich gewordenen Manna und den Wachteln speist (vgl. Ex 16,1–36 sowie Num 11,7–9): Weil die Israeliten sich daran erinnern, dass sie in Ägypten* wenigstens genug zu essen hatten, verspricht Gott ihnen, sie auch in der Wüste zu ernähren. Jeden Abend sendet er Wachteln, die das Lager bedecken. Und jeden Morgen soll das Volk Manna finden, das es für den Tag sammeln und dann verzehren kann. In der Tat sammeln die Israeliten kleine Mannakugeln, die sie zu Brot verarbeiten. Beides gilt hier als von Gott herbeigeführtes Wunder, doch blitzt gerade bei der Beschreibung des Mannas noch die Erinnerung auf, dass es sich um eine natürliche Erscheinung handelt. Heute weiß man: Einige Schildlausarten dieser Region saugen Pflanzensaft für ihre Larven und sondern den Überschuss als kleine weißlich-gelbe Tropfen ab. Diese können in der Wüste aufgelesen werden, schmelzen im Laufe des Tages jedoch. Wenn die biblische Überlieferung davon spricht, dass das Manna zeitgleich mit dem Tau auftrete, so hat sie zumindest die Erinnerung an den Zusammenhang von Tageszeit und Auffinden des Mannas bewahrt. Dass man jedoch Manna wie Getreide zermahlen und daraus Brot backen könne (vgl. Num 11,8), trifft nicht zu. Manna kann höchstens als Honigersatz verwendet werden; dass der Verfasser der biblischen Geschichte das nicht mehr wusste, zeugt von dem zeitlichen und sachlichen Abstand zum Berichteten. Und als wäre es nicht Wunder genug, dass Gott das Volk überhaupt ernährt, werden die wundersamen Züge der Mannagabe immer weiter gesteigert: Am sechsten Tag der Woche schenkt Gott dem Volk so viel Manna, dass es für zwei Tage reicht. So lernen die Israeliten, das Ruhegebot des Sabbats* einzuhalten. Und egal, wie viel jemand sammelt, alle erhalten jeweils genau das, was sie zum Überleben brauchen. Bedenkt man allerdings, dass sich das Volk 40 Jahre lang von Manna und Wachteln ernähren muss, ist es vielleicht nicht überraschend, dass sich die Israeliten tatsächlich manchmal nach den Fleischtöpfen Ägyptens* zurücksehnen (Ex 16,3).

Israels Begegnung mit Gott am Sinai (Ex 19 bis Num 10)

Schließlich trifft das Volk am Berg Sinai ein, so wie Gott es Mose bei seiner Berufung aus dem brennenden Dornbusch heraus versprochen hatte: »Und das soll dir das Zeichen sein, dass ich dich gesandt habe: Wenn du mein Volk aus Ägypten geführt hast, werdet ihr Gott dienen auf diesem Berge« (Ex 3,12).

Irgendwo im Nirgendwo liegt dieser Berg namens Horeb oder Sinai, an dem Mose einst beim Schafehüten Gott begegnet war – und an dem sich später das Volk Israel fast ein Jahr lang aufhalten soll. Übrigens kann man anhand der biblischen Texte tatsächlich nicht rekonstruieren, wo genau dieser Berg liegt; jeder

Versuch einer Gleichsetzung mit bestimmten Berggipfeln ist spätere Legendenbildung ohne jeden historischen Anhaltspunkt.

Am Sinai begegnet das Volk Israel seinem Gott. Allerdings betreten nur Mose
und sein Bruder Aaron diesen Berg, um mit Gott zu reden, während das Volk
am Fuß des Berges lagert. Nur die Zehn
Gebote empfängt Israel nicht vermittelt
durch Mose, sondern direkt von Gott.
Mose werden im Rückblick folgende
Worte in den Mund gelegt:

Er hat von Angesicht zu Angesicht mit euch
aus dem Feuer auf dem Berge geredet. Ich
stand zu derselben Zeit zwischen dem
HERRN und euch, um euch des HERRN
Wort zu verkündigen; denn ihr fürchtet
euch vor dem Feuer und gingt nicht auf den
Berg. (Dtn 5,4–5)

Auf dem Berg Sinai erhält Mose im Zwie-
gespräch mit Gott zahlreiche Regeln für
das Leben im gelobten Land, die er selbst,
so die Geschichtsfiktion einer späteren
Generation, in den Fünf Büchern Mose
verschriftlicht. Innerhalb dieses umfangreichen Konglomerats ganz verschiedener
Rechtstexte lassen sich einzelne Sammlungen abheben; zu den ältesten gehört
das sogenannte Bundesbuch* (Ex 20,22–
23,33), das zusammen mit dem vorange-
stellten Dekalog zur Grundlage des Bundesschlusses* zwischen Gott und Volk
wird. Zusammenfassend kann man sagen,
dass am Sinai die grundlegenden Struktu-
ren des israelitischen Rechtes und Kultes*

Randbemerkung

Die Bibel kennt für den Berg Sinai noch einen
anderen Namen: Horeb – Letzteres heißt so viel
wie »in der Einöde«. Dass sich die biblischen Texte
jeder Lokalisierung dieses für die Geschichte Israels
so zentralen Berges verweigern, dürfte Absicht
sein. Viel wichtiger als die Geografie ist nämlich
das theologische Konstrukt, bei dem übrigens eine
wichtige Rolle spielt, dass es auf dem Gottesberg
einen Dornbusch gibt (vgl. die Berufung des Mose
in Ex 3,2–4). Denn Dornen sind das, was nach prophetischen Äußerungen am Ort eines zerstörten
Heiligtums wächst (vgl. Jes 5,6; Hos 10,8; Mi 3,12). Zur
Entstehungszeit dieser Texte haben die Menschen
diese Hinweise sicher verstanden: Mose empfängt
die Gesetze für das Leben des Volkes im gelobten
Land auf einem Berg, der genauso aussieht wie der
Gottesberg Zion* nach der Zerstörung des Jerusalemer Tempels* 587 v. Chr. Übrigens findet innerhalb
der biblischen Überlieferung vom Gottesberg eine
Verschiebung statt: Die älteren Textschichten malen
das Bild des zerstörten Tempelberges* – doch die
jüngere Priesterschrift* setzt ganz andere Akzente:
Sie zeichnet in ihren Texten das Bild einer Kultstätte* mit Kultbetrieb*: Der Berg wird in Analogie
zu einem Tempelgebäude* verstanden, dem sich das
Volk nicht nähern darf, der Berggipfel wird gleichsam
zum Allerheiligsten des Tempels*, zu dem nur Mose
und Aaron Zutritt haben. Die Art und Weise, wie Gott
hier in Erscheinung tritt, kannte man ebenfalls aus
dem Kult*: Das Donnern entspricht dem Klang des
Schofars (Ex 19,16; 20,18), die Wolke dem im Tempel* verwendeten Räucherwerk (Ex 19,16.18; 20,18)
und die Blitze vielleicht Fackeln (Ex 19,16; 20,18).

festgelegt werden. Oder um es in der zeitlich korrekten Reihenfolge zu sagen: Die
Regelungen, die späteren Generationen in Bezug auf Recht und Kult* relevant erschienen, werden in die Sinaigesetzgebung zurückprojiziert. So finden sich hier
zum Beispiel Gesetze zum Bau des Heiligtums und der Bericht über deren Ausfüh-
rung (Ex 25–31; 35–40) ebenso wie Anweisungen über die Versorgung der Priester,
die doch erst zu einem viel späteren Zeitpunkt wichtig werden sollten.

Die Zehn Gebote (Ex 20,1–17)

Aus dieser Zusammenstellung an Regeln, Gesetzen und Vorschriften, die Gott der Überlieferung nach dem Volk Israel durch Mose am Sinai übermittelt, hebt sich eine Sammlung besonders hervor: die Zehn Gebote. Sie sind der Inhalt des ersten Gotteswortes am Sinai, nur sie teilt Gott dem Volk unmittelbar mit und nur sie verschriftlicht Gott selbst. Und nur sie schreibt Gott, nachdem Mose sie wegen des Goldenen Kalbes zerstört hatte, sogar ein zweites Mal nieder. Der Inhalt der Zehn Gebote ist bekannt: Man darf keine anderen Götter haben, man soll sich keine Bildnisse machen und den Namen des eigenen Gottes nicht missbrauchen; man soll den Feiertag heiligen, die Eltern ehren sowie nicht töten, nicht ehebrechen, nicht stehlen, nicht lügen und nicht begehren. Diese Regeln scheinen klar, sind jedoch so allgemein gehalten, dass sie der Konkretion bedürfen. Mit den Zehn Geboten in der Hand kann man nicht Recht sprechen; sie bieten eher allgemeine Verhaltensnormen, die wohl aus dem antiken Sippenethos stammen. Der Dekalog steht, so die biblische Überlieferung, am Beginn des Lebens in der Freiheit und ist insofern Teil der Gründungsurkunde des Volkes Israel. Damit ist er nichts weniger als die verbindende Basis für alle Regeln und Gesetze, die dem Volk Israel am Sinai nach biblischer Überlieferung noch mitgegeben wurden und die sich heute in den Büchern Exodus und Levitikus finden. Seine Bedeutung liegt darin, gerade in seiner Allgemeinheit Richtlinien aufzustellen, die über die Zeiten hinweg gültig bleiben.

Der Dekalog ist im Alten Testament übrigens zwei Mal überliefert: Einmal als Teil der Sinaigeschichte (Ex 20) und einmal als Teil der großen Abschiedsrede des Mose (Dtn 5), in der alle wichtigen Stationen seiner Geschichte mit Israel rekapituliert werden.

Randbemerkung

Die Zehn Gebote bestehen aus viel mehr Regeln als aus zehn; die jüdische Überlieferung erkennt im Dekalog 14 Gebote. Da ist es kein Wunder, dass es in den verschiedenen religiösen Traditionen, die sich auf die Zehn Gebote berufen, auch schon mal zu Konfusionen bei der Zählung kommt: So klammert die reformierte Tradition die Selbstvorstellung Gottes aus und stellt sie dem Dekalog voran; als erstes Gebot zählt hier das Fremdgötter-, als zweites das Bilderverbot, dafür werden die beiden Begehrensverbote als zehntes Gebot zusammengefasst. Die lutherische und die katholische Tradition zählen hingegen zwei Begehrensverbote, müssen dafür jedoch am Anfang etwas straffen: So hat die katholische Tradition das Fremdgötter- und Bilderverbot zusammen als erstes Gebot, während Luther das Bilderverbot aus der Zählung rausnimmt. Was bei allen Differenzen in jedem Fall prägend gewirkt hat, ist die von Augustinus vorgenommene Differenzierung in die die Gottesliebe betreffenden Gebote (katholisch: 1–3) und solche, die die Nächstenliebe zum Gegenstand haben (4–10).

Weil der Dekalog im Buch Exodus am Beginn der Geschichte des Volkes Israel mit seinem Gott steht, gibt er bei der Bibellektüre einen Deutungshorizont vor. Wer von den Fünf Büchern Mose herkommend nun die Geschichtsbücher und die prophetischen Schriften liest, der muss den Eindruck haben, dass sich all das, was hier berichtet wird, messen lassen muss an den Zehn Geboten, die bereits am Sinai von Gott kundgetan wurden. Doch weiß man heute, dass die historische Reihenfolge die genau umgekehrte ist: Nicht die Propheten und die Könige blicken zurück auf den Dekalog, sondern die Abfassung des Dekalogs schaut zurück auf eine jahrhundertelange wechselvolle Geschichte des Volkes Israel, in deren Verlauf sich die Notwendigkeit herauskristallisierte, solche Regeln zu verschriftlichen. Bereits bei den Propheten finden sich vereinzelt entsprechende Reihungen, die dem Dekalog vielleicht als Vorlage gedient haben könnten, zum Beispiel: »Fluchen und Lügen, Morden, Stehlen und Ehebrechen haben überhandgenommen, und eine Blutschuld kommt nach der andern« (Hos 4,2). – »Ihr seid Diebe, Mörder, Ehebrecher und Meineidige und opfert dem Baal und lauft fremden Göttern nach, die ihr nicht kennt« (Jer 7,9).

Die Wissenschaft vermutet, dass die Zehn Gebote erst nach der sogenannten Reform des Josia im 7. Jahrhundert v. Chr. entstanden sind (vgl. 2Kön 22–23, vgl. S. 23). Das bedeutet aber, dass der Dekalog, so wie er heute überliefert ist, keinesfalls am Beginn der Geschichte Israels stand. Und noch eines ist klar: Vom Berg Sinai mitgebracht wurden die Zehn Gebote ebenfalls nicht.

Der Bundesschluss am Sinai (Ex 24,1–11)

Seit der Berufung des Mose am brennenden Dornbusch ist absehbar: Ein Ziel des Exodus* würde die Begegnung mit Gott am Sinai sein. Diese Begegnung ist von Anfang an angelegt auf eine als Bund* geregelte Gemeinschaft zwischen Gott und seinem Volk: »Werdet ihr nun meiner Stimme gehorchen und meinen Bund halten, so sollt ihr mein Eigentum sein vor allen Völkern; denn die ganze Erde ist mein« (Ex 19,5).

Das hebräische* Wort, das hier mit Bund* übersetzt wird, kann auch einen Vertrag zwischen zwei gleichberechtigten Partnern bezeichnen – und tatsächlich schwingt in der Sinaiperikope die Vorstellung mit, man könne das Verhältnis zwischen Gott und einem Volk vertraglich regeln (vgl. S. 51 ff.). Besonders deutlich wird dies in der Beschreibung der feierlichen Zeremonie des Bundesschlusses*, bei der Mose als Bundesmittler* fungiert:

Mose kam und sagte dem Volk alle Worte des HERRN und alle Rechtsordnungen. Da antwortete alles Volk mit einer Stimme: Alle Worte, die der HERR gesagt hat, wollen wir tun. Da schrieb Mose alle Worte des HERRN nieder und machte sich früh am Morgen auf und baute einen Altar unten am Berge und zwölf Steinmale nach den zwölf Stämmen Israels und sandte junge Männer der Israeliten hin, dass sie darauf dem HERRN Brandopfer opferten und Dankopfer von jungen Stieren. Und Mose nahm die Hälfte des Blutes und goss es in die Becken, die andere Hälfte aber sprengte er an den Altar. Und er nahm das Buch des Bundes und las es vor den Ohren des Volks. Und sie sprachen: Alles, was der HERR gesagt hat, wollen wir tun und darauf hören. Da nahm Mose das Blut und besprengte das Volk damit und sprach: Seht, das ist das Blut des Bundes, den der HERR mit euch geschlossen hat aufgrund aller dieser Worte. (Ex 24,3–8)

Zwar ist der Gott JHWH der unumstrittene Souverän dieses Bundes*, doch bei diesem Bundesschluss ist es so, dass die Einhaltung der darin enthaltenen Regeln durch das Volk Israel unabdingbar ist. Die Wissenschaft ist sich heute allerdings sicher, dass diese Bundesvorstellung nicht aus der Zeit des Mose stammt, sondern viel jünger ist. Was in Bezug auf die Zehn Gebote zu beobachten war, gilt auch hier: Die prophetischen Schriften, die doch nach den Begebenheiten entstanden sind, die hier vom Sinai erzählt werden, kennen die Vorstellung des Bundes* noch nicht. Entwickelt wurde der theologische Gedanke eines Bundesschlusses* vermutlich erst im Babylonischen Exil* – oder ist dort zumindest erst bedeutsam geworden. Denn die Annahme, dass es einen Bund* gegeben habe, den das Volk gebrochen hatte, ermöglichte es, das Exil* nicht als Scheitern des eigenen Gottes bei der Verteidigung seines Volkes zu denken, sondern im Gegenteil als Teil seines geschichtsmächtigen Handelns und also als Strafe für Israel: Weil die Israeliten die von Gott gegebenen Regeln nicht eingehalten und also den Bund* gebrochen hatten, blieb ihm nichts anderes übrig, als seinen Tempel* und seine Stadt schließlich der Vernichtung preiszugeben. So erscheint auch im Rückblick auf die Königszeit immer wieder der Hinweis auf den gebrochenen Bund*:

Dazu verachteten sie seine Gebote und seinen Bund, den er mit ihren Vätern geschlossen hatte, und seine Warnungen, die er ihnen gab, und wandelten ihren nichtigen Götzen nach und trieben Nichtiges. Sie taten wie die Heiden um sie her, von denen der HERR ihnen geboten hatte, sie sollten nicht wie diese tun. [...] Und den Bund, den er mit euch geschlossen hat, vergesst nicht und fürchtet nicht andere Götter, sondern fürchtet den HERRN, euren Gott; der wird euch erretten von allen euren Feinden. (2Kön 17,15.38–39)

Das Goldene Kalb – der erste Bundesbruch und seine Folgen (Ex 32)

Dass der Bund* mit Gott von Beginn an ein gebrochener ist – diesen Gedanken trägt die Geschichte vom Goldenen Kalb bereits in die Exodusüberlieferung* selbst ein. Denn alles kommt ganz anders, als sich Gott und Mose das gedacht haben. Während Mose auf dem Berg von Gott die Regeln für den Bundesschluss* mit dem Volk Israel empfängt, geht es am Fuß des Berges drunter und drüber. Das Volk möchte zur Ausübung seiner Religion einen sichtbaren Gegenstand haben, den es verehren kann. Dafür gelingt es den Israeliten sogar, den Vater aller zukünftigen Hohepriester* mit ins Boot zu holen, Aaron. Und wenn der oberste Theologe das, was da passiert, richtig findet, dann muss es doch wohl richtig sein! Das Volk fordert Aaron auf: »Mache uns Götter, die vor uns hergehen!« (Ex 32,1).

Und Aaron, der den Plural »Götter« scheinbar überhört hat, lässt allen Goldschmuck einsammeln und einschmelzen und daraus ein goldenes Kalb als Götterstatue gießen. Während das Volk dieses Bild tatsächlich als Götterbild im Plural anbetet, besteht für Aaron anscheinend kein Widerspruch zwischen dieser Abbildung und dem Gott JHWH, der doch gerade vorher Mose seine ausschließlich bilderlose Verehrung befohlen hatte. Jedenfalls kündigt Aaron an, dass am folgenden Tag ein Fest für den Gott JHWH gefeiert werden soll.

Doch im Rückblick auf die Geschichte, Jahrhunderte später, fällt die Wertung eindeutig aus: Was da passiert ist, bedeutet den Abfall von JHWH und der richtigen Gottesverehrung. Diese spätere Sicht prägt auch den Dialog zwischen Gott und Mose. Hier muss Mose all seine Überredungskunst aufbieten, um Gottes Vernichtungszorn angesichts dieses ungeheuerlichen Geschehens abzuwenden:

Mose wollte den HERRN, seinen Gott, besänftigen und sprach: Ach, HERR, warum will dein Zorn entbrennen über dein Volk, das du mit großer Kraft und starker Hand aus Ägyptenland geführt hast? Warum sollen die Ägypter sagen: Er hat sie zu ihrem Unglück herausgeführt, dass er sie umbrächte im Gebirge und vertilgte sie von dem Erdboden? Kehre dich ab von deinem glühenden Zorn und lass dich des Unheils gereuen, das du über dein Volk bringen willst. (Ex 32,11–12)

Mose gelingt es tatsächlich, Gott zu beruhigen. Doch beim Anblick des goldenen Kultbildes gerät er selbst wiederum so in Rage, dass er die Tafeln mit den Zehn Geboten zerschmettert, die Gott ihm doch gerade erst ausgehändigt hatte, und das Goldene Kalb zerstört.

Die Abbildung eines Gottes als Stier ist übrigens nichts, worauf Aaron von alleine gekommen wäre, sondern vielmehr eine Praxis, die in Israels Umwelt durch die Jahrhunderte hindurch ganz üblich war. Der Stier konnte geradezu zum Hauptrepräsentanten des kanaanäischen* Gottes El* werden. Kein Wunder, dass auch das Volk Israel der Verlockung erliegen konnte, einen eigenen »Stiergott« haben zu wollen. Dass die Bibel vom Goldenen Kalb (und nicht vom Goldenen Stier) redet, darf dabei nicht missverstanden werden: Gemeint ist mit dem Begriff »Kalb« nicht etwa ein niedliches kleines Kälbchen, sondern ein Jungstier von ein bis drei Jahren, der auf der Höhe seiner Kraft ist. Als ein solcher Gott soll sich dem Wunsch Israels folgend auch JHWH präsentieren.

Als das Volk Israel den Sinai verlässt, hat es nicht nur das Bundesbuch* sowie die zweite Fassung der Zehn Gebote im Gepäck, sicher verwahrt in der Bundeslade*, sondern auch die Erinnerung daran, dass der Bund* ein bereits gebrochener ist. In diese Darstellung der Geschichte Israels, die entstanden ist, als das Volk bereits auf den Untergang des Nordreichs* Israel und des Südreichs* Juda zurückblickte, ist die nachexilische Erkenntnis eingezeichnet: Von Beginn der Geschichte mit Gott an hat das Volk Israel versagt und verdankt sich die Aufrechterhaltung des Bundes* allein göttlicher Gnade.

Randbemerkung

Vermutlich wurde der Gott JHWH in der Frühzeit Israels tatsächlich als Stierbild verehrt. So erzählen die biblischen Königebücher davon, dass Jerobeam I., der erste König des Nordreichs*, zwei goldene Stierbilder habe aufstellen lassen: »Und der König hielt einen Rat und machte zwei goldene Kälber und sprach zum Volk: Es ist zu viel für euch, dass ihr hinauf nach Jerusalem geht; siehe, da sind deine Götter, Israel, die dich aus Ägyptenland geführt haben. Und er stellte eins in Bethel auf, und das andere gab er nach Dan. Und das geriet zur Sünde« (1Kön 12,28–30). Dabei hätte er, folgt man der biblischen Chronologie, doch eigentlich durch die Ereignisse am Sinai, die sich ja einige Jahrhunderte vor seiner Regierung zugetragen haben sollen, gewarnt sein müssen! Immerhin hatte Israel schon mal versucht, sich ein goldenes Stierbild zu machen und war damit gescheitert. Vermutlich war also die historische Abfolge genau umgekehrt zur biblischen Erzählreihenfolge: Eben *weil* es die beiden Stierheiligtümer in Bethel und Dan gab, erzählte man davon, dass schon am Sinai JHWH auf diese Weise verehrt worden sei – und ergänzte dann auf einer noch späteren Überlieferungsstufe die Erkenntnis, dass das damals schon falsch gewesen sei.

Die Abschiedsrede – das Deuteronomium als Vermächtnis

Im weiteren Verlauf der Wüstenreise bewahrheitet sich der Überlieferung nach der Eindruck vom Sinai: Immer wieder zeigt sich das mangelnde Vertrauen Israels in den Gott, den es zwar nicht sehen, dessen Anwesenheit es sich aber trotzdem gewiss sein kann. Als Kundschafter ausgeschickt werden, um das gelobte Land auszuspionieren und dem Volk mit dem Bericht von der Stärke der Bewohner Angst machen (Num 13,28–14,4), reicht es Gott. Bisher hatte er sich in seinem Zorn immer wieder von Mose besänftigen lassen. Nun verfügt er aber, dass keiner aus der Generation des Exodus* das gelobte Land betreten darf. Da nach 40 Jahren typischerweise ein Generationenwechsel vollzogen ist, muss das Volk Israel nun weitere

40 Jahre durch die Wüste wandern, bis, so wird es in Num 14,26–27 explizit festgestellt, alle aus dieser Generation gestorben sind. Nicht einmal Mose ist davon ausgenommen: Mit 80 Jahren aus Ägypten* aufgebrochen, stirbt er im Alter von 120 an der Grenze zum gelobten Land. Vorher jedoch zeigt Gott ihm vom Berg Nebo aus in einer Art übernatürlicher Schau das ganze Land Israel (Dtn 34,1–4). Nach diesem Blick auf das ersehnte Ziel der Reise, das er selbst nicht wird erreichen dürfen, hält Mose dann seine große(n) Abschiedsrede(n). Vier sind es an der Zahl und das 5. Buch Mose ist im Grunde nichts weiter als ihre Verschriftlichung.

Beim Buch Deuteronomium* handelt es sich um eine mehr als 30 Kapitel lange Abschiedsrede des Mose. Mose rekapituliert nochmals alle göttlichen Gebote und Satzungen, die er dem Volk vermittelt hatte, und erinnert an dessen Geschichte mit Gott. Die Bibel betont: Mose hat die Gebote Gottes nicht nur empfangen, sondern er hat sie in der Tora* auch verschriftlicht (Dtn 31,9.34). Auf diese Weise wird der Tod des Mose als wichtiger Einschnitt gekennzeichnet, denn damit vollzieht sich der Übergang von der mündlichen zur schriftlichen Tora*. Die Bücher Exodus bis Deuteronomium*, die entlang der Biografie des Mose gestaltet sind, sind nun zu einem Ende gekommen. Moses Nachfolger Josua kann diese Tora* nur noch mitnehmen und bewahren, wie Gott selbst es ihm sagt:

Sei nur getrost und ganz unverzagt, dass du hältst und tust in allen Dingen nach dem Gesetz, das dir Mose, mein Knecht, geboten hat. Weiche nicht davon, weder zur Rechten noch zur Linken, auf dass du es recht ausrichten kannst, wohin du auch gehst. Und lass das Buch dieses Gesetzes nicht von deinem Munde kommen, sondern betrachte es Tag und Nacht, dass du hältst und tust in allen Dingen nach dem, was darin geschrieben steht. (Jos 1,7–8)

Heute geht die Wissenschaft davon aus, dass es eine eigenständig agierende Gruppe von Redaktoren* war, die das 5. Buch Mose in mehrfachen Überarbeitungen zur grandiosen Abschiedsrede des Mose ausgestaltete. Ihr Ziel war es, mit der Autorität des Mose die Regeln für das (spätere) Leben des Volkes Israel zu formulieren. Damit setzten sie rückwirkend auch die Maßstäbe, an denen sich die ganze Geschichte des Volkes Israel messen lassen musste. Aufgrund ihrer theologischen und sprachlichen Gemeinsamkeiten bezeichnet die Forschung diese Redaktion* als deuteronomistisch*.

Randbemerkung

Auch wenn sich das Deuteronomium* als Abschiedsrede des Mose geriert, so ist sich die Wissenschaft heute einig: Diese Gesetzessammlung ist bedeutend jünger als Mose. Ein vorsichtiger Anhaltspunkt für eine Datierung ergibt sich aus Dtn 28. Dieses Kapitel ist gestaltet nach den Vorgaben assyrischer* Vasallenverträge, wie sie 672 v. Chr. für alle Völker im assyrischen* Machtbereich bindend wurden. Deshalb geht die Wissenschaft davon aus, dass Dtn 28 zwischen 672 v. Chr. und dem Untergang des assyrischen* Reiches entstanden sein muss. Diese Datierung passt auch dazu, dass man von Reformbestrebungen zur Zeit der Könige Hiskia und Josia im 7. Jahrhundert weiß, die zu den Ideen der Deuteronomisten* passen, etwa die Jerusalemer Kultzentralisation*. Vermutlich ist der Kern des Deuteronomiums* in Dtn 12–26 ein Dokument dieser Bewegung.

Mose, der Mann mit der besonderen Gottesnähe

Im Rückblick kann die Bibel Mose Worte in den Mund legen, die die Einzigartigkeit seiner Gottesbeziehung deutlich machen:

Denn frage nach den früheren Zeiten, die vor dir gewesen sind, von dem Tage an, da Gott den Menschen auf Erden geschaffen hat, und von einem Ende des Himmels zum andern, ob je so Großes geschehen oder desgleichen je gehört sei, dass ein Volk die Stimme Gottes aus dem Feuer hat reden hören, wie du sie gehört hast, und dennoch am Leben blieb? Oder ob je ein Gott versucht hat, hinzugehen und sich ein Volk mitten aus einem Volk herauszuholen durch Machtproben, durch Zeichen, durch Wunder, durch Krieg und mit starker Hand und ausgerecktem Arm und durch große Schrecken, wie das alles der HERR, euer Gott, für euch getan hat in Ägypten vor deinen Augen? Du hast es sehen können, auf dass du wissest, dass der HERR allein Gott ist und sonst keiner. (Dtn 4,32–35)

Mose wird sogar die große Ehre zuteil, Gottes Herrlichkeit sehen zu dürfen. Dies hatte er sich erbeten und die gesteht ihm Gott zu; allerdings mit einer Einschränkung: Mose wird Gottes Angesicht nicht sehen, denn das kann niemand tun, ohne daran zu sterben. Stattdessen schlägt Gott ihm vor:

Siehe, es ist ein Raum bei mir, da sollst du auf dem Fels stehen. Wenn dann meine Herrlichkeit vorübergeht, will ich dich in die Felskluft stellen und meine Hand über dir halten, bis ich vorübergegangen bin. Dann will ich meine Hand von dir tun, und du darfst hinter mir her sehen; aber mein Angesicht kann man nicht sehen. (Ex 33,21–23)

Randbemerkung

Weil im Hebräischen* das Verb »strahlen« und das Substantiv »Horn« sprachlich eng zusammengehören, heißt es in der griechischen Bibelübersetzung, Mose sei gehörnt gewesen, als er vom Berg zurückgekehrt sei. Die Septuaginta* hat das sicher metaphorisch gemeint, doch spätere Künstler haben das wörtlich genommen. Deshalb gibt es Bilder und Statuen, die Mose mit zwei Hörnern auf dem Kopf zeigen.

Die Begegnung des Mose mit Gott hat Folgen: So wie Gottes Herrlichkeit dem Mose in herausgehobener Weise erschienen war, so begegnet nun Mose dem Volk in besonderer Gestalt (Ex 34,29–35). Moses Gesicht glänzt, so beschreibt es die Bibel, weshalb sich die Israeliten vor ihm fürchten und Mose zukünftig immer dann eine Decke über dem Kopf trägt, wenn er nicht spricht.

Die Singularität des Mose kommt übrigens auch in der Notiz über sein Begräbnis zum Ausdruck: Nachdem er gestorben ist, ist es nämlich Gott selbst, der ihn bestattet – sodass bis heute niemand sein Grab kennt (Dtn 34,5–6). Gott selbst als Totengräber? Kann man deutlicher zeigen, wie nahe sich Gott und sein Mittler standen?

Mose als Urbild des Propheten

Bereits die Beauftragung des Mose am brennenden Dornbusch enthält prophetische Züge: JHWH »sendet« ihn, wie er auch seine späteren Propheten senden wird. Und wie bei allen Propheten gilt auch für Mose: Die Wahrheit seiner Sendung wird sich erst aus der Rückschau erkennen lassen; ein Charakteristikum, das geradezu zum Merkmal echter Prophetie werden sollte:

Wenn du aber in deinem Herzen sagen würdest: Wie kann ich merken, welches Wort der HERR nicht geredet hat? – Wenn der Prophet redet in dem Namen des HERRN und es wird nichts daraus und es tritt nicht ein, dann ist das ein Wort, das der HERR nicht geredet hat. Der Prophet hat's aus Vermessenheit geredet; darum scheue dich nicht vor ihm. (Dtn 18,21–22)

Gleichzeitig nimmt Mose aber auch unter den Propheten eine Sonderstellung ein: Mit ihm redet Gott nämlich nicht durch Träume und Visionen, sondern von Mund zu Mund (vgl. Num 12,6–8). Außerdem wird Mose auch deshalb aller Prophetie vor- und übergeordnet, weil er nicht nur Prophet ist, sondern als Empfänger der Tora* den Maßstab übermittelt, an dem zumindest im Rückblick alle Prophetenworte gemessen werden wollen. So wird Mose zum Archetyp des JHWH-Propheten erklärt:

Und es stand hinfort kein Prophet in Israel auf wie Mose, den der HERR erkannt hätte von Angesicht zu Angesicht, mit all den Zeichen und Wundern, mit denen der HERR ihn gesandt hatte, dass er sie täte in Ägyptenland am Pharao und an allen seinen Großen und an seinem ganzen Lande, und mit all der mächtigen Kraft und den großen Schreckenstaten, die Mose vollbrachte vor den Augen von ganz Israel. (Dtn 34,10–12)

Zugleich steht daneben die Hoffnung, dass es dereinst doch wieder einen »Propheten wie Mose« geben könne, der das Volk Israel zu neuer Größe führen werde: »Einen Propheten wie mich wird dir der HERR, dein Gott, erwecken aus dir und aus deinen Brüdern; dem sollt ihr gehorchen« (Dtn 18,15).

Mose und der eine Gott – die Verknüpfung des Monotheismus mit der Person des Mose

Das Bild, das die Bibel von Mose zeichnet, ist voller Facetten. Mose vereint in seiner Person vieles: Er ist Anführer, Gesetzesmittler und Prophet, er ist Priester und Fürbitter seines Volkes. Das alles geht weit über das hinaus, was man über die historische Person des Mose sagen kann – und doch hat er auf diese Weise eine prägende Bedeutung erlangt, die wiederum historisch kaum überschätzt werden kann: Die Entstehung des monotheistischen* Gottesglaubens ist im Rückblick untrennbar mit Mose verbunden. Mit den Worten des Deuteronomiums* ausgedrückt, steht Mose als Schlüsselfigur für die Wende zum Monotheismus*. Mit seinem Namen ist die ausschließliche Hinwendung zu dem einen Gott verbunden (»Ich bin JHWH, dein Gott [...], du sollst keine anderen Götter neben mir haben«), die mit dem Bundesschluss* und der Gabe der Zehn Gebote am Sinai einhergeht und in der Kultzentralisation* in Jerusalem gipfelt, die Mose in seiner Abschiedsrede verkündigt. Zwar wird, der Fiktion geschuldet, der Name dieses Ortes nicht genannt, doch ist allen Lesenden klar, welches die Stätte ist, die Gott erwählt hat – nämlich Jerusalem:

Zerstört alle heiligen Stätten, wo die Heiden, die ihr vertreiben werdet, ihren Göttern gedient haben, es sei auf hohen Bergen, auf Hügeln oder unter jedem grünen Baum, und reißt um ihre Altäre und zerbrecht ihre Steinmale und verbrennt mit Feuer ihre heiligen Pfähle, zerschlagt die Bilder ihrer Götzen und vertilgt ihren Namen von jener Stätte. Ihr sollt dem HERRN, eurem Gott, so nicht dienen, sondern die Stätte, die der HERR, euer Gott, erwählen wird aus allen euren Stämmen, dass er seinen Namen daselbst wohnen lässt, sollt ihr aufsuchen und dahin sollst du kommen. (Dtn 12,2–5)

Dass die Ankündigung einer ausschließlichen Verehrung Gottes an einem einzigen Ort aus Sicht des Mose eine Prophezeiung darstellt, die weit vorausgreift und erst Jahrhunderte später erfüllt werden wird, ist immer wieder notiert worden. Die Wissenschaft geht heute davon aus, dass es sich bei all dem, das hier von Mose beschrieben wurde, um die Rückprojektion einer späteren Zeit handelt. Diese »Prophezeiung« wurde also erst aufgeschrieben, als sie schon erfüllt war; der Fachbegriff lautet »vaticinium ex eventu«*.

... zum Schluss

Die Geschichte von Mose wurde nicht um ihrer selbst willen erzählt. Sondern sie wurde überliefert, weil am Beispiel von Mose und seinem Schicksal die Menschen einer viel späteren Zeit etwas verstehen und verarbeiten konnten. Mithilfe der Biografie des Mannes mit dem ägyptischen* Namen, der zum Retter Israels werden und die Gründungsurkunde eines ganzen Volkes in den Händen halten sollte, verarbeitete die sogenannte Exilgeneration* ihre eigenen Erfahrungen: Diese Menschen, die den endgültigen Untergang Jerusalems hatten miterleben müssen und nach Babylon* verschleppt worden waren, erkannten ihr Schicksal in der Situation der Versklavung in Ägypten wieder und erzählten vom Exodus unter der Führung des Mose – und meinten damit auch ihre eigene Befreiung oder zumindest die Hoffnung darauf.

In Israels Erinnerung ist der Exodus* zum Urdatum seiner eigenen Existenz als Volk geworden – und Mose zur zentralen Gestalt dieses Geschehens. Hier wurde ein grundlegendes Bekenntnis angelegt: Gott befreit sein Volk und schenkt ihm die Gebote und Weisungen als Richtschnur des Lebens. Sein geschichtliches Wirken ist erfahrbar. Er erwählt nicht nur sein Volk und bestimmt es durch den Bund* zu seinem Eigentum, sondern er erwählt auch bestimmte Menschen zu Lehrern und Führerinnen dieses Volkes. Mose war einer davon.

Zwischen Volk und Staat

Bedeutende Personen in Israels Frühzeit

Debora

Quotenfrau unter Israels Richtern

Die Richterzeit – Anarchie oder Freiheit? 116
Debora, die Prophetin unter der grünen Palme (Ri 4,4–5) 117
Debora und ihr Widersacher Sisera (Ri 4,6–10) 118
Mit List – Debora und Jaël besiegen Sisera (Ri 4,11–24) 118
Das sogenannte Richterschema: von den Richtererzählungen zum Richterbuch
   (Ri 2,11–19) 119
Wer war das Volk Israel? – Ein Ausflug in die Historie 120
Die Schuld des Volkes Israel – zur Absicht des Richterbuches 122
Das Deboralied besingt die erfolgreiche Schlacht (Ri 5) 122
Der Kampf der Sterne – ein uraltes Motiv aus der Umwelt Israels (Ri 5,20–21) 123
JHWH wohnt auf dem Seïr – zur Gottesvorstellung des Deboraliedes (Ri 5,4–5) 124
…zum Schluss 125

Die Richterzeit – Anarchie oder Freiheit?

Es gab sie schon immer – die (Quoten)Frauen in den typischen Männerberufen. Auch das Alte Testament erzählt von ihnen. Von besonderer Bedeutung ist Debora, Richterin und Prophetin in der Frühzeit Israels. Debora reiht sich damit ein in die kurze Liste von Frauen, die im Alten Testament erwähnt werden und die ebenfalls prophetisch auftreten: Moses Schwester Mirjam (Ex 15,20), die Prophetin Hulda (2Kön 22,14), die prophetisch wirkende Ehefrau Jesajas (Jes 8,3), die nach dem Exil* auftretende Noadja (Neh 6,14) sowie die prophetisch redenden »Töchter des Volkes Israel« (Hes 13,17). Ihnen allen ist gemeinsam, dass sie in vermeintliche Männerdomänen eindringen und mit einer Vollmacht und Autorität sprechen, die, wenn sie von Frauen kommt, bis heute überraschend wirkt.

Das Bild, das die Bibel nicht nur vom Wirken Deboras, sondern von dieser ganzen sogenannten »Richterzeit« zeichnet, ist aus heutiger Sicht besonders interessant: Man betritt nun erstmals Boden, der historisch zu untersuchen ist. Abraham und Sara, Mose und Mirjam – das war die mythologische Vorzeit Israels. Nun beginnt die Geschichte.

Doch im Rückblick auch auf diese Zeit ist vieles offen. So sind sich selbst die biblischen Überlieferer in ihrer Einschätzung der Richterzeit nicht einig: War das nun eher eine Zeit der Anarchie, die es möglichst schnell zu überwinden galt, oder eher eine Zeit der Freiheit von jeder monarchischen Herrschaft, die man sich besser noch etwas länger erhalten hätte?

Das theologische Gerüst, mit dem man die Richterzeit umkleidet, lässt sich jedenfalls sehr kurz zusammenfassen: Statt eines menschlichen Königs herrscht Gott selbst über Israel. So werden dem Richter Gideon folgende Worte in den Mund gelegt: »Ich will nicht Herrscher über euch sein, und mein Sohn soll auch nicht Herrscher über euch sein, sondern der HERR soll Herrscher über euch sein« (Ri 8,23).

Weil die Israeliten eben noch nicht dauerhaft von einem König beherrscht werden, beruft Gott, so stellte man sich das vor, in besonderen Notzeiten charismatische Heerführer. Viele der Namen dieser als »Richter« bezeichneten Rettergestalten kennt man noch heute, zum Beispiel Jiftach, Simson oder Gideon. Weniger bekannt sind Ehud, Otniel und Schamgar. Und mittendrin eine (einzige) Frau: Debora.

Und auch wenn man mit diesen Gestalten nun erstmals in der biblischen Historie Israels tatsächlich geschichtlichen Boden betritt, so bietet das Buch der Richter dennoch keine Geschichtsschreibung. Im Rückblick auf diese vorstaatliche Zeit vermengen sich vielmehr historische Fakten, mündliche Überlieferung, kulturelle Erinnerung und Wunschdenken: Niedergeschlagen haben sich nämlich nicht nur Reminiszenzen an das, was war, sondern ebenso Vorstellungen davon, wie diese Zeit auch hätte sein können.

Debora, die Prophetin unter der grünen Palme (Ri 4,4–5)

Debora wird als Richterin bezeichnet, aber vor allem ist sie Prophetin – doppelt qualifiziert sozusagen. Beide Berufe übt sie mit viel Überzeugung aus. So spricht sie Recht unter der nach ihr benannten Palme Deboras zwischen Rama und Bethel auf dem Gebirge Ephraims. Dieser »Arbeitsplatz« ist sicher kein Zufall: Alleinstehende immergrüne Bäume umgab in dieser Zeit eine besondere Aura der Heiligkeit. Vielleicht wirkt Debora deshalb an einem solchen Ort? Die Menschen aus dem näheren und ferneren Umfeld kommen jedenfalls zu ihr, um ihre Streitigkeiten schlichten zu lassen. Dass sie allerdings für »ganz Israel« zuständig gewesen sein soll, ist sicher eine Übertreibung der späteren Zeit; die biblische Erzählung verrät noch, dass Deboras Einfluss sich eigentlich nur auf die Stammesgebiete Sebulon und Naftali beschränkte. Und auch wenn Deboras Geschichte im Richterbuch erzählt wird: In ihrem kriegerischen Einsatz im Konflikt zwischen Israel und Kanaan* ist sie vor allem als Prophetin unterwegs. Dass Debora dennoch als Richterin in die Geschichte Israels eingegangen ist, kann schon als Hinweis darauf gedeutet werden, dass die Begrifflichkeit verschwimmt und die Titulierung aller dieser Rettergestalten als »Richterinnen« und »Richter« eine spätere Konstruktion ist: Debora selbst versteht sich als Prophetin!

Debora und ihr Widersacher Sisera (Ri 4,6–10)

Der Hintergrund der Deborageschichte ist schnell erzählt: Israel wird von den Kanaanäern* unter König Jabin unterdrückt. Die Bibel malt ein Schreckensbild von diesem König: Er habe 900 eiserne Streitwagen besessen – für die Israeliten, die zu Fuß und ohne Bewaffnung in die Schlacht zogen, ein Ausdruck für die unvorstellbare militärische Überlegenheit der Gegner. Doch Gott lässt dem israelitischen Feldherrn Barak durch Debora ausrichten, dass er selbst auf der Seite der Israeliten kämpfen wird: »Ich aber will Sisera, den Feldhauptmann Jabins, zu dir lenken an den Bach Kischon mit seinen Wagen und mit seinem Heer und will ihn in deine Hände geben« (Ri 4,7).

Die kundige Leserschaft hört hier das vollmächtige »Ich« JHWHs selbst; der angesprochene Barak hingegen hört es nicht. Er zaudert und misstraut Deboras Äußerungen offensichtlich und fordert deshalb, dass sie ihn in den Kampf begleitet. Eventuell steht dahinter die antike Vorstellung, dass die Anwesenheit einer Prophetin einen gleichsam magischen* Schutz bedeutet. Doch missfällt Baraks Zögern JHWH. Die Strafe folgt deshalb auf dem Fuß: Barak wird Sisera nicht selbst töten, sondern das wird eine Frau tun. Das stellt, der Logik der damaligen Zeit folgend, nicht nur für Sisera eine Schmach dar, sondern auch für Barak. Heute würde man vielleicht eher fragen: Wieso ist es eine Strafe, nicht töten zu dürfen?

Mit List – Debora und Jaël besiegen Sisera (Ri 4,11–24)

Es kommt zur Schlacht. Und tatsächlich: Die Fußtruppen der Israeliten gewinnen gegen die Streitwagen der Kanaanäer*. Das muss nun wirklich ein Wunder Gottes gewesen sein! Die Kanaanäer* werden vernichtet; der Streitwagenkämpfer Sisera entkommt zunächst ganz unheldisch zu Fuß, fällt aber dann tatsächlich der List einer Frau namens Jaël zum Opfer. Jaël ist neben Debora die zweite weibliche Hauptperson der Geschichte. Und Jaël steckt in einem Loyalitätskonflikt: Mit den Israeliten ist sie über ihren Mann verwandt, mit den Kanaanäern* jedoch besteht ein Friedensverhältnis. Die Leserschaft fragt sich: Was wird für sie wichtiger sein? Übrigens weiß Debora, dass Jaël in JHWHs Auftrag handelt; Jaël weiß das umgekehrt nicht. Ihr Tun wird nicht begründet und zum Glück auch nicht bewertet. Gutheißen kann man nämlich nicht, was sie da macht: Sie bricht das in der Antike eigentlich heilige Recht der Gastfreundschaft und sie belügt Sisera wissentlich. Sisera fühlt sich deshalb in Sicherheit und schläft sogar ein, erschöpft und naiv. Jaël tötet ihn, indem sie seinen Kopf an den Boden nagelt, wie sie es sonst mit einer Zeltplane tun würde. Und mag Sisera dieses Ende noch so sehr verdient haben: Der Mord an ihm ist feige und heimtückisch. Dass er von Debora auch noch bejubelt wird, kann man nur damit erklären, dass diese Geschichte, wie fast jede Geschichte, aus der Sicht der Siegreichen erzählt wird.

Die Erzählung von dieser Schlacht endet mit einem Ausblick: Diese Niederlage erschüttert den König von Kanaan* so sehr, dass sich zukünftig die politischen Verhältnisse umkehren und Israel die Kanaanäer* beherrscht. Barak und Debora singen daraufhin gemeinsam ein Lied, in dem sie die Geschichte dieses Siegs erneut erzählen und Gott loben (Ri 5).

Dann herrscht 40 Jahre Frieden. Dass Debora in dieser Zeit die Richterin Israels war, wird zwar nicht gesagt, aber vorausgesetzt. Danach beginnt die ganze Geschichte von neuem, bis JHWH einen weiteren Retter beruft, dieses Mal Gideon.

Randbemerkung

Heute vermuten die Forschenden, dass sich das Richterbuch aus zwei verschiedenen Quellen speist. Da gab es zum einen Lokaltraditionen, die die Heldentaten einzelner großer Charismatiker wie zum Beispiel Simon, Gideon oder Debora besangen. Diese Geschichten wurden als Heldensagen aus einer vergangenen Zeit vermutlich mündlich oder schriftlich weitergegeben und wahrscheinlich zunächst unabhängig voneinander überliefert. Daneben existierten, völlig unabhängig von den Erzählungen rund um die großen Helden, noch Listen mit den Namen von »Richtern« (vgl. Ri 10,1–5; 12,8–15). Das waren Männer, von denen ganz ausdrücklich gesagt wurde, dass sie »Israel« für eine bestimmte Zeit »richteten« und die sich durch einen gewissen Wohlstand auszeichneten. Weil jedoch auffällt, dass diesen Menschen für ihr Richteramt kein wie auch immer gearteter Kontrollapparat zur Verfügung stand und sie sich ausschließlich auf ihre persönliche Autorität stützen mussten, erscheint es kaum wahrscheinlich, dass diese Richter tatsächlich ein gesamtisraelitisches Amt ausübten. Vermutlich waren diese sogenannten »Kleinen Richter« nur für kleinere Territorien und für einige wenige Stämme* zuständig.

Das sogenannte Richterschema: von den Richtererzählungen zum Richterbuch (Ri 2,11–19)

Am Ende der Geschichte von Debora schließt sich der Kreis – wer das Richterbuch liest, kennt das schon: Immer wieder tut Israel, was dem Herrn missfällt, und jedes Mal folgt die Strafe auf dem Fuß. Bei der Lektüre ist man geneigt zu denken: So langsam müssten die Israeliten es doch gelernt haben! Doch sie bleiben unbelehrbar.

Die Verfasser des Deuteronomistischen Geschichtswerks* kannten sowohl die charismatisch angehauchten Heldenerzählungen als auch die Listen mit den Namen von »Kleinen Richtern«. Aus Letzteren übernahmen sie den Begriff des »Richtens« und machten ihn auch zum Leitmotiv der Erzählungen rund um die deshalb sogenannten »Großen Richter«, obwohl diese ja nun viel eher charismatische Lokalhelden sind als das, was man heute unter Richtern versteht. Die Autoren des Deuteronomistischen Geschichtswerks* verknüpften auf diese Weise die Episoden um die großen und die kleinen Richter miteinander und schufen das »Richterschema« (vgl. Ri 2,11–19) als stereotypen Rahmen des gesamten Richterbuches.

Dadurch werden im Grunde genommen alle Geschichten über einen Kamm geschoren, denn es ist immer dasselbe mit Israel: Israel wird JHWH untreu und dient den Baalen*, JHWH gibt Israel in die Hand der Feinde, Israel erleidet bittere Not, JHWH erweckt einen Richter, um Israel zu retten, unter der Regentschaft des Richters herrscht Frieden, doch danach beginnt die Unheilsspirale von neuem. Auf diese Weise gelingt es auch den Eindruck zu erzeugen, als hätten die Richter jeweils auf Gesamtisrael Einfluss gehabt – als hätte es also zu dieser Zeit so etwas wie eine politische Größe namens Israel bereits gegeben. Doch auch da sind sich die Forschenden heute sicher: Das ist historisch so nicht zutreffend und trägt etwas in die Frühzeit Israels ein, was erst Jahrhunderte später existierte. Ein politisch geeintes Israel gab es zu dieser Zeit noch nicht; es war wohl vielmehr so, dass sich kleine selbstständige Einheiten ab und an zu militärischen Bündnissen zusammenfanden. Vielleicht war es sogar so, dass solche militärischen Auseinandersetzungen – und die Notwendigkeit, dafür Bündnisse zu schließen – den Prozess der Volkwerdung oder Staatenbildung beschleunigt haben. Das Richterbuch erhellt dabei einen kleinen Ausschnitt des Entstehungsprozesses des Volkes Israel und seines Weges zur Selbstfindung.

Wer war das Volk Israel? – Ein Ausflug in die Historie

Die Bibel führt die Entstehung des Volks Israel auf den Exodus* als Urdatum seiner Existenz zurück. Sie erzählt: Die Nachkommen Jakobs waren in Ägypten* tatsächlich (fast) so zahlreich wie die Sterne am Himmel geworden. Doch nun brechen sie von dort auf, um der Unterdrückung durch den Pharao zu entfliehen und um das verheißene Land in Besitz zu nehmen. Sie wandern durch die Wüste nach Kanaan* ein, vertreiben die dort ansässige Bevölkerung und lassen sich selbst häuslich nieder – als Volk Israel im gelobten Land.

Doch geht die Wissenschaft heute davon aus, dass die Zusammensetzung der Volksgruppe, die später die Bevölkerung der Staaten Israel und Juda bilden sollte, deutlich vielfältiger war, als es die biblische Überlieferung suggeriert. Bürstet man die alttestamentlichen Texte ein wenig gegen den Strich, so findet man tatsächlich noch versteckte Hinweise darauf, aus welchen Gruppierungen die Israeliten zusammengewachsen sein könnten.

Sicher ist die Erinnerung richtig, dass die Menschen, die zum Volk Israel werden sollten, nicht alle aus Kanaan* stammten. Es ist wohl vielmehr so, dass die Volksgruppe »Israel« aus nomadischen Gruppen erwuchs – sogenannten Halb- oder Kulturnomaden –, die, vielleicht in Schüben, ins Land Kanaan* einwanderten und dort sesshaft wurden. Die Bibel hat die Erinnerung daran noch bewahrt: »Mein Vater war ein umherirrender Aramäer« (Dtn 26,5). Woher diese Nomaden ursprünglich kamen, lässt sich nicht mehr für alle Gruppen genau rekonstruieren; zumindest einige von ihnen dürften aber aus dem Süden nach Kanaan* gelangt sein. Denn manche biblischen Texte lassen ja noch erkennen, dass der Gott JHWH ursprünglich aus einer Region südlich des gelobten Landes, nämlich vom Seïr, stammte (vgl. Ri 5,4–5). Vermutlich hat sich auch in der Exodus*-Überlieferung die Erinnerung daran bewahrt, dass das Volk Israel von außen ins Land kam: Eingewanderte und Flüchtlinge aus dem ägyptischen* Sklavendienst könnten ihren Glauben an den Gott vom Sinai nach Palästina mitgebracht haben. Darunter mag auch eine »Mose-Gruppe« gewesen sein. Doch weiß man heute: Entgegen der biblischen Überlieferung hat nicht Israel als Ganzes seinen Ursprung in Ägypten*.

Man geht heute auch davon aus, dass es nicht nur nomadische Gruppen, sondern auch Gruppierungen aus Kanaan* waren, die zu »Israel« werden sollten. Dazu gehörten vor allem solche Menschen, die innerhalb der kanaanäischen* Gesellschaft ins Abseits geraten waren. Man vermutet auch aufgrund archäologischer Belege, dass diese Menschen nicht in den fruchtbaren Ebenen, sondern als Outlaws eher in den Bergen hausten.

Was diese Personengruppen geeint haben dürfte, war das Gefühl, nicht dazuzugehören, ihre Ablehnung der kanaanäischen* Gesellschaftsstruktur und die Verehrung eines gemeinsamen Gottes – möglicherweise El*. Das zumindest würde die Namensgebung Isra-El (»Gott streitet«) erklären, die als ethnische Benennung eines Volkes in Palästina erstmals auf einer ägyptischen Stele von 1208 v. Chr. belegt ist. Später trat dann JHWH, der aus dem Süden mitgebrachte Wettergott (vgl. S. 19 ff.) an die Stelle des höchsten Gottes El*.

Aus diesen so unterschiedlichen Gruppen wurde also »Israel« – eine Vielfalt, die sich immer noch in dem späten Konstrukt einer Herkunft aus zwölf verschiedenen Stämmen* widerspiegelt. Und auch wenn die Ursprünge dieser »Religionsgemeinschaft« sehr unterschiedlich gewesen sein mögen, so wird im Laufe des Zusammenwachsens doch der Glaube immer fester, gemeinsam von dem eigenen Gott namens JHWH zu einem Volk berufen und mit der Gabe des gelobten Landes beschenkt worden zu sein. Diese Gewissheit bringt auch das Richterbuch zum Ausdruck.

Die Schuld des Volkes Israel – zur Absicht des Richterbuches

Dass denjenigen, die das Richterbuch verfassten, die Geschichtstheologie viel wichtiger war als die in allen Farben schillernden Heldenepen dazwischen, ist immer wieder festgestellt worden. Das erklärt sich aus der Zeit, in der das Richterbuch seine Endgestalt bekam: Die Verfasser des Deuteronomistischen Geschichtswerks* wirkten in der Zeit nach der Zerstörung Jerusalems durch die Babylonier* 587 v. Chr., also während des Babylonischen Exils* und auch noch danach. Ihr Ziel war es zu erklären, wieso das Volk Israel von einer solchen Katastrophe wie der Tempelzerstörung* und der Vernichtung der staatlichen Existenz getroffen werden konnte. Aus Sicht der Redaktoren* wurde schon zur Richterzeit deutlich, was sich Jahrhunderte später wieder bewahrheiten sollte: JHWH ist ein geschichtsmächtiger Gott – er liefert nicht nur die Feinde Israels an sein Volk aus, sondern scheut umgekehrt auch nicht davor zurück, Israel selbst in die Hand seiner Gegner zu geben, wenn es abtrünnig wird. Das Richterbuch ist in diesem Sinne also ein Lehrstück über die Geschichtssouveränität Gottes: Auch Israels Untergang gründet in seinem Willen, so sollten es die Lesenden des Richterbuches zur Zeit des Babylonischen Exils* verstehen. Und sie konnten anhand der Ereignisse der Richterzeit ganz klar erkennen und beschreiben: Die Schuld für die Vernichtung lag beim Volk Israel selbst.

Das Deboralied besingt die erfolgreiche Schlacht (Ri 5)

Debora, die Prophetin und Richterin, sie singt auch. Gemeinsam mit Barak, so überliefert es die Bibel, stimmt sie nach der Schlacht ein Lied an, das erneut von dem Kampf zwischen Israel und Kanaan* und vom Sieg Israels erzählt. Das Nebeneinander der Deboraerzählung (Ri 4) und des Deboraliedes (Ri 5) ist für die Wissenschaft ein Glücksfall: Vom gleichen Ereignis wird zwei Mal auf unterschiedliche Weise erzählt.

Dennoch hat gerade dieses sogenannte Deboralied den Exegetinnen aller Generationen viel Kopfzerbrechen bereitet. Es ist sprachlich wie inhaltlich schwierig und ist in der Form, wie es heute vorliegt, keinesfalls aus einem Guss gestaltet, sondern aus ganz verschiedenen Motiven und unterschiedlichen literarischen

Randbemerkung

Lange hat man vermutet, dass das Deboralied zu den ältesten Texten des Alten Testaments gehöre, wenn nicht der älteste sei. Datierungen weit in die vorstaatliche Zeit hinein (das 11. oder gar das 12. Jahrhundert v. Chr.) standen im Raum, bis alles kippte und man davon ausging, dass der Text nicht wirklich alt ist (»archaisch«), sondern nur alt wirken will (»archaisierend«). Einige Forschende vermuteten daraufhin sogar, das Lied sei noch jünger als der deuteronomistische* Text des Richterbuches. Eines der Hauptprobleme bei der Datierung ist seine sprachliche Gestalt: Das Hebräisch* des Liedes widersetzt sich einer eindeutigen Interpretation, selbst bei den versiertesten Alttestamentlern. Bis heute lassen sich nicht alle Begriffe exakt bestimmen und nicht alle Fragen der Grammatik und der Textkritik* zufriedenstellend lösen.

Traditionen zusammengewachsen. Man hat lange Zeit und mit wechselnden Ergebnissen versucht, die Deborageschichte und das Deboralied in eine zeitliche Entstehungsreihenfolge zu bringen und also herauszufinden, welcher Text von dem jeweils anderen abgeschrieben ist. Weil jedoch keine Erklärung wirklich zufriedenstellen konnte, geht man heute davon aus, dass beide Texte unabhängig voneinander entstanden sind, aber auf gemeinsame mündliche Traditionen zurückgreifen und diese einmal in Prosa und einmal in Poesie gießen.

Der Kampf der Sterne – ein uraltes Motiv aus der Umwelt Israels (Ri 5,20–21)

Das Deboralied ist hebräische* Poesie in der schönsten Form. Wortgewaltig und bilderreich erzählt es von Deboras heldenhaftem Einsatz. Dabei bedient es sich einiger Bilder und Motive, die man auch aus der Umwelt Israels kennt.

Enge Parallelen finden sich zum Beispiel in ugaritischen* Texten, die von der Liebes- und Kriegsgöttin Anat erzählen. Auch sie beruft Krieger, initiiert Schlachten und hat einen männlichen Kämpfer namens Jatpan an ihrer Seite. Dass Anat laut der ugaritischen* Mythologie als Herrin über die Sterne gilt, lässt angesichts von Ri 5,20–21 hellhörig werden. Dort heißt es: »Vom Himmel her kämpften die Sterne, von ihren Bahnen stritten sie wider Sisera. Der Bach Kischon riss sie hinweg, der uralte Bach, der Bach Kischon.«

> **Randbemerkung**
>
> Dass die Sterne selbst kämpfen, ist eine Vorstellung, die sich im Alten Testament nur an dieser einen Stelle findet. Doch kann die hebräische* Bibel davon sprechen, dass es sich bei solchen Sternen um himmlische Lebewesen handelt: So können Sterne auch als himmlisches Heer vorgestellt werden (vgl. Dtn 4,19; 1Sam 17,45) – man denke nur an die biblische Bezeichnung Gottes als JHWH Zebaoth*, als »HERR der Heerscharen« (1Sam 1,3.11; 4,4). Vielleicht sind hier auch die Sterne gemeint? Das Alte Testament erzählt schließlich häufiger von einer himmlischen Streitmacht JHWHs (vgl. Hab 3,8 und öfter).

Übrigens bietet das Deboralied eine andere Version der Schlacht als die Erzählung. So hat man in Ri 5 den Eindruck, als seien die menschlichen Kämpfer völlig nebensächlich. Debora, hier als »Mutter Israels« bezeichnet, hat die Aufgabe, den Sieg zu bejubeln. Weil sie damit in die Nähe der großen Prophetin Mirjam rückt (vgl. Ex 15,21), kann man sich fragen, ob vielleicht genau das die Aufgabe einer Prophetin war: der Freude über den Sieg Ausdruck zu verleihen? In jedem Fall treten hier nur JHWH, die Sterne sowie der reißende Kischonbach als »Kämpfer« in Erscheinung. Dass dahinter die alte Vorstellung eines »Heiligen Krieges« steht, ist oft notiert worden.

JHWH wohnt auf dem Seïr – zur Gottesvorstellung des Deboraliedes (Ri 5,4–5)

Dass sich im Deboralied sehr alte Vorstellungen und Wendungen erhalten haben, ist bereits festgestellt worden. Die Schilderung der Gottesbegegnung in Ri 5,4–5 gehört definitiv dazu:

HERR, als du auszogst von Seïr, als du einhergingst vom Gefilde Edoms, da erzitterte die Erde, auch der Himmel troff, auch die Wolken troffen von Wasser. Die Berge erbebten vor dem HERRN – das ist der Sinai –, vor dem HERRN, dem Gott Israels. (Ri 5,4–5)

Ri 5 schildert das Erscheinen Gottes – der Fachbegriff hierfür lautet »Theophanie«* – als ein Wetterphänomen: Gott zeigt sich in Gewitter, Donner und Erdbeben – was ja nicht nur in der Antike durchaus furchteinflößend wirken konnte. Hier sind diese Elemente nun aber nicht einfach Naturphänomene, sondern Begleiterscheinungen des Auftretens Gottes selbst. Vergleiche mit Gottesvorstellungen aus Israels Umwelt legen deshalb nahe, dass JHWH ursprünglich ein Wettergott war. So wie er hier beschrieben wird, so wird in anderen Göttermythen das Erscheinen Baals*, des benachbarten Wettergottes aus Ugarit*, geschildert. JHWH und Baal* waren also so etwas wie Kollegen – was auch die Heftigkeit erklärt, mit der der Baalsglaube* später in Israel bekämpft wurde. Als sich nämlich in Israel nach und nach die Erkenntnis durchsetzte, dass nur die Verehrung eines einzigen Gottes legitim ist (Monolatrie*) bzw. dass es nur einen Gott gibt (Monotheismus*), mussten Baal* und JHWH in ein direktes Konkurrenzverhältnis geraten.

In Ri 5,4–5 fällt allerdings noch etwas auf: Gott wohnt nach dieser Vorstellung (noch) nicht im Himmel, sondern in einem Gebirge und macht sich von dort auf, um seinem Volk zu Hilfe zu kommen. Und weil dieses Gebirge, das hier erwähnt wird, südlich des Landes Israel liegt, vermutet die Wissenschaft heute: Die Verehrung des Gottes namens JHWH begann in einer Region südlich von Kanaan* und wurde von dort nach Israel hineingetragen. Auch hier erweist sich also die Überlieferung rund um Debora als Fundgrube für die Erinnerung an den Beginn des JHWH-Glaubens.

Randbemerkung

Die Vorstellung eines Heiligen Krieges war im Vorderen Orient der Antike weit verbreitet: Immer schon hatte man sich die eigenen Götter als Kämpfer vorgestellt, selbst die Erschaffung der Welt war im Grunde nichts anderes als das Ergebnis des siegreichen Kampfes der Gottheit(en) gegen die Chaosmächte. Dass kriegerische Götter auch in menschliche Schlachten eingriffen und für die eigene Seite den Sieg erstritten, lag deshalb nicht fern. Dies konnte durch positive Orakel* oder durch das aktive Eingreifen in das Kampfesgeschehen passieren. So erzählt das Alte Testament, JHWH habe Hagelschlag oder Hornissen geschickt, um die Gegner zu schwächen (vgl. Jos 10,11) – und einmal sogar die Sonne so lange stillstehen lassen, bis das gegnerische Heer vollständig vernichtet worden sei (vgl. Jos 10,13–14).

… zum Schluss

An Deboras Geschichte zeigt sich: Gottes Geist begabt Männer *und* Frauen gleichermaßen. Deboras Charisma ist es zu verdanken, dass die einzelnen Stämme*, aus denen das Volk Israel erwachsen sollte, auch eine militärische Gefahr abwehren konnten. Das Richterbuch erinnert an Debora und ihre männlichen Kollegen und hat die historische Erinnerung bewahrt, wie sich die Identität des Volkes Israel gerade in diesen Zeiten der Not auszuprägen begann. Denn das, was der Überlieferung nach auf die Richterzeit folgen sollte – die staatliche Einheit in den Reichen Israel und Juda –, setzt diese kulturell-religiöse Einheit bereits voraus.

Doch solche Erinnerungskultur bedarf der Bildung; sie muss kultisch* lebendig werden, sie braucht Lehre und Weitergabe. Deshalb sind Lieder und Hymnen ein elementarer Bestandteil dieses religiösen Gedächtnisses. Mirjam, Debora und Hanna erinnern bis heute daran, dass dies eine prophetische Aufgabe war, die zumindest auch – oder vielleicht sogar vorrangig – bei den Frauen lag.

David

Wahrer König, wahrer Mensch

Der große König aus der goldenen Vorzeit 126
Ein Testfall für das Königtum – die Geschichte Sauls (1Sam 9–15) 127
Hirtenjunge, Harfe und Holzschleuder – David kommt an den Hof Sauls
    (1Sam 16–17) 129
David und Saul – Konkurrenten am Königshof (1Sam 18–20) 130
David, der vogelfreie Bandenführer 132
Endlich: David wird König über Israel (2Sam 2 und 2Sam 5) 133
David festigt seine Herrschaft (2Sam 6–8) 134
Klatsch und Tratsch am Jerusalemer Hof 135
Wie wurde David zu »David«? – Das literarische Wachstum
    der Davidsüberlieferung 137
Wer war David »wirklich«? – Die historischen Spuren hinter
    der Davidsüberlieferung 138
Ein König »wie David« als prophetische Hoffnung 140
David als Dichter der Psalmen 141
…zum Schluss 142

Der große König aus der goldenen Vorzeit

Das Bild, welches das Alte Testament von David malt, schillert wahrlich in bunten Farben. David ist der große König der goldenen Anfangszeit, in der Erinnerung an seine Heldentaten erscheint er fast übermenschlich. Und er wird im Rückblick zur Urgestalt des gesalbten* Königs, des »Messias«*, der Israel zu neuer Größe, Frieden und Gerechtigkeit führen wird. Mit dem Namen David ist die Vorstellung von einem erfolgreichen Feldherrn und dem Herrscher eines Großreichs verbunden. Aber nicht nur das: Zugleich erscheint er als unbekannter Hirte, der den Riesen Goliat bezwingt, als einfühlsamer Freund des Jonatan und als Harfenspieler und Sänger, der einen ganzen Hofstaat erfreut – und in der biblischen Überlieferung zum Psalmdichter wird.

Folgt man den Davidserzählungen, die sich auf gleich drei biblische Bücher verteilen – 1./2. Samuel und 1. Könige –, dann ist David vor allem eins: Gottes auserwählter Herrscher seines Volkes. Doch zunächst ist von einem anderen König zu sprechen.

Ein Testfall für das Königtum – die Geschichte Sauls (1Sam 9–15)

Saul gilt als erster König von Israel. Was das bedeutet, erschließt sich nur, wenn man sich klarmacht, wie es in Israel vorher aussah. Denn: Zur Richterzeit kannte Israel keine zentrale politische Instanz. Der Begriff »Israel« bezeichnete bis dahin keinen Staat, sondern eine Volkszugehörigkeit, die sich an kulturellen und religiösen Gemeinsamkeiten festmachte: Die politische Landschaft war geprägt von Sippenverbänden und Stämmen*, Fürsten und Führern, die miteinander in mal loseren und mal festeren Allianzen agierten – und dabei entweder gegen äußere Feinde kämpften oder ganz profan um Land, Wege und Rohstoffe stritten. Die »Israeliten« blieben dabei bedroht von den umliegenden Volksgruppen: Zu den Feinden zählten sowohl die im Land heimischen Kanaanäer* als auch die Philister*, die sich nach erfolgreichen Eroberungen in der Küstenregion des Mittelmeeres ansiedelten. Von Zeit zu Zeit, so erzählt die Bibel, kommt es unter charismatischen Führern wie Samson oder Führerinnen wie Debora zu kleineren oder größeren militärischen Zusammenschlüssen gegen diese Bedrohung – die sich nach erfolgreichem Feldzug stets wieder auflösen (vgl. S. 116–120).

Das alles ändert sich erst beim Übergang von der Richterzeit in die Königszeit. Erst damit wird Israel zu »Israel« im Sinne eines Staatsgebildes. Der letzte »Richter« ist zugleich der erste Prophet des Königreichs. Sein Name: Samuel. Ersehnter erstgeborener Sohn einer jahrelang kinderlosen Mutter wächst er als Erfüllung ihres Gelübdes am Heiligtum in Silo auf (1Sam 1–2) und steht dort in JHWHs Diensten (vgl. S. 258 ff.). Priester, Prophet und Gottesmann – er ist alles in einem. Als charismatische Führerpersönlichkeit beherrscht er die Bühne, als Saul zum ersten König wird: Eines Tages bestürmen Samuel die Ältesten und Stammesvertreter aus Frust über militärische Niederlagen und die Korruption der Lokalfürsten. Sie fordern: Israel braucht auch einen König wie seine Nachbarvölker. Samuel will sie davon abbringen: Er malt ihnen vor Augen, auf wie viel Macht sie verzichten müssten, wenn es ein zentrales Königtum gäbe.

Und Samuel sagte alle Worte des HERRN dem Volk, das von ihm einen König forderte, und sprach: Das wird des Königs Recht sein, der über euch herrschen wird: Eure Söhne wird er nehmen für seinen Wagen und seine Gespanne, und dass sie vor seinem Wagen herlaufen, und zu Hauptleuten über Tausend und über Fünfzig, und dass sie ihm seinen Acker bearbeiten und seine Ernte einsammeln und dass sie seine Kriegswaffen machen und was zu seinen Wagen gehört. Eure Töchter aber wird er nehmen, dass sie Salben bereiten, kochen und backen. Eure besten Äcker und Weinberge und Ölgärten wird er nehmen und seinen Großen geben. Dazu von euren Kornfeldern und

Weinbergen wird er den Zehnten nehmen und seinen Kämmerern und Großen geben. Und eure Knechte und Mägde und eure besten Rinder und eure Esel wird er nehmen und in seinen Dienst stellen. Von euren Herden wird er den Zehnten nehmen, und ihr müsst seine Knechte sein. (1Sam 8,10–17)

Doch das Schreckensbild verfehlt seine Wirkung – die Männer bleiben bei ihrer Forderung: Sie wollen einen König, wie ihn alle anderen Völker haben! Deshalb ergreift Gott selbst das Wort und rät Samuel: »Gehorche der Stimme des Volks in allem, was sie zu dir sagen; denn sie haben nicht dich, sondern mich verworfen, dass ich nicht mehr König über sie sein soll« (1Sam 8,7). Nicht Samuel muss also eingeschnappt sein, wenn das Volk einen König will – Gott selbst muss es sein! Resigniert gibt Gott nach und beauftragt Samuel, diesen Willen zu erfüllen. Kann man deutlicher zum Ausdruck bringen, dass das Königtum über Israel von Beginn an unter keinem guten Stern steht? Vom ersten Moment an schwingt dieser Misston mit: Die absolute menschliche Macht, die ein König hat, stellt eine Gefährdung des alleinigen Machtanspruchs Gottes dar. Menschliche Herrschaft, militärische Gewalt und zentrale Gesetzgebung werden auf diese Weise zwar als unausweichliche geschichtliche Entwicklung dargestellt, doch wird deutlich: Auch Könige sind fehlbar, selbstverliebt und sündhaft; sie sind, wie alle Menschen, korrumpierbar und erliegen der Arroganz der Macht.

So wird Saul, der erste König Israels, in den Samuelbüchern eher wie der Testfall eines israelitischen Königs dargestellt: Militärisch gelingt ihm nur wenig und menschlich lässt er allzu schnell die Gebote Gottes außer Acht. So befiehlt er gleich vor dem ersten harten Feldzug gegen die Philister* Brandopfer, anstatt geduldig auf den Propheten Samuel zu warten und auf die göttliche Weisung aus seinem Mund zu hören. Schon zu Beginn seiner Herrschaft muss er sich deshalb von Samuel sagen lassen, dass sein Königtum keinen Bestand haben wird:

Samuel aber sprach zu Saul: Du hast töricht gehandelt und nicht gehalten das Gebot des HERRN, deines Gottes, das er dir geboten hat. Er hätte dein Königtum bestätigt über Israel für und für. Aber nun wird dein Königtum nicht bestehen. Der HERR hat sich einen Mann gesucht nach seinem Herzen, und der HERR hat ihn bestellt zum Fürsten über sein Volk; denn du hast das Gebot des HERRN nicht gehalten. (1Sam 13,13–14)

Damit legen die Verfasser dieser Geschichten für die Leserschaft eine subtile Lesespur, die, wie man weiß, am Ende nur zu David führen kann. Manch einer bekommt vielleicht sogar fast Mitleid mit Saul: Man weiß ja schon, dass alle seine Bemühungen von nun an zum Scheitern verurteilt sein werden. Und Saul macht tatsächlich Fehler, die das bereits ergangene Urteil über ihn zu bestätigen scheinen. Beim Feldzug gegen die Amalekiter wiederholt sich die bekannte Geschichte:

Saul lässt unrechtmäßige Opferhandlungen* zu und muss sich deshalb erneut von Samuel anklagen lassen. Saul klingt schon ziemlich verzweifelt, wenn er darauf verweist, dass er den (erfolgreichen!) Feldzug doch Gottes Auftrag gemäß durchgeführt habe. Aber Samuel hält dagegen: Sein Fehler war es, die Opfer* des Volkes in den Siegesfeiern nicht zu verhindern. Gott habe kein Gefallen an Opfern*, denn es gelte doch: »Gehorsam ist besser als Opfer« (1Sam 15,22).

Selbst die Tatsache, dass Saul diese Sünde bekennt, vermag ihn nicht mehr zu retten. Samuel weiß das schon längst. Er trauert deshalb um Saul und die Möglichkeiten, die er nicht nutzen konnte: »Aber doch trug Samuel Leid um Saul, weil es den HERRN gereut hatte, dass er Saul zum König über Israel gemacht hatte« (1Sam 15,35). Doch schließlich lässt der Prophet JHWHs den König von JHWHs Gnaden im Stich.

Hirtenjunge, Harfe und Holzschleuder – David kommt an den Hof Sauls (1Sam 16–17)

Samuel trauert bereits um den noch lebenden Saul. Da kann es kein Zufall sein, dass genau in diesem Moment David die Bühne betritt. Eigentlich ist er nur ein kleiner Hirtenjunge, von dem niemand etwas Besonderes erwartet, und er stammt aus dem Haus des Isai in Bethlehem, von dem auch nichts Besonderes zu erwarten war – doch soll nach göttlichem Willen aus ihm der erste wirkliche König von ganz Israel werden. Dafür salbt* Samuel ihn zum König, so wie er es einst mit Saul getan hatte.

Wie genau es zu Davids Königs-Salbung* durch den Propheten Samuel kam, wird in 1Sam 16,1–13 beschrieben und liest sich wie eine Mischung aus Krimi und Wundergeschichte. Eigentlich ist Samuel ja Prophet am Hof von Saul – und doch erhält er von Gott den Auftrag, einen anderen Mann an Sauls Stelle zum König zu bestimmen. Das ist faktisch Hochverrat. Deshalb macht sich Samuel heimlich nach Bethlehem auf. Dort soll, so hatte Gott es ihm geweissagt, unter den Söhnen des Isai der zukünftige König Israels zu finden sein. Doch Samuel muss feststellen: Keiner von Isais stattlichen und wohlgeratenen Söhnen ist es, den Gott zum König über Israel bestimmt hat: »Denn es ist nicht so, wie ein Mensch es sieht: Ein Mensch sieht, was vor Augen ist; der HERR aber sieht das Herz an« (1Sam 16,7).

Schnell muss deshalb der jüngste Sohn, der aus Sicht der Familie offensichtlich nur zum Schafehüten taugt, vom Feld geholt werden: David. Und tatsächlich ist es dieser, den Gott auserwählt hat. Mit der Salbung* des jüngsten Sohnes Isais durch Samuel nimmt nun also die Geschichte des Größten aller israelitischen Könige ihren Lauf.

Doch Saul ist zu dieser Zeit noch König – so gibt es in Israel plötzlich zwei Männer, die von einem Propheten JHWHs rechtmäßig zum König gesalbt* wurden. Deshalb wird die Geschichte Davids zunächst so weitererzählt, als habe es seine Salbung* nie gegeben. David, der nur heimlich Gesalbte*, gelangt auf verschlungenen Wegen an den Hof Sauls. Folgt man der biblischen Überlieferung, so braucht es dafür drei Angänge – was aus heutiger Sicht ein sicheres Zeichen dafür ist, dass hier verschiedene Überlieferungsstränge und Traditionen zusammengeflossen sind, die ganz unterschiedliche Erinnerungen an David bewahrt haben.

Eine Geschichte erzählt, dass David als Musiker in den Palast gerufen wird, um die Depressionen Sauls durch sein heilsames Saitenspiel zu behandeln (1Sam 16,14–23). Schon seine Charakterisierung zeigt aber, dass er zu Höherem bestimmt ist: »Ich habe gesehen einen Sohn Isais, des Bethlehemiters, der ist des Saitenspiels kundig, ein tapferer Mann und tüchtig zum Kampf, verständig in seinen Reden und schön, und der HERR ist mit ihm« (1Sam 16,18).

An anderer Stelle scheint es hingegen, als habe David seinen Dienst am Königshof als »persönlicher Assistent« Sauls angetreten. Der knappe Hinweis, dass Saul den Harfe spielenden David liebgewonnen und ihn deshalb zu seinem Waffenträger gemacht habe, versucht schon, beide Überlieferungen zu harmonisieren (1Sam 16,21).

Noch einmal anders zeichnet die bekannte David-Goliat-Erzählung den Weg Davids an Sauls Hof nach (1Sam 17): Hier ist David plötzlich wieder der unbekannte Hirtenjunge, der sich als Sieger im Zweikampf gegen den Philister* Goliat bewährt und anschließend in die Elitetruppe Sauls aufgenommen wird. Nicht nur Kinderbibeln malen ein plastisches Bild dieses ungleichen Kampfes: auf der einen Seite der Riese Goliat, schwer bewaffnet und furchteinflößend, der der versammelten Kampftruppe der Israeliten ihre Feigheit entgegenbrüllt – und ihm gegenüber der Hirtenjunge David, der mehr zufällig vorbeikommt. Nur mit Schleuder und Kieselsteinen bewaffnet, geht er Goliat entgegen und tötet ihn. Die Schlacht entscheidet sich daraufhin zu Israels Gunsten und David wird zum Helden der Stunde.

Randbemerkung

Dass die verschiedenen Geschichten von Davids Weg an den Hof Sauls literarisch zusammengewachsen sind, erkennt man auch an kleinen versteckten Hinweisen: So legt eine Notiz in 2Sam 21,19 es nahe, dass der Sieg über den Philisterkönig* Goliat ursprünglich auf das Konto eines gewissen Elhanan aus Bethlehem ging. Vermutlich wurde diese Heldentat erst später auf den ebenfalls aus Bethlehem stammenden David übertragen. So was macht sich nämlich in der Biografie eines Königs immer gut – und kann auch plausibel machen, warum er bei seinem Volk in so hohem Ansehen stand.

David und Saul – Konkurrenten am Königshof (1Sam 18–20)

Die Erzähler lassen keinen Zweifel daran: Gott ist mit David. Rasch gewinnt er die Herzen des gesamten Hofs und die Zuneigung von Sauls Kindern – darunter auch von Sauls Sohn Jonatan sowie der

Tochter Michal, die David dann als Erste von zahlreichen Frauen heiraten wird. Schnell scheint David am Hof Sauls einen regelrechten Fanclub gewonnen zu haben: Kehrt David vom Krieg gegen die Philister* zurück, singen die Frauen mit Zimbeln und Pauken ein Siegeslied für ihn. Es herrscht scheinbar eitel Sonnenschein am Hof Sauls, doch die Wetterlage ändert sich schnell: Bald treten erste Spannungen zwischen Saul und David offen zutage. Denn: Je beliebter David wird, desto missgünstiger wird Saul, den ganz offensichtlich Neid und Eifersucht plagen. Je größer die Anerkennung Davids aufgrund seiner militärischen Erfolge, je selbstverständlicher sein Platz bei Hofe und in der Königsfamilie wird, desto unheimlicher wird er dem amtierenden Herrscher. Einmal heißt es gar, Saul habe vor David gegraut. Ein Speerwurf ist schließlich ein deutliches Warnsignal, dass David in der Nähe Sauls um sein Leben bangen muss:

Des andern Tags kam der böse Geist von Gott über Saul, und er geriet in Raserei im Hause; David aber spielte auf den Saiten mit seiner Hand, wie er täglich zu tun pflegte. Und Saul hatte einen Spieß in der Hand und schleuderte den Spieß und dachte: Ich will David an die Wand spießen. David aber wich ihm zweimal aus. Und Saul fürchtete sich vor David; denn der HERR war mit ihm und war von Saul gewichen. (1Sam 18,10–12)

Versuchter Totschlag des eigenen Harfenspielers durch den König – das geht nun über die üblichen Hofintrigen weit hinaus. Doch wie viel an persönlichen Beziehungen, Verletzungen und Verstrickungen am Hof tatsächlich besteht, zeigt sich darin, dass es Sauls eigene Kinder sind, die David zur Rettung verhelfen: Sauls Sohn Jonatan kennt Sauls Mordgelüste und warnt David vor der Gefahr, indem er drei Pfeile als vereinbartes Zeichen über das Ziel hinausschießt. David kann sich daraufhin retten; zum Dank verspricht er Jonatan, dass er dessen Nachkommen die Treue halten werde. In einer anderen Variante der Geschichte wird David von Sauls Tochter Michal unterstützt. Ihr gelingt es durch eine List, die Entdeckung seiner Flucht zu verzögern: Sie meldet David krank und legt eine Statue in sein Bett, die sie mit Ziegenhaar und Stoff drapiert. So täuscht sie Sauls Söldner, die glauben, David sei daheim. In jedem Fall ist die Situation bei Hof so unerträglich geworden, dass David tatsächlich fliehen muss. Es kommt zu einer bewegenden Trennungsszene zwischen David und Jonatan, in der sich beide ihrer Freundschaft versichern.

Und David stand auf hinter dem Steinhaufen und fiel auf sein Antlitz zur Erde und beugte sich dreimal nieder, und sie küssten einander und weinten miteinander, David aber am allermeisten. Und Jonatan sprach zu David: Geh hin mit Frieden! Denn wir beide haben im Namen des HERRN geschworen und gesagt: Der HERR sei Zeuge zwischen mir und dir, zwischen meinen Nachkommen und deinen Nachkommen in Ewigkeit. (1Sam 20,41–42)

David, der vogelfreie Bandenführer

David ist also die Flucht von Sauls Hof geglückt. Er zieht sich nun ins judäische Gebirge zurück und beginnt dort ein zweites Leben als Bandenführer. Doch Saul verfolgt ihn unerbittlich. Zwei Mal allerdings wird der Verfolger selbst zum Verfolgten, als nämlich Saul in die Fänge Davids gerät. Doch David verschont ihn, beide Male. Besonders plastisch wird das in 1Sam 24 erzählt: Saul verfolgt David mit einer riesigen Armee, doch dieser hätte umgekehrt Saul töten können, weil er ausgerechnet in der Höhle seine Notdurft verrichtet, wo David sich versteckt hält. David kommt ihm so nahe, dass er einen Zipfel seines Gewandes abschneidet – und damit den Beweis in Händen hält, wie leicht er Saul hätte ermorden können. Und noch ein zweites Mal verschont David Saul (1Sam 26); beide Male erweist er damit im Sinne der Erzähler seine Achtung vor der Erwählung Sauls zum König: »Das lasse der HERR ferne von mir sein, dass ich das tun sollte und meine Hand legen an meinen Herrn, den Gesalbten des HERRN; denn er ist der Gesalbte des HERRN« (1Sam 24,7).

Schließlich flüchtet sich David zum Philisterfürsten* Achisch von Gat (1Sam 27,1–6) und bekommt von ihm den Ort Ziklag als Lehen zugewiesen. Was hier erzählt wird, ist eigentlich undenkbar: Der designierte König Israels begibt sich in den Dienst der Erzfeinde! Doch obwohl David nunmehr bei den Philistern* als den Feinden Israels in Diensten steht, lassen die Erzählungen keinen Zweifel, dass er auf seinen Kriegszügen die Judäer schont und dass er sich an der entscheidenden Schlacht gegen Israel nicht beteiligt (1Sam 27,7–12; 30,26–31). Auch ohne ihn sind die Philister* allerdings siegreich. Im Verlauf der Schlacht stürzt sich Saul deshalb in aussichtsloser Lage in sein Schwert und begeht Selbstmord. Auch seine Söhne finden den Tod (1Sam 31). Der Weg auf den Königsthron Israels ist für David damit endgültig frei.

Randbemerkung

Die Geschichte von Sauls Ende wird in 2Sam 1 übrigens nochmal erzählt, nun aus dem Munde eines Boten. Dabei fallen einige Unterschiede auf: Folgt man dieser Überlieferung, wird Saul von einem Amalekiter getötet, nachdem er wegen eines Schwächeanfalls wehrlos auf dem Boden liegt. Der siegreiche Gegner bringt Sauls Königsinsignien zu David – und erlebt dort eine böse Überraschung: Weil er es gewagt hatte, Hand an den Gesalbten* JHWHs zu legen, wird er mit dem Tode bestraft. Deutlich ist hier die Absicht zu erkennen, David von jeder Schuld an Sauls Tod freizusprechen.

Obwohl Sauls Tod Davids ambitionierten Karriereplänen natürlich sehr gelegen kommt, stimmt er ein Klagelied an, in dem er den Tod Sauls und von dessen Sohn Jonatan aus tiefstem Herzen betrauert.

Saul und Jonatan, geliebt und einander zugetan, im Leben und im Tod nicht geschieden; schneller waren sie als die Adler und stärker als die Löwen. Ihr Töchter Israel, weint über Saul, der euch kleidete mit kostbarem Purpur und euch schmückte mit goldenen Kleinoden an euren Kleidern. Wie sind die Helden gefallen im Streit! Jonatan ist auf deinen Höhen erschlagen! Es ist mir leid um dich, mein Bruder Jonatan, ich habe große Freude und Wonne an dir gehabt; deine Liebe ist mir wundersamer gewesen, als Frauenliebe ist. Wie sind die Helden gefallen und die Waffen des Krieges verloren! (2Sam 1,23–27)

Endlich: David wird König über Israel (2Sam 2 und 2Sam 5)

Nach Sauls Tod ist der Weg nun endgültig frei für David: Er wird zunächst in Hebron zum König über Juda erhoben (2Sam 2,1–4) und später von den Ältesten Israels zum König über ganz Israel gesalbt*.

Und es kamen alle Stämme Israels zu David nach Hebron und sprachen: Siehe, wir sind von deinem Gebein und deinem Fleisch. Schon damals, als Saul über uns König war, führtest du Israel in den Kampf und wieder heim. Dazu hat der HERR dir gesagt: Du sollst mein Volk Israel weiden und sollst Fürst sein über Israel. Und es kamen alle Ältesten in Israel zum König nach Hebron. Und der König David schloss mit ihnen einen Bund in Hebron vor dem HERRN, und sie salbten David zum König über Israel. (2Sam 5,1–3)

Deutlicher kann man nicht zum Ausdruck bringen: Davids Macht und Autorität gilt in beiden Reichen, Juda und Israel. Er sollte zum ersten König werden, der tatsächlich über Gesamtisrael herrschte. Denn auch wenn die Bibel Saul bereits zum König Israels stilisiert, so lässt sich zwischen den Zeilen doch noch die historische Wahrheit erahnen: Saul regierte nur über den Norden Israels, während das spätere Südreich* aus vielen kleinen Fürstentümern bestand, die politisch und militärisch selbstständig blieben. Das änderte sich erst mit dem Königtum Davids.

Jetzt könnte man sich natürlich fragen: Wieso wird ausgerechnet jemand König über Israel, der sich selbst in den Dienst der Feinde, nämlich der Philister*, gestellt hatte? Die Begründung der Stammesführer leuchtet vielleicht sogar ein: David hatte sich als großer Kämpfer und erfolgreicher Feldherr erwiesen – im Grunde wie einer der charismatischen Führer aus der Richterzeit.

Nur eines fehlt dem frischgebackenen König noch: eine Hauptstadt. Doch gesagt, getan: David erobert Jerusalem und macht dieses bisher eher unscheinbare bewohnte Fleckchen zur »Stadt Davids« und zur künftigen Residenz der Davididen (2Sam 5,6–12). »Und David erkannte, dass der HERR ihn als König über Israel bestätigt und sein Königtum erhöht hatte um seines Volkes Israel willen« (2Sam 5,12). Damit ist die Geschichte von Davids Aufstieg zum König über Israel zum Ziel gekommen.

David festigt seine Herrschaft (2Sam 6–8)

Viele Geschichten ranken sich rund um Davids Herrschaft und bieten ein vielschichtiges und bezeichnendes Bild dieses Königs.

In 2Sam 6 wird erzählt, wie David die Bundeslade* nach Jerusalem holt. Dazu muss man wissen, dass die Bundeslade* seit der Begegnung mit JHWH auf dem Sinai als zentrales Heiligtum der Israeliten gilt. Sie findet ihren Standort zunächst im Tempel von Silo. Doch steht die Bundeslade* im Glauben Israels für die Gegenwart JHWHs; sie nach Jerusalem zu holen, ist deshalb natürlich auch ein wichtiger symbolischer Akt. Aber selbst durch diese hochtheologische Geschichte weht ein erotischer Hauch. Als König führt David den Einzug der Bundeslade* selbst an – im Tanz und leicht bekleidet. Mit ihm tanzt ganz Israel, so erzählt es die Bibel. Das Ganze hat fast eine Art Volksfestcharakter. Doch Davids Frau Michal hat dafür nur Hohn und Spott übrig: »Wie herrlich ist heute der König von Israel gewesen, als er sich vor den Mägden seiner Knechte entblößt hat, wie sich die losen Leute entblößen!« (2Sam 6,20).

David lässt sich davon nicht beirren. Er deutet sein Auftreten als Zeichen seiner Niedrigkeit und Demut und weist Michal deutlich in die Schranken. Die Geschichte schließt mit dem (im Text unkommentierten!) Hinweis, dass Michal bis zu ihrem Tod kinderlos geblieben sei. Die antiken Lesenden haben sicher gerätselt, ob das vielleicht eine Strafe Gottes für ihre Kritik an Davids Auftreten war.

In 2Sam 7 wird David dann eine dauerhafte Dynastie verheißen – doch die Leserschaft weiß schon: Michal wird ihm den dafür notwendigen Erben nicht bescheren. Samuel ist längst verstorben, an seiner Stelle wirkt nun der Prophet Nathan. Er verkündigt David das folgende Gotteswort:

Wenn nun deine Zeit um ist und du dich zu deinen Vätern legst, will ich dir einen Nachkommen erwecken, der von deinem Leibe kommen wird; dem will ich sein Königtum bestätigen. [...] Ich will sein Vater sein, und er soll mein Sohn sein. Wenn er sündigt, will ich ihn mit Menschenruten und mit menschlichen Schlägen strafen; aber meine Gnade soll nicht von ihm weichen, wie ich sie habe weichen lassen von Saul, den ich vor dir weggenommen habe. Aber dein Haus und dein Königtum sollen beständig sein in Ewigkeit vor dir, und dein Thron soll ewiglich bestehen. (2Sam 7,12.14–16)

Davids Königtum wird also erblich sein – und es wird, so die Ankündigung Nathans, über alle Zeiten Bestand haben. Diese Ankündigung bietet auch die Grundlage für jede Hoffnung auf die Wiederkehr eines davidischen Königs und damit die Grundlage für die Messiaserwartung*.

2Sam 8 schließlich setzt dann nochmal einen militärischen Akzent. Ausführlich werden hier die Kriegserfolge Davids geschildert. Ihm gelingt es – so soll es zumindest in der Intention derer, die diese Geschichten erzählen, erscheinen –, sein Herrschaftsgebiet zu einem Großreich auszuweiten.

Klatsch und Tratsch am Jerusalemer Hof

Folgt man der biblischen Überlieferung, so war David wahrlich ein Mensch mit vielen Facetten: Schafhirte, Harfenspieler, geschickt im Umgang mit der Steinschleuder, aber auch waffenstarker Anführer einer philistäischen* Söldnertruppe – und schließlich König über Israel. Und in dieser Funktion nicht weniger vielseitig als vorher. Die Hoflegenden überliefern sicher, wie zu allen Zeiten, viel Klatsch und Tratsch, kreisen aber erkennbar um ein Thema: die Regelung von Davids Nachfolge. Die davidischen Hoflegenden sind also vor allem Thronfolgegeschichten. Und auch das Bild, das sie von dem großen Ausnahmekönig malen, schillert bunt; es ist eine im besten Falle ambivalent zu nennende Charakterstudie. Bis ins hohe Alter hinein ist Davids Regentschaft von Mord und Gewalttaten, Rebellion und Intrigen bestimmt – und von zahlreichen Liebesgeschichten. Denn obwohl ihn seine Regierungsgeschäfte sicher auf Trab halten, hat David immer noch Zeit für zahlreiche amouröse Abenteuer. Eigentlich war David ja mit Sauls Tochter Michal verheiratet, doch die Aufzählung der Söhne Davids in 2Sam 3,2–5 nennt sechs verschiedene Mütter und später heißt es lakonisch: »David nahm noch mehr Frauen und Nebenfrauen in Jerusalem« (2Sam 5,13).

Und als er, so erzählt es 1Kön 1, alt geworden ist und immer friert, da wissen sich seine Hofbeamten keinen besseren Rat als ihm zu empfehlen, sich eine junge Frau ins Bett zu holen, die ihn nachts wärmen und seine Lebenskraft zurückholen soll. Diese junge Frau, Abischag von Schunem, ist dann auch Zeugin der entscheidenden Szene, in der die Nachfolge Davids geregelt wird. Sein

Sohn Adonija ruft sich selbst zum König aus, doch dem Propheten Nathan und
der späteren Königsmutter Batseba gelingt es, David dazu zu überreden, seinen
Sohn Salomo auf den Thron zu setzen.

Dabei ist die Geschichte von David und Batseba eigentlich ein ganz düsteres
Kapitel unter den Frauengeschichten Davids: David beobachtet Batseba heimlich beim Baden und ihr Anblick erregt sein sexuelles Interesse. Da ein König
gewohnt ist, das zu bekommen, was er haben möchte, lässt er Batseba zu sich
rufen, obwohl er weiß, dass sie verheiratet ist. Das Techtelmechtel bleibt nicht
ohne Folgen: Batseba wird schwanger. Davids Hoffnung, ihrem Mann Uria das
Kind als dessen eigenes unterschieben zu können, zerschlägt sich, weil dieser
sich weigert, während seines Dienstes unter Waffen das Privileg in Anspruch
zu nehmen, zu Hause zu nächtigen:

*Uria aber sprach zu David: Die Lade und Israel und Juda wohnen in Zelten und Joab,
mein Herr, und meines Herrn Knechte liegen auf freiem Felde, und ich sollte in mein
Haus gehen, um zu essen und zu trinken und bei meiner Frau zu liegen? So wahr du
lebst und deine Seele lebt: Das werde ich nicht tun! (2Sam 11,11)*

David sieht nun keine andere Möglichkeit mehr, als Uria aus dem Weg räumen
zu lassen. Er entledigt sich seiner auf recht elegante Weise: David bittet Urias
Hauptmann, ihn bei einer kommenden Schlacht an vorderster Front aufzustellen;
sein Tod ist damit vorprogrammiert.

Besonders eindringlich tritt in diesen (Frauen)Geschichten die Zerrissenheit
zutage, die der Figur des David eigen ist. Kein glanzvoller König ist hier an der
Macht, der huldvoll Gottes Willen vollzieht. Vielmehr erscheint David in all seiner Herrschaft zugleich als Zweifler, als Getriebener und als Sünder. Mögen seine
vielen Eheschließungen ein gewisses Kalkül der Erweiterung und Bestätigung
politischer Allianzen zeigen, so lässt gerade die Geschichte um Batseba diese
Vernunft und auch jede Moral vermissen. Hier wird David schuldig, was ihm
sein Hofprophet Nathan zunächst durch die Blume und dann sehr direkt zu
verstehen gibt:

*Und der HERR sandte Nathan zu David. Als der zu ihm kam, sprach er zu ihm: Es
waren zwei Männer in einer Stadt, der eine reich, der andere arm. Der Reiche hatte
sehr viele Schafe und Rinder; aber der Arme hatte nichts als ein einziges kleines Schäf-
lein, das er gekauft hatte. Und er nährte es, dass es groß wurde bei ihm zugleich mit
seinen Kindern. Es aß von seinem Bissen und trank aus seinem Becher und schlief in
seinem Schoß, und er hielt's wie eine Tochter. Als aber zu dem reichen Mann ein Gast
kam, brachte er's nicht über sich, von seinen Schafen und Rindern zu nehmen, um
dem Gast etwas zuzurichten, der zu ihm gekommen war. Und er nahm das Schaf des*

armen Mannes und richtete es dem Mann zu, der zu ihm gekommen war. Da geriet David in großen Zorn über den Mann und sprach zu Nathan: So wahr der HERR lebt: Der Mann ist ein Kind des Todes, der das getan hat! Dazu soll er das Schaf vierfach bezahlen, weil er das getan und sein eigenes geschont hat. Da sprach Nathan zu David: Du bist der Mann! (2Sam 12,1–7).

Und tatsächlich sieht David seine Schuld ein und bereut. Den Preis zahlt leider das erste Kind dieser Beziehung – die Frucht des erzwungenen Techtelmechtels von David und Batseba. Es stirbt trotz der Buße des Königs, so wird erzählt. Die beiden zeugen, mittlerweile rechtmäßig verheiratet, einen zweiten Sohn. Dieser trägt den Namen Salomo und wird der nächste König auf dem Davidsthron werden (vgl. S. 143–151)

Randbemerkung

Manche Forscher sind übrigens der Meinung, dass in der ursprünglichen Erzählung gar kein Kind sterben musste, sondern dass eigentlich Salomo dieser Sohn gewesen sei, der aus dem Ehebruch hervorgegangen wäre. Doch gab es offensichtlich eine Zeit, in der ein Kind aus einer solchen Beziehung auf dem Thron zu anstößig erschien und wo man deshalb die Geschichte um diese Zwischenepisode erweitern musste.

Wie wurde David zu »David«? – Das literarische Wachstum der Davidsüberlieferung

Hinter der überlieferten Geschichte und den erzählten Geschichten den historischen David aufzufinden, fällt nicht ganz leicht. Heute ist man sich sicher: Die Samuel- und Königebücher, in denen sich die Überlieferungen von David finden, sind erst viele Jahrhunderte nach der Zeit entstanden, in der der Davidszyklus »spielt«. Diese Texte wurden erst in der Exilszeit* im 6. Jahrhundert v. Chr. zusammengestellt und überarbeitet – und zwar von einem Personenkreis, dem man heute das sogenannte Deuteronomistische Geschichtswerk* zuschreibt. Doch dessen Verfasser hatten kein Interesse daran, eine Biografie Davids zu schreiben. Sie wollten also gar nicht erzählen, was damals passiert ist, sondern sie wollten anhand von Davids Person die ihnen wichtigen theologischen Themen und ihren eigenen Blick auf die Geschichte entfalten. Sie wollten deutlich machen: Die Davidszeit war die wesentliche Gründungsepoche Israels als Staat. Dennoch erscheint Davids Königtum auch in ihrer Überlieferung durchaus ambivalent: Es ist sowohl gottgewollter Neuanfang in Israel als auch eine besonders gefährdete Zeit, weil David einerseits große Macht hat – von Gott verliehen –, doch weil er sich andererseits auch als korrumpierbar erweist. Gerade in dieser Widersprüchlichkeit erscheint David als Prototyp des Königseins: Gott ist mit ihm und verhilft ihm zur Aufrichtung eines Großreichs, doch zugleich muss Gott David immer wieder in seine Schranken weisen!

Bereits bevor die Davidserzählung Teil des Deuteronomistischen Geschichts-werks* wurde, gab es eine ältere schriftliche Fassung der Geschichten von David. Die Wissenschaft vermutet, dass diese Verschriftlichung bereits um das Jahr 700 v. Chr. erfolgte und ein Werk höfischer Erzählkunst war. Doch schon diese Autoren verbanden mit den Geschichten rund um David eine bestimmte Absicht. Durch die Komposition der Davidserzählungen wollte man deutlich machen: Die in Jerusalem herrschende Königsdynastie Davids ist die recht-mäßige Nachfolgerin des 722 v. Chr. untergegangenen Nordreichs*.

In der davidischen Dynastie lebt, so der Anspruch der Erzähler, das unter-gegangene Nordreichkönigtum weiter. Um das zum Ausdruck zu bringen, form-ten die Redaktoren* aus den ganz unterschiedlichen Erzählungen und Legenden, die über David im Umlauf waren, das Bild eines von Gott gewollten davidischen Großreichs, in dem ganz Israel unter der Herrschaft des in Jerusalem residieren-den Königs vereint ist. Für sie stellte Jerusalem nicht nur die Hauptstadt des Süd-reichs* Juda dar, sondern sie erhoben für ihren König den Anspruch, alle Stämme* Israels zu repräsentieren – und damit auch den Traditionen und Menschen aus dem ehemaligen Nordreich* Israel Hei-mat zu bieten. Die Geschichten rund um König David sollten das versinnbildlichen.

Randbemerkung

In der Tat nimmt die Forschung heute an, dass es im 7. Jahrhundert zu einer regelrechten Migration aus den assyrischen* Provinzen des ehemaligen Nordreiches* nach Juda kam. Archäologisch belegt ist auch, dass Jerusalem zu dieser Zeit erheblich anwuchs und ausgebaut wurde. Viele Menschen suchten augenschein-lich eine neue kulturelle Heimat im Süden – und brachten dabei auch ihre eigenen Geschich-ten und theologischen Überlieferungen mit.

Wer war David »wirklich«? – Die historischen Spuren hinter der Davidsüberlieferung

Doch wer war David nun wirklich? Legt man Erkenntnisse zugrunde, die die Wissenschaft mithilfe archäologischer Methoden und sozialgeschichtlicher Einblicke gewinnen konnten, dann erscheinen die historischen Verhältnisse doch deutlich bescheidener als das literarische Bild. Vom Prunk eines echten Hofstaates ist dann nicht mehr viel zu spüren. David war vermutlich wenig mehr als ein Bandenführer, der um 1000 v. Chr. im südlichen Bergland von Juda durch militärisches Geschick, kluge Allianzen und die Ausdehnung ver-wandtschaftlicher Verbindungen ein städtisches Königtum um Hebron südlich von Jerusalem aufbaute – Heiratspolitik ist ja bis in die Neuzeit ein probates Mittel der Sicherung von Macht. Davids tatsächlicher Einflussbereich blieb allerdings eng begrenzt auf dieses Bergland und das fruchtbare Hügelland zwi-schen Gebirge und Küstenregion im Westen. Vermutlich wurde dieser König

David auch immer wieder in Auseinandersetzungen mit den Philisterstädten* in der Küstenregion verwickelt. Doch dürften das kleine Scharmützel geblieben sein. Da nämlich von Davids lokaler Herrschaft und seiner eher geringen militärischen Potenz kaum Gefahr für die Handelsrouten und Machtzentren an der Küste ausgegangen sein dürfte, wird es im Wesentlichen zu einer friedlichen Koexistenz und wirtschaftlichen Kooperation zu beiderseitigem Nutzen gekommen sein.

David verlagerte seine Machtbasis schließlich nach Jerusalem, das zu dieser Zeit nur eine kleine Siedlung mit einer Einwohnerschaft von einigen Hundert gewesen sein dürfte. Damit jedoch gerät er in Konflikte mit dem Königreich Sauls, dessen Zentrum in Gibea nur wenig nördlich von Jerusalem lag. David und Saul waren aus historischer Sicht also nicht zwei Konkurrenten an einem Königshof, sondern ursprünglich zwei Könige benachbarter Reiche, die sich auf Augenhöhe gegenüberstanden. Die Wissenschaft vermutet heute, dass David Sauls Königreich spätestens nach dessen Tod erobert hat. Die biblische Überlieferung mildert diese feindliche Übernahme ab, indem sie davon erzählt, dass Gott selbst David zu Sauls Nachfolger bestimmt habe und dass dessen Übernahme dieses Königtums also gottgewollt war.

David herrschte von nun an in Jerusalem über ein vereintes Königreich, das die Stammesgebiete des Nordreiches* umfasst. Wie weit das davidische Reich im Folgenden allerdings reichte, bleibt historisch im Dunkeln.

Randbemerkung

Ein »Großreich« war Davids Reich nicht. Man vermutet heute, dass im 10. Jahrhundert v. Chr. in ganz Israel (also in Juda und im Nordreich*) nicht mehr als 150.000 Menschen gelebt haben. Das bedeutet für Davids militärische Ambitionen, dass seine Armee in keinem Fall mehr als 3.000 Mann stark gewesen sein konnte und dass die Zahlen, die die biblischen Geschichten nennen, maßlos übertrieben sind. Im Vergleich zur militärischen Stärke der Nachbarvölker war das eine bescheidene Machtbasis, die höchstens lokal wirksam sein konnte. Doch war diese regional sehr begrenzte Machtausdehnung von Davids Königreich der Grund, warum die vorderorientalischen Großmächte dieser Zeit, nämlich Ägypten* und Assyrien*, diesen König nicht auf dem Radar hatten. Er war – so schwer das angesichts der biblischen Überlieferung zu glauben ist – schlicht nicht wichtig genug. Vielleicht gelang es David so möglicherweise sogar, die ostjordanischen Kleinstaaten Edom*, Ammon und Moab* zeitweise unter den Einfluss seines Reiches zu bringen. Allerdings sind archäologisch bis heute keine weiteren Hinweise auf wesentliche Bevölkerungsbewegungen, Eroberungen oder infrastrukturelle Maßnahmen zu erkennen. Auch für Jerusalem ist eine wesentliche Bautätigkeit in dieser Epoche nicht nachzuweisen. Insofern wird man für das Davidsreich auch keine ausgeprägte Verwaltungsstruktur oder zentrale Gesetzgebung annehmen können.

Davids Königtum wird im Ganzen ein loser Zusammenschluss geblieben sein, zusammengehalten durch Klientelpolitik, Verwandtschafts- und Sippenbeziehungen, geeint durch sein herrschaftliches Charisma und gesichert durch das militärische Rückgrat seiner Armee. Ein wirkliches Großreich war Davids Reich also nur in der Erinnerung.

Ein König »wie David« als prophetische Hoffnung

Je bedrohter die eigene Gegenwart war, desto sehnsüchtiger wurde die Erinnerung an die vermeintlich heilen Zeiten des Großreichs unter David. Sein Stern strahlte umso heller, je düsterer die eigene Zeit wirkte. Dies gilt besonders für die prophetischen Schriften des Alten Testaments. Neben der historischen Erinnerung gewannen die Verheißungen immer größere Bedeutung, die von Gott an David ergangen sein sollen und die sich auf Kult*, Königtum und Land beziehen. Daraus erwuchs die Hoffnung, Gott werde einen Spross aus dem Haus Davids erwecken und als zukünftigen Herrscher einsetzen. So heißt es etwa im Buch des Propheten Jeremia:

Siehe, es kommt die Zeit, spricht der HERR, dass ich dem David einen gerechten Spross erwecken will. Der soll ein König sein, der wohl regieren und Recht und Gerechtigkeit im Lande üben wird. Zu seiner Zeit soll Juda geholfen werden und Israel sicher wohnen. Und dies wird sein Name sein, mit dem man ihn nennen wird: »Der HERR ist unsere Gerechtigkeit«. (Jer 23,5–6)

Im Michabuch wird die bescheidene Herkunft Davids aus Bethlehem erinnert und der zukünftige Gesalbte* von dort erwartet. Der »neue David« sorgt nicht nur für Sicherheit in Israel, sondern läutet eine universelle Friedenszeit ein:

Und du, Bethlehem Efrata, die du klein bist unter den Tausenden in Juda, aus dir soll mir der kommen, der in Israel Herr sei, dessen Ausgang von Anfang und von Ewigkeit her gewesen ist. [...] Er aber wird auftreten und sie weiden in der Kraft des HERRN und in der Hoheit des Namens des HERRN, seines Gottes. Und sie werden sicher wohnen; denn er wird zur selben Zeit herrlich werden bis an die Enden der Erde. Und er wird der Friede sein. (Mi 5,1.3–4)

Diese Herrschaft wird Frieden und Gerechtigkeit bringen. Auf diese Weise wird die Davidsgestalt mehr und mehr zum transzendenten Symbol einer zukünftigen Heilszeit:

Du, Tochter Zion, freue dich sehr, und du, Tochter Jerusalem, jauchze! Siehe, dein König kommt zu dir, ein Gerechter und ein Helfer, arm und reitet auf einem Esel, auf einem Füllen der Eselin. Denn ich will die Wagen vernichten in Ephraim und die Rosse in Jerusalem, und der Kriegsbogen soll zerbrochen werden. Denn er wird Frieden gebieten den Völkern, und seine Herrschaft wird sein von einem Meer bis zum andern und vom Strom bis an die Enden der Erde. (Sach 9,9–10)

David als Dichter der Psalmen

Schon die Geschichtsbücher haben die Überlieferung bewahrt, dass David als Harfenspieler auch den schönen Künsten zugeneigt gewesen sei. Dies schlägt sich auch im Buch der Psalmen nieder, wo immerhin fast die Hälfte der 150 Psalmen (genau: 73) in der Überschrift den Hinweis auf David bietet. Die Forschung ist sich heute sicher: David hat keinen dieser Psalmtexte tatsächlich selbst geschrieben, sondern diese Zuordnung »zu David« (hebräisch *ledavid*) soll dazu dienen, David als Identifikationsfigur anzubieten. Der große König wird so zum großen Vorbild auch in Glaubensdingen. Dazu gehört, dass einige wenige dieser Psalmen mithilfe solcher Überschriften ganz konkret in der Davidserzählung verortet werden. Auffälligerweise wird dabei jedoch weniger an die triumphalen Zeiten Davids angeknüpft, sondern an die Situationen, in denen er in Not geraten war, zum Beispiel: »Eine Unterweisung Davids, vorzusingen, als Doëg, der Edomiter, kam und zeigte es Saul an und sprach: David ist in Ahimelechs Haus gekommen« (Ps 52,1–2).

David als König, als Psalmbeter, Liederdichter, Gemeindeleiter und vorbildhaft Glaubender – das apokryphe* Buch Jesus Sirach schließlich fasst die alttestamentliche Überlieferung zu David im sogenannten »Lob der Väter« kongenial zusammen:

Und David war unter den Israeliten auserkoren, wie das Fett vom Heilsopfer für Gott bestimmt ist. Er spielte mit Löwen wie mit jungen Böcken und mit Bären wie mit Lämmern. Schlug er nicht in seiner Jugend den Riesen tot und nahm die Schmach von seinem Volk? Hob er nicht seine Hand mit der Steinschleuder und zerbrach den Hochmut des Goliat? Denn er rief den Herrn an, den Höchsten; der stärkte ihm seine Hand, dass er den starken Krieger tötete und das Horn seines Volkes erhöhte. Deshalb rühmte man ihn als Sieger über zehntausend und ehrte ihn mit Lobliedern auf den Herrn, als er die königliche Krone empfing. Er schlug die Feinde ringsumher und demütigte die Philister, seine Widersacher, und zerbrach ihr Horn bis zum heutigen Tag. Bei jeder Tat dankte er dem Heiligen, dem Höchsten, mit herrlichen Worten. Von ganzem Herzen rühmte und liebte er den, der ihn geschaffen hatte. Er ließ Sänger vor den Altar treten und Psalmen mit kunstvollen Melodien singen. Und er ordnete an, dass man die Feiertage würdig begehen und die Jahresfeste prächtig feiern sollte, damit der heilige Name des Herrn gelobt und vom frühen Morgen an das Heiligtum vom Klang der Lobgesänge erfüllt würde. Der Herr vergab ihm seine Sünden und erhöhte sein Horn für alle Zeit; er gab ihm die Satzung des Königtums und den herrlichen Thron in Israel. (Sir 47,2–11)

...zum Schluss

Als schillernde Figur erscheint David bis heute. Sein Name bleibt verbunden mit einer entscheidenden Phase der Geschichte des Gottesvolkes, dem Übergang in die Staatlichkeit. Der Gründungsmythos eines davidischen Großreiches »von Dan bis Beerscheba« trägt bis in die moderne Politik. Das gilt in aller Ambivalenz, die Macht und Herrschaft mit sich bringen. Auch davon erzählen die biblischen Geschichten um David in aller Unverblümtheit. Sie zeichnen das Bild einer historischen Entwicklung zu zentraler Machtentfaltung kritisch und fragen immer wieder: Bleibt Gottes Souveränität als Lenker der Geschichte gewahrt? Werden seine Gebote beachtet, gewinnt seine Gerechtigkeit Raum? Damit verwahrt sich die biblische Überlieferung im Grunde gegen jede politische Ideologisierung. Gott lässt sich nicht benutzen zur Rechtfertigung von Herrschaft, sondern umgekehrt gilt: Menschliche Herrschaft muss sich vor Gott bewähren.

David wird als ein Mensch in aller Zerrissenheit gezeichnet. In seiner Geschichte zeigt sich seine Orientierung an Gottes Willen, aber auch seine Abwendung von Gottes Richtschnur – mit allen Folgen. Dennoch: Gott hält ihm die Treue. So wird David als exemplarisch Betender und auf Rettung und Vergebung angewiesener Mensch zu einem Typus des gläubigen Herrschers und letztlich zu einem Beispiel des gläubigen Menschen überhaupt.

Die prophetischen Verheißungen, die sich mit Davids Herrschaft verbinden und einen »neuen David« verkünden, der in göttlicher Vollmacht ein Reich aufrichten wird, dessen Wohlstand, Frieden und Gerechtigkeit das dagewesene vielfach transzendieren wird, sind bis heute lebendig. Sie sind zur Grundlage messianischer Hoffnungen geworden, die auch für die Deutung Jesu als »Davidsohn« prägend wurden. Und auch hier gilt: Nicht Menschen verwirklichen dieses Reich, sondern alle Hoffnung richtet sich auf Gott.

Salomo

Ein Märchen von Reichtum und Weisheit

Salomo auf dem Weg nach oben (1Kön 1–2) 143
Salomo – der Märchenkönig 144
Der Bau des Salomonischen Tempels (1Kön 5–8) 146
Jerobeam und Rehabeam – Salomos Reich zerfällt (1Kön 12) 147
Salomo und seine 1.000 Frauen – Traum oder Albtraum? 148
Sprichwörtlich: Salomos Weisheit 149
…zum Schluss 151

Salomo auf dem Weg nach oben (1Kön 1–2)

Das schillernde Bild, das die Bibel von Salomo malt, erinnert an einen Märchenkönig: Salomo regiert in einem Märchenschloss, umgeben von sagenhaftem Reichtum, einem riesigen Harem und unzähligen Bediensteten … Liest man die ersten Kapitel der Königebücher, so fühlt man sich tatsächlich in eine Zauberwelt versetzt. Doch wie in jedem besseren Märchen liegen Licht und Schatten auch hier eng beieinander.

Das zeigt sich schon in den Eingangsszenen, die die Irrungen und Wirrungen beschreiben, die es braucht, bis Salomo auf dem Königsthron seines Vaters David sitzt. Aus den aufregenden und blutigen Wirren um die Thronnachfolge unter den Söhnen Davids scheidet als erstes Absalom aus – er hatte versucht, sich auf den Thron zu putschen (2Sam 15–18). Als Nächstältester bringt sich anschließend sein Bruder Adonija in Position. Der lässt augenscheinlich schon die nötigen Tiere opfern und sich selbst als König ausrufen (1Kön 1,5–10), was wiederum den alten Recken Davids und dem Propheten Nathan missfällt. Und auch Salomos Mutter Batseba weiß bereits seit der Geburt ihres Kindes, dass Gott Großes mit ihm vorhat. Nathan weiß das ebenfalls und hat deshalb für Batseba einen schlauen Rat bereit: Weil König David augenscheinlich schon alt und etwas dement ist, soll Batseba ihn glauben machen, dass er ihr geschworen habe, Salomo zu seinem Nachfolger zu ernennen. Offensichtlich ist Batseba dabei so überzeugend, dass David diesen Schwur für seinen eigenen hält und bekräftigt: »Ich will heute tun, wie ich dir geschworen habe bei dem HERRN, dem Gott Israels, als ich sagte: Salomo, dein Sohn, soll nach mir König sein, und er soll für mich auf meinem Thron sitzen« (1Kön 1,30).

Ein König, ein Wort: Einem Staatsstreich gleich lässt David seinen Sohn Salomo daraufhin auf seinem königlichen Esel in die Stadt Jerusalem einmarschieren und durch den Propheten Nathan öffentlich zum König salben*. Salomos Halbbruder Adonija, der sich selbst bereits auf dem Thron wähnt, ist machtlos und sucht Asyl am Altar Gottes. So kommt Salomo an die Macht und David kann in Ruhe sterben (1 Kön 2).

Und Salomo? Eben hatte er noch Mutter und Propheten gebraucht, um den Thron zu erobern. Doch dort angekommen, erweist er sich als ziemlich durchsetzungsfähig und lässt unter verschiedenen Vorwänden Adonija und dessen wichtigste Anhänger umbringen. Die Zusammenfassung des biblischen Erzählers klingt angesichts dessen fast schon zynisch: »Und das Königtum wurde gefestigt durch Salomos Hand« (1 Kön 2,46).

Batseba, einst von David gleichsam gewaltsam »erobert«, ist nun immerhin die Königsmutter geworden. Ob ihr das eine gewisse späte Genugtuung bereitet haben mag? Ihr dankbarer Sohn Salomo jedenfalls erweist ihr dadurch die Ehre, dass sie einen Thron neben dem seinen bekommt.

Salomo – der Märchenkönig

Salomo sitzt nun fest auf dem Thron. Hatte vorher in der Salomoerzählung eher der auch aus den Davidsgeschichten bekannte Geist von militärischer Stärke und Palastintrige die Erzählung geprägt, wechselt nun die Stimmung. Selbst Salomo gibt sich ganz demütig. Er bittet Gott um die Weisheit des Regierens – und Gott findet daran, wie es heißt, so großes Wohlgefallen, dass seine Reaktion fast schon überschwänglich ausfällt:

Und Gott sprach zu ihm: Weil du darum bittest und bittest weder um langes Leben noch um Reichtum noch um deiner Feinde Tod, sondern um Verstand, auf das Recht zu hören, siehe, so tue ich nach deinen Worten. Siehe, ich gebe dir ein weises und verständiges Herz, sodass deinesgleichen vor dir nicht gewesen ist und nach dir nicht aufkommen wird. Und dazu gebe ich dir, worum du nicht gebeten hast, nämlich Reichtum und Ehre, sodass deinesgleichen keiner unter den Königen ist zu deinen Zeiten. Und wenn du in meinen Wegen wandeln wirst, dass du hältst meine Satzungen und Gebote, wie dein Vater David gewandelt ist, so will ich dir ein langes Leben geben. (1 Kön 3,10–14)

Damit beginnen nun tatsächlich 40 Jahre Märchenkönigszeit – in biblischen Zeiteinheiten die Spanne eines Menschenlebens. Die Erzähler schildern in schillernden Farben die sagenhafte Pracht und den Frieden von Salomos Königsherrschaft. Im Laufe dieser Erzählung wird Salomo nicht nur als König von »ganz Israel« bezeichnet (1Kön 4,1), sondern gar zum Herrn »über alle Königreiche vom Euphratstrom bis zum Philisterland und bis an die Grenze Ägyptens« erklärt: Alle hätten ihm, so heißt es, Geschenke gebracht und ihr Leben lang gedient (1Kön 5,1). Märchenhaft wirken dabei auch die Angaben über Tausende von Pferden und Reitern, dazu fantastische Angaben über den täglichen (!) Verbrauch von fast hundert Säcken Mehl – das dürften nach damaliger Bemaßung über 10 Tonnen gewesen sein – und unglaublichen Mengen von Rindern (30!) und Schafen (100!) und allerhand anderem Getier an seinem Hof. In dieselbe Kategorie fallen auch die maßlosen Angaben über Salomos Goldreichtum in 1Kön 10. Sogar die Anzahl seiner Frauen übersteigt jede Zahl, die selbst ein König unterhalten könnte: 700 Haupt- und 300 Nebenfrauen soll Salomo besessen haben – einfach unvorstellbar. Spätestens bei solchen überbordenden Beschreibungen wird deutlich, dass die Erzähler in ihrem Überschwang jedes mögliche historische Maß überschreiten: Ein solches »Israel« hat es tatsächlich nie gegeben – das dürften auch die damaligen Lesenden schon gewusst haben. Und auch den Verfassern des Deuteronomistischen Geschichtswerkes*, zu dem auch diese Abschnitte der Königebücher gehören, dürfte klar gewesen sein, dass sie hier keine historische Chronik schrieben.

Man schätzt heute, dass diese märchenhafte Überzeichnung Absicht gewesen sei. Angesichts eines solchen Reichtums wäre sogar der ägyptische* Pharao vor Neid erblasst – und vermutlich war genau das die Intention. Das zeigt beispielhaft die sagenhafte Erzählung vom Besuch der Königin von Saba (1Kön 10). Ihr fernes Reich, das vermutlich im heutigen Jemen lag, muss im 7. Jahrhundert geradezu berühmt gewesen sein für seinen Reichtum.

Dass sich eine sagenhaft schöne und reiche Königin aus dem fernen Afrika aufmacht, den König von Israel zu ehren, ist zweifellos einmalig. Die mysteriöse Königin von Saba ist nicht nur an Salo-

Randbemerkung

Historisch spiegeln sich in den Salomo-Erzählungen – so vermutet die Forschung – nicht die historischen Bedingungen der staatlichen Frühzeit Israels und Judas im 10. Jahrhundert, sondern die Bedingungen des 7. Jahrhunderts v. Chr. Juda war zu dieser Zeit nach der Eroberung des Staates Israel als einziger Staat des JHWH-Glaubens übriggeblieben und wurde immer noch von Jerusalem aus von den Thronerben der Dynastie Davids – Manasse und Josia – regiert. Man hatte sich der Vorherrschaft des assyrischen* Großreiches gefügt und konnte unter dessen Schirm durchaus einen gewissen Wohlstand realisieren und an dem blühenden Fernhandel dieser Zeit wenigstens teilhaben. Die sogenannte Pax Assyriaca wirkte sich also unmittelbar positiv auf das Königreich Juda aus. Die Geschichte von der Königin von Saba dient als pointierte Illustration. Bemerkenswert an ihrer Geschichte wiederum ist, dass hier ganz selbstverständlich von einer weiblichen Herrscherin gesprochen wird – und man weiß inzwischen aus assyrischen* Dokumenten, dass im 7. Jahrhundert v. Chr. tatsächlich manche arabischen Königreiche von Frauen regiert wurden.

mos Weisheit interessiert, die sie mit »Rätselfragen« prüfen will, sondern sie ist vor allem Handlungsreisende. Sie bringt Kamele mit Gold, Edelsteinen und Gewürzen in Hülle und Fülle. Und sie lobt Salomo über die Maßen, was die Erzähler mit der schönen Formel einleiten, ihr »habe der Atem gestockt« (1Kön 10,4):

Es ist wahr, was ich in meinem Lande gehört habe von deinen Taten und von deiner Weisheit. Und ich hab's nicht glauben wollen, bis ich gekommen bin und es mit eigenen Augen gesehen habe. Und siehe, nicht die Hälfte hat man mir gesagt. Du hast mehr Weisheit und Güter, als die Kunde sagte, die ich vernommen habe. Glücklich sind deine Männer und deine Großen, die allezeit vor dir stehen und deine Weisheit hören. Gelobt sei der HERR, dein Gott, der an dir Wohlgefallen hat, sodass er dich auf den Thron Israels gesetzt hat! Weil der HERR Israel lieb hat ewiglich, hat er dich zum König gesetzt, dass du Recht und Gerechtigkeit übst. (1Kön 10,6–9)

Aber die Königin verlässt Jerusalem auch nicht mit leeren Kamelen – sondern vielmehr überreich beschenkt, wie die biblische Erzählung betont. Dass die selbstbewusste afrikanische Herrscherin Salomos Reichtum und seine Weisheit so überschwänglich preist, entsprach vermutlich damaligen Gepflogenheiten. Was sie von seinem Harem gehalten haben mag, ist allerdings nicht überliefert.

Der Bau des Salomonischen Tempels (1Kön 5–8)

David hatte für seinen Gott keinen Tempel errichten dürfen. Zwar hatte er die sagenhafte Bundeslade* nach Jerusalem gebracht, aber der Tempelbau* sollte seinem Sohn Salomo vorbehalten bleiben, so hält es die Nathanverheißung fest (2Sam 7,13). Die Bibel erzählt ausführlich von Salomos Bautätigkeiten; dass der Tempel* als religiöser Prunkbau darin eine besondere Stellung innehat, ist sicher kein Zufall. Doch die biblischen Erzähler wissen natürlich auch, dass Bauvorhaben dieser Größe unfassbare Mengen an Geld und Rohstoffen verschlingen. Und so berichten sie ausführlich von Salomos internationalen Geschäftsverhandlungen – man könnte auch sagen: seinen Deals. Aus dem Libanon kommt das wertvolle Zedern- und Zypressenholz, die Metalle aus anderen Regionen. Für all das gewinnt Salomo einen »ausländischen« Vertragspartner, nämlich Hiram, König der Phönizierstadt Tyrus im Süden des Libanon. Das mag aus architektonischer Sicht klug sein, bedeutet für Salomo der biblischen Erinnerung nach aber auch eine dauerhafte Verpflichtung.

Die Schilderung des Tempelbaus erreicht ihren Höhepunkt mit der Überführung der Bundeslade*: Bereits David hatte sie in einer denkwürdigen Prozession nach Jerusalem bringen lassen (2Sam 6), nun findet sie ihren endgültigen

Platz im Tempel*. Die Einweihung des Tempels* selbst wird als rauschendes Fest geschildert: Segen, Opfer* – und ein eindrucksvolles Weihegebet Salomos (1Kön 8,22–53). Diese Texte allerdings hat erkennbar die exilische* deuteronomistische* Geschichtsdeutung Salomo in den Mund gelegt – das zeigen Sprachstil und Theologie. Hier wird sogar der Bogen zu Mose zurückgeschlagen und damit ein linearer Ablauf der geschichtlichen Ereignisse suggeriert, an den Salomo selbst niemals gedacht haben dürfte:

Und als Salomo dies Gebet und Flehen vor dem HERR vollendet hatte, stand er auf von dem Altar des HERRN und hörte auf zu knien und die Hände zum Himmel auszubreiten und trat hin und segnete die ganze Gemeinde Israel mit lauter Stimme und sprach: Gelobet sei der HERR, der seinem Volk Israel Ruhe gegeben hat, wie er es zugesagt hat. Es ist nicht eins dahingefallen von allen seinen guten Worten, die er geredet hat durch seinen Knecht Mose. (1Kön 8,54–56)

Jerobeam und Rehabeam – Salomos Reich zerfällt (1Kön 12)

Lässt man den salomonischen Bilderbogen Revue passieren, so geht es vor allem darum, Salomo und seinen Hof als Paradebeispiel altorientalischer Macht- und Prachtentfaltung auszumalen – und zwar in einer Zeit, als das kleine Juda sich unter dem Schutz der assyrischen* Herrschaft wenigstens ein bisschen international fühlen durfte. »Märchenkönig« trifft es also gar nicht mal so schlecht. Spannend ist aber, dass dabei auch die Ambivalenzen erkennbar bleiben: So lassen sich Salomos Bauvorhaben nur mit Zwangsarbeit und Frondienst bewältigen (1Kön 9). Und als ob das nicht schon schlimm genug wäre: Genau diese Erfahrung ist es, die nach Salomos Tod dafür sorgt, dass »ganz Israel« zerbricht. Die Stämme* des Nordreiches* begehren nämlich auf: Sie lassen ihren

Randbemerkung

Ob hinter dem Tempelbau* eine historische Erinnerung steckt, ist ausgesprochen umstritten. Wahrscheinlich ist eine solche Bautätigkeit, wie sie in der Salomo-Erzählung in Jerusalem vorausgesetzt wird – selbst dann, wenn man die üblichen Übertreibungen herausnimmt –, nämlich erst für das ausgehende 8. und 7. Jahrhundert v. Chr. Erst in dieser Epoche lassen sich archäologisch größere Bautätigkeiten und Erweiterungen in Jerusalem nachweisen; sogar umfangreiche Stadtmauern gab es. Die Wissenschaft vermutet, dass in dieser Zeit auch die Stadtbevölkerung sprunghaft anwuchs, vielleicht sogar deshalb, weil viele Menschen aus dem von den Assyrern* bedrohten Nordreich* nach Jerusalem flüchteten. Vermutlich haben also die Erzähler der biblischen Salomo-Geschichte die Erfahrungen dieser Zeit in die Regierung des weisen Königs zurückdatiert. Wenn schon Salomo der große Jerusalemer Bauherr war, dann war es ein Leichtes, Salomos Königtum als ruhmreichen Ausgangspunkt für die Geschichte der beiden später getrennten Reiche zu zeichnen: »Ein Reich – ein König – ein Tempel«* – das war im 8. und 7. Jahrhundert v. Chr. sicher ein attraktives theologisch-politisches Programm. Immerhin konnte man so den Flüchtlingen aus dem Nordreich* auch eine religiöse Heimat bieten: Den Tempel* als religiöses Zentrum hatte in dieser Vorstellung nämlich schon der König errichtet, der noch beide Reiche unter sich vereint hatte.

selbstgewählten Anführer Jerobeam erklären, dass sie nur noch dann zum Großreich um den Davidsthron in Jerusalem gehören, wenn der Zwangsdienst ihnen
erleichtert wird. Und was tut Salomos Sohn und Nachfolger, Rehabeam? Der
reagiert so unklug, dass man sich fragen muss, ob er eher die politische Lage oder
die eigene Machtposition völlig falsch eingeschätzt hat. Das Ergebnis bleibt das
gleiche; seine Reaktion bringt das fragile politische Konstrukt endgültig aus dem
Gleichgewicht: »Mein Vater hat euch mit Peitschen gezüchtigt, ich aber will euch
mit Skorpionen züchtigen« (1Kön 12,14).

Die Nordstämme reagieren so, wie es zu erwarten war, und verlassen den
Stämmebund*: »Was haben wir für Teil an David oder Erbe am Sohn Isais? Auf
zu deinen Zelten, Israel! So sorge nun du für dein Haus, David!« (1Kön 12,16). Am
Ende halten Salomos Nachfolger nur zwei Stämme* die Treue, die zukünftig das
Südreich* Juda bilden.

Die berühmte Weissagung des Propheten Nathan, der bereits dem König
David ein vereintes Israel unter der bleibenden Herrschaft des Davidshauses verheißen hatte – sie blieb in der Geschichte
Israels unerfüllt. Und gerade darin wird sie
zur bleibenden Hoffnung:

Randbemerkung

Die Wissenschaft ist sich sicher: Das vermeintliche
Großreich, das Salomo von seinem Vater übernahm, war historisch betrachtet kaum mehr als
ein militärisch-wirtschaftliches Zweckbündnis
(vgl. S. 138 f.). Dass das jedoch nicht reicht, um ein
politisch stabiles Großreich mit einer funktionie-
renden Verwaltung zu errichten, musste dann
auch Salomo erfahren. Die Bibel berichtet zwar
davon, dass er versucht habe, eine umfangreiche
Administration aufzubauen (1Kön 4), doch letztlich
vergeblich: Die einzelnen Stämme* lassen sich
nicht dauerhaft unter dem Dach eines einzigen
Reiches vereinen. Der Stämme*-Konflikt unter
Rehabeam und Jerobeam begründet deshalb
die Jahrhunderte während Reichsteilung – die
nicht durch eine Wiedervereinigung beider Staaten, sondern durch ihren politischen Untergang
beendet wurde: 722 v. Chr. wurde das Nordreich* erobert, 587 v. Chr. dann das Südreich*.

*So spricht der HERR Zebaoth: [...] Wenn nun
deine Zeit um ist und du dich zu deinen Vätern
legst, will ich dir einen Nachkommen erwecken, der von deinem Leibe kommen wird;
dem will ich sein Königtum bestätigen. Der
soll meinem Namen ein Haus bauen, und ich
will seinen Königsthron bestätigen ewiglich.
Ich will sein Vater sein, und er soll mein Sohn
sein. [...] Meine Gnade soll nicht von ihm weichen, wie ich sie habe weichen lassen von Saul,
den ich vor dir weggenommen habe. Aber dein
Haus und dein Königtum sollen beständig sein
in Ewigkeit vor dir, und dein Thron soll ewiglich bestehen. (2Sam 7,8.12–16)*

Salomo und seine 1.000 Frauen – Traum oder Albtraum?

1.000 Frauen sollen zum Harem des Märchenkönigs Salomo gezählt haben (vgl.
1Kön 11,3). Vorstellen kann und möchte man sich das nicht. Auch diejenigen, die die
Geschichten rund um Salomo viele Jahrhunderte später aufschrieben, erzählten

nicht vom Alltag in einem solchen Märchen-
palast. Ihr Interesse galt einem anderen
Thema: Wenn Salomo Frauen aus aller
Herren Länder an seinen Hof holt, dann
wird damit zwar die Bündnispolitik Israels
gestärkt, zugleich aber auch fremden Göttern
Tür und Tor geöffnet. Schon Salomos erste Ehefrau, eine ägyptische* Prinzessin, bringt nicht nur
die Loyalität ihres Vaters, sondern auch ihren eigenen
Glauben mit. Das Urteil, das die biblischen Erzähler im Rückblick über Salomo
fällen, ist deshalb an diesem Punkt vernichtend:

*Und als er nun alt war, neigten seine Frauen sein Herz fremden Göttern zu, sodass
sein Herz nicht ungeteilt bei dem HERRN, seinem Gott, war wie das Herz seines Vaters
David. So diente Salomo der Astarte, der Göttin der Sidonier, und dem Milkom, dem
gräulichen Götzen der Ammoniter. Und Salomo tat, was dem HERRN missfiel, und
folgte nicht völlig dem HERRN wie sein Vater David. (1Kön 11,4–6)*

So etwas konnte Gott in der Vorstellung der späteren Generationen Salomo
natürlich nicht durchgehen lassen. Und tatsächlich ist sich die deuteronomis-
tische* Redaktion*, deren Geschichtsdeutung auch hier durchscheint, in ihrem
Urteil sicher: Dass sich das glorreiche Großreich Israel aufspaltet und die Davids-
Dynastie künftig nur noch über Juda herrscht, ist die Strafe dafür, dass »Salomos
Herz nicht ungeteilt bei dem Herrn« war.

*Darum sprach der HERR zu Salomo: Weil das bei dir geschehen ist und du meinen
Bund und meine Gebote nicht gehalten hast, die ich dir geboten habe, so will ich das
Königtum von dir reißen und einem deiner Großen geben. Doch zu deiner Zeit will
ich das noch nicht tun um deines Vaters David willen, sondern aus der Hand deines
Sohnes will ich's reißen. Doch will ich nicht das ganze Reich losreißen; einen Stamm
will ich deinem Sohn lassen um Davids willen, meines Knechts, und um Jerusalems
willen, das ich erwählt habe. (1Kön 11,11–13)*

Sprichwörtlich: Salomos Weisheit

Fast noch prägender als Salomos Reichtum und Bautätigkeit ist das Bild von Salomos großer Weisheit geworden. Die Bibel erzählt, dass er JHWH zu Beginn seiner
Regierung tatsächlich um Weisheit gebeten hat – allerdings geht es da zunächst
um Weisheit als Regent und Richter. Von dieser Weisheit Salomos legt die

Geschichte von dem Gericht über zwei Mütter beredtes Zeugnis ab; Bertolt Brecht hat diesem Erzählstoff in seinem Theaterstück »Der kaukasische Kreidekreis« ein modernes literarisches Denkmal gesetzt. Die Bibel erzählt: Zwei Prostituierte, die sich eine Hütte teilen, haben kurz nacheinander entbunden; als der Sohn der einen jedoch im Schlaf stirbt, tauscht sie die beiden Kinder aus. Die andere Frau, die rechtmäßige Mutter des noch lebenden Kindes, merkt den Betrug. Es kommt zum Gerichtsprozess, bei dem Salomo selbst Recht spricht: Er schlägt vor, das überlebende Kind mit dem Schwert in zwei Hälften zu teilen, sodass allen Gerechtigkeit geschehe.

Da sagte die Frau, deren Sohn lebte, zum König – denn ihr mütterliches Herz entbrannte in Liebe für ihren Sohn – und sprach: Ach, mein Herr, gebt ihr das Kind lebendig und tötet es nicht! Jene aber sprach: Es sei weder mein noch dein; lasst es teilen! Da antwortete der König und sprach: Gebt dieser das Kind lebendig und tötet's nicht; die ist seine Mutter. Und ganz Israel hörte von dem Urteil, das der König gefällt hatte, und sie fürchteten den König; denn sie sahen, dass die Weisheit Gottes in ihm war, Gericht zu halten. (1Kön 3,26–28)

Bis heute gelten besonders kluge Entscheidungen deshalb als »salomonische Urteile«. Doch ist diese Erzählung auch in sozialgeschichtlicher Hinsicht sprechend, weil sie ein Licht auf die bittere Realität von Frauenschicksalen im alten Israel wirft. Dass beide das verbliebene Kind als eigenes behalten wollen, kann man nämlich auch als Zeichen von Verzweiflung deuten: Ein lebendiger Sohn hätte später die Verpflichtung gehabt, sich um seine (alt gewordene) Mutter zu kümmern.

Diese Geschichte zeigt, in welcher Weise Salomos »Weisheit« hier zunächst auf die Rechtsprechungs- und Regierungskompetenzen eines Königs bezogen wurde. Doch im Verlauf der Salomo-Überlieferung wird dieses Attribut immer weiter ausgebaut: Salomo wird nun eine umfassende menschliche Weisheit und auch schriftstellerische Kompetenz zugesprochen. Und auch auf diesem Gebiet übertrifft Salomo selbstverständlich wieder alle seine Zeitgenossen und sprengt jeden Vergleich: Er ist weiser als alle Weisen und ihm verdanken sich nach Aussage der Erzähler 3.000 Sprüche und 3.500 Lieder.

In der biblischen Wirkungsgeschichte wird Salomo dann zum Prototyp des Weisheitslehrers. Ihm wird die Sammlung der Weisheitssprüche (Spr 1,1) ebenso wie die erotische Liebeslyrik des Hoheliedes (Hhld 1,5) zugeschrieben – in der spannenderweise auch die Prunkentfaltung Salomos selbst wieder Thema ist:

Siehe, um das Bett Salomos stehen sechzig Starke von den Starken in Israel. Alle halten sie Schwerter und sind geübt im Kampf; ein jeder hat sein Schwert an der Hüfte gegen die Schrecken der Nacht. Der König Salomo ließ sich eine Sänfte machen aus Holz vom Libanon. Ihre Säulen machte er aus Silber, die Decke aus Gold, der Sitz purpurn; das Innere geziert mit Edelsteinen. Ihr Töchter Jerusalems, kommt heraus und seht, ihr Töchter Zions, den König Salomo mit der Krone, mit der ihn seine Mutter gekrönt hat am Tage seiner Hochzeit, am Tage der Freude seines Herzens. (Hhld 3,7–11)

Auch das Buch des Predigers Kohelet wird auf Salomo zurückgeführt (vgl. S. 250 f.) – und das ist sicher ebenfalls kein Zufall: Auf diese Weise gelingt es vielmehr, die Dinge, die aus Sicht der Kohelet-Autoren gesagt werden müssen, unter die Autorität des großen Königs und größten Weisen zu stellen. Salomos Name wird so auch zum Garanten für weisheitliche* Klugheit und theologische Richtigkeit – in der Tat: ein kluger Schachzug.

… zum Schluss

Am Ende bleibt die Leserschaft tatsächlich etwas ratlos zurück: Was war das eigentlich, was sie da gerade gelesen hat? Ein schön gefärbtes und mit reichlich Glitzer versehenes Produkt dynastischer Königsideologie? Oder das genaue Gegenteil – ein kritischer, entlarvender Blick auf ein absolutistisches Königtum, wie er ja auch an anderen Stellen des Deuteronomistischen Geschichtswerkes* erkennbar ist? Soll Salomo in seiner Weisheit, Gerechtigkeit und Friedfertigkeit als vorbildlicher König dargestellt werden – oder ist das, was hier von seiner Geltungssucht, seinem Harem und seinem unermesslichen Reichtum erzählt wird, eher eine Parodie auf einen altorientalischen Fürstenhof? Überhaupt dieser Harem: Ist er eher Beweis einer raffinierten Heiratspolitik oder Ausdruck der Schwäche eines alternden und damit auch nicht mehr Gott ergebenen Monarchen? Soll man nun Salomos historisches Verdienst als Erbauer des ersten Jerusalemer JHWH-Tempels* würdigen oder ihn eher als schwachen Nachkömmling verachten, dem es in 40 Jahren nicht gelingt, die Stämme* Israels dauerhaft zu einem Staat zu vereinen?

Fragen über Fragen, die tatsächlich offenbleiben – so wie am Ende auch die Erzählung selbst: »Was mehr von Salomo zu sagen ist und alles, was er getan hat, und seine Weisheit, das steht geschrieben in der Chronik von Salomo« (1Kön 11,41). Und vielleicht liegt die Stärke des gezeichneten Bildes ja genau darin, dass es dazu herausfordert, sich selbst einen Reim darauf zu machen: Was ist das, was von Salomos Geschichte wichtig ist – und wie würde man sie heute erzählen?

Unterwegs im Auftrag Gottes

Die alttestamentlichen Propheten

Elia

Gott begegnet in Wind und Feuer

»Swing low, sweet chariot« 154
Elia – ein einsamer Kämpfer 154
Konflikte über Konflikte: Elia gegen Ahab und JHWH gegen Baal 156
Der Götterwettstreit auf dem Karmel (1Kön 18) 157
Wer Wind sät, wird Sturm ernten – Elia muss fliehen und begegnet Gott am Horeb
    (1Kön 19) 158
Isebels Justizmord: die Geschichte von Nabots Weinberg (1Kön 21) 160
»Gibt es denn keinen Gott in Israel?« – Ahasja befragt den Baal von Ekron (2Kön 1) 161
Elias Himmelfahrt und Elisas Nachfolge (2Kön 2) 162
Elia wird entrückt, doch seine Geschichten bleiben 162
…zum Schluss 163

»Swing low, sweet chariot«

»Swing low, sweet chariot, comin' for to carry me home …« – so beginnt der Refrain eines bekannten Gospels aus dem 19. Jahrhundert. Angespielt wird damit auf eine Geschichte aus dem Alten Testament: Dort wird erzählt, dass der Prophet Elia vor den Augen seines designierten Nachfolgers Elisa auf einem feurigen Wagen durch feurige Pferde in den Himmel entrückt wird (2Kön 2,11). Mit dem Lied sollte dieser himmlische Wagen den unterdrückten Schwarzen Amerikas zum Symbol der Befreiung werden. Wie nur noch Noahs Urgroßvater Henoch und – der späteren Legendenbildung nach – Mose muss Elia nicht sterben, sondern wird lebendig in den Himmel geholt. So bleibt die Bedeutung des Propheten Elia unbestritten, auch wenn er es, anders als zum Beispiel seine Berufsgenossen Jesaja, Jeremia oder Amos, nicht zu einem eigenen Buch gebracht hat.

Elia – ein einsamer Kämpfer

Was man aufgrund der biblischen Überlieferung historisch über Elia sagen kann, ist allerdings relativ wenig: Ursprünglich stammte Elia wohl aus Tischbe im Ostjordanland. Von da aus brach er auf, um als unsteter Wanderer im Nordreich* unterwegs zu sein und als Wundertäter und Prophet zu wirken. Seine Kleidung war augenscheinlich sehr charakteristisch: Fellmantel und Lederschurz. Und er lebte von dem, was er auf dem Feld fand und was man ihm anbot. Mag dies auch eine stilisierte Beschreibung sein, so lässt sie doch erkennen: Elia war institutio-

nell ungebunden und lebte allein – und fand dennoch beim Königshof mit seiner unbequemen Botschaft Gehör.

In den Erzählungen des Alten Testaments tauchen immer wieder solche Gestalten wie Elia auf: einsame Männer, die sich gegen die herrschende Meinung und die königliche Obrigkeit stellen und die sich nur ihrem Gott und ihrem Gewissen verpflichtet fühlen. Micha ben Jimla gehört dazu (1Kön 22), Ahija von Silo (1Kön 14,1–18) und nun Elia.

Als JHWH-Prophet steht Elia außerhalb des höfischen Systems. Er ist ein einsamer Streiter, wird vom König verfolgt und bedroht – und hat doch augenscheinlich einen großen Ruf und viel Macht. Elia hat sich sein Alleinsein allerdings nicht ausgesucht: Die Bibel erzählt, dass Königin Isebel, die Frau seines Widersachers Ahab, alle JHWH-Propheten habe hinrichten lassen (1Kön 18,4). Elia kann nur beklagen, als Einziger übrig zu sein – kein Wunder, dass er den Tod herbeisehnt:

Er aber ging hin in die Wüste eine Tagereise weit und kam und setzte sich unter einen Ginster und wünschte sich zu sterben und sprach: Es ist genug, so nimm nun, HERR, meine Seele; ich bin nicht besser als meine Väter. (1Kön 19,4)

Doch Gott bewahrt ihn – immer und immer wieder. Mal stärkt ihn ein Engel* (1Kön 19,5), mal sind es Raben, die ihm Speise bringen, während das ganze Land unter einer jahrelangen Dürre

Randbemerkung

Micha ben Jimla, Ahija von Silo und Elia von Tischbe sind, folgt man der biblischen Überlieferung, das Gegenbild zu den sogenannten Hofpropheten, die an keinem orientalischen Königshof fehlen durften: Solche Hofpropheten, unter denen es wohl auch Frauen gab, erhielten einen regelmäßigen Lohn und ihre Aufgabe war es, den König in politischen Fragen zu beraten und mithilfe von Losverfahren oder anderen mantischen* Techniken göttliche Orakel* einzuholen. Das dürfte wohl mindestens gelegentlich zu einem Interessenkonflikt geführt haben zwischen dem, was Gott will, und dem, was der König will. Und die Vermutung liegt nahe, dass solche Konflikte nicht selten zugunsten des Königs ausgingen; immerhin stand man als Hofprophet auf dessen Gehaltsliste. Eine Geschichte mitten aus dem Eliazyklus illustriert diesen (Gewissens-)Konflikt ganz gut (1Kön 22): Vor einem Feldzug holt der judäische König ein JHWH-Orakel* ein – und 400 angestellte Tempelpropheten sagen ihm das, was er hören möchte: Er wird gewinnen. Einzig Micha ben Jimla, der einsame Wanderprophet, hat den Mut, dem König mitzuteilen, dass ein Krieg seinen Tod bedeuten würde. Doch seine Gegenspieler, die offiziell beauftragten Kultpropheten, beharren auf ihrem positiven Spruch. Der König hört verständlicherweise lieber von Sieg als von Niederlage, er zieht in den Kampf – und stirbt. Micha ben Jimla erweist sich auf diese schreckliche Weise als wahrer JHWH-Prophet. Natürlich gab es aber auch solche Hofpropheten, die ihre Aufgabe, den König zu beraten, mit großer Ernsthaftigkeit verfolgten. Dazu zählte wohl auch der Prophet Nathan, der es wagte David zu kritisieren (2Sam 12,1–7).

ächzt (1Kön 17,6). Einer Dürre übrigens, die – so berichtet die Bibel – eine Strafe Gottes für das gotteslästerliche Verhalten des Königs ist.

Während dieser Dürre wird Elia von Gott zu einer Witwe nach Sarepta gesandt, der Gott geboten hat, ihn zu versorgen (1Kön 17,8–24). Er trifft sie beim Holzsammeln und bittet um Wasser und Brot. Doch die arme Frau hat selbst nur eine Handvoll Mehl und wenig Öl. Gott aber bewirkt durch Elia, dass das Mehl im Topf und das Öl im Krug bis zum Ende der Trockenperiode nicht versiegen. Und noch ein Wunder beweist, dass Elia wirklich ein Mann Gottes ist: Als ihm nämlich unmittelbar darauf vom Sterben des Sohnes der Witwe berichtet wird und die Witwe ihm Vorwürfe macht, gelingt es Elia, den gerade verstorbenen Jungen mit Gottes Hilfe ins Leben zurückzuholen. Die Bibel legt allerdings hier wie auch sonst Wert darauf, dass es nur JHWHs Macht zu verdanken ist, dass Elia heilen und Wunder wirken kann: »Und der HERR erhörte die Stimme Elias, und das Leben kehrte in das Kind zurück, und es wurde wieder lebendig« (1Kön 17,22).

Konflikte über Konflikte: Elia gegen Ahab und JHWH gegen Baal

Als Elia gemäß der biblischen Überlieferung auftrat, war Ahab der König des Nordreichs* (871–852 v. Chr.). Er war der Sohn des vorherigen Königs Omri, dessen politisches Taktieren Israel zu außenpolitischem Einfluss und einer gewissen politischen Stabilität verholfen hatte. Seit Omri konnte sich das Nordreich*, international betrachtet, durchaus sehen lassen. Ein deutliches Zeichen dafür war die Heirat zwischen Omris Sohn Ahab und der phönizischen Königstochter Isebel, die zur Hauptgegnerin Elias werden sollte. Denn eine der Konsequenzen dieser Heirat war es, dass der Baalskult* Einzug in die israelitische Hauptstadt Samaria erhielt. Dass man mit der neuen Ehefrau auch deren Gottheiten übernahm, war damals so üblich, dass die Forschung dafür den Begriff des »diplomatischen Synkretismus*« geprägt hat.

Dennoch ist das Urteil, das die Königebücher rückblickend über Omris Sohn Ahab fällen, vernichtend – und das ist noch höflich gesprochen:

Im achtunddreißigsten Jahr Asas, des Königs von Juda, wurde Ahab, der Sohn Omris, König über Israel und regierte über Israel zu Samaria zweiundzwanzig Jahre und tat, was dem HERRN missfiel, mehr als alle, die vor ihm gewesen waren. Es war noch das Geringste, dass er wandelte in der Sünde Jerobeams, des Sohnes Nebats; er nahm Isebel, die Tochter Etbaals, des Königs der Sidonier, zur Frau und ging hin und diente Baal und betete ihn an und richtete Baal einen Altar auf im Tempel Baals, den er ihm zu Samaria baute. Und Ahab machte eine Aschera, sodass Ahab mehr tat, den HERRN, den Gott Israels, zu erzürnen, als alle Könige von Israel, die vor ihm gewesen waren. (1Kön 16,29–33)

Nun wird der Prophet Elia auf den Plan gerufen, um zum Kämpfer für den alleinigen Gott JHWH zu werden. In den Geschichten rund um Elia geht es also nicht nur um die Auseinandersetzung zwischen einem Propheten und einem König, sondern auch um den Kampf zwischen JHWH und Baal* – und dieser Disput ist in der hier geschilderten Intensität tatsächlich neu und auffällig. Und wäre die Eliageschichte ein Hollywood-Blockbuster, so wäre der Götterwettkampf auf dem Karmel der große Showdown.

Der Götterwettstreit auf dem Karmel (1Kön 18)

Dieser Showdown ist ebenso grandios wie grausam. Die Ereignisse, die ihm vorausgegangen waren, lassen sich schnell erzählen: Weil Ahab seiner Frau Isebel zuliebe den Baalskult* eingeführt hatte, straft JHWH das Land mit einer langjährigen Dürre und einer Hungersnot. Erst nach drei Jahren erhält Elia den Auftrag, Ahab aufzusuchen und ihm das Ende der Not anzusagen. Wie erwartet, verläuft die Begegnung nicht gerade freundlich.

Randbemerkung

In der Bewertung Ahabs zeigen sich deutlich die Spuren, die die Bearbeiter der Königsbücher im »Deuteronomistischen Geschichtswerk«* hinterlassen haben. Ahab war nämlich, historisch betrachtet, ein typischer Herrscher seiner Zeit: Er regierte das Nordreich* Israel und verehrte den dort heimischen Gott JHWH auf Höhenheiligtümern* oder an anderen Kultstätten*. Und da JHWH, wie es sich damals für einen Gott gehörte, eine weibliche Gefährtin hatte, wurde auch eine Göttin namens Aschera* angebetet. Selbstverständlich hatte Ahab keine Probleme damit, auch den Gottheiten seiner Ehefrau den ihnen gebührenden Platz einzuräumen. Und tatsächlich war das alles zu seiner Regierungszeit absolut üblich. Vielgötterei, eine Sünde gegen Gottes Gebote und den Abfall vom wahren Glauben sahen darin erst spätere Generationen, die nach der Zerstörung Jerusalems 587 v. Chr. auf der Suche nach einer Erklärung für den Untergang waren – und beim Blick in die Königschroniken fündig wurden. Sie lasen die Texte mit der Brille ihrer Zeit und erkannten: Alle Könige hatten gegen das Gebot verstoßen, das sie für zentral hielten, nämlich das der bilderlosen Alleinverehrung JHWHs im Jerusalemer Tempel*. Kein Wunder also, dass aus Sicht der Verfasser des Deuteronomistischen Geschichtswerkes* die beiden Staaten Israel und Juda dem Untergang geweiht waren – Gottes Strafe war ihnen sicher gewesen. Und kein Wunder, dass in diesem Rückblick der König Ahab zu einem der Schlimmsten in der Geschichte Israels wurde: Seine Heiratspolitik hatte auch fremden Göttern in Israel Tür und Tor geöffnet.

Und als Ahab Elia sah, sprach Ahab zu ihm: Bist du es, der Israel ins Unglück stürzt? Er aber sprach: Nicht ich stürze Israel ins Unglück, sondern du und deines Vaters Haus dadurch, dass ihr des HERRN Gebote verlassen habt, und du den Baalen nachgelaufen bist. (1Kön 18,17–18)

Ahabs Vorwurf, Elia sei der eigentlich Verantwortliche für die Hungersnot, kann dieser natürlich nicht auf sich sitzen lassen. Elia kontert – und zeigt vor dem Publikum auf dem Berg Karmel im Norden Palästinas, welcher Gott wirklich Macht über Leben und Tod hat. Dem ersten Anschein nach bahnt sich hier ein sehr ungleicher Kampf an: Dem letzten überlebenden JHWH-Propheten Elia stehen 450 Baals*-Propheten gegenüber. Doch Elia lässt sich nicht einschüchtern: Beide Seiten sollen, so fordert er, ein Speiseopfer* allein durch die Anrufung ihres Gottes in Brand setzen. Und Elia setzt noch eins oben drauf. Während seine Gegner mit ihren stundenlangen ekstatischen Bemühungen kein einziges Rauchwölkchen herbeizaubern können, lässt Elia seinen Opferhaufen* sogar noch mit Wasser tränken. Und dann geschieht das Wunder:

Und als es Zeit war, das Speiseopfer zu opfern, trat der Prophet Elia herzu und sprach: HERR, Gott Abrahams, Isaaks und Israels, lass heute kundwerden, dass du Gott in Israel bist und ich dein Knecht und dass ich all das nach deinem Wort getan habe! Erhöre mich, HERR, erhöre mich, dass dies Volk erkenne, dass du, HERR, Gott bist und ihr Herz wieder zu dir kehrst! Da fiel das Feuer des HERRN herab und fraß Brandopfer, Holz, Steine und Erde und leckte das Wasser auf im Graben. Als das alles Volk sah, fielen sie auf ihr Angesicht und sprachen: Der HERR ist Gott, der HERR ist Gott! Elia aber sprach zu ihnen: Greift die Propheten Baals, dass keiner von ihnen entrinne! Und sie ergriffen sie. Und Elia führte sie hinab an den Bach Kischon und schlachtete sie daselbst. (1Kön 18,36–40)

Aus Sicht des Elia mag diese ganze Aktion ein voller Erfolg gewesen sein: Sein Gott JHWH hat sich als der einzig Wirkmächtige gezeigt! Das Volk bekehrt sich daraufhin erneut zu JHWH, aber die Baals*-Propheten trifft es hart: Elia tötet sie alle eigenhändig. Ob Gott das gewollt hat, davon sagt der biblische Text nichts. Aber er zeigt unverhohlen, dass gewaltbereiter Fundamentalismus keiner Religion fremd ist.

Wer Wind sät, wird Sturm ernten – Elia muss fliehen und begegnet Gott am Horeb (1Kön 19)

Wer Wind sät, wird Sturm ernten, so sagt ein geflügeltes Wort, das aus dem Buch des Propheten Hosea stammt (Hos 8,7). Und tatsächlich liegen auch bei Elia der mit dem Blut der Baals*-Propheten getränkte Sieg und sein Scheitern nahe beieinander: Die böse Königin Isebel, als Baalsverehrerin* ja seine eigentliche Gegenspielerin, trachtet Elia nach dem Leben. Diesem bleibt nichts anderes übrig, als in die Wüste zu fliehen. Und trotz seines Etappensiegs auf dem Kar-

mel erscheint er hier resigniert und lebensmüde. Hätte Gottes Engel* ihn nicht
gestärkt, so wäre es nun wohl aus mit ihm gewesen. Wie viele Große vor ihm
hadert auch Elia mit seiner Beauftragung. Die Nähe zu Mose, der als Berufener
Gottes ja auch nicht so recht glücklich war (vgl. Ex 3–4, vgl. S. 96 f.), wird in dieser Geschichte besonders deutlich: Wie das Volk Israel beim Exodus* wird auch
Elia durch göttliche Speise in der Wüste gestärkt. Auch dass Elia 40 Tage unterwegs ist (während es beim Volk Israel 40 Jahre waren), ist sicher kein Zufall. Und
wie Mose begegnet Elia Gott am Horeb, dem Gottesberg. Dort endlich kann Elia
seine Klage loswerden:

*Ich habe geeifert für den HERRN, den Gott Zebaoth; denn die Israeliten haben deinen
Bund verlassen und deine Altäre zerbrochen und deine Propheten mit dem Schwert
getötet und ich bin allein übrig geblieben, und sie trachten danach, dass sie mir mein
Leben nehmen. (1Kön 19,10)*

Gottes Antwort auf diese Klage besteht darin, sich Elia zu zeigen. Und Elia wird
hier eine Gottesoffenbarung der besonderen Art zuteil:

*Der Herr sprach: Geh heraus und tritt hin auf den Berg vor den HERRN! Und siehe,
der HERR ging vorüber. Und ein großer, starker Wind, der die Berge zerriss und
die Felsen zerbrach, kam vor dem HERRN her; der HERR aber war nicht im Winde.
Nach dem Wind aber kam ein Erdbeben; aber der HERR war nicht im Erdbeben.
Und nach dem Erdbeben kam ein Feuer; aber der HERR war nicht im Feuer. Und
nach dem Feuer kam ein stilles, sanftes Sausen. Als das Elia hörte, verhüllte er sein
Antlitz mit seinem Mantel und ging hinaus und trat in den Eingang der
Höhle. (1Kön 19,11–13)*

Gott begegnet Elia nicht im tobenden Sturm, im brausenden
Wind oder im zerstörerischen Feuer – also in Elementen, mit
denen sich die Götter in der Umwelt Kanaans* sonst so zu
umgeben pflegten. Elia erfährt damit keine der typischen
Begleiterscheinungen einer Theophanie*, mit denen die
Menschen in Furcht vor dem Göttlichen versetzt werden. Sondern der Gott, für den Elia eifert, erscheint, wie
es Martin Buber in seiner Bibelübertragung unver-
gleichlich poetisch zum Ausdruck brachte, mit einer
»Stimme verschwebenden Schweigens«. Und auch
wenn Elia vielleicht etwas ganz anderes erwartet hätte – Gottes Zartheit scheint ihm in diesem Fall geholfen zu haben.

Im Anschluss an diese Gottesbegegnung erhält der spirituell gestärkte Elia einen neuen Auftrag, aus dem nicht weniger als eine Neuordnung der politischen Verhältnisse resultiert: Elia soll Hasael zum König der Aramäer* machen, Jehu zum König Israels und Elisa zu seinem eigenen Nachfolger (1Kön 19,15–17). Der antiken Leserschaft war damit sofort klar: Gott selbst läutet hiermit den politischen Umsturz in Israel ein – die Tage der Omridendynastie sind damit gezählt.

Isebels Justizmord: die Geschichte von Nabots Weinberg (1Kön 21)

Doch noch sind Ahab und seine missgünstige Frau Isebel an der Macht – und die Geschichte von Nabots Weinberg enthüllt ihre Heimtücke besonders deutlich. Dahinter steht sicher die historische Erinnerung daran, dass sich unter Ahabs außenpolitisch durchaus erfolgreicher Regierung die Lebensbedingungen der kleinbäuerlichen Bevölkerung verschlechterten und die Armutsschere immer weiter auseinanderging.

Ahab jedenfalls hat ein Auge auf den Weinberg des Nabot geworfen; dieser jedoch will nicht verkaufen. Nabots Begründung erweist sofort, dass er ein Mann von Ehre und aus israelitischer Sicht selbstverständlich im Recht ist.

Und Ahab redete mit Nabot und sprach: Gib mir deinen Weinberg; ich will mir einen Kohlgarten daraus machen, weil er so nahe an meinem Hause liegt. Ich will dir einen besseren Weinberg dafür geben oder, wenn dir's gefällt, will ich dir Silber dafür geben, soviel er wert ist. Aber Nabot sprach zu Ahab: Das lasse der HERR fern von mir sein, dass ich dir meiner Väter Erbe geben sollte! (1Kön 21,2–3)

Nabot ist das Land seiner Vorfahren mehr wert als Gold und Silber – doch Isebel hat für solche familiären Sentimentalitäten wenig übrig. Mit List plant sie Nabots Tod: Sie sorgt dafür, dass er aufgrund falscher Zeugen eines Vergehens überführt wird, das er nicht begangen hat. Und da eine Königin bekommt, was sie sich in den Kopf gesetzt hat, wird Nabot tatsächlich gesteinigt. Auch wenn Ahab an Isebels Ränkespielen nicht beteiligt ist, so nimmt er das Ergebnis – nämlich Nabots Weinberg – doch gerne in seinen Besitz. Dies ruft dann Elia auf den Plan. Er klagt den König selbst des Mordes an und prophezeit ihm Vergeltung. Ahab bereut daraufhin sofort. Die Bibel überliefert, dass Gott Ahabs Reue als echt akzeptiert und deshalb seine Unheilsanklage auf eine spätere Generation verschiebt:

Und das Wort des HERRN kam zu Elia, dem Tischbiter: Hast du nicht gesehen, wie sich Ahab vor mir gedemütigt hat? Weil er sich nun vor mir gedemütigt hat, will ich

*das Unheil nicht kommen lassen zu seinen Lebzeiten, aber zu seines Sohnes Lebzeiten
will ich das Unheil über sein Haus bringen. (1Kön 21,28–29)*

Dieser theologisch angehauchte Einschub in Gestalt einer Gottesrede ist im
Grunde ein Versuch, die Geschichte über Ahab an die historischen Begebenheiten
anzupassen. Der Redaktor*, der diese Erzählung ergänzt, weiß augenscheinlich,
dass König Ahab letztlich viele Jahre später eines natürlichen Todes starb. Deshalb muss er mit diesem Kunstgriff Elias Worte abmildern.

»Gibt es denn keinen Gott in Israel?« – Ahasja befragt den Baal von Ekron (2Kön 1)

Das strafende Schicksal ereilt erst Ahabs Sohn Ahasja. Auch diese Geschichte
legt als Einzelerzählung wieder beredtes Zeugnis von einer Praxis ab, die sicher nicht nur im Königshaus, sondern auch unter der einfachen Bevölkerung
Israels weit verbreitet war: Wer sich
göttlicher Hilfe vergewissern wollte,
fragte auch mal andere Gottheiten als
den eigentlich zuständigen Gott JHWH
um Rat und heilvolle Orakel*. So etwas
wurde ja schon von dem alten König
Saul überliefert, der bei seinem Feldzug gegen die Philister* eine Wahrsa-
gerin und Totenbeschwörerin um Klä-
rung bat (1Sam 28).

In 2Kön 1 jedenfalls schickt kein
Geringerer als der König Ahasja selbst,
Thronerbe des Ahab, eine Delegation
in die Phönizierstadt Ekron. Weil er
schwer erkrankt ist, erhofft er sich von dem in Ekron verehrten Baal-Sebub*
eine positive Prognose für den Krankheitsverlauf. Doch der Prophet Elia stellt
sich dieser Delegation entgegen. Er fragt: »Ist denn nun kein Gott in Israel,
dass ihr hingeht, zu befragen Baal-Sebub, den Gott von Ekron?« (2Kön 1,3). Und
weil die Antwort auf diese Frage eigentlich auf der Hand liegt, teilt Elia den
Boten des Ahasja auch gleich dessen Todesurteil mit. Und tatsächlich: Ahasja
stirbt – allerdings erst, nachdem Elia selbst noch einige Male mit der Staats-
macht aneinandergeraten ist.

Randbemerkung

Es ist aufgrund historischer Quellen und archäologischer Funde tatsächlich davon auszugehen,
dass eine solche »heidnische« Volksfrömmigkeit noch bis in die Exilszeit* hinein gar nicht
selten war. Die ganze Königezeit hindurch gab
es neben dem offiziellen Staatskult* Formen privater Frömmigkeit, in der Götterstatuen verehrt
wurden und Beschwörungsrituale eine wichtige
Rolle spielten – und in der man selbstverständlich von der Existenz mehrerer Götter ausging,
während die Idee, dass nur ein einziger Gott
Verehrung verdiene, noch nicht sehr verbreitet war (vgl. zur Frömmigkeit in Israel S. 17 ff.).

Elias Himmelfahrt und Elisas Nachfolge (2Kön 2)

Doch selbst das wundersamste und erfüllteste Leben geht irgendwann zu Ende.
So ist es bei Elia auch, der allerdings – standesgemäß, so ist man geneigt zu sagen –
mit einem Wunder abtritt. Elia ist gemeinsam mit seinem designierten Nachfolger Elisa unterwegs. Da geschieht bei der Überquerung des Jordan plötzlich
das Unerwartete: »Und als sie miteinander gingen und redeten, siehe, da kam
ein feuriger Wagen mit feurigen Rossen, die schieden die beiden voneinander.
Und Elia fuhr im Wettersturm gen Himmel« (2Kön 2,11).
      Deutlicher kann man wohl nicht zum Ausdruck bringen, wie groß die Nähe
des Gottes JHWH zu seinem Propheten ist – und wie sehr dieser also aus der
Autorität Gottes handelt. Doch in 2Kön 2 hat die Schilderung der Reise des Elia
zu seiner Himmelfahrt noch eine andere Funktion: So nämlich wie Elia auf dem
Hinweg mit seinem Mantel den Jordan geteilt hat, genauso tut es Elisa mit dem
von Elia zurückgelassenen Mantel auf dem Rückweg. Sehr publikumswirksam –
und die Antwort lässt nicht lange auf sich warten: »Als das die Prophetenjünger
sahen [...], sprachen sie: Der Geist Elias ruht auf Elisa« (2Kön 2,15). Damit hat Elia
seinen Nachfolger gefunden.

Elia wird entrückt, doch seine Geschichten bleiben

Von Elia sind viele Geschichten, aber kein eigenes Prophetenbuch überliefert.
Die Erinnerung an seine Worte und Taten hat vielmehr ihren Niederschlag in
den Königebüchern gefunden (1Kön 17–2Kön 2). Warum es für die Erzählungen
rund um Elia und Elisa nicht zu einem eigenen Prophetenbuch gereicht hat,
kann die Forschung naturgemäß nicht beantworten, aber zweifelsohne gibt Elia
das Urbild vieler Prophetengestalten ab und hat auf diesem Weg auch die Überlieferung der Schriftprophetie beeinflusst.
      Die Königebücher jedenfalls erzählen von Elia und seinem Nachfolger Elisa.
Dieser wiederum schart Prophetenjünger um sich (vgl. 2Kön 2–13), die sich ebenfalls auf die Autorität ihres Gewährsmannes und Gründers Elia berufen. Die Forschung vermutet heute, dass diese Jüngerkreise des Elisa dafür verantwortlich
sind, dass die Aussprüche von Elia und die Erzählungen über ihn gesammelt
und tradiert wurden. Anders als bei vielen anderen biblischen Überlieferungen
verrät also hier vielleicht sogar der Text selbst, wie, warum und von welchen
Tradenten* er weitergegeben wurde. Man hat gute Gründe davon auszugehen,
dass die Geschichten rund um diese beiden Propheten sehr alt sind: Manche Prophezeiungen des Elia sind erkennbar nicht eingetreten und sind also
schlicht falsch. Wären die Elia- und Elisa-Erzählungen jedoch erst im 6. Jahr-

hundert v. Chr. erfunden worden, dann hätte es keinen Grund gegeben, nicht den historisch bekannten Tatsachen zu folgen. Deshalb nimmt die Wissenschaft an, dass diese Geschichten zunächst selbstständig überliefert wurden und erst in einem zweiten Schritt ein Teil der Königebücher und damit des sogenannten »Deuteronomistischen Geschichtswerkes«* wurden.

Die Forschung geht davon aus, dass die Einbettung der Eliaerzählungen in die Königebücher gegen Ende der Exilszeit* geschah – vielleicht weil gerade zu dieser Zeit die Frage nach dem richtigen Verständnis israelitischer Prophetie so bedeutsam wurde: Einerseits galt selbstverständlich Mose als der alleinige, wahre und JHWH-gemäße Prophet (vgl. S. 111), doch andererseits wollte man mithilfe der Person des Elia auch zeigen, wie bedeutsam die Gerichtsprophetie innerhalb der Geschichte Israels war: An seinem Beispiel machte man deutlich, dass immer wieder wort- und geistbegabte Männer aufgestanden waren, um die Auseinandersetzung mit dem eigenen Königshaus zu wagen. Darin fand Elia schließlich in Jesaja und Jeremia würdige Kollegen.

… zum Schluss

Obwohl Elia es nicht zu einem eigenen prophetischen Buch gebracht hat, zeigt sein Wirken große Resonanz. Schon das apokryphe* Buch Jesus Sirach erinnert an Elias Auftreten:

Und der Prophet Elia erhob sich wie ein Feuer und sein Wort brannte wie eine Fackel: er brachte Hungersnot über sie, und durch seinen Eifer verringerte er ihre Zahl. Durch das Wort des Herrn schloss er den Himmel zu; dreimal brachte er Feuer herab. (Sir 48,1–3)

Sicher ist es kein Zufall, dass Jesus Sirach Elia und das Feuer in einem Atemzug nennt und dessen Worte mit einer brennenden Fackel vergleicht: Tatsächlich spielt das Feuer in den Geschichten rund um Elia immer wieder eine große Rolle – von dem himmlischen Feuerwagen, der Elia entrückt, war bereits die Rede. Und auch der Vergleich seiner Rede mit einer brennenden Fackel ist durchaus passend. Elias Worte können erhellend wirken, aber auch vernichtend sein.

Selbst für den neutestamentlichen Bußprediger Johannes den Täufer wurde Elia zum Vorbild (vgl. Mt 3,1–4), ja mehr noch: Johannes glaubte von sich selbst, er sei der auf die Erde zurückgekehrte Elia. Diese Vorstellung geht auf das letzte prophetische Buch des Alten Testaments zurück, nämlich den Propheten Maleachi. Er verbindet in den letzten Versen seines letzten Kapitels die Erwartung einer Wiederkehr des Elia mit dem eschatologischen* Gericht Gottes:

Siehe, ich will meinen Engel senden, der vor mir her den Weg bereiten soll. [...] Siehe, ich will euch senden den Propheten Elia, ehe der große und schreckliche Tag des HERRN kommt. Der soll das Herz der Väter bekehren zu den Kindern und das Herz der Kinder zu ihren Vätern, auf dass ich nicht komme und das Erdreich mit dem Bann schlage. (Mal 3,1.23–24)

In dieser Erwartung stellt man in manchen jüdischen Familien noch heute am Sabbat* einen zusätzlichen Teller auf den Tisch – eben »für Elia«.

Jesaja

Ein Prophet wird zum Buch

Der Schriftprophet 165
Die Berufung des Jesaja: Verstockung statt Verständnis (Jes 6) 166
Am Anfang stand die Jesaja-Denkschrift (Jes 6–8) 168
König Ahas und sein »Bruderkrieg« mit Israel – Jesaja warnt (Jes 6–8) 169
König Hiskia und die philistäischen Aufstände – Jesaja mahnt 170
Die Bedrohung Jerusalems durch den assyrischen König –
    Jesaja rät zur Zurückhaltung (Jes 36–39) 170
Ein Gott, eine Stadt, ein heiliger Berg: Die Zionstheologie 172
Die Zionstheologie in der Krise 173
Stadtklage und Weinberglied (Jes 1 und Jes 5) 174
Der Prophet Jesaja – gelesen durch die Brille der Exilszeit 175
Eine Hoffnung des Jesajabuches: der Sohn Davids 177
Andere Stimmen melden sich zu Wort – Protojesaja, Deuterojesaja und Tritojesaja 179
»Tröstet mein Volk!« – Die Botschaft von Deuterojesaja (Jes 40–55) 179
Wir sind der Gottesknecht! – Das Selbstverständnis der Verfasser von Deuterojesaja 181
Aufrufe zur Heimkehr – zur Situation nach dem Babylonischen Exil 182
Was am Ende bleibt – die Hoffnung auf einen überweltlichen Frieden 183
… zum Schluss 183

Der Schriftprophet

Wer war Jesaja, Sohn des Amoz? Wie kam es dazu, dass Menschen noch Jahrhunderte nach seinem Tod seine Worte hörten, lasen und vor allem: daran weiterschrieben? Denn darum handelt es sich beim Jesajabuch: nicht um eine Biografie, sondern um eine Glaubenserzählung Israels im Namen des Propheten Jesaja, die sich über Jahrhunderte erstreckt.

Wie alle Prophetenbücher trägt auch das Jesajabuch eine Überschrift: »Dies ist das Gesicht, das Jesaja, der Sohn des Amoz, schaute über Juda und Jerusalem zur Zeit des Usija, Jotam, Ahas und Hiskia, der Könige von Juda« (Jes 1,1). Doch muss man sich klarmachen: Diese Überschrift will nicht sagen, dass es ein Mann namens Jesaja gewesen sei, der das ganze Buch geschrieben habe – sondern damit wird zum Ausdruck gebracht, dass alle folgenden Kapitel und Verse unter der Autorität des Jesaja stehen. Das heißt: Das Buch Jesaja enthält nicht nur das, was Jesaja selbst gesagt hat, sondern auch das, was viele andere auch noch Jahrhunderte später glaubten, in seinem Namen sagen zu müssen.

Überhaupt: Die Idee eines »Autors« im Sinne eines einsamen, genialen, literarisch begabten Schreibers ist eine eher moderne Vorstellung. Die altorientalische Literatur und damit auch die Schriften des Alten Testaments kennen dieses Konzept nicht. Es geht weder um Authentizität noch um persönliche Kreativität, sondern darum, als Schreiber die Überlieferung getreulich weiterzugeben und theologisch kundig weiterzubearbeiten. Das Jesajabuch ist das Produkt eines langen Verschriftungs- und Bearbeitungsprozesses. »Schriftprophetie« nennt das die Forschung heute – mit Hochachtung übrigens. Die Genialität derer, die das Buch Jesaja weiterschrieben, liegt in der theologischen Treue zur Botschaft des Propheten, die wiederum in der Treue zu Gottes Wort und seiner Offenbarung ihr Zentrum hat. Die Wissenschaft kann hier von der »Jesaja-Schule« sprechen und auf Jes 8,16 verweisen: »Verschließe das Zeugnis! Versiegele die Weisung in meinen Jüngern!« Haben sich hier vielleicht die Jesaja-Nachfolger selbst in den Bibeltext eingetragen?

Die Berufung des Jesaja: Verstockung statt Verständnis (Jes 6)

Das zentrale Ereignis im Leben eines Propheten ist unzweifelhaft seine Berufung. Und bei der des Jesaja wird nun wahrlich an nichts gespart. Jesaja erinnert sich:

In dem Jahr, als der König Usija starb, sah ich den HERRN sitzen auf einem hohen und erhabenen Thron und sein Saum füllte den Tempel. Serafim standen über ihm; ein jeder hatte sechs Flügel: Mit zweien deckten sie ihr Antlitz, mit zweien deckten sie ihre Füße und mit zweien flogen sie. Und einer rief zum andern und sprach: Heilig, heilig, heilig ist der HERR Zebaoth, alle Lande sind seiner Ehre voll! (Jes 6,1–3)

So weit, so konventionell: ein Hofzeremoniell. Und auch die darauf folgende Demutsgeste des Propheten dürfte die antike Leserschaft erwartet haben, denn auch sie gehört einfach dazu, wenn erzählt wird, wie Gott Menschen in seinen Dienst ruft. Jesaja spricht: »Weh mir, ich vergehe! Denn ich bin unreiner Lippen und wohne unter einem Volk von unreinen Lippen; denn ich habe den König, den HERRN Zebaoth, gesehen mit meinen Augen« (Jes 6,5).

Die Bibel erzählt davon, dass Gott selbst nun dafür sorgt, dass Jesaja für seinen Auftrag vorbereitet wird: Einer der Seraphim*, ein geflügeltes göttliches Fabelwesen, berührt Jesajas Lippen mit glühender Kohle. Als Prozedur sicher schmerzhaft, im Symbolgehalt der Handlung umso wirkungsvoller: Die Kohle stammt vom Altar, sie ist also kultisch* rein und sorgt deshalb dafür, dass auch Jesaja »rein« wird. Nur deshalb kann Jesaja, als Gott fragt, wen er senden solle, sich – vielleicht etwas übereifrig – sofort zu Wort melden. Jesaja wird also zum Propheten ernannt und erhält sofort den ersten Auftrag. Der ist allerdings ziemlich eigentümlich, denn Jesaja soll Gottes Botschaft ausdrücklich so verkünden, dass sie nicht verstanden wird: »Höret und verstehet's nicht; sehet und merket's nicht!« (Jes 6,9).

Verstockung statt Verständigung, so könnte man es auf den Punkt bringen. Doch Jesaja fragt nicht nach dem Sinn, sondern nur ganz ergeben: »Herr, wie lange?« Und Gott antwortet ihm: »Bis die Städte wüst werden, ohne Einwohner, und die Häuser ohne Menschen und das Feld ganz wüst daliegt. Denn der HERR wird die Menschen weit wegführen, sodass das Land sehr verlassen sein wird« (Jes 6,11–12).

Jes 6 wird als »Thronvision des Jesaja« bezeichnet. Man kann heute nur noch spekulieren, ob Jesaja diese Vision wirklich so erlebt hat. Was aber auffällt: In diesen wenigen Versen werden die Themen entfaltet, die im Jesajabuch immer wieder wichtig werden sollen, die also so etwas wie seine Kernbotschaft darstellen.

So ist es sicher kein Zufall, dass diese Offenbarungsvision im Jerusalemer Tempel* verortet wird. Denn auch wenn sie dort nicht stattgefunden haben sollte, wird damit zum Ausdruck gebracht, welche Bedeutung der Tempel* in Jerusalem als Gottes Stadt auf dem Berg Zion* für die Theologie des Jesajabuches hat. Und noch etwas fällt auf: Der Auftrag des Propheten Jesaja ist ja eigentlich widersinnig! Er soll in Gottes Namen zu den Menschen sprechen, obwohl er weiß, dass sie ihn nicht verstehen werden. Denn dafür, auch das weiß Jesaja, muss Gott die Verstockung der Menschen zuerst aufheben. Doch bis das so weit ist, wird viel Unheil geschehen. Damit ist allerdings von Beginn an klar: Auch diese Zeit der Verwüstung und Verbannung hat irgendwann ein Ende, denn es gibt einen Hoffnungsschimmer am Horizont: Ein »Rest« wird übrigbleiben und die Chance auf einen Neuanfang nach Vernichtung und Zerstörung bekommen.

Und tatsächlich: Das Buch begleitet die wechselvolle Geschichte Israels durch viele Jahrhunderte. Es erzählt vom Rettungswillen und der Rettungsmacht Gottes durch die schlimmsten Zeiten der Geschichte seines Volkes, nämlich von der assyrischen* Bedrohung im 8. und 7. Jahrhundert über die babylonische* Gefangenschaft im 6. Jahrhundert, bis hin zur Restauration unter persischer* Herrschaft im 5. und 4. Jahrhundert v. Chr. Auch diese Zeitspanne von mehreren Jahrhunderten zeigt: Unmöglich kann das alles von einer einzigen Person aufgeschrieben worden sein. Hinter dem Buch, das den Namen des Jesaja trägt, stehen vielmehr die Erfahrungen und theologischen Reflexionen ganzer Generationen.

Der Name des Propheten, den auch das Buch trägt, ist dabei Programm: Jesaja heißt übersetzt »Gott hilft«. Und am Ende ist klar: Gott hat geholfen und Gott wird auch in einer Zukunft jenseits dieser Welt weiterhelfen!

Denn siehe, ich will einen neuen Himmel und eine neue Erde schaffen, dass man der vorigen nicht mehr gedenken und sie nicht mehr zu Herzen nehmen wird. Freuet euch und seid fröhlich immerdar über das, was ich schaffe. Denn siehe, ich erschaffe Jerusalem zur Wonne und sein Volk zur Freude, und ich will fröhlich sein über Jerusalem und mich freuen über mein Volk. Man soll in ihm nicht mehr hören die Stimme des Weinens noch die Stimme des Klagens. (Jes 65,17–19)

Am Anfang stand die Jesaja-Denkschrift (Jes 6–8)

Das Jesajabuch trägt zwar den Namen des Jesaja ben Amoz im Titel, doch ein wirkliches Interesse an seiner Person und seiner Geschichte wird nicht so richtig erkennbar. Tatsächlich sind viele Worte, Orakel*, Unheilsansagen und Verheißungen gar nicht ausdrücklich mit dem Namen oder gar dem Leben des Jesaja verknüpft.

Wenn man irgendwo überhaupt etwas über das Leben dieses Mannes erfährt, dann am ehesten in Jes 6,1–8,18, also in den Kapiteln, die direkt auf seine Berufung folgen – und die in der älteren Forschung als »Jesaja-Denkschrift« bezeichnet wurden. Man geht heute davon aus, dass sich hier wohl die ältesten Textelemente finden, dass hier also das Jesajabuch seinen Anfang nahm.

Was in diesen Kapiteln auffällt: Jesaja hatte offensichtlich einen engen Draht zum Hof und zur Königsfamilie. Manche Forschenden vermuten deshalb, dass der historische Jesaja ursprünglich als angestellter »Hofprophet« am Hof des Königs Ahas (736–725 v. Chr.) wirkte.

Woher und wie Jesaja an den Königshof kam, weiß man nicht. Immerhin erfährt man noch, dass er mit einer »Prophetin« verheiratet ist (Jes 8,3) und mit ihr zwei Söhne hat. Jesaja tritt den Königen und dem Volk Judas in Gottes Auftrag entgegen. Damit beeindruckt er Menschen und erweist sich auch als sensibler Zeitgenosse. Denn immerhin sollte er mit seiner theologischen Deutung der politischen, religiösen und sozialen Verhältnisse und seiner Rede im Namen Gottes Recht behalten. Viel mehr wird man historisch über Jesaja nicht sagen können.

Randbemerkung

Fällt heute der Begriff »Prophet«, so denkt man meist an unbequeme Mahner, befreit von materiellen Zwängen und jedem kulturellen Firlefanz. Sie lebten, so die Vorstellung, einsam und sprachen das aus, was Gott ihnen in nächtlichen Visionen oder geheimen Offenbarungen eingab – meist grandiose Unheils- oder Gerichtsansagen. Und tatsächlich ist dies das Bild, das viele alttestamentliche Schriften von einem »Propheten« zeichnen. Doch historisch betrachtet dürfte das Amt des Propheten wie das des Priesters im Alten Orient ein ganz »normaler« Beruf gewesen sein, dem jemand bei Hofe und am höfischen Tempel* nachging. Und ein solcher Prophet im Dienst des Königs war wohl auch der historische Jesaja ben Amoz.

König Ahas und sein »Bruderkrieg« mit Israel – Jesaja warnt (Jes 6–8)

In die Zeit des judäischen Königs Ahas gehören die Kapitel 6–8 und damit also die Texte, die noch am ehesten die Zeit des historischen Jesaja abbilden. König Ahas lebte und regierte in einer politisch eher unruhigen Phase. In den Jahren 734–732 v. Chr. nämlich hatten die Könige von Damaskus und des Nordreichs* Israel das eigentlich Undenkbare gewagt und einen Aufstand gegen die Assyrer* angezettelt.

Weil Ahas von Juda sich weigerte, dieser Allianz beizutreten (vgl. 2 Kön 16,5–9), führten Damaskus und Israel nun erstmal Krieg gegen Juda. Aus diesem konnte der kleine judäische Staat nur deshalb unbeschadet hervorgehen, weil der judäische König Ahas sich unter den Schutz des assyrischen* Reiches stellte. Und der weitere Verlauf der Geschichte sollte zeigen: Damit hatte Ahas wahrlich klug gehandelt. Denn 20 Jahre später wurde das Nordreich* samt seiner

> **Randbemerkung**
> Eigentlich stand das gesamte Gebiet Palästinas um 734 v. Chr. bereits seit mehr als 100 Jahren unter assyrischer* Oberherrschaft. Bisher jedoch war es so gewesen, dass es den Herrschern der unterdrückten Völker durch Tributzahlungen relativ gut gelungen war, sich eine allzu harte assyrische* Geißel vom Leib zu halten. Das änderte sich allerdings unter dem assyrischen* König Tiglat-Pileser III. (745–727): Er übte seine Herrschaft mit erheblich mehr Druck aus als seine Vorgänger. So band er eroberte Völker nicht mehr nur durch Treueeide und Tributzahlungen an sein Reich, sondern er brach ihren Widerstand, indem er die Führungsschichten umsiedelte. Dagegen begehrten die Könige von Damaskus und Israel auf, nicht jedoch Ahas von Juda.

Hauptstadt Samaria von den Assyrern* belagert und schließlich erobert. Der Staat Israel hörte damit auf zu existieren. Als Volk aber lebte Israel fort, auch im Weiterbestehen des Südreichs* Juda.

Die Überlieferungen in Jes 6–8 zeigen: Als prophetischer Ratgeber seines Königs hatte Jesaja diese politischen Entwicklungen vorhergesehen und Ahas gut beraten. Weil Jesaja das Ende des Nordreichs* kommen sieht, appelliert er in Juda an das Gottvertrauen: »Glaubt ihr nicht, so bleibt ihr nicht!« (Jes 7,9).

Was er damit meint, zeigt Jesaja mit einer öffentlichkeitswirksamen Plakataktion und in der Namensgebung seines Sohnes: »Raubebald-Eilebeute« – bleibt zu hoffen, dass das nur sein Zweitname war!

Und der HERR sprach zu mir: Nimm dir eine große Tafel und schreib darauf mit unauslöschlicher Schrift: Raubebald-Eilebeute! [...] Und ich ging zu der Prophetin; die ward schwanger und gebar einen Sohn. Und der HERR sprach zu mir: Nenne ihn Raubebald-Eilebeute! Denn ehe der Knabe rufen kann: Lieber Vater! Liebe Mutter!, wird man den Reichtum von Damaskus und die Beute aus Samaria vor den König von Assyrien tragen. (Jes 8,1.3–4)

König Hiskia und die philistäischen Aufstände – Jesaja mahnt

Auch unter Ahas' Nachfolger Hiskia (725–696) blieb die außenpolitische Lage angespannt. Der Tod des assyrischen* Herrschers Tiglat-Pileser III. änderte daran nichts; seine Nachfolger waren in Palästina weiterhin militärisch stark präsent, die Bedrohung durch die assyrische* Großmacht allgegenwärtig. Dennoch wagten überraschenderweise 713 v. Chr. die Philister* in ihren Städten an der Mittelmeerküste den Aufstand. Weil offensichtlich auch der judäische König Hiskia über eine Beteiligung an diesen Erhebungen und ein Bündnis mit Ägypten* und Kusch (Äthiopien) nachdachte, finden sich im Jesajabuch deutliche Worte gegen eine solche politische Entscheidung. Jesaja soll sogar, so erzählt das Jesajabuch, durch eine drastische Zeichenhandlung unterstrichen haben, für wie falsch er ein solches Bündnis hält: Drei Jahre sei er wie ein öffentlich gedemütigter Gefangener nackt durch Jerusalem gegangen.

Zu der Zeit redete der HERR durch Jesaja, den Sohn des Amoz, und sprach: Geh hin und tu den Sack von deinen Lenden und zieh die Schuhe von deinen Füßen. Und er tat so und ging nackt und barfuß. Da sprach der HERR: Gleichwie mein Knecht Jesaja nackt und barfuß ging drei Jahre lang als Zeichen und Weissagung über Ägypten und Kusch, so wird der König von Assyrien wegtreiben die Gefangenen Ägyptens und die Verbannten von Kusch, jung und alt, nackt und barfuß, in schmählicher Blöße, zur Schande Ägyptens. (Jes 20,1–4)

Ob der historische Jesaja das nun tatsächlich getan hat oder nicht, die Botschaft ist klar: Wer auf Ränkeschmiede und diplomatische Taktiererei setzt, wird scheitern. Mag das Volk auch auf den Straßen oder Dächern feiern und übermütig werden (»Lasst uns essen und trinken, denn morgen sind wir tot«, Jes 22,13), die Worte Jesajas rütteln auf: »Darum sage ich: Schaut weg von mir, lasst mich bitterlich weinen! Müht euch nicht, mich zu trösten über die Verwüstung der Tochter meines Volks!« (Jes 22,4).

Die Bedrohung Jerusalems durch den assyrischen König – Jesaja rät zur Zurückhaltung (Jes 36–39)

Besondere Bedeutung gewannen Jesajas Worte und Mahnungen, als Jerusalem im Jahr 701 v. Chr. durch das assyrische* Heer belagert wurde. Von diesen Ereignissen berichtet übrigens nicht nur das Jesajabuch (Jes 36–39), sondern auch das 2. Königebuch (2Kön 18,13–20,19).

Zu jener Zeit regierte Hiskia als König in Jerusalem, der Hauptstadt des kleinen Südreichs* Juda. Ihm standen auf der anderen Seite der Stadtmauer die Assyrer* gegenüber – eine ausweglose Situation, in die er ganz allein sein Königreich manövriert hatte: Denn Hiskia hatte Jerusalem befestigen und die Wasserversorgung ausbauen lassen, obwohl er wusste, dass dies den assyrischen* Herrschern ein Dorn im Auge war. Dass Hiskia außerdem noch politische Beziehungen mit Ägypten* geknüpft hatte, konnte der in Assyrien* regierende Großkönig Sanherib natürlich nicht einfach so hinnehmen. Die assyrischen* Chroniken berichten, dass er in nur zwei Jahren 46 Städte in Juda erobert und mehr als 200.000 Gefangene weggeführt habe. Hiskia sei nun »wie ein Vogel im Käfig« eingeschlossen. Und 701 v. Chr. ist es dann so weit: Sanherib steht vor den Toren Jerusalems – mehr war von dem Königreich Juda schlicht nicht übriggeblieben. Die Lage ist verzweifelt.

Der Überlieferung nach nimmt Jesaja gegenüber König Hiskia einen doppelten Auftrag wahr: Einerseits hält er ihn zu Demut an, andererseits versucht er als Hofprophet aber auch, Hoffnung auf Gottes Hilfe zu wecken. So überliefert die Bibel als Antwort auf das Gebet Hiskias ein göttliches Orakel*, aus dem klar hervorgeht: Die Tage der Assyrer* sind gezählt, denn sie sind nichts als ein Werkzeug in der Hand JHWHs. So haben sie ihren Auftrag nun erfüllt und werden von Gott in ihre (engen) Schranken verwiesen (vgl. Jes 37,29). Und tatsächlich: Jerusalem bleibt – dieses Mal – noch verschont. Warum genau Hiskia am Ende trotz all seiner Unbotmäßigkeit mit einem blauen Auge davon kam, lässt sich nur vermuten: Vielleicht musste er dafür tief in die Tasche greifen? Oder der assyrische* König war so klug, den judäischen Rebell deshalb im Amt zu lassen, damit in der Gegend nicht noch mehr Unruhen ausbrechen? Zumindest letztere Rechnung scheint aufgegangen zu sein: Hiskia hielt in den folgenden Jahren still, sodass Juda politisch und militärisch zur Ruhe kommen konnte.

Im Rückblick allerdings erschien es als ein Wunder Gottes, dass Jerusalem in dieser historischen Krise verschont wurde. Man konnte sich das nicht anders als durch das Eingreifen eines Engels* erklären:

Da fuhr aus der Engel des HERRN und schlug im Lager der Assyrer hundertfünfundachtzigtausend Mann. Und als man sich früh am Morgen aufmachte, siehe, da lag alles voller Leichen. Und Sanherib, der König von Assyrien, brach auf, zog ab, kehrte zurück und blieb zu Ninive. (Jes 37,36–37)

Das Jesajabuch betont: Nur weil Hiskia auf Jesajas Verkündigung der Gottesbotschaft hört, bleibt Jerusalem vor den Assyrern* bewahrt. Diejenigen, die das Jesajabuch später weiterschrieben, wussten natürlich, dass Jerusalem gut hundert Jahre später dann doch untergegangen war. Erwähnt wird diese Katastrophe im Buch allerdings nirgends – wenn überhaupt, werden Jesaja nur vorsichtige Andeutungen in den Mund gelegt:

Da sprach Jesaja zu Hiskia: Höre das Wort des HERRN Zebaoth: Siehe, es kommt die Zeit, dass alles, was in deinem Hause ist und was deine Väter gesammelt haben bis auf diesen Tag, nach Babel gebracht werden wird, sodass nichts übrig bleibt, spricht der HERR. Dazu wird man von deinen Söhnen, die von dir kommen werden, die du zeugen wirst, einige nehmen, dass sie Kämmerer sein müssen im Palast des Königs von Babel. Und Hiskia sprach zu Jesaja: Das Wort des HERRN ist gut, das du geredet hast. Denn er dachte: Es wird doch Friede und Sicherheit sein, solange ich lebe. (Jes 39,5–8)

Ein Gott, eine Stadt, ein heiliger Berg: Die Zionstheologie

Jesaja hatte Recht behalten: mit seinen Ankündigungen und mit seinem Vertrauen auf Gottes Wort. Deshalb wurden seine Worte weitertradiert. Doch wurden nicht nur die Aussagen des Jesaja weitergeschrieben, sondern die Menschen trugen im Verlauf des Überlieferungsprozesses auch die Themen und theologischen Gedanken ein, die ihnen wichtig waren, und die sie deshalb im Namen Jesajas gesagt und durch seine Autorität untermauert wissen wollten.

Ein besonderes Augenmerk legten diese »Jesaja-Schüler« – wenn man sie denn so nennen will – auf die Tatsache, dass Jerusalem im Jahr 701 v. Chr. vor einer assyrischen* Eroberung bewahrt geblieben war, während das Nordreich* circa 20 Jahre zuvor in einer vergleichbaren Situation untergegangen war. Für die Jesaja-Überlieferer war klar: Hier zeigt sich, welche besondere, auch religiöse Bedeutung die Stadt Jerusalem und der heilige Berg Zion* für den Glauben an JHWH und die eigene Religion haben. Jerusalem sei als Stadt auf dem Berg Zion* nur deshalb verschont worden, weil Gott selbst in ihr gegenwärtig sei und weil ihr als seiner heiligen Stätte besondere Verheißungen gelten würden: »Jauchze und rühme, die du wohnst auf Zion; denn der Heilige Israels ist groß bei dir!« (Jes 12,6).

Mit diesem Wissen konnte man nun alle Prophezeiungen, **die eigentlich** dem Nordreich* Israel gegolten hatten, problemlos auf Jerusalem als Hauptstadt des Südreichs* übertragen. In diesem Zusammenhang entwickelte sich auch die folgende Vorstellung, die viele biblische Texte prägt: Das eine Gottesvolk »Israel« besteht aus den zwei Staaten Israel und Juda; beide haben eine gemeinsame (vorstaatliche) Vorgeschichte und in beiden wird derselbe Gott verehrt. Und dieser Gott JHWH hat eben, so stellte man sich das vor, in Jerusalem seine Stadt, seinen Tempel* und seinen König. Diesen Glauben bezeichnet man als Zionstheologie* und er findet sich nicht nur beim Propheten Jesaja, sondern auch in den Psalmen (zum Beispiel in Ps 46 und Ps 48): JHWH ist *einer*, er ist »der Heilige Israels« und Jerusalem auf dem Zionsberg* seine »Gottesstadt«. Und gerade weil Jerusalem die Stadt Gottes ist, deshalb müssen der heranziehende Völkersturm und die feindlichen Könige und Heere an ihren Mauern zerschellen:

Weh, ein Brausen vieler Völker, wie das Meer brausen sie, und ein Getöse mächtiger Völker, wie große Wasser tosen sie! Ja, wie große Wasser werden die Nationen tosen. Aber er wird sie schelten, da werden sie in die Ferne fliehen und werden gejagt wie Spreu auf den Bergen vom Winde und wie Disteln vom Ungewitter. Um den Abend, siehe, da ist Schrecken, und ehe es Morgen wird, sind sie nicht mehr da. Das ist der Lohn unsrer Räuber und das Los derer, die uns das Unsre nehmen. (Jes 17,12–14)

Eine solche Vorstellung ist übrigens im altorientalischen Kontext kein Einzelfall. Fast überall war es so: In einer Stadt wurde ein Stadtgott oder eine Stadtgöttin verehrt. Der regelmäßige Tempelkult* sorgte dafür, dass die Gottheit der Stadt gewogen blieb und umgekehrt die Stadt und die Bewohnerschaft vor Schaden bewahrte. Der König wiederum galt als der von der jeweiligen Gottheit eingesetzte rechtmäßige Herrscher. So war der Schutz der Stadt gesichert. Hier erweist sich also der JHWH-Kult* (wieder einmal) als typische Religion seiner Zeit (vgl. S. 17–21).

Die Zionstheologie in der Krise

Lange funktionierte der Kult* in Jerusalem nach dem gerade beschriebenen Prinzip. Doch als das Rad der Geschichte sich weiterdrehte, geriet auch die Zionstheologie* in eine Krise: Spätestens zu Beginn des 6. Jahrhunderts v. Chr. wurde immer deutlicher: Die Sicherheit Jerusalems ist gefährdet! Im Rückblick schien die Zerstörung sogar unausweichlich. Und sofort drängte sich die Frage auf: Wie konnte Gott seine Stadt, seinen König, seinen Tempel* im Stich lassen?

Viele Jahrzehnte war Juda gut damit gefahren, sich ruhig und unauffällig zu verhalten – dann ließen einen nämlich, so die Erfahrung, die umgebenden Großmächte in Ruhe. Erst gegen Ende des 7. Jahrhunderts änderte sich die Lage. Als die Babylonier* das assyrische* Reich überwunden hatten, sah man auch in Jerusalem die eigene Stunde gekommen: Es war ausgerechnet der im Deuteronomistischen Geschichtswerk* als Reformer gefeierte König Josia (vgl. S. 23), der nun glaubte, auf der weltpolitischen Bühne mitspielen zu können. Nachdem Juda sich politisch lange weggeduckt und stillgehalten hatte, wagte er den Aufstand. Er wollte wieder auf internationalem Parkett mitmischen – und wurde prompt zwischen den Mühlen der Großmächte zerrieben: Juda geriet in den Strudel der kriegerischen Ereignisse und der militärischen Eroberungszüge der babylonischen* Herrscher: 597 v. Chr. deportierten die Babylonier* bereits große Teile der Jerusalemer Oberschicht; zehn Jahre später kamen sie wieder und eroberten die Stadt vollständig. Damit hörte 587 v. Chr. auch das Südreich* Juda auf zu existieren – nun gab es keinen Staat mehr, in dem der Gott JHWH offiziell verehrt wurde.

In vielen Schriften des Alten Testaments und auch im Jesajabuch finden sich Spuren, die zeigen, wie verzweifelt man in den Jahren nach dieser Katastrophe auf der Suche nach einer Antwort auf die Frage nach dem Warum war. Und bei Jesaja glaubte man fündig zu werden. Denn das Jesajabuch war voll von Beispielen, wie »Jesaja« – entweder als historische Person oder als Namensgeber für Texte, die durch die Anlehnung an seine Haltung autorisiert sind – den judäischen Königen entgegengetreten war, um sie davor zu warnen, sich auf politische Allianzen zu verlassen. Die Botschaft des Jesajabuches schien klar: Gott allein hat die Macht, seine Stadt zu schützen. Das hatte er ja 701 v. Chr., als die Assyrer* vor den Toren standen, deutlich bewiesen. Das Schlagwort aus dem 8. Jahrhundert war »Gottvertrauen« gewesen, und auch wenn das oft als »Stillhaltepolitik« verunglimpft wurde, so erschien es tatsächlich 150 Jahre später immer noch passend.

In den Jahren vor dem Untergang Jerusalems meldete sich deshalb wieder jemand im Namen Jesajas zu Wort, der diese alte Position neu anmahnte und den judäischen König eindringlich davor warnte, sich in die Großmachtpolitik einzumischen. Wieder heißt das Gebot »Gottvertrauen«. Doch sowohl diese Sätze als auch die Mahnungen des zeitgleich wirkenden Propheten Jeremia (vgl. S. 185– 196) verhallten ungehört.

Stadtklage und Weinberglied (Jes 1 und Jes 5)

Als Jerusalem 587 v. Chr. tatsächlich von den Babyloniern* erobert wurde, geriet die Zionstheologie* endgültig in die Krise. Die Erkenntnis war unausweichlich: Jerusalem hatte eben doch dasselbe Schicksal wie Samaria, die Hauptstadt des Nordreichs*, ereilt. Und zwar aus genau denselben Gründen: Die Menschen hatten kein Vertrauen mehr auf Gott, die Führungsschicht war überheblich und das Volk religiös verlottert.

Euer Land ist verwüstet, eure Städte sind mit Feuer verbrannt; Fremde verzehren eure Äcker vor euren Augen; alles ist verwüstet wie durch Fremde verheert. Übrig geblie-

ben ist allein die Tochter Zion wie ein Häuslein im Weinberg, wie eine Nachthütte im Gurkenfeld, wie eine belagerte Stadt. (Jes 1,7–8)

Es ist sicher kein Zufall, dass ein solches Bild gleich zu Beginn des Jesajabuches gemalt wird – und damit das ganze Buch grundiert. Schuld an all dem ist Jerusalem selbst:

Ach, wie ist zur Hure geworden die treue Stadt! Sie war voll Recht, Gerechtigkeit wohnte darin; nun aber – Mörder. Dein Silber ist Schlacke geworden und dein Wein mit Wasser verfälscht. Deine Fürsten sind Abtrünnige und Diebsgesellen, sie nehmen alle gern Geschenke an und trachten nach Gaben. Den Waisen schaffen sie nicht Recht, und der Witwen Sache kommt nicht vor sie. (Jes 1,21–23)

Dass eine ganze Stadt pauschal als »Hure« oder »Ehebrecherin« verunglimpft wird, ist für die prophetische Überlieferung übrigens nicht selten. Im Bild der Untreue einer Frau – und hier zeigt sich einmal mehr, dass diese Texte von Männern gestaltet wurden – wird das Verhalten der Führungsschicht und des Volkes charakterisiert: Sie lassen sich kaufen, sind korrupt und verweigern Gott die Treue. Auch die Folgen davon werden in den Prophetenbüchern breit ausgemalt: Armut, Ausbeutung, die Frivolität der Oberschicht, Ungerechtigkeit und die Erosion jeden Rechts.

Das Jesajabuch findet dabei ganz verschiedene Bilder, um die Verderbtheit des Volkes auszumalen. Berühmt geworden ist das sogenannte Weinberglied: Gottes Fürsorge für sein Volk wird hier im Bild eines Weinbauern gefasst. Dieses Weinberglied ist eigentlich ein Liebeslied, das hier zum Spottlied und zur Anklage wird: Liebevoll bepflanzt der Besitzer seinen Weinberg und pflegt ihn sorgsam. Dennoch bringt der Weinberg keine Ernte, sodass dem Weinbergbesitzer schließlich keine andere Möglichkeit bleibt, als ihn aufzugeben. Das Fazit des Jesajabuches:

Des HERRN Zebaoth Weinberg aber ist das Haus Israel und die Männer Judas seine Pflanzung, an der sein Herz hing. Er wartete auf Rechtsspruch, siehe, da war Rechtsbruch, auf Gerechtigkeit, siehe, da war Geschrei über Schlechtigkeit. (Jes 5,7)

Der Prophet Jesaja – gelesen durch die Brille der Exilszeit

Als man während der Exilszeit* auf die Zerstörung Jerusalems zurückblickte und die Worte des Propheten Jesaja weiterschrieb, reifte die Einsicht: Gott hatte keine andere Wahl gehabt, als sein Volk dem Untergang preiszugeben. Die Tra-

denten* des Jesajabuches erklärten deshalb immer wieder: Dass Jerusalem untergegangen ist, heißt nicht, dass Gott als Beschützer seiner Stadt versagt hat. Vielmehr ist das genaue Gegenteil der Fall: Weil Gott Jerusalem am Herzen liegt, hat
er selbst die fremden Mächte als Instrumente seines Strafgerichts über die Stadt
herbeizitiert (Jes 5,26). Am Ende allerdings werden auch die Fremdmächte lernen müssen, dass sie selbst ebenfalls nur ein Werkzeug waren. Es ist allein Gott
selbst, der alle Völker in seiner Hand hat:

*Wenn aber der HERR all sein Werk ausgerichtet hat auf dem Berge Zion und zu Jeru-
salem, wird er sprechen: Ich will heimsuchen die Frucht des Hochmuts des Königs von
Assyrien und den Stolz seiner hoffärtigen Augen, weil er spricht: Ich hab's durch meiner
Hände Kraft ausgerichtet und durch meine Weisheit, denn ich bin klug. (Jes 10,12–13)*

Aus Sicht der Menschen, die das Jesajabuch überlieferten und weiterschrieben,
war klar: Auch die eigene Gegenwart ließ sich im Licht der Jesajaüberlieferung
ganz neu deuten und verstehen. Denn ein Prophetenbuch ist kein Geschichtsbuch, sondern ein Glaubensbuch. Es schaut nicht nur auf die Vergangenheit,
sondern erklärt die Gegenwart und orientiert für die Zukunft. Israel – und hier
meint »Israel« eben das gesamte Gottesvolk aus beiden untergegangenen Staaten Israel und Juda – kann nur darauf hoffen, dass auf die Zeit der Verstockung
irgendwann wieder eine Zeit des Sehens und Hörens folgt, die ebenfalls von
Gott gewirkt ist:

*Siehe, in Gerechtigkeit wird ein König regieren, und Fürsten werden herrschen, wie es
recht ist, dass ein jeder von ihnen sein wird wie eine Zuflucht vor dem Wind und wie
ein Schutz vor dem Platzregen, wie Wasserbäche am dürren Ort, wie der Schatten
eines großen Felsens im trockenen Lande. Und die Augen der Sehenden werden nicht
mehr verklebt sein, und die Ohren der Hörenden werden aufmerken. (Jes 32,1–3)*

Was bleibt, so hatte es schon in Jes 6 geheißen, ist ein »heiliger Rest«, ein kleiner
Teil des Volkes, der das Gericht überleben wird, weil es Gott treu geblieben war:

*Zu der Zeit wird, was der HERR sprießen lässt, lieb und wert sein und die Frucht des
Landes herrlich und schön für alle von Israel, die entronnen sind. Und wer übrig ist in
Zion und übrig bleibt in Jerusalem, der wird heilig heißen, ein jeder, der aufgeschrieben
ist zum Leben in Jerusalem. (Jes 4,2–3)*

Die Kapitel 1–39 sind in der literarischen Form, in der sie heute vorliegen, Ergebnis der Lektüre der Jesajabotschaft unter dem Vorzeichen der Zerstörung Jerusalems und des Babylonischen Exils*: Im Gewand der Geschichte des 8. Jahr-

hunderts werden die drängenden Fragen der Gegenwart des 6. Jahrhunderts v. Chr. beantwortet.

Man muss sich deshalb von dem Gedanken lösen, dass das Jesajabuch einfach immer nur weitergeschrieben und die fertigen Kapitel also beiseitegelegt wurden. Es ist, da ist sich die Wissenschaft heute einig, vielmehr so, dass die jüngeren Texte immer auch in die älteren Texte zurückstrahlen: Vor dem Hintergrund der eigenen Erlebnisse und ihrer theologischen Deutung wurden auch die älteren Kapitel überarbeitet, ergänzt und neu geschrieben. Ein Kreislauf der Textlektüre und Textbearbeitung, der heute nicht mehr bis ins Letzte erschlossen werden kann und der dennoch fasziniert als ein über Jahrhunderte andauernder Prozess beständiger Neu-Aneignung und Neu-Auslegung in der jeweiligen Gegenwart.

Eine Hoffnung des Jesajabuches: der Sohn Davids

Auch in Jes 1–39 schimmern daher immer wieder hoffnungsvolle Verse durch – eine Hoffnung, die sich nicht einer bestimmten Zeit der Jesajaüberlieferung zuordnen lässt, sondern die wohl zu allen Zeiten gehegt und formuliert wurde: Es wird eine Zeit nach dem Gericht, nach Untergang, Zerstörung und Leid geben. Ein Thema sollte dabei besonders wirkmächtig werden, nämlich die Verheißung eines neuen Herrschers, der sich als wahrer Nachfahre des großen Königs David hervortun würde:

Und der HERR redete abermals zu Ahas und sprach: Fordere dir ein Zeichen vom HERRN, deinem Gott, es sei drunten in der Tiefe oder droben in der Höhe! Aber Ahas sprach: Ich will's nicht fordern, damit ich den HERRN nicht versuche. Da sprach Jesaja: Wohlan, so hört, ihr vom Hause David: Ist's euch zu wenig, dass ihr Menschen müde macht? Müsst ihr auch meinen Gott müde machen? Darum wird euch der HERR selbst ein Zeichen geben: Siehe, eine Jungfrau ist schwanger und wird einen Sohn gebären, den wird sie nennen Immanuel. (Jes 7,10–14)

Jesaja gibt seinen eigenen Söhnen sprechende Namen: Neben Raubebald-Eilebeute weist auch der zweite Sohn namens »Ein Rest kehrt um« (Jes 7,3) auf das zukünftige Schicksal Israels hin. Zu diesen zeichenhaften Namen tritt hier ein weiterer Sohn mit einem symbolischen Namen in Erscheinung: Er heißt Immanuel – »Gott mit uns«. Die »junge Frau« – im Hebräischen* wird ein Wort benutzt, das eine Frau vor der Geburt ihres ersten Kindes bezeichnet – kann im Kontext nur die Frau des Ahas meinen. So wird also dem Geschlecht Davids ein Sohn verheißen, durch dessen Namen bereits deutlich wird: Juda wird bewahrt, das Volk Israel letztlich gerettet werden. Auch wenn die Bedrohung durch Assyrien* bestehen bleibt (Jes 7,17–25), wird am Ende die Verheißung des Immanuel stärker sein (Jes 8,8.10).

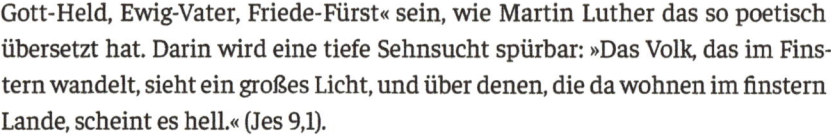

Übrigens: Es hat einen König dieses Namens in Israel und Juda nie gegeben. Dennoch sollte diese Herrscherverheißung so tragend werden, dass sie im Jesajabuch weiterwirkte: Jes 9,1–6 entfaltet diese Hoffnung auf einen neuen, gerechten, ewigen Friedenskönig weiter: Dieser König wird »Wunder-Rat, Gott-Held, Ewig-Vater, Friede-Fürst« sein, wie Martin Luther das so poetisch übersetzt hat. Darin wird eine tiefe Sehnsucht spürbar: »Das Volk, das im Finstern wandelt, sieht ein großes Licht, und über denen, die da wohnen im finstern Lande, scheint es hell.« (Jes 9,1).

Irgendwann wird ein solcher König kommen – ein wahrer Nachkomme Davids, der sich durch seinen Gerechtigkeitssinn auszeichnet, der Frieden bringt und die gegenwärtigen Kriegserfahrungen auslöscht. Immer mal wieder hat man überlegt, ob der Dichter dieser Verse vielleicht einen konkreten König aus der eigenen Zeit vor Augen hatte. Es ist aber naheliegender, dass eine solche Verheißung gerade dann leuchtet, wenn ein solcher König weit und breit nicht in Sicht ist – also am ehesten im Exil*. Jes 11 malt diese Hoffnung noch weiter aus und verlegt sie hinein in eine ferne Zukunft. Von hier aus ist es nur noch ein kurzer Schritt zu der Vorstellung, dass alle Völker Jerusalem aufsuchen, um dort zu Gott zu finden. Aus dem Sturm der Völker gegen Jerusalem wird nun eine friedliche Völkerwallfahrt zum heiligen Berg Zion*, in der Gottes Friedenswille, sein Schalom*, sich verwirklicht.

Es wird zur letzten Zeit der Berg, da des HERRN Haus ist, fest stehen, höher als alle Berge und über alle Hügel erhaben, und alle Heiden werden herzulaufen, und viele Völker werden hingehen und sagen: Kommt, lasst uns hinaufgehen zum Berg des HERRN, zum Hause des Gottes Jakobs, dass er uns lehre seine Wege und wir wandeln auf seinen Steigen! Denn von Zion wird Weisung ausgehen und des HERRN Wort von Jerusalem. Und er wird richten unter den Nationen und zurechtweisen viele Völker. Da werden sie ihre Schwerter zu Pflugscharen machen und ihre Spieße zu Sicheln. Denn es wird kein Volk wider das andere das Schwert erheben, und sie werden hinfort nicht mehr lernen, Krieg zu führen. (Jes 2,2–4)

Andere Stimmen melden sich zu Wort – Protojesaja, Deuterojesaja und Tritojesaja

Die Kapitel 1–39 des Jesajabuches geben, wie bereits notiert, in der jetzt vorliegenden Form Antworten auf die drängendsten Fragen des 6. Jahrhunderts v. Chr., kleiden sich aber in das Gewand der Worte eines Mannes aus dem 8. Jahrhundert. Ab Jesaja 40 ändert sich das: Hier weht nun erkennbar der Wind einer anderen Zeit. Diese Einsicht verdankt die moderne Forschung übrigens bereits dem jüdischen Exegeten Ibn-Esra im 11. Jahrhundert n. Chr. Er erkannte als Erster: Ab Jes 40 wechselt die Perspektive. Die Exilserfahrung* wird nun nicht mehr nur implizit, sondern ganz explizit literarisch vorausgesetzt. Das merkt man daran, dass jetzt die Situation des Volkes in der Diaspora*, die persische* Religionspolitik und andere prägende Ereignisse der Zeit des 6. Jahrhunderts ausdrücklich benannt werden. Die historisch-kritische Prophetenforschung hat deshalb Ende des 19. Jahrhunderts mit dieser Beobachtung Ernst gemacht und einen »zweiten« Propheten Jesaja postuliert, dem sich der Buchteil Jes 40–55 verdanke (und schließlich sogar noch einen »dritten« Jesaja für die restlichen Kapitel Jes 56–66). Seitdem spricht die Forschung von »Protojesaja«, »Deuterojesaja« und »Tritojesaja« zur Abgrenzung der Buchteile 1–39, 40–55 und 56–66. Doch weiß man heute: Hinter diesen Texten stehen keine historischen Prophetengestalten; einen zweiten oder dritten »Jesaja« selbst findet man nicht. Diejenigen, die diese Kapitel zum Jesajabuch ergänzt haben, hatten auch niemals die Absicht, eine neue Person als Sprecher dieser Verse einzuführen. Ihnen ging es vielmehr darum, das, was sie zu sagen hatten, ebenfalls unter der Autorität des Jesaja ben Amoz zur Sprache zu bringen.

»Tröstet mein Volk!« – Die Botschaft von Deuterojesaja (Jes 40–55)

Besonders in Jes 40–48 wird deutlich, dass die Grundstimmung bei Deuterojesaja eine andere ist als die des ersten Jesajabuches: Aus der Dunkelheit der Exilserfahrung* heraus wird Trost verheißen und endlich wieder eine hoffnungsvolle Zukunft in den Blick genommen. »Tröstet, tröstet mein Volk!«, lautet der Auftakt in Jes 40: »Fürchte dich nicht, ich bin mit dir; weiche nicht, denn ich bin dein Gott. Ich stärke dich, ich helfe dir auch, ich halte dich durch die rechte Hand meiner Gerechtigkeit« (Jes 41,10).

Und in der Tat passt diese Hoffnung auch in die politische Situation gegen Ende des 6. Jahrhunderts v. Chr. Der Stern des babylonischen* Reiches war im Sinken begriffen; 539 v. Chr. erschien eine neue Großmacht auf der Bildfläche:

Unter König Kyros marschierten die Perser* in Babylon* ein. Das hatte auch Auswirkungen auf die Situation in den zuvor von Babylon* besetzten Gebieten: Kyros und seine Nachfolger ließen den eroberten Völkern viel größere politische und religiöse Freiheiten. So konnte auch die Jerusalemer Oberschicht aus dem Babylonischen Exil* nach Hause zurückkehren. Mit im Gepäck hatten sie ihre Versuche, die religiöse und politische Krise zu verarbeiten, die die Eroberung Jerusalems und die Zerstörung des Tempels* bedeutet hatte. Die Wissenschaft vermutet heute, dass die Abfassung der ersten Texte aus Jes 40–55 ein Teil davon war.

Manche Deutemuster, die man schon vom ersten Jesaja kennt, finden sich hier übrigens wieder: So wie nämlich Jesaja die assyrischen* Herrscher als Instrumente des Unheilshandelns JHWHs verstanden hat, wird nun auch die Politik des Perserkönigs* Kyros als Teil des Heilshandelns JHWHs interpretiert. Kyros wird als Gottes »Hirte« ausgezeichnet (Jes 44,28) und sogar als JHWHs »Gesalbter«* tituliert (Jes 45,1). Für die Verfasser von Deuterojesaja war klar: In dem heidnischen König Kyros verwirklicht Gott sein Handeln als Erlöser.

Um Jakobs, meines Knechts, und um Israels, meines Auserwählten, willen rief ich dich bei deinem Namen und gab dir Ehrennamen, obgleich du mich nicht kanntest. Ich bin der HERR und sonst keiner mehr, kein Gott ist außer mir. (Jes 45,4–5)

So wie Gott einst Israel aus Ägypten* geführt hat, so führt er es in einem neuen Exodus* jetzt aus Babylon* heim (Jes 48,20–21), während alle anderen Völker und ihre Götter nur zusehen und staunen können. Auf diese Weise erweist sich JHWH als der überlegene Herr der Geschichte. Als Schöpfer des Himmels und der Erde wird Gott im theologischen Verständnis dieser Exilstheologen* – und das ist tatsächlich neu – zum universalen Retter *aller* Welt: »Wendet euch zu mir, so werdet ihr gerettet, aller Welt Enden; denn ich bin Gott und sonst keiner mehr« (Jes 45,22).

Die Abfassung Deuterojesajas wird zur Geburtsstunde des Monotheismus* – also des Glaubens daran, dass es tatsächlich nur einen einzigen Gott gibt. So wie das Alte Testament im Rückblick glauben machen will, dass die Menschen seit den Erzeltern nur an einen Gott glaubten, so war es historisch nämlich nicht. Vermutlich wurden vielmehr auch in Israel bis in die Exilszeit* hinein ganz verschiedene Gottheiten neben JHWH verehrt (vgl. S. 17–21). Erst im Rückblick auf die Erfahrungen des Exils* wurde klar: Es kann nur einen einzigen Gott geben, der die Geschicke der ganzen Welt und seines auserwählten Volkes Israel lenkt. Erst damit ersetzte JHWH all die Götter der anderen Völker.

Spannend zu beobachten ist, dass das Deuteronomistische Geschichtswerk* und Deuterojesaja daraus unterschiedliche Folgen ableiteten. Die Deuteronomisten* betonten: Egal ob es neben JHWH andere Götter gibt oder nicht – nur er allein darf verehrt werden (Monolatrie*). Die Verfasser der Deuterojesajatexte waren dagegen schon einen Schritt weiter: Wenn Gott der Schöpfer und Erretter aller Welt ist, dann kann es tatsächlich nur einen einzigen Gott geben; alle anderen Götter sind nur Götzen* und existieren nicht. JHWH beherrscht die ganze Welt und ihm gebührt universale Verehrung (Monotheismus*).

Wir sind der Gottesknecht! – Das Selbstverständnis der Verfasser von Deuterojesaja

Die Kapitel, die heute als Deuterojesaja bezeichnet werden, wurden vermutlich von einer Gruppe von Theologen im Babylonischen Exil* verfasst und bei der Rückkehr in die Heimat mit nach Jerusalem gebracht. Spannend ist, welches Selbstverständnis immer wieder zwischen diesen Zeilen durchscheint: Offensichtlich identifizierte sich die Verfassergruppe mit einem auserwählten »Gottesknecht«. Man glaubte, von Gott damit beauftragt zu sein, sein Heilswort in der Welt zu verkünden, seinen Weg zu bereiten und als »Licht der Völker« die Verstreuten zusammenzurufen (Jes 49,1–6). Was für ein Auftrag und was für ein Selbstbewusstsein! Immer wieder ist in diesen Kapiteln deshalb von diesem Gottesknecht die Rede, besonders prominent ist das sogenannte 4. Gottesknechtslied (Jes 52,13–53,12) geworden.

Siehe, meinem Knecht wird's gelingen, er wird erhöht und sehr hoch erhaben sein. Wie sich viele über ihn entsetzten – so entstellt sah er aus, nicht mehr wie ein Mensch und seine Gestalt nicht wie die der Menschenkinder –, so wird er viele Völker in Staunen versetzen, dass auch Könige ihren Mund vor ihm zuhalten. [...] Er ist aus Angst und Gericht hinweggenommen. Wen aber kümmert sein Geschick? Denn er ist aus dem Lande der Lebendigen weggerissen, da er für die Missetat seines Volks geplagt war. Und man gab ihm sein Grab bei Gottlosen und bei Übeltätern, als er gestorben war, wiewohl er niemand Unrecht getan hat und kein Betrug in seinem Munde gewesen ist. Aber der HERR wollte ihn also zerschlagen mit Krankheit. Wenn er sein Leben zum Schuldopfer gegeben hat, wird er Nachkommen haben und lange leben, und des HERRN Plan wird durch ihn gelingen. (Jes 52,13–15; 53,8–10)

In der eigenen Leidenszeit fern der Heimat erkennen die Tradenten* dieser Verheißung ihr besonderes »Opfer«* als stellvertretende Sühne für die Schuld des Volkes Israel. Sie sind sich sicher: In ihren Nachkommen wird Gott seinen verheißenen Plan ausführen und Israel zu neuer Größe zusammenführen.

Aufrufe zur Heimkehr – zur Situation nach dem Babylonischen Exil

Immer wieder blitzt in den Texten von Deuterojesaja allerdings auf, dass das mit der Rückkehr aus dem Babylonischen Exil* nach Israel nicht so einfach war, wie man sich das heute vorstellt. Obwohl die persischen* Herrscher die Weichen dafür gestellt hatten, war es nämlich keineswegs so, dass sich alle Exilierten sofort ans Kofferpacken machten. Manche hatten sich nach den Jahrzehnten in Babylon* dort ganz heimisch eingerichtet, andere trauten vielleicht dem plötzlichen Frieden nicht. Die Rückkehr der Menschen aus Babylon* nach Israel erfolgte sicher nicht vollständig und in jedem Fall in mehreren Schüben mit einem großen zeitlichen Abstand. Es sollte von da an zum Schicksal Israels gehören, über die ganze (damals bekannte) Welt verstreut zu sein. An vielen Orten außerhalb Israels gründeten sich kleine jüdische Gemeinden in der sogenannten Diaspora*. Manche Aufrufe zur Heimkehr klingen deshalb regelrecht werbend – und haben sicher nicht mehr nur die Exilierten in Babylon*, sondern die gesamte Diaspora* im Blick:

Weicht, weicht, zieht aus von dort und rührt nichts Unreines an! Geht weg aus ihrer Mitte, reinigt euch, die ihr des HERRN Geräte tragt! Denn ihr sollt nicht in Eile ausziehen und in Hast entfliehen; denn der Herr wird vor euch herziehen und der Gott Israels euren Zug beschließen. (Jes 52,11–12)

Auch der Blick auf die Stadt Jerusalem ändert sich: War sie vorher als Hure und Ehebrecherin verunglimpft worden, so wird sie nun als »Tochter Zion«* zur Hoffnungsgestalt: Die Verlassene wird ihre Kinder wiederfinden, die Unfruchtbare wird schwanger und Könige werden ihr dienen (Jes 49,14–26). Gott wird Zion* als seine Stadt wieder annehmen, schmücken und zu seiner königlichen Braut erheben (Jes 54,1–12). Die Frau Zion* wird zum Licht der Völker (Jes 60), Jerusalem wird zur »Gesuchten«, zur »Nicht-mehr-Verlassenen«, zur Stadt der Gerechtigkeit (Jes 62). In diesen Texten ist es übrigens kein davidischer Herrscher mehr, der Gerechtigkeit bringt, sondern Gott selbst: Er wird von seiner Stadt aus als König die Welt regieren. Anders als in vielen anderen Texten des Alten Testaments spielt das weltliche Königtum Davids keine Rolle mehr, es hat sich theologisch überlebt. Nicht mehr ein König oder ein Tempel*, sondern Gottes Gegenwart in seiner Stadt garantiert das Heil.

Was am Ende bleibt – die Hoffnung auf einen überweltlichen Frieden

Das Jesajabuch schließt mit einer Utopie, einer wunderbaren Hoffnung: Gott als Schöpfer macht alles neu und ein fast überweltlicher Frieden überwindet alle menschlichen und natürlichen Kriegsverhältnisse.

Denn die Tage meines Volks werden sein wie die Tage eines Baumes, und ihrer Hände Werk werden meine Auserwählten genießen. Sie sollen nicht umsonst arbeiten und keine Kinder für einen frühen Tod zeugen; denn sie sind das Geschlecht der Gesegneten des HERRN, und ihre Nachkommen sind bei ihnen. Und es soll geschehen: Ehe sie rufen, will ich antworten; wenn sie noch reden, will ich hören. Wolf und Lamm sollen beieinander weiden; der Löwe wird Stroh fressen wie das Rind, aber die Schlange muss Erde fressen. Man wird weder Bosheit noch Schaden tun auf meinem ganzen heiligen Berge, spricht der HERR. (Jes 65,22–25)

… zum Schluss

Wohl kaum eine andere Prophetenschrift erfreute sich solcher Wertschätzung wie die des Jesaja. Daher verwundert es nicht, dass das Jesajabuch im Neuen Testament zur Folie für die Deutung des Lebens und Sterbens Jesu werden konnte. Immer wieder wird direkt oder indirekt auf Worte des Propheten Jesaja angespielt: So wird Jesus als der Gesalbte* und Geistbegabte aus Jes 61,1–2 präsentiert, der den Armen die frohe Botschaft bringt:

Und er kam nach Nazareth, wo er aufgewachsen war, und ging nach seiner Gewohnheit am Sabbat in die Synagoge und stand auf, um zu lesen. Da wurde ihm das Buch des Propheten Jesaja gereicht. Und als er das Buch auftat, fand er die Stelle, wo geschrieben steht (Jesaja 61,1–2): »Der Geist des Herrn ist auf mir, weil er mich gesalbt hat und gesandt, zu verkündigen das Evangelium den Armen, zu predigen den Gefangenen, dass sie frei sein sollen, und den Blinden, dass sie sehen sollen, und die Zerschlagenen zu entlassen in die Freiheit und zu verkündigen das Gnadenjahr des Herrn.« Und als er das Buch zutat, gab er's dem Diener und setzte sich. Und aller Augen in der Synagoge sahen auf ihn. Und er fing an, zu ihnen zu reden: Heute ist dieses Wort der Schrift erfüllt vor euren Ohren. (Lk 4,16–22)

Bedeutsam wurde in der christlichen Überlieferung auch die Gleichsetzung Jesu mit dem unschuldig leidenden Gottesknecht aus Jes 52–53: Wie ein Schaf zur Schlachtbank, so habe sich auch Jesus zur Hinrichtung führen lassen und mit seinen Schmerzen für die Vielen gelitten. Erstaunlicherweise sind die Spuren, die dieser Text aus dem Jesajabuch im Neuen Testament selbst hinterlassen hat, jedoch ausgesprochen dünn; diese Gleichsetzung wurde erkennbar erst in nachneutestamentlicher Zeit wichtig. Den deutlichsten biblischen Beleg findet man noch im 1. Petrusbrief:

Denn dazu seid ihr berufen, da auch Christus gelitten hat für euch und euch ein Vorbild hinterlassen, dass ihr sollt nachfolgen seinen Fußstapfen; er, der keine Sünde getan hat und in dessen Mund sich kein Betrug fand; der, als er geschmäht wurde, die Schmähung nicht erwiderte, nicht drohte, als er litt, es aber dem anheimstellte, der gerecht richtet; der unsre Sünden selbst hinaufgetragen hat an seinem Leibe auf das Holz, damit wir, den Sünden abgestorben, der Gerechtigkeit leben. Durch seine Wunden seid ihr heil geworden. (1Petr 2,21–24)

Besonders wirkmächtig sollte aber ein Missverständnis werden: So hatte Jes 7,14 als Heilszeichen die Geburt eines Kindes durch eine »junge Frau« angekündigt. Mit der Übertragung dieser Immanuelverheißung auf Jesus wurde aufgrund der griechischen Übersetzung dieser Stelle die Vorstellung einer Jungfrauengeburt in die Geburtslegende Jesu eingetragen – und blieb lebendig bis weit in die nachbiblische Volksfrömmigkeit und Lieddichtung hinein.

Jeremia

Ein Prophet wider Willen

Berufen zum Propheten für die Völker (Jer 1,4–10) 185
Jeremia von Anatot – der Prophet aus Benjamin und seine Zeit 186
Die Botschaft des Propheten: der Feind aus dem Norden 187
Jeremia lebt für seine Botschaft – die Zeichenhandlungen 189
Der Prophet wider Willen und sein Leiden an seinem Prophetenamt –
    die Konfessionen 190
Der Prophet und sein Leben – die Erzählungen (Jer 37–44) 191
Im Streit um die Wahrheit – wahre und falsche Prophetie 192
Jeremia reloaded – die deuteronomistische Redaktion 193
Vom Propheten zum Buch – die Geschichte des Jeremiabuches 194
…zum Schluss 196

Berufen zum Propheten für die Völker (Jer 1,4–10)

Siehe, ich setze dich an diesem Tag ein über Völker und Königreiche, dass du ausreißen und einreißen, zerstören und verderben sollst und aufbauen und pflanzen. (Jer 1,10)

Was für ein Auftrag! Wem würden da nicht die Knie zittern? Der Prophet Jeremia bildet da jedenfalls keine Ausnahme: Ihm ist deutlich anzumerken, dass er Gottes Auftrag am liebsten ablehnen würde: »Ich tauge nicht zu predigen, denn ich bin zu jung« (Jer 1,6).

Jeremias Reaktion auf seine göttliche Berufung lässt sich natürlich psychologisch deuten. Wer kennt es nicht, das Lampenfieber vor einer großen Aufgabe? Aber vor allem geht es hier um Theologie: Gott erwählt einen Menschen nicht, weil er eine besondere Eignung zum Prophetsein hätte, sondern wer erwählt wird, dem garantiert Gott durch seine göttliche Macht das Gelingen des Auftrags. Auch bei Jeremia ist es Gott selbst, der für die Wirkmacht seiner Worte sorgt. Jeremia ist nur der Bote, der im Namen Got-

Randbemerkung

Ob Jeremia, Sohn des Hilkija aus Anatot, auf Gottes Ruf wirklich so reagiert hat, wie in Jer 1 überliefert, kann niemand sagen. Die Gestaltung der Szene folgt einem Formschema, das man auch aus anderen Berufungsgeschichten kennt (vgl. die Berufung von Mose [Gen 3], des Richters Gideon [Ri 6,1–24], des großen Königs Saul [1Sam 9–10] oder des Propheten Jesaja [Jes 6,4–6]). Im Jeremiabuch sieht dieses Schema so aus: Gott tritt auf und bestellt Jeremia zum Propheten. Der erhebt Einwände, die durch Gottes Zusage seiner Gegenwart entkräftet werden. Schließlich wird Jeremia vollmächtig berufen. Gott sagt: »Siehe, ich lege meine Worte in deinen Mund« (Jer 1,9).

tes »Ich« sagen darf. So verheißt Gott: »Ich will meine Worte in deinem Mund zu Feuer machen« (Jer 5,14).

In Jeremias Fall ist dieser Auftrag dann allerdings ein ganz besonderer: Gott bestellt Jeremia nicht nur zum Propheten für Israel, sondern für alle Völker. Damit wird die Bühne weit geöffnet: Jeremia sieht sich Völkern, Königreichen und Nationen gegenüber. Und er soll vor dieser Kulisse nicht nur Gottes Wort weitersagen; nein, ihm wird vorausgesagt, dass er selbst Gottes Ratschluss vollziehen muss. Die wenigen Verse der Berufungsszene entfalten zu Beginn des Jeremiabuches sein Programm: Es wird zu einem universalen Umsturz der Verhältnisse kommen und Jeremia wird Israel und den Völkern das Gericht Gottes ansagen (»ausreißen und einreißen, zerstören und vernichten«), aber er wird ihnen zugleich auch Wege aufzeigen, wie Umkehr möglich ist und das Heil erlangt werden kann (»aufbauen und pflanzen«).

Jeremia von Anatot – der Prophet aus Benjamin und seine Zeit

Kein anderer Prophet kommt der Leserschaft als Mensch so nahe wie Jeremia, kein anderer leidet so an seinem Amt und nirgendwo sonst sind das Schicksal des Propheten und seine Botschaft so eng verwoben wie im Jeremiabuch. Doch trotz der zahlreichen biografischen Anspielungen lassen sich nur wenige gesicherte Informationen über die historische Person des Jeremia erheben. Das Jeremiabuch wird – was wiederum typisch ist für Prophetenbücher – mit einigen wenigen Versen über Jeremias Herkunft und die Zeit eröffnet, in der er wirkt: Jeremia entstammt einer Priesterfamilie aus dem Dorf Anatot im Land Benjamin, etwa fünf Kilometer nordöstlich von Jerusalem. Sein Auftreten wird durch die Einordnung in die Chronik der Könige Israels und Judas zeitlich verankert: Jeremia soll unter Josia, Jojakim und Zedekia tätig gewesen sein. Das führt zu einer Wirkdauer von 40 Jahren zwischen 627 und 587 v. Chr. – wobei die Zahl 40 im Alten Testament immer für eine idealtypische Zeitspanne steht: 40 Tage dauerte die Sintflut, 40 Tage hielt sich Mose auf dem Berg Sinai auf und 40 Jahre wanderte das Volk Israel durch die Wüste.

Allerdings muss man feststellen: Diese 40 Jahre bei Jeremia haben es historisch wirklich in sich. Sie markieren eine Epoche des Umbruchs: Bis dahin hatte Assyrien* die uneingeschränkte Vormachtstellung im Vorderen Orient und der Levante* innegehabt. Das änderte sich zur Zeit Jeremias – und solche politischen Veränderungen bedeuteten oft Krieg: Das neubabylonische* Reich erstarkte und zerstörte schließlich 612 v. Chr. die assyrische* Hauptstadt Ninive. 605 v. Chr. besiegte der babylonische* König Nebukadnezar in der Schlacht von

Karkemisch auch noch die Ägypter*; damit rückte das Königreich Juda endgültig in den Einflussbereich seines Großreiches.

In Juda verfolgte man diese ganzen Querelen auch aus einem Eigeninteresse heraus: Man erhoffte sich in dem entstehenden Machtvakuum die Chance, ein neues wiedervereintes judäisch-israelitisches Königreich aufzurichten. Doch schaut man sich die Größenverhältnisse der damaligen Zeit an, so muss man sagen: Ein bisschen größenwahnsinnig war das schon! Immer wieder muss Jeremia deshalb gegen solche politischen Bestrebungen anpredigen, die sich im Widerstand gegen den König von Babylon* das Heil für Jerusalem erhoffen:

Darum hört nicht auf die Worte der Propheten, die euch sagen: »Ihr werdet nicht untertan sein müssen dem König von Babel!« Denn sie weissagen euch Lüge, und ich habe sie nicht gesandt, spricht der HERR, sondern sie weissagen Lüge in meinem Namen. (Jer 27,14–15)

Solches Streben nach politischer Unabhängigkeit wurde Anfang des 6. Jahrhunderts v. Chr. von den Babyloniern* endgültig zunichte gemacht und hart bestraft: 597 v. Chr. kam es zu ersten Deportationen der Jerusalemer Bevölkerung. Doch weil die judäischen Rebellionsversuche nicht einmal dadurch gestoppt werden konnten, geschah 587 v. Chr. schließlich die Katastrophe: Jerusalem und der Tempel* wurden zerstört, die Regierung und die Oberschicht ins Babylonische Exil* verschleppt. Jeremia war der Prophet, der diese letzten zehn Jahre vor der endgültigen Zerstörung Jerusalems begleitete.

Die Botschaft des Propheten: der Feind aus dem Norden

Kern der Prophetie Jeremias ist die Ansage kommenden Unheils über das Volk von Juda. Kein Wunder, dass er so unbeliebt ist und immer wieder beredt Klage über sein Los als Unheilsprophet und Unglücksrabe führt. Nicht nur in biblischen Zeiten machte man gerne den Boten verantwortlich, der die schlechten Nachrichten überbringt. Und wer wollte schon gerne hören, was Jeremia seinem Volk immer wieder vor Augen malt?

Ich sah das Land, und siehe, es war wüst und leer, sah zum Himmel, und er war finster. Ich sah die Berge an, und siehe, sie bebten und alle Hügel wankten. Ich sah, und siehe, da war kein Mensch, und alle Vögel unter dem Himmel waren weggeflogen. Ich sah, und siehe, das Fruchtland war eine Wüste, und alle seine Städte waren zerstört vor dem HERRN und vor seinem grimmigen Zorn. (Jer 4,23–26)

Jeremia kündigt ein Ereignis immer wieder an: Der »Feind aus dem Norden« – eine verklausulierte Formel für das babylonische* Heer – wird kommen und Krieg und Unterjochung bringen. Bereits während seiner Berufung sieht Jeremia in einer Vision einen von Norden geneigten siedenden Kessel (Jer 1,13–16), ein Symbol für das drohende Unheil, das sich im Laufe der folgenden Kapitel immer weiter konkretisiert:

So spricht der HERR: Siehe, es kommt ein Volk von Norden, und ein großes Volk wird sich erheben vom Ende der Erde. Sie führen Bogen und Schwert, sind grausam und ohne Erbarmen. Sie brausen daher wie ein ungestümes Meer und reiten auf Rossen, gerüstet als Kriegsleute, gegen dich, du Tochter Zion. (Jer 6,22–23)

Der Grund für den drohenden Untergang Jerusalems ist aus Jeremias Sicht klar: Gott selbst richtet sein Volk wegen all seiner Verfehlungen:

Man findet unter meinem Volk Frevler, die den Leuten nachstellen und Fallen zurichten, um sie zu fangen, wie's die Vogelfänger tun. Ihre Häuser sind voller Tücke, wie ein Vogelbauer voller Lockvögel ist. Daher sind sie groß und reich geworden, fett und feist. Sie gingen mit bösen Dingen um; sie hielten kein Recht, der Waisen Sache führten sie nicht zum Erfolg und halfen den Armen nicht zum Recht. (Jer 5,26–28)

Jeremia spricht im Namen Gottes, seine prophetische Rede ist zugleich vollmächtige Gottesrede: In Gottes Auftrag klagt Jeremia Betrug, Beugung des Rechts, Habgier, Ausbeutung und Ehebruch an. Für den Propheten ist klar, dass sich in all dem immer wieder die gleichen Sünden äußern: mangelndes Vertrauen auf JHWH und die Wertschätzung fremder Gottheiten (vgl. Jer 5,11–12). Jeremia tritt dem Volk entgegen, aber er leidet auch mit seinen Leuten. Er ringt um ihre Einsicht und hofft auf Umkehr (vgl. Jer 8,18–21). Immer wieder finden sich auch Klagen Jeremias über sein Volk, die das Unheil vorwegnehmen, das der Prophet schon vor Augen hat. Und in der Form der Klage wird sogar das eigentlich Unsagbare sagbar und fragbar: Hat Gott sein Volk etwa verlassen? »Siehe, die Tochter meines Volks schreit aus fernem Lande her: ›Will denn der HERR nicht mehr in Zion sein, oder soll es keinen König mehr haben?‹« (Jer 8,19).

Randbemerkung

Die Klage ist ein durchaus typisches Stilmittel prophetischer Verkündigung und findet sich auch in anderen Prophetenbüchern. Ein Charakteristikum dieser prophetischen Untergangsklage ist die Personifizierung der beklagten Stadt als Frau (»Tochter meines Volkes«, »Tochter Zion«*; vgl. Klgl 1–2). Hinter dieser kollektiven Klage, die man heute vielleicht »öffentliche Volkstrauer« nennen würde, lassen sich typische Elemente altorientalischer Stadtklagerituale erkennen. Wenn Jeremia und seine Berufsgenossen so sprechen, dann wissen sie: Die Leute verstehen, was sie ihnen zu sagen haben. Und sie können die Verzweiflung, die in diesen Worten steckt, mitfühlen.

Jeremia lebt für seine Botschaft – die Zeichenhandlungen

Einmal schickt Gott Jeremia, so erzählt es die Bibel, in eine Töpferei. Der Prophet soll das Geschehen dort als Gleichnis für Gottes Handeln gegenüber seinem Volk deuten: Israel ist in den Händen Gottes nicht mehr als Ton in der Hand des Töpfers. Wie dieser den Ton kann Gott sein Volk nach eigenem Gutdünken behandeln:

Und ich ging hinab in des Töpfers Haus, und siehe, er arbeitete eben auf der Scheibe. Und wenn der Topf, den er aus dem Ton machte, ihm unter den Händen missriet, machte er daraus wieder einen andern Topf, ganz wie es ihm gefiel. Da geschah des HERRN Wort zu mir: Kann ich nicht ebenso mit euch umgehen, ihr vom Hause Israel, wie dieser Töpfer?, spricht der HERR. Siehe, wie der Ton in des Töpfers Hand, so seid auch ihr in meiner Hand, Haus Israel. (Jer 18,3–6)

Immer wieder wird im Jeremiabuch deutlich, dass Gott Umkehr und nicht Strafe will. Doch predigt der Prophet Jeremia hier vergebens, denn die Antwort seiner Hörerinnen und Hörer ist ganz unverhohlen ein Nein: »Daraus wird nichts! Wir wollen unsern eigenen Plänen folgen und jeder nach dem Starrsinn seines bösen Herzens handeln« (Jer 18,12).

Deshalb erfährt Jeremias Besuch in der Töpferei noch eine Fortsetzung: Gott beauftragt seinen Propheten, einen Tonkrug öffentlich zu zerschlagen, um so deutlich zu machen, welches Schicksal das Volk Israel erwartet (Jer 19). Anders als bei Jeremias erstem Besuch, wo der Ton noch weich war und zu jeder Form hätte werden können, ist nun über die Zukunft Judas offensichtlich entschieden. Mit dem Zerschlagen dieses Kruges vollzieht Jeremia eine sogenannte Zeichenhandlung. Davon finden sich noch mehrere in diesem Prophetenbuch. So kauft Jeremia, obwohl er zu der Zeit im Gefängnis sitzt, einen Acker (Jer 32) und zeigt so: Es gibt Hoffnung für dieses Volk. An anderer Stelle wird er beauftragt, eine Rolle mit Drohworten über Babylon* zu verfassen, sie dann verlesen und im Euphrat versenken zu lassen (Jer 51,59–64). Auch sein Aufenthalt im Gefängnis (Jer 20) und das Tragen eines Jochs werden Teil seiner prophetischen Botschaft. Und schließlich wird sogar Jeremias eigenes Leben zum Zeichen für Gottes Pläne mit seinem Volk:

Und des HERRN Wort geschah zu mir: Du sollst dir keine Frau nehmen und weder Söhne noch Töchter zeugen an diesem Ort. [...] So spricht der HERR: Du sollst in kein Trauerhaus gehen, weder um zu klagen noch um zu trösten; denn ich habe meinen Frieden von diesem Volk weggenommen, die Gnade und die Barmherzigkeit, spricht der HERR. (Jer 16,1.5)

Der Prophet wider Willen und sein Leiden an seinem Prophetenamt – die Konfessionen

Jeremias Schicksal, das auch in den Zeichenhandlungen und in den erzählerischen Kapiteln des Jeremiabuches immer wieder durchblitzt, rührt an. Doch geht die Wissenschaft heute davon aus, dass hier nicht nur historische Erinnerungen an die reale Person Jeremia aus Anatot eingeflossen sind, sondern dass diejenigen, die diese Texte verschriftlicht haben, Jeremias Geschick als das typische Schicksal eines Propheten JHWHs vor Augen stellen wollten. Das gelingt auch durch eine Reihe sehr persönlich wirkender Gebete. Jeremia klagt zu Gott und ringt mit seinem Schicksal:

Ich saß nicht im Kreis der Fröhlichen und freute mich, sondern saß einsam, gebeugt von deiner Hand; denn du hast mich erfüllt mit Grimm. Warum währt doch mein Leiden so lange und ist meine Wunde so schlimm, dass sie nicht heilen will? Du bist mir geworden wie ein trügerischer Born, der nicht verlässlich Wasser gibt. (Jer 15,17–18)

Die Wissenschaft hat solche Texte, von denen sich bei Jeremia einige finden (Jer 1,18–23; 12,1–6; 15,10–11.15–21; 17,12–18; 18,18–23; 20,7–18), als »Konfessionen Jeremias« bezeichnet. Tatsächlich handelt es sich dabei um Klagegedichte, die an die Psalmen erinnern – die sich aber sonst im Alten Testament nirgends im Munde eines Propheten finden. Auch darin wird Jeremia zu dem Propheten, der exemplarisch an seinem Amt leidet und mit seiner Berufung hadert:

HERR, du hast mich überredet und ich habe mich überreden lassen. Du bist mir zu stark gewesen und hast gewonnen; aber ich bin darüber zum Spott geworden täglich, und jedermann verlacht mich. Denn sooft ich rede, muss ich schreien; »Frevel und Gewalt!« muss ich rufen. [...] Alle meine Freunde und Gesellen lauern, ob ich nicht falle: »Vielleicht lässt er sich überlisten, dass wir ihm beikommen können und uns an ihm rächen.« (Jer 20,7–8.10–11)

Jeremia wendet sich in seiner Verzweiflung sogar gegen Gott und stellt dessen Gerechtigkeit infrage. Aber ob Gottes Antworten, die eher schroff klingen, Jeremia tatsächlich geholfen haben? Zum Glück bekräftigt Gott seine Zusage, Jeremia nicht alleine zu lassen: »Wenn sie auch wider dich streiten, sollen sie dir doch nichts anhaben; denn ich bin bei dir, dass ich dir helfe und dich errette, spricht der HERR« (Jer 15,20).

Der Prophet und sein Leben – die Erzählungen (Jer 37–44)

Jeremia kommt den Leserinnen als Figur auch deshalb nahe, weil das Jeremiabuch wie kein anderes Prophetenbuch Episoden aus der Wirkungszeit des Propheten wie eine kleine Novelle zusammenfasst. In den Kapiteln 37–44 wird davon erzählt, wie umstritten die Verkündigung des Propheten während der letzten Jahre in Jerusalem ist. Als der babylonische* König Nebukadnezar einen Feldzug gegen Juda führt, sagt Jeremia die Niederlage Judas voraus und tritt für eine frühe Kapitulation ein. Seine Hoffnung ist wohl, auf diese Weise das Schlimmste noch abwenden zu können. Doch diese Hoffnung erfüllt sich nicht. Ganz im Gegenteil: Wegen seiner Worte gilt Jeremia nun als Verräter und wird von den Beamten des judäischen Königs ins Gefängnis geworfen, ja zwischenzeitlich sogar in den Schlamm einer Zisterne versenkt. Dass er das überlebt, verdankt er nur einem glücklichen Zufall: Ein ägyptischer* Eunuch informiert den judäischen König Zidkija über das Treiben seiner Beamten und er lässt Jeremia daraufhin heimlich in seinen Palast holen. Dafür erhofft sich Zidkija, dem in der Auseinandersetzung mit den Babyloniern* das Wasser schon bis zum Hals zu stehen scheint, von Jeremia Fürbitte und einen freundlichen Gottesbescheid für seine Pläne. Doch der Prophet tut ihm diesen Gefallen nicht, sondern bleibt seiner Botschaft treu: Er rät zur Unterwerfung (Jer 38,14 ff.).

Und so bleibt Jeremia ein Gefangener des judäischen Königs und wird erst von den siegreichen Babyloniern* befreit. Weil diese die Jerusalemer Oberschicht und die Mitglieder des judäischen Königshauses nach Babylon* deportieren, verbleibt im zerstörten Jerusalem nur ein kleiner Bevölkerungsrest. Viele der im Land Verstreuten versammeln sich im zwölf Kilometer entfernten Ort Mizpa. Dort residiert Gedalja als von den Babyloniern* eingesetzter Statthalter; bei ihm hält sich Jeremia auf. Als Gedalja allerdings ermordet wird – übrigens von Menschen aus den eigenen Reihen –, ist die Angst vor der Rache der babylonischen* Besatzungsmacht groß. Eine Gruppe entschließt sich deshalb zur Flucht; Ziel soll Ägypten sein, obwohl Jeremia in einer langen Rede davon abrät (Jer 42). Doch er kann sich mit seiner Botschaft – mal wieder – nicht durchsetzen und wird gegen seinen Willen mit nach Ägypten* genommen. Auch dort bleibt der Prophet seiner Rolle treu und kritisiert den Götzendienst* seiner Landsleute. In der ägyptischen* Diaspora* verliert sich schließlich seine Spur; man vermutet heute, dass er dort gestorben ist.

Im Streit um die Wahrheit – wahre und falsche Prophetie

Immer wieder wird im Jeremiabuch die Frage nach wahrer und falscher Prophetie gestellt. Denn: Woran erkennt man eigentlich, ob ein Prophet wirklich im Namen Gottes weissagt oder ob er nur seine eigenen Worte verkündigt?

Jeremia muss sich im Laufe seines Wirkens jedenfalls mehrfach damit auseinandersetzen, dass seine Sprüche als Falschprophetie aufgefasst werden. Für Jeremia selbst und für die Leser des Prophetenbuches mag seit seiner Berufung feststehen, dass er im Auftrag Gottes spricht, doch lässt sich dieser Anspruch kaum beweisen. Das Problem ist: Es gibt auch Propheten, die das genaue Gegenteil sagen – und die ebenfalls behaupten, sie würden im Namen Gottes auftreten. Im Jeremiabuch wird das in Form einer Gottesrede thematisiert: »Ein Prophet, der Träume hat, der erzähle Träume; wer aber mein Wort hat, der predige mein Wort recht. Wie reimen sich Stroh und Weizen zusammen?, spricht der HERR« (Jer 23,28).

In der Tat liegt hier ein echtes Problem: Welchem Rat kann man trauen, wenn sich zwei im Namen Gottes getätigte Äußerungen so widersprechen? Dass sich auch andere mit dieser Frage befassten, zeigt ein Blick in das Deuteronomium*, das allerdings eine Lösung bietet, die einen zugegebenermaßen etwas ratlos zurücklässt:

Doch wenn ein Prophet so vermessen ist, dass er redet in meinem Namen, was ich ihm nicht geboten habe, und wenn einer redet in dem Namen anderer Götter, dieser Prophet soll sterben. Wenn du aber in deinem Herzen sagen würdest: Wie kann ich merken, welches Wort der HERR nicht geredet hat? – wenn der Prophet redet in dem Namen des HERRN und es wird nichts daraus und es tritt nicht ein, dann ist das ein Wort, das der HERR nicht geredet hat. (Dtn 18,20–22)

Randbemerkung

Exemplarisch berichtet das Jeremiabuch von einer öffentlichen Auseinandersetzung zwischen Jeremia und Hananja, der Prophet am Tempel* in Jerusalem ist. Jeremia hat von Gott den Auftrag erhalten, sich ein Joch zu bauen und damit zeichenhaft vor den König Zidkija zu treten und die Unterwerfung unter das Joch des Königs Nebukadnezar zu fordern. Er warnt davor, sich auf Prophezeiungen zu verlassen, die behaupten, dass diese Niederlage nicht eintreten werde (vgl. Jer 27,9–12). Jeremia grenzt sich damit deutlich von den sogenannten Hofpropheten ab. Ihnen unterstellt er nämlich – und das sicherlich nicht völlig zu Unrecht –, dass sie als höfische Angestellte bloß dem König nach dem Munde reden würden. Einer von ihnen, besagter Hananja, tritt Jeremia nun entgegen und ruft genau zu dem auf, was Jeremia vermeiden möchte: zum Widerstand gegen Babylon*. Hananja behauptet, Gott selbst habe zugesagt, dass er das Joch des Königs von Babylon* zerbrechen werde (vgl. Jer 28,2–4). Um die Gültigkeit seiner Botschaft zu demonstrieren, nimmt Hananja Jeremia tatsächlich das Joch vom Hals und zerbricht es genauso zeichenhaft vor allem Volk, wie Jeremia es angelegt hatte. Jeremia weiß zunächst nichts zu erwidern. Aber dann fällt Gott doch noch etwas Neues ein, was zugegebenermaßen etwas nachgekarrt klingt: »Geh hin und sage Hananja: So spricht der HERR: Du hast hölzerne Jochstangen zerbrochen; so hast du nun eiserne Jochstangen an ihre Stelle gesetzt. Denn so spricht der HERR Zebaoth, der Gott Israels: Ein eisernes Joch habe ich allen diesen Völkern auf den Nacken gelegt, dass sie untertan sein sollen Nebukadnezar, dem König von Babel, und ihm dienen« (Jer 28,13). Wie die Leute darauf reagierten, erfährt man nicht. Allerdings wäre ja auch ein Publikumsvoting kein ausreichender Beleg für die Wahrheit der prophetischen Botschaft.

Und nun? Eine prophetische Vorhersage ist dann wahr, wenn das eintritt, was sie vorhergesagt hat. Wer Recht hat, weiß man also erst hinterher. Das ist unzweifelhaft richtig, doch das Problem liegt auf der Hand: Diejenigen, die einen Prophetenspruch hören, sind in dem Moment natürlich noch nicht in der Lage, dieses Wahrheitskriterium anzuwenden. Hinterher ist man bekanntlich immer schlauer – aber hinterher ist es ebenso bekanntlich zu spät ...

Jeremia reloaded – die deuteronomistische Redaktion

Dass die Frage nach wahrer und falscher Prophetie im Jeremiabuch *und* im Deuteronomium* begegnet, kommt nicht von ungefähr.

Die Forschung ist sich heute weitgehend einig, dass das Jeremiabuch deuteronomistisch* überarbeitet wurde. Als klassischer Text, an dem man aufzeigen kann, wie diese Redaktion* funktioniert, gilt dabei die sogenannte Tempelrede* in Jer 7. Sie bietet eine gute Zusammenfassung von Jeremias Botschaft und klingt dabei für geschulte Ohren typisch deuteronomistisch*:

So spricht der HERR Zebaoth, der Gott Israels: [...] Bessert euer Leben und euer Tun, dass ihr recht handelt einer gegen den andern und gegen Fremdlinge, Waisen und Witwen keine Gewalt übt und nicht unschuldiges Blut vergießt an diesem Ort und nicht andern Göttern nachlauft zu eurem eigenen Schaden, so will ich euch immer und ewiglich wohnen lassen an diesem Ort, in dem Lande, das ich euren Vätern gegeben habe. [...] Ihr seid Diebe, Mörder, Ehebrecher und Meineidige und opfert dem Baal und lauft fremden Göttern nach, die ihr nicht kennt.
Und dann kommt ihr und tretet vor mich in diesem Hause, das nach meinem Namen genannt ist, und sprecht: Wir sind geborgen, – und tut weiter solche Gräuel. Haltet ihr denn dies Haus, das nach meinem Namen genannt ist, für eine Räuberhöhle? Siehe, ich sehe es wohl, spricht der HERR. (Jer 7,3.5–7.9–11)

In dieser berühmt gewordenen Rede übt Jeremia im Namen Gottes scharfe Kritik am Tempelkult* und betont: Wer den Tempelkult* als Sicherheitsgarantie unabhängig vom eigenen Lebenswandel ansieht, der verlässt sich auf Lügenworte und macht das Haus Gottes zu einer

»Räuberhöhle«. In Jer 26 wird dann davon erzählt, wie Jeremia persönlich für diese Rede angegriffen und angefeindet wird.

Folgt man dieser deuteronomistischen* Spur, dann fällt auf, dass Jeremia im Gesamt seines Buches im Grunde als Typus eines Propheten erscheint, wie er im Deuteronomium* beschrieben wird:

Denn diese Völker, deren Land du einnehmen wirst, hören auf Zeichendeuter und Wahrsager; dir aber hat der HERR, dein Gott, so etwas verwehrt. [...] Und der HERR sprach zu mir: Ich will ihnen einen Propheten, wie du bist, erwecken aus ihren Brüdern und meine Worte in seinen Mund geben; der soll zu ihnen reden alles, was ich ihm gebieten werde. (Dtn 18,14.17–18)

Den Deuteronomisten* ging es bei der Überarbeitung des Jeremiabuches nicht nur darum, Jeremia als typischen Propheten in der Nachfolge des Mose darzustellen. Sondern ihnen war etwas anderes tatsächlich noch viel wichtiger: Jeremias Begründungen für die Unheilsansagen – und damit etwas, das man Geschichtstheologie nennt. Die Botschaft des Propheten Jeremia vermochte nämlich zu erklären, warum Juda und Jerusalem untergehen mussten. Die Menschen der Exilszeit* wurden konfrontiert mit der Erfahrung, dass sich die fremden Gottheiten der anderen Völker vermeintlich als stärker erwiesen hatten als der eigene Gott. In der Botschaft Jeremias fanden sie die Erklärung dafür: Gott war nicht machtlos, sondern er hatte bewusst über das Schicksal seines Volkes entschieden. Und das hatte er deshalb getan, weil die Menschen nicht bereit gewesen waren, auf die Botschaft seiner Propheten zu hören. Deshalb hatte JHWH sein Volk schließlich dem Untergang preisgegeben. Jerusalem war also nicht untergegangen, weil der Gott JHWH unterlegen gewesen wäre, sondern ganz im Gegenteil: Gerade in der Katastrophe hatte JHWH sich als der eine Gott der ganzen Welt gezeigt – und Nebukadnezar war nichts als ein Werkzeug in der Hand dieses Gottes.

Weil man all das in der Botschaft des Jeremia entdecken konnte, wurden seine Worte tradiert und weitergeschrieben. Jeremias Prophetie hatte Recht behalten – eine Erkenntnis, die die Menschen im Exil* und darüber hinaus offensichtlich zu trösten vermochte.

Vom Propheten zum Buch – die Geschichte des Jeremiabuches

Von der Literargeschichte* des Jeremiabuches war schon kurz die Rede. Die Forschung geht heute davon aus, dass erste Sammlungen der Sprüche Jeremias festgehalten und schon im Babylonischen Exil* schriftlich in Form eines »Buches«

zusammengefasst wurden. Dieses Jeremiabuch wurde dann auch nach der schon beschriebenen deuteronomistischen* Redaktion* – die vermutlich in mehreren Schritten erfolgte – wiederholt bearbeitet und überarbeitet. Im Zuge dieser Weiterarbeit am Jeremiabuch wurden dann auch die Konfessionen Jeremias und andere biografisch anmutende Schilderungen wie zum Beispiel die Zeichenhandlungen ergänzt. Darin unterscheidet sich das Jeremiabuch wenig von anderen Prophetenbüchern. Originell aber ist es darin, dass es diesen Entstehungsprozess gewissermaßen reflektiert: So wird in Jer 36 beschrieben, wie Jeremia im vierten Regierungsjahr des Königs Jojakim (605 v. Chr.) von Gott angewiesen wird, seine gesamte bisherige Verkündung aufzuschreiben. Jeremia erstellt diese »Predigtsammlung« jedoch nicht selbst, sondern er lässt schreiben: Der professionelle Schreiber Baruch nimmt das Diktat auf. Anschließend verliest Baruch diese Schriftrolle im Tempelareal*, das Jeremia selbst nicht mehr betreten darf. Das tut Baruch augenscheinlich mehrfach – so lange, bis die königlichen Beamten auf ihn aufmerksam werden. Und so kommt es, wie es kommen muss: Am Ende bekommt der König Wind davon und er verbrennt demonstrativ die Schriftrolle wegen ihres unliebsamen kritischen Inhalts. Bücherverbrennung als probates Mittel, einen Kritiker mundtot zu machen. Doch Jeremia bekommt daraufhin erneut den Auftrag von Gott, seine Worte aufzuschreiben – und zudem noch den König Jojakim und seine Nachfolger zu verfluchen. Diese Erzählung schließt mit dem interessanten Satz:

Da nahm Jeremia eine andere Schriftrolle und gab sie Baruch, dem Sohn Nerijas, dem Schreiber. Der schrieb darauf, so wie ihm Jeremia vorsagte, alle Worte, die auf der Schriftrolle standen, die Jojakim, der König von Juda, im Feuer verbrannt hatte; und es wurden zu ihnen noch viele ähnliche Worte hinzugetan. (Jer 36,32)

Letzteres darf man getrost als Hinweis auf das Weiterschreiben der Jeremia-Schriftrolle auch über den Tod des Propheten hinaus deuten: Die Tradenten* dieser Schriftrolle, die sich vielleicht selbst als Schüler des Jeremia verstanden, nahmen sich durchaus die Freiheit, die ursprüngliche Rolle um eigene Worte, Gedanken und theologische Reflexionen zu ergänzen – manchmal auch eher assoziativ. Dazu gehört eine Reihe von Heilszusagen, die sich im Jeremiabuch vorrangig im sogenannten »Trostbüchlein« (Jer 30–33) finden. Sie sprechen augen-

scheinlich die gesamte Diaspora* der Exilierten und Versprengten Israels an.
Ihnen wird nun am Ende der Exilszeit* im Blick auf eine neue Heimkehr in das
verheißene Land und die Restauration Jerusalems sogar ein »Neuer Bund«* versprochen. Dieser neue soll den alten Bundesschluss des Mose am Sinai noch über-
treffen, denn die Tora* soll nun eingeschrieben werden in die Herzen:

*Das soll der Bund sein, den ich mit dem Hause Israel schließen will nach dieser Zeit,
spricht der HERR: Ich will mein Gesetz in ihr Herz geben und in ihren Sinn schreiben,
und sie sollen mein Volk sein, und ich will ihr Gott sein. Und es wird keiner den andern
noch ein Bruder den andern lehren und sagen: »Erkenne den HERRN«, denn sie sollen
mich alle erkennen, beide, Klein und Groß, spricht der HERR; denn ich will ihnen ihre
Missetat vergeben und ihrer Sünde nimmermehr gedenken. (Jer 31,31–34)*

… zum Schluss

Das Jeremiabuch ist nicht nur Zeugnis für eine exemplarische Prophetenbiografie,
sondern zugleich ein großartiges Dokument alttestamentlicher Schriftprophetie:
Immer wieder wurde es überarbeitet und bearbeitet und schließlich das von seiner Wortzahl her umfangreichste Buch der hebräischen* Bibel. Auch darin zeigt
sich, welche Bedeutung Jeremias Worte für nachfolgende Generationen hatten.

Jeremia ist ein sensibler Beobachter politischer und religiöser Macht- und
Beziehungsverhältnisse. Vorsicht und Pragmatismus prägen seine Botschaft und
damit auch die seiner Nachfolger. So schreibt Jeremia den Exilierten in Babylon*
einen langen Brief und rät ihnen, sie mögen sich dort für eine gewisse Zeit durchaus einrichten, Häuser bauen, Gärten pflanzen und sich mehren. Sein Ratschlag
ist fast sprichwörtlich geworden und hat bleibende Gültigkeit: »Suchet der Stadt
Bestes, dahin ich euch habe wegführen lassen, und betet für sie zum HERRN;
denn wenn's ihr wohlgeht, so geht's euch auch wohl« (Jer 29,7).

Jeremia wurde mit seiner Entlarvung von Lüge und Ungerechtigkeit, mit seiner Verurteilung aller Abkehr von Gott zum typischen Gerichtspropheten der biblischen Überlieferung – im Grunde bis heute. Denn auch modernen Leserinnen
und Lesern erschließt sich ganz unmittelbar, welche Last und Verantwortung mit
solcher Berufung einhergeht. Äußere Anfeindung führt zu innerer Anfechtung.
Woher weiß ich selbst, ob richtig ist, was ich tue und sage? Woran liegt es, dass
meine Botschaft nicht ankommt? Ist Gott noch mit mir? Bin ich noch mit Gott?
Genau daran aber lässt das Buch keinen Zweifel: Jeremia hat in der Vollmacht
Gottes gewirkt.

Amos

Ruf nach Gerechtigkeit

Die Zeichen der Zeit 197
Der Löwe brüllt – Gott ruft und Amos gehorcht 198
Amos klagt über die gefallene Jungfrau Israel (Am 3–6) 198
Amos ist sicher: Israels Untergang hat einen Grund 199
Durch Amos erkannte man: der Untergang war unausweichlich 200
Recht und Gerechtigkeit – Schlüsselworte seiner Botschaft 202
Amos wird zum Fürbitter Israels (Am 7–8) 202
Hoffnung für die verfallene Hütte Davids (Am 9,11–15) 203
… zum Schluss 204

Die Zeichen der Zeit

Wenn der Prophet Amos eines konnte, dann das: die Zeichen der Zeit deuten. Die Bibel erzählt, er sei Schaf- und Rinderzüchter gewesen (Am 1,1), ja, er habe sogar Maulbeerfeigen gepflanzt (Am 7,14). Amos wird auf diese Weise dem Landleben zugeordnet, in dem es vermutlich überlebensnotwendig war, die Zeichen der Natur zu erkennen. Was außerdem ins Auge fällt: Amos stammt zwar aus Tekoa bei Jerusalem und damit aus dem Südreich* Juda, doch richten sich die prophetischen Worte, die in seinem Namen überliefert sind, vor allem gegen das Nordreich*. Dazu passt, dass der erste Vers des Amosbuches die Könige aus Nord *und* Süd nennt, zu deren Regierungszeit Amos gewirkt haben soll: Usija in Juda (783–742 v.Chr.) und Jerobeam II. in Israel (781–742 v.Chr.).

Zeichen deuten – nichts anderes tut Amos auch dann, als er von Gott zum Propheten berufen wird: Er beobachtet und beurteilt, was er sieht. Und das war zu seiner Zeit vor allem ein gehöriges Maß an Ungerechtigkeit: Reiche leben auf Kosten der Armen, das Recht benachteiligt die Mittellosen – und die religiösen Zustände festigen diese Ungleichheit. Dazu muss man wissen, dass Israel unter Jerobeam II. durchaus ein beachtliches Maß an wirtschaftlichem Wohlstand erlangt hatte. Allerdings nicht für jeden: Der Aufschwung hatte vielmehr noch die Kluft zwischen Arm und Reich, zwischen wohlsituierter städtischer Oberschicht und abhängiger Landbevölkerung vergrößert. Und dagegen redet Amos in Gottes Namen an.

Der Löwe brüllt – Gott ruft und Amos gehorcht

Mit dem, was Amos zu sagen hat, hält er nicht hinterm Berg. Unmissverständlich macht er deutlich, wie wirkmächtig der Gott ist, in dessen Namen er auftritt: »Der HERR wird aus Zion brüllen und seine Stimme aus Jerusalem hören lassen, dass die Auen der Hirten vertrocknen werden und der Karmel oben verdorren wird« (Am 1,2).

Auch Amos selbst ist klar, dass er sich dem Brüllen Gottes nicht widersetzen kann. Seine Berufung in seinen Dienst ist unausweichlich – von einem Versuch des Widerspruchs, wie man ihn etwa von Mose, Jeremia oder Jona kennt, ist hier deshalb nichts zu lesen: »Der Löwe brüllt, wer sollte sich nicht fürchten? Gott der HERR redet, wer sollte nicht Prophet werden?« (Am 3,8).

Amos klagt über die gefallene Jungfrau Israel (Am 3–6)

Umstritten ist wissenschaftlich bis heute, wo sich innerhalb des Amosbuches eigentlich der historische Mensch Amos selbst zeigt und wo ihm Worte in den Mund gelegt werden, die aus einer späteren Zeit stammen. Man vermutet, dass der älteste Kern des Buches in den Kapiteln 3–6 zu finden ist. Gerade hier zeigt sich, dass Amos vor allem ein kritischer Beobachter seiner Zeit war. Ihm ging es darum, seine Mitmenschen wachzurütteln und ihnen die Augen zu öffnen. Eine ganz typische Redeform in diesen Kapiteln ist deshalb die Klage: »Die Jungfrau Israel ist gefallen, dass sie nicht wieder aufstehen wird; sie ist zu Boden gestoßen und niemand ist da, der ihr aufhelfe« (Am 5,2).

Die »Jungfrau Israels« bezieht sich vermutlich auf die Hauptstadt des Nordreichs*, nämlich Samaria – den Ort also,

Randbemerkung

Dass Städte als »Jungfrauen« bezeichnet werden können, ist für eine moderne Leserschaft vielleicht ungewohnt, aber in antiken Texten durchaus üblich. In vielen altorientalischen Stadtklagen, in denen der Untergang einer Stadt betrauert wird, finden sich solche Ehrentitel. So können auch Jeremia und Jesaja von Jerusalem als von einer jungen Frau sprechen (Jes 22,4: »Tochter meines Volkes«; Jer 8,19: »Tochter Judas«), deren Schicksal beklagt wird.

wo sich die politische und wirtschaftliche Elite versammelte. Amos steht der bevorstehende Untergang Samarias schon vor Augen. Er beschreibt, was er sieht und fühlt im eindringlichen Bild einer in Kriegswirren geschundenen jungen Frau.

Amos geht sogar so weit, eine öffentliche Totenklage über sein Volk anzustimmen. Das kannte man, weil es in die orientalische Kultur durchaus gehörte, auf Plätzen und Straßen den Tod von Verwandten und Freunden öffentlich zu beklagen. Diese Rituale nimmt Amos auf, um seine Leute emotional zu packen:

Darum, so spricht der HERR, der Gott Zebaoth, der Herr: Es wird in allen Gassen Wehklagen sein, und auf allen Straßen wird man sagen: »Weh! Weh!« Und man wird den Ackermann zum Trauern rufen und zum Wehklagen, wer die Totenklage erheben kann. In allen Weinbergen wird Wehklagen sein; denn ich will unter euch dreinfahren, spricht der HERR. (Am 5,16–17)

Amos ist sicher: Israels Untergang hat einen Grund

Amos ahnt es nicht nur, er weiß: Das Volk Israel ist dem Untergang geweiht – und zwar im ganz realen Sinne: Amos sieht,
wie sehr die Assyrer* in der Mitte des 8. Jahrhunderts v. Chr.
expandieren und damit auch die Existenz Israels bedrohen. Umso
unverantwortlicher erscheint ihm die Führungselite, die er deshalb unerbittlich anprangert. Ganz besonders leidenschaftlich
kritisiert er das Verhalten im Umgang mit denen, die eigentlich
der Hilfe bedürfen (vgl. Am 3,10). Mit dieser Haltung wird Amos
zum idealtypischen Kämpfer für soziale Gerechtigkeit. Er hält
den Reichen seines Landes unbarmherzig den Spiegel vor:

Darum, weil ihr die Armen unterdrückt und nehmt von ihnen hohe Abgaben an Korn, so sollt ihr in den Häusern nicht wohnen, die ihr von Quadersteinen gebaut habt, und den Wein nicht trinken, den ihr in den feinen Weinbergen gepflanzt habt. Denn ich kenne eure Frevel, die so viel sind, und eure Sünden, die so groß sind, wie ihr die Gerechten bedrängt und Bestechungsgeld nehmt und die Armen im Tor unterdrückt. (Am 5,11–12)

Solche Sozialkritik könnte heute auch aus Mitgefühl und politischer Einsicht stammen. Amos aber beruft sich auf Gott und zwar in doppelter Hinsicht: Er weiß zum einen, dass der Gott Israels ein Gott ist, der den Unterdrückten zu ihrem Recht verhelfen will. Schon diese Behauptung kommt einer Umwälzung gleich, denn aus schlichter Polemik gegen den Luxus wird so überhaupt erst ein theologisches Thema.

Zum anderen prangert Amos das Verhalten seiner Glaubensgeschwister aber auch deshalb als besonders verwerflich an, weil es nicht zur eigenen Geschichte passt: Gott hat dieses Volk erwählt, als es klein und hilflos war, und ihm in dieser Situation gegen die eigenen Unterdrücker beigestanden. Deshalb sollen die Menschen diese Hilfe nun mit Gleichem vergelten (vgl. Am 2,10–11). Israels »Erwählung« begründet nicht nur die besondere Beziehung zu seinem Gott, sondern auch einen besonderen ethischen Anspruch: »Aus allen Geschlechtern auf Erden habe ich allein euch erkannt, darum will ich auch an euch heimsuchen all eure Sünde« (Am 3,2).

Durch Amos erkannte man: der Untergang war unausweichlich

Gott wird sein Volk heimsuchen, so sagt es das Amosbuch. Vermutlich hört die Leserschaft in dieser theologischen Spitze schon die Stimme derer, die Amos' Prophetensprüche sammelten und weitergaben. Denn auch wenn Amos schon zu Lebzeiten in die Rolle eines kritischen Zeitansagers geriet, so schärfte doch erst die weitere Überlieferung seiner Worte seine Botschaft und machte den Propheten zum unbarmherzigen Verkünder des göttlichen Gerichts. Und das sowohl gegenüber den Nachbarvölkern (Am 1–2) als auch gegenüber dem eigenen Volk:

Der HERR hat bei sich, dem Stolz Jakobs, geschworen: Niemals werde ich diese ihre Taten vergessen! Sollte nicht um solcher Taten willen das Land erbeben müssen und alle Bewohner trauern? Ja, es soll sich heben wie die Wasser des Nils und sich senken wie der Strom Ägyptens. Zur selben Zeit, spricht Gott der HERR, will ich die Sonne am Mittag untergehen und das Land am hellen Tage finster werden lassen. Ich will eure Feiertage in Trauer und alle eure Lieder in Wehklagen verwandeln. Ich will über alle Lenden den Sack bringen und alle Köpfe kahl machen und will ein Trauern schaffen, wie man trauert über den einzigen Sohn, und es soll ein bitteres Ende nehmen. (Am 8,7-10)

Die Erkenntnis ist bitter: Das Ende ist unausweichlich, denn die Erwählung schützt Israel nicht mehr, weil es sich gegen Gottes Willen gewandt hat. Kommen wird deshalb der Tag des Gerichts, den auch andere prophetische Bücher des Alten Testaments als den Tag JHWHs ankündigen. Dieser eschatologische* Gerichtstag – Luther spricht vom »Tag des HERRN« – wird mit Bildern ausgemalt, die Israel und den Völkern eine umfassende Vernichtung durch Kriege und Na-

Randbemerkung
Die vielen inhaltlichen Bezüge zwischen dem Amosbuch und den anderen sogenannten »kleinen Propheten« zeigen, dass es im Grunde falsch ist, vom »Buch des Propheten Amos« zu reden. Eigentlich sind diese prophetischen Schriften Teil eines wesentlich größeren Buches, das insgesamt zwölf Prophetenschriften in sich vereint. Die Forschung ist sich heute einig, dass die Texte von Hosea bis Maleachi ursprünglich ein einziges Buch bildeten und bewusst in Analogie zu den »großen« Prophetenbüchern Jesaja, Jeremia und Hesekiel gestaltet wurden. Bereits in der Antike konnte diese Sammlung deshalb als »Zwölfprophetenbuch«* (Sir 49,12) bezeichnet werden. Folgt man den Überschriften, die jeweils die Wirkzeiten der einzelnen Propheten festhalten, dann sind darin Prophezeiungen gesammelt, die von ungefähr 780 bis 480 v. Chr. reichen. Die Amostexte dürften wie die des Propheten Hosea zum ältesten Kern gehören. Bei allen zwölf kleinen Propheten findet die Wissenschaft aber auch Hinweise darauf, dass ihre Texte über Jahrhunderte ergänzt und weitergeschrieben wurden – ein Prozess, der vermutlich erst im 3. Jahrhundert v. Chr. zum Ende kam.

turkatastrophen vor Augen stellen. Die Kernbotschaft ist: Gott vergilt die Taten der Menschen und stellt Gerechtigkeit wieder her.

Wenn man aufmerksam die Reihe der »kleinen Propheten« liest, dann kommen Verse wie diese schon bekannt vor: Auch das Buch Joel prophezeit bereits das Gericht JHWHs (vgl. Joel 4,11–13) und Hosea klagt umfassend die Untreue des Volkes an. Daran knüpft das Amosbuch quasi nahtlos an.

Liest man also das Amosbuch in seinem Kontext, erkennt man die Absicht derer, die diese Bücher überlieferten: In der Rückschau hatte sich ja bewahrheitet, was vorhergesagt wurde. Im Untergang des Nordreichs* 722 v. Chr. erkannte man tatsächlich das Gericht Gottes, wodurch sich die kritische Botschaft von Propheten wie Hosea und Joel bestätigte. Auch die Sozialkritik des Amos wurde so zur theologischen Begründung für die politische Katastrophe und damit zur mahnenden Erinnerung in der Gegenwart derer, die diese Prophetenbücher weitertradierten.

In der Überlieferung der Prophetenbücher wird auf diese Weise aus der Sammlung einzelner prophetischer Mahnungen und Gerichtsworte, die ursprünglich ganz konkret in eine bestimmte Situation sprachen, eine ganze prophetisch gefasste Geschichtsinterpretation. Gott straft, weil er heilen will. Er fordert Umkehr von denen, die seine Gebote missachten. Sein Gericht ist notwendig, um neue Zukunft zu ermöglichen.

Theologische Absicht zeigt auch der einzige erzählende Abschnitt im Amosbuch (Am 7,10–17). Hier geht es um ein Thema, das man auch aus anderen Prophetenbüchern kennt – nämlich um die Frage nach wahrer und falscher Prophetie (vgl. S. 192 ff.). Die Vermutung liegt nahe, dass dieser Text aus der Feder einer späteren Überarbeitung stammt, die deuteronomistisch* inspiriert ist: Hier wird eine Auseinandersetzung zwischen Amos und dem Priester Amazja in Bethel geschildert, einer der wesentlichen Kultstätten* des Nordreiches*. Dabei wird auch die wirtschaftliche Unabhängigkeit des Amos zum Thema, der eben als Landwirt nicht von einer staatlichen Anstellung lebt wie sein Gegner. Ob sich darin eine echte historische Erinnerung bewahrt hat, muss offenbleiben. Im Kern geht es auch hier nicht um Biografie, sondern etwas ganz anderes: Diese Notiz hält ein Prophetenbild fest! Das Volk sei

Randbemerkung

Das Besondere an der biblischen Prophetie des Alten Testaments ist ihre geschlossene theologische Interpretation. Von prophetischen Auftritten zeugen auch andere altorientalische Quellen, aber eine Sammlung, die zu ganzen Büchern führte und das Wirken eines Propheten in einen theologischen Gesamthorizont einzeichnet – das gab es nach derzeitigem Wissen im Alten Orient sonst nicht. Gefunden hat man durchaus einzelne Orakel*, etwa in den Briefen einer Prophetin in der altbabylonischen Stadt Mari im 18. Jahrhundert v. Chr. Auch ein nichtbiblisches JHWH-Orakel* kennt die Forschung inzwischen: Auf einer Tonscherbe aus dem 6. Jahrhundert v. Chr., die einen Brief beinhaltet, wird ein Prophetenorakel* an einen örtlichen Heerführer zitiert: »Hüte dich, nimm dich in Acht!« Die Wissenschaft geht davon aus, dass prophetische Botschaften ursprünglich tatsächlich in solchen kurzen Sprüchen bestanden, die den Kontext brauchten, um verständlich zu sein. Erst die schriftliche Überlieferung in einem Prophetenbuch stellt solche Einzelsprüche in einen historischen Zusammenhang und baut diesen schließlich zu einer theologischen Deutung aus.

gewarnt gewesen, denn JHWH habe durch seine Propheten das Gericht angekündigt: »Gott der HERR tut nichts, er offenbare denn seinen Ratschluss seinen
Knechten, den Propheten« (Am 3,7).

Recht und Gerechtigkeit – Schlüsselworte seiner Botschaft

Immer weiter wurde die Botschaft des kritischen Zeitgenossen und
prophetischen Mahners Amos fortgeschrieben. Dabei wurden
Worte wie »Recht« und »Gerechtigkeit« zu Schlüsselbegriffen seiner Botschaft. Die Tradenten* des Amosbuches bringen die Verantwortungslosigkeit und den Rechtsbruch der Herrschenden, die Bestechlichkeit
des Rechtssystems und die damit einherge-
hende Schutzlosigkeit der Armen mit der Leere
und der Heuchelei des Gottesdienstes zusammen. So entlarven sie nicht nur das moralische
Missverhalten, sondern eben auch die inhaltsleere
Frömmigkeit als Sünde gegen Gott:

*Ich hasse und verachte eure Feste und mag eure Versammlungen nicht riechen, und
an euren Speisopfern habe ich kein Gefallen, und euer fettes Schlachtopfer sehe ich
nicht an. Tu weg von mir das Geplärr deiner Lieder; denn ich mag dein Harfenspiel
nicht hören! Es ströme aber das Recht wie Wasser und die Gerechtigkeit wie ein nie
versiegender Bach. (Am 5,21–24)*

Amos wird zum Fürbitter Israels (Am 7–8)

Die Überlieferung schreibt Amos dabei auch eine Rolle zu, die dem Landwirt
aus Tekoa sicher ursprünglich völlig fremd war, nämlich die eines Fürbitters
für Israel. In vier Visionen malen Am 7–8 eindrückliche Bilder der drohenden
Vernichtung vor Augen. Amos versucht dabei immer wieder, diese Vernichtung
abzuwenden und weist darauf hin, wie klein doch das Volk Israel sei – das hier
in Anknüpfung an die Erzelterngeschichten »Jakob« genannt wird:

*So ließ Gott der HERR mich schauen: Und siehe, Gott der HERR rief einen Feuerregen
herbei. Der verzehrte die große Tiefe und fraß das Ackerland. Da sprach ich: Ach, Herr
HERR, halt ein! Wie soll Jakob bestehen? Er ist ja so klein. Da reute es den HERRN.
Gott der HERR sprach: Auch das soll nicht geschehen. (Am 7,4–6)*

Die Erinnerung an den »kleinen Jakob« soll Gottes Herz erweichen, aber nein: Als Amos schließlich einen Korb mit reifen Früchten schauen muss (Am 8,1–3) – ein Zeichen dafür, dass die Zeit der Ernte endgültig gekommen ist –, da schweigt auch er. Fürbitte ist nicht mehr möglich, denn das Strafgericht ist nicht mehr aufzuhalten: »Da sprach der HERR zu mir: Das Ende ist gekommen über mein Volk Israel. Ich will nicht mehr an ihm vorübergehen!« (Am 8,2).

Wer das schreibt, hat sicher nicht mehr nur den Staat Israel vor Augen, in dem der Prophet Amos wirkte. Hier geht es um noch größeres Unglück, das Ende des Volkes Israel überhaupt, also aller, die in Jakob-Israel ihren Urvater haben. Für die Tradenten* des Zwölfprophetenbuches* ist hier also schon der Untergang Jerusalems im Blick.

Hoffnung für die verfallene Hütte Davids (Am 9,11–15)

Doch dann das: Unter das in schwärzesten Farben gemalte Bild eines unerbittlichen göttlichen Gerichts mischen sich immer wieder bunte Farbtupfer der Hoffnung:

Suchet das Gute und nicht das Böse, auf dass ihr lebet und der HERR, der Gott Zebaoth, mit euch sei, wie ihr rühmt. Hasst das Böse und liebt das Gute, richtet das Recht auf im Tor, vielleicht wird der HERR, der Gott Zebaoth, gnädig sein dem Rest Josefs. (Am 5,14–15)

Wenn sich das Volk Israel bessert, dann wird ein kleiner Rest übrigbleiben – ein Rest, der hier mit einem weiteren Erzvater verbunden wird, dem Jakobssohn Josef. Man kennt diesen sogenannten »Restgedanken« auch aus dem Jesajabuch: Aus einem bis auf die Wurzel abgehauenen Baumstumpf wird dennoch neues Grün sprossen (Jes 11,1). So kann es auch mit dem Volk Israel sein. Noch ist also nicht alles verloren! Deshalb hat das Amosbuch – trotz allem – einen Hoffnungsschimmer bewahrt: Ja, der Gott Israels hat das Gericht herbeigeführt und es war unausweichlich. Aber gerade weil sich dieser Gott des kleinen Volkes Israel darin als der Gott erweist, der die Weltgeschichte lenkt, kann von ihm auch neues Heil erwartet werden. Am Ende richtet das Amosbuch deshalb trotz aller Katastrophen den Blick hoffnungsvoll in die Zukunft. Die »Hütte Davids«, womit nun unzweifelhaft die Stadt Jerusalem als Sitz der davidischen Könige gemeint ist, soll wieder aufgerichtet werden. Die »Gefangenschaft des Volkes Israel« – eine gängige Metapher für die Entfremdung der Exilszeit* (vgl. Ps 137) – wird enden. Paradiesische Zustände und ein fast unwirklicher Überfluss landwirtschaftlicher Güter werden herrschen. Mit dieser Verheißung sind dann auch alle sozialen Missstände überwunden, die Amos einst so scharf kritisierte (Am 9,11–15):

Zur selben Zeit will ich die zerfallene Hütte Davids wieder aufrichten und ihre Risse vermauern und, was abgebrochen ist, wieder aufrichten und will sie bauen, wie sie vorzeiten gewesen ist, damit sie in Besitz nehmen, was übrig ist von Edom, und alle Heiden, über die mein Name genannt ist, spricht der HERR, der solches tut. Siehe, es kommt die Zeit, spricht der HERR, dass man zugleich ackern und ernten, zugleich keltern und säen wird. Und die Berge werden von Most triefen, und alle Hügel werden fruchtbar sein. Ich will die Gefangenschaft meines Volkes Israel wenden, dass sie die verwüsteten Städte wieder aufbauen und bewohnen sollen, dass sie Weinberge pflanzen und Wein davon trinken, Gärten anlegen und Früchte daraus essen. Ich will sie in ihr Land pflanzen, dass sie nicht mehr aus ihrem Lande ausgerottet werden, das ich ihnen gegeben habe, spricht der HERR, dein Gott.

… zum Schluss

Das Beispiel des Amos zeigt: Biblische Prophetie meint im Kern nicht Prophezeiung, sondern vielmehr wache Zeitgenossenschaft und offene Worte gegen Missstände. Amos deutet die Entwicklungen seiner Zeit im Licht des JHWH-Glaubens. Er kritisiert die Herrscher und lenkt den Blick auf das kommende Unheil. Im Rückblick finden die Autoren des Zwölfprophetenbuches* in ihm einen der wahren Propheten, die Gottes Wort ausgerichtet haben, ohne dass sie das Gericht hätten aufhalten können. Sie halten damit auch fest, dass die Missachtung des Rechts, die Unterdrückung der Armen und eine bloß geheuchelte Frömmigkeit nicht mit Gottes Gerechtigkeit vereinbar sind. So wird Amos zum typischen Gerichtspropheten, dessen Vorbild bis heute wirkt.

Jona

Auf der Flucht vor der Berufung

Jona verschmäht seinen Auftrag 205
Jona flieht vor Gott (Jona 1,1–16) 206
Jona und der Wal (Jona 2) 207
Auf ein Neues: Jona gehorcht (Jona 3,1–2) 208
Gott verschont Ninive und Jona schmollt (Jona 3–4) 209
Der Prophet Jona und die Frage nach Gottes Gerechtigkeit 210
…zum Schluss 211

Jona verschmäht seinen Auftrag

Und der HERR sprach: Dich jammert der Rizinus, um den du dich nicht gemüht hast, hast ihn auch nicht aufgezogen, der in einer Nacht ward und in einer Nacht verdarb, und mich sollte nicht jammern Ninive, eine so große Stadt, in der mehr als hundertzwanzigtausend Menschen sind, die nicht wissen, was rechts oder links ist, dazu auch viele Tiere? (Jona 4,10–11)

Mit dieser Frage entlässt das Jonabuch seine Leserschaft: Sollte Gott nicht Mitleid haben mit der Stadt Ninive?

Die Geschichte hinter dieser Frage ist schon oft erzählt worden: Jona ben Amittai wird von Gott nach Ninive in Babylonien* gesandt. Gott selbst hat nämlich von der Bosheit dieser Stadt gehört. Jona aber flieht vor Gottes Auftrag. Das mag moderne Lesende überraschen: Muss man nicht tun, wozu Gott einen beauftragt? Tatsächlich aber erweist sich Jona mit dieser Widerspenstigkeit durchaus als typischer Prophet. Im Unterschied zu anderen Vorbildern seiner Zunft wie Jesaja oder Jeremia, die ihre Berufung eher mit Worten abwehren (vgl. Jes 6 und Jer 1), geht er allerdings aufs Ganze: Er flieht.

Die Figur des Jona, der hier zum Propheten wider Willen wird, geht zurück auf eine prophetische Gestalt, die in einer Notiz in den Königebüchern erwähnt wird (2 Kön 14,25). Aus diesem Hofpropheten Jona aus Gat-Hefer wird im Buch Jona ein veritabler Gerichtsprophet. Damit steht Jona in der Tradition der großen Namen vor ihm: Jesaja, Jeremia, Elia oder Amos. Doch ein solcher Prophet verkündigt das, was sein Gott ihm aufträgt – koste es, was es wolle. Und genau davor drückt sich Jona.

Das Jonabuch erzählt also gewissermaßen die Geschichte hinter der Geschichte. Hier steht das, was man in anderen Prophetenerzählungen gar nicht erfährt. Dort setzt die Erzählung stets damit ein, dass die Propheten den von Gott erteilten Auftrag ausführen – egal wie widerwillig sie ihn zunächst angenommen haben. Bei Jona ist das anders: Hier wird erzählt, was passiert, wenn ein Prophet seine Berufung verweigert. Denn darum geht es im Grunde in den vier Kapiteln dieses Buches: um das Nein des Propheten zu seinem Auftrag, das eine ganze Kette von (unglücklichen) Ereignissen auslöst – aber nach vielen Irrungen und Wirrungen dann doch zu dem von Gott gesetzten Ziel führt.

Die Erzählung des Jonabuches ist kunstvoll gestaltet und planvoll angelegt. Bis zum Schluss wird die Leserschaft deshalb – mit Absicht! – darüber im Unklaren gelassen, aus welcher Motivation heraus Jona eigentlich Gottes Auftrag abwehrt: Ist Jona vielleicht, wie viele andere Propheten vor ihm, von der Berufung durch JHWH so überwältigt, dass er sich nicht nur verbal klein macht, sondern gleich ganz aus dem Staub? Oder ist er einfach zu bequem, die Belastung auf sich zu nehmen, von der er weiß, dass sie auf Gottes Beauftragung folgt? Schließlich können andere Propheten wie Jeremia davon durchaus ein Lied singen, was es bedeutet, JHWHs Prophet zu sein (vgl. S. 190 f.). Aber nein: Erst im letzten Kapitel des Jonabuches merkt man, dass Jona einen durchaus nachvollziehbaren Grund für sein Verhalten hat: »Ach, HERR, das ist's ja, was ich dachte, als ich noch in meinem Lande war. Deshalb wollte ich ja nach Tarsis fliehen; denn ich wusste, dass du gnädig, barmherzig, langmütig und von großer Güte bist und lässt dich des Übels gereuen« (Jona 4,2).

Jona flieht vor Gott (Jona 1,1–16)

Eines ist jedenfalls von Beginn an klar: Jona hat keinerlei Interesse daran, das zu tun, wozu Gott ihn beauftragt: Er bricht deshalb nach Tarsis im heutigen Spanien auf und flieht damit vor Gott tatsächlich bis an das damals bekannte Ende der Welt. Doch Gott findet ihn auch dort. Denn natürlich kann er es nicht hinnehmen, dass sein Prophet nicht tut, wozu er ihn ausgewählt hat: Gott lässt deshalb einen Sturm aufkommen, der das Schiff, mit dem Jona unterwegs ist, beinahe zum Kentern bringt. Für die Schiffsbesatzung ist klar: Dieses Unwetter kann nur die Strafe irgendeines Gottes sein. Doch weil sie nicht wissen, was die Leser-

schaft weiß, können sie nur raten, welcher Gott hier so zornig ist. Sie werfen deshalb das Los und erwarten ein göttliches Zeichen. Und tatsächlich: Das Los trifft Jona – er muss der Grund sein. Und Jona weiß sofort, dass er schuldig ist, und macht deshalb selbst den entscheidenden Vorschlag, wie Gott zu besänftigen ist: »Nehmt mich und werft mich ins Meer, so wird das Meer still werden und von euch ablassen. Denn ich weiß, dass um meinetwillen dies große Ungewitter über euch gekommen ist« (Jona 1,12).

Gesagt, getan – und tatsächlich legt sich der Sturm sofort. Die Seeleute, begeistert von der Macht dieses doch eigentlich sehr rachsüchtigen Gottes, bekehren sich zum Glauben an JHWH. Und Jona? Der wird von einem Fisch verschluckt, reist in dessen Bauch drei Tage zurück nach Osten, singt einen Psalm und wird auf Gottes Geheiß hin irgendwo in Syrien an Land gespuckt.

Jona und der Wal (Jona 2)

Immer wieder hat Menschen die Frage beschäftigt, wie denn jemand im Magen eines Fisches – aufgrund der Beschreibung als »großer Fisch« oft mit einem Wal identifiziert – habe überleben können. Doch muss man sich klarmachen: Solche Überlegungen haben diejenigen, die die Jonageschichte damals aufgeschrieben haben, nicht angestellt. Ihnen ging es nicht um Naturkunde, sondern um Gotteskunde. Man wollte nicht erzählen, was Jona passiert ist, sondern man wollte von dem erzählen, was Gott möglich ist zu tun. Und dieser Gottesmacht, da war man sich damals sicher, sind keine (naturwissenschaftlichen) Grenzen gesetzt.

Genau diese Gottesmacht macht auch Jona selbst zum Thema, wenn ihm die Erzähler seiner Geschichte dort im Bauch des Wales die Worte eines Psalms in den Mund legen. Die Themen des Psalms sind: Gottes Macht, Jonas Leiden und seine Rettungsgewissheit.

Ich rief zu dem HERRN in meiner Angst, und er antwortete mir. Ich schrie aus dem Rachen des Todes, und du hörtest meine Stimme. Du warfst mich in die Tiefe, mitten ins Meer, dass die Fluten mich umgaben. Alle deine Wogen und Wellen gingen über mich, dass ich dachte, ich wäre von deinen Augen verstoßen, ich würde deinen heiligen Tempel nicht mehr sehen. Wasser umgaben mich bis an die Kehle, die Tiefe umringte mich, Schilf bedeckte mein Haupt. Ich sank hinunter zu der Berge Gründen, der Erde Riegel schlos-

sen sich hinter mir ewiglich. Aber du hast mein Leben aus dem Verderben geführt,
HERR, mein Gott! Als meine Seele in mir verzagte, gedachte ich an den HERRN, und
mein Gebet kam zu dir in deinen heiligen Tempel. Die sich halten an das Nichtige, ver-
lassen ihre Gnade. Ich aber will mit Dank dir Opfer bringen. Meine Gelübde will ich
erfüllen. Hilfe ist bei dem HERRN. (Jona 2,3–10)

Liest man allerdings diesen Psalm – übrigens ein sogenannter »Psalm außerhalb
des Psalters« –, dann ist man fast ein wenig enttäuscht: Mehr hat Jona, der Prophet in Verweigerungshaltung, nicht zu sagen? Weniger Frömmigkeit und mehr
Rebellion, das wäre eher das, was man von ihm erwartet hätte. Dieser Psalm, er
ist sprachlich so wenig originell und inhaltlich so wenig »typisch Jona«, dass
man heute vermutet, dass er vielleicht gar nicht aus der Feder derer stammt, die
auch die sehr vielschichtige Person des Jona gezeichnet haben. Die Forschenden gehen vielmehr davon aus, dass dieser Text erst später in das Jonabuch eingetragen wurde, vielleicht zu einer Zeit, als man die kritische Haltung Jonas
als unpassend empfand und sie deshalb
korrigieren wollte: Wer im Bauch eines
Wales so fromme Worte von sich gibt, der
kann ja nicht grundsätzlich aufmüpfig
gegen Gott sein. Die Rehabilitation des
Propheten Jona erfolgt so gleichsam im
Vorübergehen.

Auf ein Neues: Jona gehorcht (Jona 3,1–2)

Kaum hat der Fisch ihn ausgespien und
Jona also wieder festen Boden unter
den Füßen, scheint sich die Geschichte
zu wiederholen, die ihn überhaupt erst
in diese Lage gebracht hatte. Wieder
wird Jona von Gott beauftragt: »Und es
geschah das Wort des HERRN zum zweiten Mal zu Jona: Mach dich auf, geh in
die große Stadt Ninive und predige ihr,
was ich dir sage!« (Jona 3,1–2). Und weil
man aus Schaden bekanntlich klug wird,
gehorcht Jona dieses Mal: Er macht sich
tatsächlich auf den Weg nach Ninive.

Randbemerkung

Nicht nur an der Geschichte mit dem Wal, sondern auch an anderen Details merkt man: Dem
Jonabuch geht es gar nicht darum, eine korrekte
Erinnerung an ein historisches Ereignis zu bieten.
Dazu passt, dass viele Elemente, die hier von dem
Ninive erzählt werden, in dem Jonas Geschichte
spielt, geschichtlich nicht stimmig sind. Nimmt man
die Notiz zum Propheten Jona aus 2Kön 14,25, so
hätte Jona im 8. Jahrhundert v. Chr. gelebt. Zu dieser
Zeit war Ninive aber noch gar nicht Reichshaupt-
stadt und hatte also auch noch keinen König. Das
kam erst 100 Jahre später. Und manches, was hier
erzählt wird, passt viel besser in die noch spätere
persische* Zeit. Die Wissenschaft vermutet deshalb,
dass Ninive hier nicht für die historische Stadt selbst
steht, die übrigens 612 v. Chr. zerstört wurde, sondern
ein Symbol für all die Großmächte ist, die das Volk
Israel über die Jahrhunderte hinweg immer wieder
bedroht haben. Das Ninive, das die Jonafigur dieser
Geschichte betritt, hat es so nicht gegeben. Und auch
ein Prophet namens Jona war nie da. Wichtig sind
die Stadt und der widerspenstige Prophet nicht aus
historischen, sondern aus theologischen Gründen.
Das Buch, das die Geschichte des Propheten Jona
erzählt, ist, so ist sich die Wissenschaft heute ziemlich sicher, eines der jüngsten Prophetenbücher des
Alten Testaments. Entstanden ist es erst Ende des
4. Jahrhunderts oder Anfang des 3. Jahrhunderts
v. Chr. als Teil des Zwölfprophetenbuches* und damit
viele Jahrhunderte, nachdem Jona angeblich gelebt
haben soll und die Stadt Ninive zerstört worden war.

Gott verschont Ninive und Jona schmollt (Jona 3–4)

Dass Jona einen ganzen Tag braucht, um von den Stadttoren bis in die Stadtmitte zu gelangen, malt eindrucksvoll die Größe der Stadt vor Augen, in die sich der Prophet auf Gottes Befehl hin wagen muss. Im Zentrum angekommen, hält Jona nun eine kurze und scharfe Predigt und wird damit zum erfolgreichsten Bußprediger aller Zeiten: »Es sind noch vierzig Tage, so wird Ninive untergehen« (Jona 3,4).

Mehr muss Jona nicht sagen, damit die Menschen seinem Wort gehorchen: Sofort kleiden sie sich in Sack und Asche, die sprichwörtlich gewordenen Bußgewänder antiker Zeit. Selbst der König höchstpersönlich braucht nicht mehr als diesen einen kurzen Satz, um den Ernst der Lage zu erkennen und sofort aktiv zu werden – in der Hoffnung, das Schlimmste nochmal verhindern zu können. Er befiehlt:

Es sollen weder Mensch noch Vieh, weder Rinder noch Schafe etwas zu sich nehmen, und man soll sie nicht weiden noch Wasser trinken lassen; und sie sollen sich in den Sack hüllen, Menschen und Vieh, und heftig zu Gott rufen. Und ein jeder kehre um von seinem bösen Wege und vom Frevel seiner Hände! Wer weiß, ob Gott nicht umkehrt und es ihn reut und er sich abwendet von seinem grimmigen Zorn, dass wir nicht verderben. (Jona 3,7–9)

Und tatsächlich: Die Stadt wird verschont. Und was tut Jona? Der ist mit dem Ergebnis seines Auftrags nun gar nicht zufrieden – ganz im Gegenteil: Er hadert mit Gott und mit Gottes Barmherzigkeit und behauptet, dieses Ergebnis schon vorher gekannt zu haben. Allerdings ist man hinterher ja bekanntlich immer schlauer ... Jedenfalls geht Jona im Grunde so weit zu behaupten, dass er den Auftrag genau deshalb abgelehnt habe, weil er schon gewusst habe, was kommt. Und ziemlich theatralisch seufzt er deshalb: »So nimm nun, HERR, meine Seele von mir; denn ich möchte lieber tot sein als leben« (Jona 4,3). Doch Gott weist ihn in seine Schranken: »Meinst du, dass du mit Recht zürnst?« (Jona 4,4).

Gott lässt Jona dann am eigenen Leib spüren, was dieser vom ihm gefordert hatte. Denn als Jona sich vor den Toren der Stadt niederlässt und abwartet, was jetzt kommt, geschieht zunächst etwas anderes: Gott lässt einen Rizinus wachsen, eine Pflanze also, die Jona Schatten spendet. Doch Jonas Freude währt nur kurz, denn bereits am nächsten Tag sorgt Gott dafür, dass der Strauch verdorrt und Jona Sonne, Hitze und Wind wie-

der schutzlos ausgeliefert ist. Und erneut wünscht sich Jona zu sterben. Man muss konstatieren: Jona jammert offensichtlich mal gerne. Doch damit hat Gott ihn genau da, wo er ihn haben will:

Dich jammert der Rizinus, um den du dich nicht gemüht hast, hast ihn auch nicht aufgezogen, der in einer Nacht ward und in einer Nacht verdarb, und mich sollte nicht jammern Ninive? (Jona 4,10–11)

Eine Antwort Jonas ist nicht mehr überliefert. Überhaupt verliert sich seine Spur von diesem Moment an, in dem er unter der verdorrten Staude in der prallen Sonne sitzt und mit Gott hadert, im Dunkel. Die Leserschaft bleibt allein zurück – im Gepäck nur diese offene Frage: Sollte Gott Ninive nicht jammern?

Der Prophet Jona und die Frage nach Gottes Gerechtigkeit

Spätestens vom Ende dieses kleinen Büchleins her wird klar: Das Jonabuch ist viel mehr als eine Erzählung über einen widerspenstigen Propheten und eine Stadt, die zum Zeitpunkt der Verschriftlichung längst in Schutt und Asche liegt. Jona, das ist das literarische Dokument einer spätnachexilischen Auseinandersetzung mit einem großen Thema, das die Menschen aller Generationen beschäftigt hat: Ist Gott gerecht?

Die Antwort ist leider kompliziert – wie meist bei großen Fragen. Die Menschen der Antike wussten natürlich, dass die Stadt Ninive untergegangen ist. Das konnte aus ihrer Sicht nur bedeuten: Gott hat seine vielfältigen prophetischen Unheilsansagen gegen Ninive doch noch in die Tat umgesetzt. An Gottes Geschichtsmächtigkeit konnte also kein Zweifel bestehen.

Aber die gleichen Leserinnen und Leser mussten anhand der Jonaerzählung eben auch erkennen: Gott verfügt als Schöpfer der ganzen Welt über die Souveränität und Allmacht, fremde Völker, selbst die Heiden, zur Umkehr vom Bösen zu bewegen. Genau das geschieht ja dieser Erzählung nach mit den Menschen in Ninive. Kraft der Predigt seines Propheten – an dessen Rhetorik es in diesem konkreten Fall aber nun wirklich nicht gelegen haben kann – gelingt es Gott, seinen universalen Heilswillen durchzusetzen. Für Jona, sein Werkzeug, ist das schwer zu ertragen: Wie kann es sein, dass Gott selbst bei solchen Menschen Gnade vor Recht ergehen lässt? Mit dieser Haltung steht Jona vermutlich stellvertretend für die Leserschaft dieses Buches, für die eine solche Form göttlicher Gerechtigkeit eben auch schwer zu ertragen ist. Denn sie sind es doch, die als Gottes Volk sehr wohl wissen, »was links und rechts ist« (Jona 4,11). Die Stadt Ninive hingegen steht für alles, was das Volk Israel ablehnt: fremde Götter,

Heidentum, Unterdrückung, Gewalt. Und selbst über solche Leute erbarmt sich Gott? Wie passt das dazu, dass Gott doch gerecht sein soll?

… zum Schluss

Die Erzählung vom Propheten Jona ist ein echtes literarisches Kleinod voller liebevoller Beobachtungen, überraschender Wendungen und theologischer Weisheit. Denn in der Tat ist es ja nicht einfach, mit diesem Gedanken zu leben: Gott bürdet seinem Volk immer wieder unendliches Leid auf, verschont fremde Siegermächte aber – nur weil sie kurz mal Reue zeigen. Eigentlich fordert Jona Rechenschaft von Gott. Doch das Buch endet mit einer Frage, und das vermutlich zu Recht. Denn wie können Menschen Rechenschaft von Gott über sein Handeln verlangen – insbesondere dann, wenn er Güte zeigt? Sind nicht Menschen immer auf Gottes Barmherzigkeit angewiesen? Hatte nicht Jona selbst gerade die wundersame Errettung vor dem sicheren Ertrinken erfahren? So wird die ganz und gar unmögliche Geschichte von Jonas Reise im Fisch geradezu zum Sinnbild dieser Erzählung: Bei Gott ist nichts unmöglich, er kann sogar Ninive zur Umkehr bewegen. Seine Menschenfreundlichkeit kennt eben keine Grenzen.

Doch wie ist das mit Jona selbst? Tatsächlich lässt das Buch seine Leserschaft auch hier mit einer Frage zurück. Hat Jona verstanden? Ist er mit seinem Auftrag jetzt im Reinen? Wer kann das sonst schon von sich sagen, dass er mit einem Satz eine ganze Stadt gerettet habe? Ein bisschen zufriedener könnte Jona da schon sein. Oder etwa nicht?

Daniel

Fromm in der Fremde

»Es war einmal …« – das Märchen von Daniel 212
Begabtenförderung am babylonischen Hof –
    oder: wie alles anfing (Dan 1) 213
Träume sind keine Schäume – Daniel deutet
    Nebukadnezars Traum (Dan 2) 214
Das Thema des Danielbuches: Es gibt nur einen Gott des Himmels
    und der Erde 216
Das Menetekel an der Wand (Dan 5) 217
Daniels Neider wollen seinen Tod (Dan 6) 218
Daniels Vision der Weltgeschichte (Dan 7) 219
Apocalypse now? – Zur Intention des Danielbuches 220
Alle, die schlafen, werden aufwachen (Dan 12,1–3) 221
Wer schrieb die Geschichten von Daniel auf? 221
… zum Schluss 223

»Es war einmal …« – das Märchen von Daniel

Das Buch Daniel erzählt ein Märchen aus einer anderen Zeit. Das erscheint nicht nur der modernen Leserschaft so, sondern das galt auch schon für die Menschen, die diese Geschichte ursprünglich aufgeschrieben hatten – irgendwann Mitte des 2. Jahrhunderts v. Chr.

Es war einmal ein Mann namens Daniel … Von der Hauptperson dieses Buches weiß man sonst wenig. Sucht man im Alten Testament nach einer Person dieses Namens, so wird man allerdings beim Propheten Hesekiel fündig. Dort wird ein Daniel in einem Atemzug mit Henoch und Noah genannt und zu den besonderen Gerechten gezählt (Hes 14,14–15, vgl. Hes 28,3). Die Wissenschaft vermutet heute, dass das Danielbuch die Geschichte zu genau diesem Daniel ausgestaltet, den auch das Hesekielbuch kennt. Er wird dafür in die Stadt Babylon* im 6. Jahrhundert v. Chr. versetzt. An seinem Beispiel wird die Geschichte eines judäischen Exilierten erzählt, die zugleich eine Geschichte von Bewahrung und Anpassung in fremder Heimat, von der Glaubensstärke Einzelner, der Macht des einen Gottes und der Überlegenheit der JHWH-Religion ist.

Begabtenförderung am babylonischen Hof – oder: wie alles anfing (Dan 1)

Der Beginn des Danielbuches nimmt die Leserschaft gleich mitten hinein in das theologisch wohl nachhaltigste Ereignis der biblischen Geschichte: die Belagerung Jerusalems durch die Babylonier*, die ab 587 v. Chr. schließlich zur Zerstörung von Hauptstadt und Tempel* und zur Erfahrung des Babylonischen Exils* führen sollte. Für die Erzähler der Danielgeschichte ist klar: Dass der babylonische* König Nebukadnezar Jerusalem erfolgreich belagern konnte, ist Teil des Willens und Wirkens Gottes: »Und der HERR gab in seine Hand Jojakim, den König von Juda, und einen Teil der Geräte aus dem Hause Gottes« (Dan 1,2).

Es fällt auf, dass den Erzählern des Danielbuches die historischen Gegebenheiten hier wohl etwas durcheinandergeraten sind – vielleicht weil sie mit einem größeren zeitlichen Abstand auf diese Zeit zurückblicken: So belagerte Nebukadnezar Jerusalem erst nach Jojakims Tod und verschleppte erst dessen Nachfolger Jojachin (vgl. 2Kön 24; Jer 25).

Aber historische Genauigkeit ist vermutlich auch gar nicht das Ziel der Autoren. Sie wollen vielmehr eine Überlebensgeschichte inmitten des Untergangs erzählen – und die beginnt hier mit einer Art Elite-Schulung. Der babylonische* König lässt aus den vornehmsten Familien Judas junge Leute auswählen, die »schön, einsichtig, weise, klug und verständig wären, also fähig, an des Königs Hof zu dienen« (Dan 1,4). Und zu diesen gehört nun auch Daniel mit dreien seiner Freunde. Dass mit dieser Karriereförderung auch eine Art kulturelle Umschulung verbunden ist, wird ganz augenfällig dadurch, dass alle vier neue Namen in Akkadisch*, der Sprache der assyrischen* und babylonischen* Reiche, verliehen bekommen: Daniel heißt jetzt Beltschazar, was so viel bedeutet wie »Gott schütze den König«.

Doch schon bald gibt es den ersten Konflikt: Gerade weil der König seine eroberten Eliteschüler bestens versorgen lässt – mit Wein und Speisen von der königlichen Tafel! –, stecken Daniel und die anderen Judäer in einer religiösen Klemme: Wie sollen sie angesichts dieses Speiseplans ihre Speisegebote halten?

In seiner Not wendet Daniel sich an den königlichen Kämmerer. Seine Bitte: Er möchte sich nicht verunreinigen müssen. Spannend ist aber, dass es in der folgenden Diskussion nun gar nicht (mehr) um religiöse Fragen geht, sondern darum, dass den kostbaren Eliteschülern gesundheitlich kein Schaden geschieht. Denn dann, so die Sorge des Kämmerers, ginge es auch ihm an den Kragen:

Randbemerkung

Um die Brisanz der Speisegebote zu verstehen, muss man wissen: Religiöse Speisegesetze markieren an vielen Stellen Trennlinien zwischen Religionen und Kulturen. Sie unterscheiden zwischen rein und unrein im Sinne dessen, was gottgewollt ist oder nicht. Es geht also nicht einfach darum, ob man etwas Bestimmtes essen darf, sondern um die Frage nach kulturell-religiöser Zugehörigkeit. Und weil die Autoren des Danielbuches eine Geschichte davon erzählen wollen, wie wichtig es ist, die eigene religiöse Identität zu bewahren, gibt es für Daniel nur eine einzige Handlungsoption: Er bleibt standhaft!

Ich fürchte mich vor meinem Herrn, dem König, der euch eure Speise und euern Trank bestimmt hat. Warum soll er sehen, dass eure Gesichter schmächtiger sind als die der andern jungen Leute eures Alters? So brächtet ihr mich bei dem König um mein Leben. (Dan 1,10)

Daniel bietet dem Kämmerer einen Deal an: Er solle zehn Tage die koschere Diät zulassen und dann vergleichen. Gesagt, getan: Die judäischen Freunde ernähren sich nicht nur koscher, sondern vegetarisch. Und wie zu erwarten, geht es ihnen gesundheitlich prächtig und sie bilden sich in Schrift und Wissenschaft weiter fort. Dabei zeigt sich schon, was im Verlauf des Danielbuches immer wieder Thema sein soll: Daniel versteht sich auch auf die Kunst des Traumdeutens (Dan 1,17). Schließlich werden die vier Freunde zum König geführt und es kommt, wie es kommen muss: »Der König redete mit ihnen, und es wurde unter allen niemand gefunden, der Daniel, Hananja, Mischaël und Asarja gleich war. Und sie wurden des Königs Diener« (Dan 1,19). Damit also hat Daniel seine Anstellung bei Hofe in der Tasche.

Träume sind keine Schäume – Daniel deutet Nebukadnezars Traum (Dan 2)

Gleich die zweite Geschichte des Danielbuches zeigt, welche Bedeutung Daniels Spezialkompetenz noch haben sollte: König Nebukadnezar möchte einen seiner königlichen Träume gedeutet haben.

Dazu muss man wissen, dass in der altorientalischen höfischen Kultur Träume – und besonders natürlich die Träume eines Königs – die Funktion einer wichtigen Offenbarungsquelle hatten. Man ging davon aus, dass die Götter sich in Träumen mitteilten und auch wichtige Einsichten in die Zukunft vermittelten. Allerdings hatte das Ganze einen Haken: Schon damals sprachen Träume augenscheinlich selten Klartext. Deshalb bedurften sie der möglichst korrekten Deutung. Das war bei Königsträumen eine wesentliche Aufgabe der bei Hof oder im Tempel angestellten Gelehrten und Priesterschaft und setzte im Alten Orient im Übrigen eine große Gelehrsamkeit und Ausbildung voraus. Immerhin konnten Trauminhalte durchaus die Grundlage herrschaftlicher Entscheidungen bilden. Doch bei aller Gelehrsamkeit: Über Deutungen kann man streiten und auch verzweifeln. Um seine Leute zu testen, wählt Nebukadnezar deshalb einen ganz raffinierten Zug: Er lässt sie seinen Traum nicht nur deuten, sondern dessen Trauminhalt zuvor noch erraten! Seine Beamten bleiben aber ganz professionell und lehnen diese Aufgabe als Zumutung ab: Kein Mensch könne das leisten! Daraufhin tut der König, was autoritäre Herrscher in solchen Situationen ja wohl manchmal zu tun pflegen: Er befiehlt, alle Weisen Babylons* töten zu lassen. In dieser dramatischen Situation erscheint nun Daniel auf der Bühne. Er geht kurzerhand zum König und bittet ihn um eine Frist, damit er ihm eine Deutung zukommen lassen könne.

Nun weiß man heute nicht mehr genau, auf welchen – möglicherweise auch sehr verschiedenartigen – Wegen die Weisen Babyloniens* zu ihren Deutungen und Erkenntnissen kamen. Man weiß, dass damals ganz verschiedene – heute mantisch* genannte – Methoden zur Anwendung kommen konnten: Opfer*, Eingeweideschauen, verschiedene ekstatische Praktiken oder auch Beschwörungen und Rituale, die bewusst Träume zum Empfang göttlicher Botschaften hervorrufen sollten. Das alles sind aus Sicht der Autoren des Danielbuches natürlich widergöttliche, also »heidnische« Praktiken! Daniel geht deshalb anders an die Sache ran: Seine Freunde und er beten zu ihrem Gott. Dadurch, dass dieser Gott hier im Übrigen ziemlich konsequent »Gott des Himmels« genannt wird, betonen die Verfasser des Danielbuches nicht nur dessen Universalität. Sondern sie heben damit auch in der heidnischen Umgebung, in der Daniels Geschichte spielt, subtil seine monotheistische* Stellung als alleiniger Gott hervor. So wird er von Daniel entsprechend gepriesen:

Gelobet sei der Name Gottes von Ewigkeit zu Ewigkeit, denn ihm gehören Weisheit und Stärke! Er ändert Zeit und Stunde; er setzt Könige ab und setzt Könige ein; er gibt den Weisen ihre Weisheit und den Verständigen ihren Verstand, er offenbart, was tief und verborgen ist; er weiß, was in der Finsternis liegt, und nur bei ihm ist das Licht.
(Dan 2,20–22)

Jedenfalls kann Daniel hier auftrumpfen: Weil sein Gott ihm in der Nacht das königliche Traumgesicht offenbart hat, kann er den Traum des Königs deuten. Daniel sagt dem König auf den Kopf zu, er habe geträumt, was in den letzten Tagen, also am Ende der Weltzeit, geschehen werde: Ein riesiges metallenes Standbild werde nach und nach durch Naturgewalten zerstört. Daniel weiß das auch zu deuten: Das Standbild symbolisiert Babylonien* und drei weitere ihm folgende Großreiche, die Füße die Teilung des vierten Reiches. Und Daniel weiß: Am Ende wird Gott auch dieses Großreich vernichten und sich selbst als ewiger Herr der Geschichte erweisen. Nebukadnezar erkennt sofort den Wahr-

Randbemerkung

In Dan 2 kommt es zu einer etwas irritierenden erneuten Einführung Daniels bei Hofe: Daniel wird dem König vorgestellt als einer »unter den verbannten Judäern, der dem König die Deutung sagen kann« (Dan 2,26). Diese Doppelung hat die Forschung darauf gebracht, dass vermutlich hier im zweiten Kapitel eigentlich die erste Erzählung von der Einführung Daniels bei Hofe vorliegt und das erste Kapitel später davorgesetzt wurde. Diese literarkritische* Erkenntnis wird auch von der auffälligen Tatsache gestützt, dass dieser zentrale Teil des Danielbuches (Dan 2,4–7,28) ursprünglich in aramäischer* Sprache verfasst war und nicht in Hebräisch* wie das einleitende und die folgenden Kapitel.

heitsgehalt dieser Deutung; voller Dankbarkeit fällt er – der König! – Daniel zu Füßen. Das kommt tatsächlich einer Umkehrung der Verhältnisse gleich. Und als sei das nicht schon genug, unterwirft sich der babylonische* König auch gleich noch dem fremden Gott: »Wahrhaftig, euer Gott ist ein Gott über alle Götter und ein Herr über alle Könige, der Geheimnisse offenbaren kann, wie du dies Geheimnis hast offenbaren können« (Dan 2,47).

Und wie einst Josef in Ägypten* kommt Daniel nun zu allerhöchsten Ehren und wird nicht nur beschenkt, sondern gleich zum Statthalter der Provinz Babylonien* und zum »Obersten Vorsteher über alle Weisen« ernannt, also quasi zum Minister für Bildung und Wissenschaft.

Das Thema des Danielbuches: Es gibt nur einen Gott des Himmels und der Erde

Durch immer neue wundersame Geschehnisse und Weisheiten aus dem Munde der Judäer lernt der babylonische* König, dass der jüdische Gott der wahrhaftige Gott des Himmels und der Erde ist. Dieses eine große Thema variieren die Autoren im Verlauf des Danielbuches in vielfältiger Weise: So sind es in Dan 3 die drei Freunde Daniels, Schadrach, Meschach und Abed-Nego, deren Glaube hart auf die Probe gestellt wird. Der Grund: Sie verweigern sich der Anbetung eines Götzenstandbildes*, das Nebukadnezar hat aufstellen lassen. Deshalb werden sie in einen brennenden Ofen geworfen. Und obwohl Nebukadnezar wenige Verse zuvor noch den Gott Daniels angebetet hatte, hat er nun für diesen nur Spott übrig: »Lasst sehen, wer der Gott ist, der euch aus meiner Hand erretten könnte!« (Dan 3,15). Doch das Vertrauen der drei Freunde in ihren Gott ist ungebrochen. Und so kommt es, wie es innerhalb der biblischen Überlieferung nicht anders zu erwarten ist: Die drei Freunde verbrennen natürlich nicht. Sie gehen sogar, eigentlich unvorstellbar, in Begleitung eines himmlischen Wesens im Ofen herum. Nebukadnezar muss sich geschlagen geben:

Gelobt sei der Gott Schadrachs, Meschachs und Abed-Negos, der seinen Engel gesandt und seine Knechte errettet hat, die ihm vertraut und des Königs Gebot nicht gehalten haben, sondern ihren Leib preisgaben; denn sie wollten keinen andern Gott verehren und anbeten als allein ihren Gott. (Dan 3,28)

Das Menetekel an der Wand (Dan 5)

In Dan 5 findet sich die berühmte Erzählung vom sprichwörtlich gewordenen Menetekel an der Wand. Allerdings: Die Geschichte spielt eine ganze Generation später als die vorangehenden. Es regiert nun Belschazar, nach der Beschreibung des Danielbuches der Sohn des Nebukadnezar, historisch allerdings der Sohn Nabonids, der als fünfter Herrscher nach Nebukadnezar den babylonischen* Thron erobert hatte. Auch Daniel müsste also inzwischen merklich gealtert sein – doch eines hat sich nicht geändert: Noch immer ist er besonders klug und weise.

Als nämlich bei einem Festmahl wundersamerweise durch »Finger einer Menschenhand« Schrift an einer Wand erscheint, sind alle erschrocken, besonders der König. Seine Mutter erinnert sich – von früher, wie es scheint – noch an Daniel und seine »göttergleiche Weisheit«. Natürlich wird Daniel sofort geholt und unter weiteren Versprechungen von Amt und Reichtum um seine Deutung gebeten. Daniel zeigt sich dabei völlig unbeeindruckt von dem Status seines Gegenübers und erinnert ihn an seine mangelnde Demut gegenüber dem »Gott des Himmels«. In diesem Sinne deutet Daniel dann auch die geheimnisvolle Schrift: *Mene mene tekel u-parsin.* Dazu muss man wissen: Hinter diesen Worten verbergen sich eigentlich bloß verschiedene akkadische* Münzbezeichnungen, die so hintereinandergestellt wirklich keinen Sinn ergeben. Daniels Deutung geschieht deshalb unter Zuhilfenahme aramäischer* Assoziationen, wonach hier die Worte für »zählen«, »wiegen« und »losreißen« anklingen. So kann er das »Menetekel« auslegen:

Mene, das ist, Gott hat dein Königtum gezählt und beendet. Tekel, das ist, man hat dich auf der Waage gewogen und zu leicht befunden. Peres, das ist, dein Reich ist zerteilt und den Medern und Persern gegeben. (Dan 5,26–28)

Belschazar hat nach heutiger historischer Kenntnis übrigens nie die Königswürde erlangt, sondern war nur ein Kronprinz, der von 552–543 v. Chr. als Stellvertreter seines Vaters Nabonids in Babylon* regierte, während der in Ägypten* wichtigeren Geschäften nachging. Nach Nabonids Rückkehr verliert sich seine Spur im Dunkel der Geschichte. Dan 5 aber erzählt davon, dass Belschazar noch in derselben Nacht getötet worden sei. In der Rückschau des Danielbuches handelt es sich um ein »vaticinium ex eventu«*: Die aus dem Reich der Meder hervorgegangenen Perser* übernahmen Babylon* 539 v. Chr. unter Kyros II.

Daniels Neider wollen seinen Tod (Dan 6)

Es kommt, wie es kommen muss: Als Günstling des Königs erzeugt Daniel auch Neid bei anderen höfischen Beamten. Und weil diese ihm fachlich nicht beikommen, erdenken sie sich eine fiese Methode, nämlich (religiöse) Diskriminierung – etwas, das leider bis heute gut funktioniert. Sie flüstern dem König ein, er möge doch einfach eine Schrift aufsetzen, die »nach dem Gesetz der Meder und Perser nicht aufgehoben werden darf« (Dan 6,9), und zwar das Verbot, von irgendeiner Macht – Mensch oder Gott – etwas zu erbitten außer vom König.

Randbemerkung

Spannend ist, dass das Danielbuch in seinem Erzählgang historisch inzwischen bei den Persern* angekommen ist: Der König, dem Daniel begegnet, ist Darius, der erst 522 v. Chr. das Heft des persischen* Großreiches in die Hand nahm. Seit der Eroberung Jerusalems unter dem babylonischen* König Nebukadnezar, bei der Daniel bereits als gebildeter Jüngling unter den Verbannten aufgefallen war, sind nun also sage und schreibe 65 Jahre vergangen. Daniel müsste also, will man der Erzählung Glauben schenken, inzwischen ein Greis sein.

Wie gewohnt lässt Daniel sich nicht beeindrucken, er betet weiterhin drei Mal am Tag zu seinem Gott und tut dies nun sogar noch provokant öffentlich sichtbar im Obergemach am offenen Fenster. Ganz eindeutig: Daniel will gesehen werden! Doch steht eben nach dem unwiderruflichen Gesetz der Meder und Perser* fest, dass dies verboten ist. Ein solches Gebot ist ziemlich unsinnig und wird es nie gegeben haben. Man weiß heute auch, dass sich gerade das persische* Reich durch religiöse Toleranz auszeichnete.

All das ist wohl ein erzählerischer Kniff, um das vorzubereiten, was nun passiert: Der König Darius muss sich an sein eigenes Gesetz halten und lässt Daniel in die Löwengrube werfen. Doch anders als von Daniels Neidern fest eingeplant, bedeutet dies für Daniel nicht das Todesurteil, sondern die wunderbare Gelegenheit, auch diesem König die Überlegenheit des jüdischen Gottes zu beweisen. Daniel überlebt seine Todesstrafe und der König, der die ganze Nacht gebangt hat, ist mehr als glücklich über diesen Ausgang. Und nun geschieht, was man aus dem Danielbuch irgendwie schon kennt: Auch dieser Darius stimmt ein in die Verehrung des jüdischen Gottes. Und er erlässt sogleich ein Edikt:

Das ist mein Befehl, dass man überall in meinem ganzen Königreich den Gott Daniels fürchten und scheuen soll. Denn er ist ein lebendiger Gott, der ewig bleibt, und sein Reich ist unvergänglich, und seine Herrschaft hat kein Ende. Er ist ein Retter und Nothelfer, und er tut Zeichen und Wunder im Himmel und auf Erden. Der hat Daniel von den Löwen errettet. (Dan 6,27-28)

Daniels Vision der Weltgeschichte (Dan 7)

Daniel vermag nicht nur Träume zu deuten, sondern er hat auch Visionen. Und die Vision in Dan 7 ist besonders großartig, sie besteht sogar aus mehreren Szenen. Zunächst schaut Daniel, wie vier große Raubtiere aus dem von den vier Himmelswinden aufgewühlten Meer steigen. Die vier Himmelsrichtungen signalisieren: Die ganze Welt ist hier Thema, es geht also um Weltgeschichte. Das Meer repräsentiert die Urflut, das Gottes ordnender Schöpfung entgegengesetzte Chaos (vgl. Gen 1,2). Die Tiere – Löwe, Bär und Panther – stehen allegorisch für die Weltreiche, deren bestialische Bedrohlichkeit sich steigert: Während die Flügel des Löwen gestutzt sind, frisst der Bär Fleisch und der Panther hat mehr Flügel und Köpfe als seine Vorgänger. Das vierte Tier erscheint als besonders grausames, maßloses Wesen, das mit gewaltigen eisernen Zähnen alles zermalmt und mit Füßen zertritt. Die Visionsschilderung hält auch nicht mit blutigen Details hinterm Berg. So heißt es, das elfte seiner Hörner habe drei vorige Hörner ausgerissen und mit menschlichem Mund großmäulig geredet.

Darauf folgt das Endgericht: Gott, der hier der »Uralte« genannt wird, und sein Rat nehmen auf dem Feuerthron Platz und halten Gericht. Die Tiere werden entmachtet und im Feuer verbrannt. Am Ende erscheint der »Menschensohn« in den Himmelswolken.

Ich sah in diesem Gesicht in der Nacht, und siehe, es kam einer mit den Wolken des Himmels wie eines Menschen Sohn und gelangte zu dem, der uralt war, und wurde vor ihn gebracht. Ihm wurde gegeben Macht, Ehre und Reich, dass ihm alle Völker und Leute aus so vielen verschiedenen Sprachen dienen sollten. Seine Macht ist ewig und vergeht nicht, und sein Reich hat kein Ende.
(Dan 7,13–14)

Dass Daniel eine Gestalt aus dem Himmel kommen sieht, die »wie ein Mensch« ist, hat insbesondere die Autoren des Neuen Testaments inspiriert. Der Titel »Menschensohn«, der sich dort als Selbstbezeichnung Jesu immer wieder findet, hat hier seinen Ursprung. Dabei ist sich die Forschung allerdings weitgehend einig, dass das Danielbuch damit keine

Randbemerkung

Wie schon die Bezeichnung »Gott des Himmels« stellt auch die Beschreibung als »uralt« eine Anspielung auf den altorientalischen Gott »El«* dar. Den hellenistisch* gebildeten Lesenden des Danielbuches mag hier aber auch der griechische Göttervater Zeus auf dem himmlischen Olymp in den Kopf gekommen sein. Für die Autoren des Danielbuches war klar: Es kann nur einen geben, der die oberste Stellung im göttlichen Pantheon einnimmt – und das ist natürlich der Gott der Bibel. Auch in der Erscheinung des »Menschensohns« klingen Motive altorientalischer und hellenistischer* Theophanien* und Gotteserscheinungen an: Begegnet Gott sonst in Blitz und Donner und wildem Wetter, so erscheint der Menschensohn hier in der »Wolkenfahrt«.

Messiashoffnung* verbindet. »Einer wie ein Mensch«, das spielt vielmehr darauf an, dass auch die Engel* oder andere himmlische Gestalten menschenähnlich vorgestellt wurden.

Apocalypse now? – Zur Intention des Danielbuches

Das Danielbuch hat eine ganz besondere Art, Vergangenheit, Gegenwart und Zukunft miteinander in Beziehung zu setzen und wechselseitig auszulegen. Die Forschung nennt das »apokalyptisch«*. Und weil das Danielbuch nahezu durchgängig von solchen apokalyptischen* Motiven durchzogen ist, bezeichnen die Forschenden es als »Apokalypse«*. Typisch apokalyptisch* ist übrigens eine besondere Geschichtssicht, wie sie sich auch in Dan 7 zeigt: Die Geschichte wird als eine Abfolge von Weltreichen beschrieben und die Gegenwart darin eingeordnet. Einzelnen Menschen werden besondere Offenbarungen zuteil, in denen ihnen die göttlichen Pläne für Schöpfung, Geschichte und Vollendung bekannt gemacht werden. Die Weltgeschichte wird als ein Prozess sich steigernden Unheils und der Zunahme von Chaos und Gewalt verstanden, sodass am Ende notwendig das göttliche Weltgericht stehen muss. Allerdings erschließt sich diese innere Logik nur Eingeweihten – und selbst diesen manchmal nur durch die Hilfe eines deutenden Engels* (vgl. Dan 10) oder durch Gott selbst (vgl. Dan 2,19). Auch der weise Daniel ist nur dank seines geheimen Offenbarungswissens in der Lage, die Zeichen der Zeit – oder eben wie in Dan 2 die Träume eines Königs – zu entschlüsseln.

Besonders »apokalyptisch«* wird es nochmal in Dan 10–12: Hier findet sich eine groß angelegte Geschichtsschau von der Perserzeit* bis zum Ende der Geschichte. Dabei werden Ereignisse als zukünftig geschildert, die zum Zeitpunkt des Verfassens schon in der Vergangenheit liegen. Der Fachbegriff hierfür lautet »vaticinium ex eventu«*. Gerade weil die Autoren so tun, als würde das, was bereits passiert ist, erst noch passieren, lassen sich die Anspielungen dieser Visionen historisch recht gut zuordnen, auch wenn sie – typisch apokalyptisch* eben – nur in Bildern und Allegorien sprechen. Erst in Dan 11,40 wird mit dem Hinweis »in der Endzeit aber« der Bereich der wirklichen Weissagung erreicht. Das erkennt man auch daran, dass das Prophezeite nun nicht mehr mit dem tatsächlichen Geschichtsverlauf übereinstimmt. Das Danielbuch ist erkennbar in der Gegenwart der Autoren angekommen – und liegt nun, wenn es um zukünftige Voraussagen geht, einfach auch mal daneben.

Alle, die schlafen, werden aufwachen (Dan 12,1–3)

Im letzten Kapitel dieses jüngsten Buches des Alten Testaments findet zum ersten Mal eine Hoffnung Erwähnung, die eine besondere Wirkung entfalten sollte:

Aber zu jener Zeit wird dein Volk errettet werden, alle, die im Buch geschrieben stehen. Und viele, die im Staub der Erde schlafen, werden aufwachen, die einen zum ewigen Leben, die andern zu ewiger Schmach und Schande. Und die Verständigen werden leuchten wie des Himmels Glanz, und die viele zur Gerechtigkeit weisen, wie die Sterne immer und ewiglich. (Dan 12,1–3)

Eigentlich sind sich die meisten Bücher des Alten Testaments einig: Das Leben hier auf Erden, das ist das eigentliche Leben – und der Tod nur das unumkehrbare Ende. Als Segen Gottes galt es nicht, auch jenseits dieses Lebens weiterzuleben, sondern vielmehr alt und lebenssatt zu sterben. Doch hier nun meldet sich plötzlich eine Stimme zu Wort, die den Tod mit einem Schlaf im Erdenstaub vergleicht und von Aufwachen spricht. Eine Vorstellung, die spätestens zu neutestamentlicher Zeit eine große Wirkmächtigkeit gewinnen sollte.

Wer schrieb die Geschichten von Daniel auf?

Die Forschung ist sich einig: Das Danielbuch entstand zur Zeit des Seleukidenherrschers* Antiochos IV., also Mitte des 2. Jahrhunderts v. Chr. Dafür spricht schon die besondere Aufmerksamkeit, die seiner Herrschaft in diesem Buch gewidmet wird. Und dass alle Aussagen über die Zeit nach Antiochus IV. eher vage bleiben, legt nahe, dass die Verfasser hier raten mussten, weil Antiochus IV. zu ihrer Zeit eben noch an der Macht war.

Die Forschung hält die in Dan 10–12 genannte Gruppe der »Verständigen« für die Autoren und Tradenten* des Danielbuches (Dan 11,33–35; 12,3). Sie entstammen einer weisheitlich* geprägten Tradition und berufen sich deshalb auf den ja auch im Buch Hesekiel greifbaren »Weisen« Daniel. Anhand der Themen des Danielbuches kann man gut erkennen, was diesen Menschen wichtig war: Sie betonen die Vergänglichkeit menschlicher Herrschaft und die Herrschaftsübernahme durch Gott als kommendem König. Sie lehnen die Übernahme hellenistischer* Kultur und Religion ab, sind jedoch nicht zu einem gewalttätigen Widerstand bereit. Ihre Hoffnung ruht vielmehr auf Gott und auf seiner Macht auch über den Tod.

Mit ihren Geschichten um Daniel greifen diese »Verständigen« ganz verschiedene Legenden auf, die alle ein gemeinsames Thema haben: einen Juden,

der sich in der Diaspora* Achtung verschafft und zu seinem Glauben steht. Man vermutet heute, dass solche Geschichten tatsächlich zuerst in der Diaspora* erzählt wurden, aber von dort nach Jerusalem gelangten und auch da Verbreitung fanden. Gemeinsam ist diesen Überlieferungen, die im Danielbuch mit dem Namen des frommen Weisen verbunden wurden, die Hoffnung auf Gott: Wer ihm treu bleibt, auch unter Schwierigkeiten, der kann darauf hoffen, dass dieser Gott in baldiger Zukunft seine königliche Weltherrschaft sichtbar und wirkungsvoll antreten wird.

Randbemerkung

Zum Verständnis der Zeit, in der das Danielbuch geschrieben ist, ist ein wenig geschichtlicher Hintergrund hilfreich: Nach dem Tod Alexanders des Großen (336–323 v. Chr.) kam es zum Streit verschiedener Nachfolger (griechisch »Diadochen«) um das zerfallende hellenistische* Reich. Um die Herrschaft in Palästina kämpften die Ptolemäer* mit Hauptsitz in Ägypten* gegen die Seleukiden* mit Kerngebiet in Babylon*. Diese Unruhen bestimmten das gesamte 3. Jahrhundert v. Chr.; am Beginn des 2. Jahrhunderts v. Chr. fiel Syrien-Palästina dann an die Seleukiden*. In dieser Zeit entwickelte sich in Teilen der jüdischen Oberschicht eine ausgeprägte Sympathie für die griechische Lebensart. So wurde etwa Jerusalem nach dem Modell einer griechischen Stadt, einer sogenannten »Polis«, neu strukturiert und mit Gymnasium, Theater und Stadion ausgebaut. Sogar die Tora* als das grundlegende Dokument des Judentums wurde auf ihren religiösen Aspekt reduziert. Das alles stieß natürlich nicht in allen jüdischen Kreisen auf Zustimmung, ganz im Gegenteil. Es kam zu heftigen Unruhen, die sowohl religiöse als auch politische Gründe hatten, zum Beispiel die Konkurrenz zwischen amtierenden und ehemaligen Hohepriestern* am Jerusalemer Tempel* oder heftige Steuererhöhungen für das jüdische Volk. Der seleukidische* Herr-

scher Antiochus IV., genannt »Epiphanes«, griff mit aller Härte durch: Er wandelte Jerusalem in eine hellenistische* Militärkolonie um und schränkte die jüdische Religionsausübung sehr stark ein: Die Beschneidung* wurde untersagt, Torarollen* vernichtet, die Einhaltung des Sabbats* sowie die Durchführung von religiösen Festen und Opferdarbringungen* im Tempel* von Jerusalem verboten. Was aber das Fass endgültig zum Überlaufen brachte, war die Umwidmung des Jerusalemer Tempels* in einen Zeustempel. Das erste Buch der Makkabäer* stammt aus dieser Zeit und spricht von einem »Gräuel der Verwüstung« (1Makk 1,54.57). Toratreue* Kreise riefen zum gewalttätigen Widerstand dagegen auf. Ihr Ziel: die Reinigung von Tempel* und Kult* und die Wiederinkraftsetzung der Tora*. Und tatsächlich hatten sie Erfolg: 164 v. Chr. konnte im Tempel* wieder der JHWH-Kult* stattfinden und das jüdische Geschlecht der Hasmonäer übernahm die Macht. Antiochos IV. war zu diesem Zeitpunkt auf einem Feldzug außer Landes und fiel dort. Heute werden diese Aufstände nach den Trägern dieser Bewegung »Makkabäeraufstände«* genannt. Es kam also nie zu der in Dan 11,40 ff. vorhergesagten Eroberung des Reiches des »Königs aus dem Süden« (die Ptolemäer*) durch den »König aus dem Norden« (die Seleukiden*).

… zum Schluss

Apokalyptik* fasziniert Menschen bis heute. Das liegt einerseits sicher wesentlich daran, dass sie stark die Gefühle von Angst und Verunsicherung anspricht. Andererseits bietet sie aber auch eine klare Ordnung und Strukturierung der geschichtlichen Erfahrung. Apokalyptische* Schriften lassen sich zudem aufgrund ihrer verschlüsselten Redeweise immer wieder neu deuten und im Blick auf aktuelle Geschehnisse »entschlüsseln« – wobei, und das hat etwas Verführerisches, immer nur die »Eingeweihten« den Schlüssel in der Hand halten und die Botschaften verstehen.

Daniel ist in diesem Sinne ein hervorragender »Versteher« Gottes und somit ein echter Prophet. Er ist aber auch ein echtes Vorbild im Glauben. Daniel hält nämlich in der Diaspora* in besonderer Weise an seiner jüdischen Identität fest – er ist darin so überzeugend, dass er sogar fremde Könige zum Glauben an den Gott Israels inspiriert. Ähnlich vielleicht wie Josef in Ägypten* wird Daniel in der babylonischen* Diaspora* zum Idealtyp des Juden, der auch in der Fremde seinen Glauben nicht nur beibehält, sondern zeigt – und damit gegen Widerstände auch noch wirtschaftlichen Erfolg und gesellschaftliche Anerkennung erlangt. Wenn daraufhin fremde Könige sich zu diesem Gott bekennen, dann manifestiert sich darin die universale Bedeutung des Glaubens an den einen Gott, als dessen Volk sich Israel in der Welt weiß.

Aus den alttestamentlichen Schriften

Besondere Menschen und Schicksale

Rut

Eine Schwiegertochter geht ihren Weg

Das Buch Rut – eine Geschichte von Gottes Führung 226
Eine Israelitin im Land Moab und eine Moabiterin im Land Israel 226
Rut begegnet Boas – das Schicksal nimmt seinen Lauf (Rut 2–3) 228
Armenrecht im alten Israel 229
Boas rettet Rut und ihre Familie (Rut 4) 229
Das Buch Rut – ein Plädoyer für Toleranz gegenüber Fremden 230
Noomi erhält den ersehnten männlichen Nachkommen (Rut 4,17) 231
…zum Schluss 231

Das Buch Rut – eine Geschichte von Gottes Führung

Das Buch Rut ist eine Geschichte, die von Gottes Führung auch auf ungewöhnlichen Wegen erzählt, eine Geschichte, die davon zu berichten weiß, dass Gottes Solidarität den Machtlosen gilt – und eine Geschichte, die davon überzeugt ist, dass auch Menschen aus der Fremde, aus einem anderen Land oder eines anderen Glaubens aufrichtig und gut sein können.

Das Buch Rut ist in der Zeit nach dem Babylonischen Exil* entstanden, doch die Geschichte, die hier erzählt wird, spielt bereits zur Zeit der Richter. Die Erzählung schließt also eine Lücke zwischen den Erzeltern und der Davidszeit. Im Mittelpunkt steht die Person, die dem ganzen Buch den Namen gibt: Rut.

Randbemerkung

Dass das Buch Rut eine weibliche Sicht auf verschiedene Themen hat, ist immer wieder notiert worden. So wird darauf hingewiesen, dass Rut *ihren Vater und ihre Mutter* verlässt, obwohl Noomi ihr freistellt, in ihr *Mutterhaus* zurückzukehren (Rut 2,11). Wenn man deshalb überhaupt von irgendeinem Buch des Alten Testaments annehmen kann, dass es von einer Frau verfasst sein könnte, dann wäre es dieses. Doch muss dies letztlich offenbleiben. Tatsächlich hat jedoch die unverkennbar weibliche Perspektive dieses Buches über Jahrhunderte dazu geführt, dass die christliche Bibelauslegung die existenziellen Fragen darin und die Lebensbedrohlichkeit des hier geschilderten Konflikts nicht ernst genug genommen hat. Das Urteil Johann Wolfgang von Goethes in »West-östlicher Divan«, der diese Novelle dort als das »lieblichste kleine Ganze« charakterisierte, hallt seit 200 Jahren nach.

Eine Israelitin im Land Moab und eine Moabiterin im Land Israel

Die Israelitin Noomi muss wegen einer Hungersnot ihr Heimatdorf Bethlehem verlassen und flieht mit Mann und zwei Söhnen in das Nachbarland Moab*. Dort wird die Familie gastlich aufgenommen und schon bald bereichern zwei moabitische* Schwiegertöchter, Orpa und

Rut, die Familie. Doch das Glück währt nicht lange: Sowohl Noomis Mann als auch ihre beiden Söhne sterben. Die drei Frauen bleiben allein zurück – in der patriarchal organisierten Gesellschaft des antiken Israel ein hartes Schicksal: Frauen waren auf die Versorgung durch männliche Verwandte angewiesen; starb der Ehemann, so fiel deshalb dem Sohn diese Aufgabe zu. Doch wer ernährt eine Witwe, wenn kein Sohn im Haus ist?

Noomi beschließt, in ihre alte Heimat zurückzugehen, denn die Hungersnot ist inzwischen abgeklungen. Den beiden Schwiegertöchtern stellt sie frei, in ihr eigenes Elternhaus zurückzukehren. Dort hätten sie gute Aussicht, erneut zu heiraten. Orpa gibt Noomis Drängen nach, Rut aber lässt sich nicht beirren. Ihre Antwort an Noomi zählt zu den meistzitierten Versen der hebräischen* Bibel.

Bedränge mich nicht, dass ich dich verlasse und von dir umkehren sollte. Wo du hingehst, da will ich auch hingehen; wo du bleibst, da bleibe ich auch. Dein Volk ist mein Volk, und dein Gott ist mein Gott. Wo du stirbst, da sterbe ich auch; da will ich auch begraben werden. (Rut 1,16–17)

Diese Worte werden oft als Trauspruch gewählt – wohl weil die meisten Brautpaare übersehen, dass dies hier das Versprechen einer Schwiegertochter gegenüber ihrer Schwiegermutter ist; in der üblichen Familienkonstellation nicht gerade das sprichwörtliche Dreamteam. Hier aber schon! Im Rückblick kann Noomi sich deshalb glücklich preisen, eine solche Schwiegertochter zu haben. Doch zunächst überwiegt bei ihr auch nach der gemeinsamen Rückkehr nach Bethlehem noch das Gefühl der Bitterkeit.

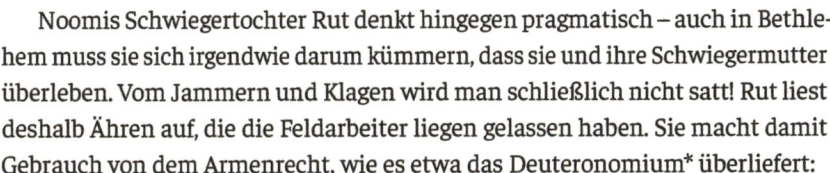

Noomis Schwiegertochter Rut denkt hingegen pragmatisch – auch in Bethlehem muss sie sich irgendwie darum kümmern, dass sie und ihre Schwiegermutter überleben. Vom Jammern und Klagen wird man schließlich nicht satt! Rut liest deshalb Ähren auf, die die Feldarbeiter liegen gelassen haben. Sie macht damit Gebrauch von dem Armenrecht, wie es etwa das Deuteronomium* überliefert:

Wenn du auf deinem Acker geerntet und eine Garbe vergessen hast auf dem Acker, so sollst du nicht umkehren, sie zu holen, sondern sie soll dem Fremdling, der Waise und der Witwe zufallen, auf dass dich der HERR, dein Gott, segne in allen Werken deiner Hände. (Dtn 24,19)

Und Rut liest auf dem Feld von Boas, einem wohlhabenden und angesehenen Verwandten ihres verstorbenen Schwiegervaters – was sicher kein Zufall, sondern dem Eingreifen Gottes zu verdanken ist.

Rut begegnet Boas – das Schicksal nimmt seinen Lauf (Rut 2–3)

Nun nimmt die Geschichte Fahrt auf: Boas hat bereits von Rut, Noomis ausländischer Schwiegertochter, gehört und ist tief beeindruckt von ihrem Mut und ihrer Solidarität zu der Schwiegermutter. Boas protegiert deshalb Rut: Sie erhält Essen und Trinken, er sorgt dafür, dass die Knechte mehr Getreide übrig lassen als üblich – und er trägt Sorge, dass Rut sich an die Mägde hält, um nicht von den Knechten belästigt zu werden. Dass Boas offensichtlich ein Auge auf Rut geworfen hat, bringt wiederum ihre Schwiegermutter Noomi auf eine Idee: Als das Fest zum Abschluss der Ernte naht – bei dem ausgelassene Feiern zu erwarten sind –, gibt sie Rut einen nicht ganz jugendfreien Rat:

Meine Tochter, ich will dir eine Ruhestatt suchen, dass dir's wohlgehe. Siehe, Boas, unser Verwandter, bei dessen Mägden du gewesen bist, worfelt diese Nacht Gerste auf der Tenne. So bade dich und salbe dich und lege dein Kleid an und geh hinab auf die Tenne. Gib dich dem Mann nicht zu erkennen, bis er gegessen und getrunken hat. Wenn er sich dann schlafen legt, so merke dir die Stelle, wo er sich hinlegt, und geh hin und decke seine Füße auf und leg dich hin, so wird er dir sagen, was du tun sollst. Sie sprach zu ihr: Alles, was du mir sagst, will ich tun. (Rut 3,1–5)

Der Bibeltext bleibt hier bewusst vage, doch sind die sexuellen Anklänge deutlich und sicher nicht zufällig: Bereits vor der Begegnung mit Boas hatte Noomi Rut darüber informiert, dass Boas als Verwandter ihres Mannes ein möglicher »Löser« sei und ihnen durch den Abkauf ihres Ackers gegebenenfalls aus finanziellen Schwierigkeiten helfen könnte.

Boas' Überraschung ist jedenfalls groß, als er Rut an seinem Lager vorfindet. Doch tatsächlich bleibt Rut die ganze Nacht bei Boas – was dort geschieht, ist aber der Fantasie der Leserschaft überlassen. Am nächsten Morgen kehrt Rut zu Noomi zurück, reich beschenkt mit Getreide und mit Boas' Versprechen, sich für die beiden Frauen einzusetzen.

Armenrecht im alten Israel

Die Geschichte des Buches Rut basiert auf der Gültigkeit zweier israelitischer Rechtstraditionen: der des Lösers und der Leviratsehe.

In Lev 25,25–34 ist das Rechtskonstrukt der (Aus)Lösung beschrieben: Wenn Menschen in finanzielle Not geraten, ist der nächste Verwandte verpflichtet, den jeweiligen Besitz auszulösen, bevor er verkauft werden muss. Auf diese Weise wird das Eigentum in der Großfamilie gehalten.

Vom Konstrukt des Auslösens unabhängig besteht die Verpflichtung zur sogenannten Leviratsehe (am ehesten zu übersetzen mit »Schwagerehe«), die auch in anderen altorientalischen Kulturen belegt ist. Die Absicht hinter einer solchen Ehe ist eindeutig: Die bisher kinderlos gebliebene Witwe soll einen Sohn gebären können, in dem der Name des Verstorbenen weiterlebt:

Wenn Brüder beieinanderwohnen und einer stirbt ohne Söhne, so soll die Frau des Verstorbenen nicht die Frau eines Mannes aus einer andern Sippe werden, sondern ihr Schwager soll zu ihr gehen und sie zur Frau nehmen und mit ihr die Schwagerehe schließen. Und der erste Sohn, den sie gebiert, soll gelten als der Sohn seines verstorbenen Bruders, dass dessen Name nicht ausgetilgt werde aus Israel. (Dtn 25,5–6)

Während das Deuteronomium* den Kreis, der für eine Leviratsehe infrage kommt, strikt auf leibliche Brüder beschränkt, wird diese Regelung im Buch Rut deutlich ausgeweitet – immerhin ist Boas nur ein entfernter Verwandter und Rut eine ausländische Frau. Man kann deshalb das Buch Rut auch als erzählerische Kommentierung israelitischen Rechts verstehen.

Boas rettet Rut und ihre Familie (Rut 4)

Die Verhandlung von Ruts und Noomis Sache findet »im Tor« statt – gemeint ist damit wohl die freie Fläche hinter dem Tordurchgang einer Ortschaft, wo nicht nur Märkte und Zusammenkünfte abgehalten, sondern eben auch Recht gesprochen wurde. Boas nimmt hier die Sache der beiden Frauen selbst in die Hand: Weil es jemanden gibt, der noch näher mit den beiden verwandt ist als er, wäre derjenige eigentlich berechtigt, als Löser Noomis Acker zu kaufen. Doch Boas, der wohl selbst Interesse an Frau und Land hat, greift zu einem juristischen Trick: Er behauptet, wer den Acker kaufen wolle, müsse im Sinne der Leviratsehe auch Rut heiraten, um ihr zu einem Sohn zu verhelfen – der dann als Nachkomme ihres verstorbenen Mannes gilt und selbst wieder Anspruch auf den Familienacker hätte. Dass Boas auf diese Weise das Lösen und die Leviratsehe miteinander verknüpft, ist im israelitischen Recht eigentlich unüblich. Doch hatte bereits Rut in jener schicksalsschweren Nacht auf der Tenne beides zusammengedacht: »Ich bin Rut, deine Magd. So breite den Saum deines Gewandes über deine Magd aus, denn du bist Löser!« (Rut 3,9).

Übrigens geschieht, was Boas erhofft hat. Der andere lehnt ab und Boas bekommt beides: Frau und Acker. Zur Besiegelung dieses Handels dient die Übergabe eines Schuhs, was, wie der Erzähler ausdrücklich festhält, in älterer Zeit in Israel Brauch gewesen sei.

Es passt zum Duktus des gesamten Buches Rut, dass auch im Hochzeitsjubel, der sich jetzt anschließt, die Perspektive eine weibliche ist:

Der HERR mache die Frau, die in dein Haus kommt, wie Rahel und Lea, die beide das Haus Israel gebaut haben; sei stark in Efrata, und dein Name werde gepriesen zu Bethlehem. Und dein Haus werde wie das Haus des Perez, den Tamar dem Juda gebar, durch die Nachkommen, die dir der HERR geben wird von dieser jungen Frau. (Rut 4,11–12)

Randbemerkung

Die beiden Bücher Esra und Nehemia erzählen vom Ende des Babylonischen Exils*, von der Rückkehr der kleinen exilierten Gemeinde nach Jerusalem und vom Neubau des dortigen Tempels*. Sie berichten von den Schwierigkeiten der JHWH-Gläubigen, wieder in ihrem Land und in den Regeln ihres Glaubens heimisch zu werden – und vertreten in diesem Zusammenhang eine ausgesprochen restriktive Linie: Eine Heirat mit ausländischen Frauen, also mit Nichtjüdinnen, kommt unter keinen Umständen infrage (vgl. Neh 13,23–27), ja, wer eine solche Ehe eingegangen ist, soll sie sogar wieder auflösen (vgl. Esra 10).

Es ist kein Zufall, dass die Verfasser dieser beiden Bücher gegenüber moabitischen* Frauen ganz besonders kritisch waren. Die Feindschaft zwischen Israel und Moab* muss ebenso alt wie legendär gewesen sein: Einen Niederschlag gefunden hat sie im sogenannten Moabiterparagraphen im Deuteronomium* (auf den auch Neh 13,1 ff. anspielt): Das 5. Buch Mose begründet das Verbot, moabitische* Menschen in die Gemeinschaft Israels aufzunehmen mit der Erinnerung, dass Moab* Israel bei der Wüstenwanderung während des Exodus* die Versorgung mit Wasser und Brot verweigert habe (Dtn 23,4–7). Und Gen 19,30–38 kolportiert die Legende, wonach Moab* ebenso wie Ammon aus dem Inzest der Töchter Lots mit ihrem Vater entstanden sei. Noch deutlicher kann man wohl nicht zum Ausdruck bringen, was von diesem Nachbarvolk zu halten ist.

Das Buch Rut – ein Plädoyer für Toleranz gegenüber Fremden

Der angesehene Israelit Boas heiratet die Ausländerin Rut, um ihr und ihrer Schwiegermutter Noomi zu einem rechtmäßigen Nachkommen zu verhelfen. Mit dieser ausdrücklichen Billigung einer solchen gemischten Ehe zwischen einem Israeliten und einer Nichtisraelitin vertritt das Buch Rut eine genau entgegengesetzte Position zu der in den beiden Büchern Esra und Nehemia formulierten – und ist wohl als Kommentar angesichts der politischen Situation entstanden, auf die auch Esra und Nehemia Bezug nehmen.

Das Buch Rut enthält also ein deutliches Signal zur Toleranz gegenüber Fremden. Und es kleidet dieses Plädoyer in die Gestalt einer Geschichte aus grauer Vorzeit. Ein geschickter Schachzug!

Noomi erhält den ersehnten männlichen Nachkommen (Rut 4,17)

Die Geschichte von Rut und Noomi geht gut aus: Rut empfängt nach der Hochzeit mit Boas einen Sohn namens Obed, womit die Linie ihrer Schwiegermutter weiterlebt. So kommentieren die Frauen des Dorfes dieses freudige Ereignis auch mit den Worten: »Ein Sohn ist der Noomi geboren!« (Rut 4,17). Noomis Bitterkeit verwandelt sich deshalb in Freude. Im Rückblick auf ihr Leben kann sie sicher mit einstimmen in den Jubel der anderen Frauen:

Gelobt sei der HERR, der dir heute den Löser nicht versagt hat! Sein Name werde gerühmt in Israel! Der wird dich erquicken und dein Alter versorgen. Denn deine Schwiegertochter, die dich geliebt hat, hat ihn geboren, die dir mehr wert ist als sieben Söhne. (Rut 4,14–15)

Am Schluss schlägt die Erzählung noch einen Bogen aus der Richter- in die Königszeit: Dieser Obed nämlich wird der Vater Isais, also des Vaters Davids. Die Ausländerin Rut wird so zur Stammmutter des großen Königs David. Eine verwandtschaftliche Beziehung übrigens, die noch im Neuen Testament Erwähnung findet, wo Rut als eine von wenigen Frauen im Stammbaum Jesu namentlich genannt wird (vgl. Mt 1,5).

… zum Schluss

Die kunstvolle Geschichte von Noomi und ihrer moabitischen* Schwiegertochter Rut ist meisterhaft erzählt und lässt die großen Fragen der Theologie mit leichter Hand einfließen. Übrigens findet sich in diesen vier Kapiteln kein einziges Wort aus dem Munde Gottes selbst – und doch bleibt kein Zweifel daran, wer hier die Geschicke lenkt. Damit wird diese Erzählung zu narrativer Theologie in Reinform: Selbst Zufälle sind eigentlich göttliche Fügung.

Das Buch Rut berichtet von der Treue Gottes und der Treue der Menschen, die an diesen Gott glauben. Es erzählt von beglückender familiärer Solidarität, von selbstständig handelnden Frauen, von einem Gott, der Beziehungen stiftet. Ist die Geschichte von Rut und Noomi auch fast zu schön, um wahr zu sein –

die moabitische* Schwiegertochter Rut wird als Personifikation des richtigen Verhaltens zum Vorbild für die Menschen in Israel und schließlich sogar zur Urgroßmutter Davids! Kann man deutlicher dafür plädieren, dass eine Ehe mit einer Nichtisraelitin nichts Ehrenrühriges ist? Damit ist die Geschichte von Noomi und Rut auch ein integrationspolitisches Statement. Wie gut, dass die biblische Überlieferung die Erinnerung an diese beiden mutigen Frauen bis heute bewahrt hat.

Hiob

Der leidende Gerechte

Hiob, der fromme Dulder aus dem Lande Uz 233

Theologische Dichtung und poetische Theologie – zur literarischen Besonderheit
    des Buches Hiob 235

Der Satan versucht Hiob im Auftrag Gottes – die Rahmenhandlung
    (Hiob 1,1–2,13; 42,7–17) 236

Reden ist Silber, Schweigen ist Gold – der Dialogteil des Hiobbuches (Hiob 3,1–42,6) 237

Gott gegen den Teufel – der Dualismus der Rahmenhandlung 238

Die Reden der Freunde Hiobs 239

Elifas von Teman: Hiob muss schuldig sein (Hiob 4–7; 15–17; 22–24) 239

Bildad von Schuach: Vertrauen auf die Weisheit der Vorfahren
    (Hiob 8–10; 18–19; 25–27) 240

Zofar von Naama: Keine Chance auf ein Gespräch (Hiob 11–14; 20–21) 241

Elihu: Gott ist mehr als ein Mensch (Hiob 32–37) 242

Frommer Dulder und theologischer Rebell – nun spricht Hiob selbst 243

Die Rede Gottes aus dem Wettersturm I (Hiob 38–39) 244

Die Rede Gottes aus dem Wettersturm II (Hiob 40,6–41,26) 246

Ein Ende à la Hollywood (Hiob 42,10–17) 247

…zum Schluss 248

Hiob, der fromme Dulder aus dem Lande Uz

»Es war ein Mann im Land Uz, der hieß Hiob« (Hiob 1,1). So beginnt die Geschichte von Hiob, der frommer Dulder und erbitterter Streiter für die Gerechtigkeit zugleich ist. Eine Geschichte, die jenseits von Raum und Zeit zu spielen scheint, jedenfalls jenseits der Geschichte des Volkes Israel. Hiob nämlich lässt sich in diese Zeitschiene nicht einordnen, ja, er soll nicht einmal eingeordnet werden – denn er ist gar kein Israelit. Er stammt aus dem Land Uz, von dem man aber auch nichts Genaueres weiß. Hiob ist im Grunde eine Art Prototyp: Das Thema, das mit seiner Person verknüpft ist, ist zeitlos. Und es ist ein Thema, das die ganze Menschheit bewegt. Die Geschichte Hiobs überschreitet deshalb die lokalen Grenzen Israels – und nicht nur diese! Sie überschreitet sogar die Grenzen der Welt: Irdische und himmlische Szenen wechseln einander ab und stehen in einem unauflöslichen Zusammenhang.

Hiob ist keine historische, sondern eine literarische Gestalt – und seine Geschichte vielleicht gerade deshalb von größerer Wahrheit, als es jede Historie

des Bösen sein könnte: An seiner Person und seinem Schicksal wird die Gültigkeit des weisheitlichen* Konzeptes von Tun und Ergehen getestet. Hinter diesen Begriffen steht die Annahme, dass zwischen dem Handeln eines Menschen (seinem »Tun«) und seinem Lebensverlauf (seinem »Ergehen«) ein Zusammenhang besteht. Die altorientalische Weisheit war grundsätzlich davon überzeugt, dass die Ordnung dieser Welt gerecht ist. Deshalb galt, ganz pauschal gesagt, die Erwartung: Verhält sich ein Mensch ethisch gut und moralisch korrekt, so wird es ihm in seinem Leben auch gut ergehen. Verhält sich jemand hingegen unmoralisch, so spiegelt sich das in seinem persönlichen Scheitern wider. Problematisch wurde und wird es jedoch, wenn dieser Zusammenhang ins Wanken gerät – und dies geschah immer wieder. Die Psalmen sind voll von der Erfahrung, dass es den Gottlosen gut geht und den Frommen schlecht:

Randbemerkung

Inzwischen kennt die Wissenschaft Texte aus dem Umfeld Israels, die ein ganz ähnliches Thema wie das biblische Hiobbuch haben, in denen also auch das vorkommt, was man heute den »Hiobstoff« nennt: den leidenden Gerechten, der mit seinem Schicksal hadert. So gibt es in Ägypten* das bereits ca. 2000 v. Chr. nachzuweisende »Gespräch des Lebensmüden mit seinem Gott«, das eine Art inneren Monolog mit der eigenen Seele darstellt. Auch die akkadische* Dichtung »Ludlul bel nemeqi« aus dem 8. Jahrhundert v. Chr. widmet sich der Frage, ob das von den Göttern verursachte Leid stets gerecht ist, und beschreibt, wie ein Leidender nach verschiedenen kultischen* Riten wieder in die Gemeinschaft aufgenommen wird. Diese Themen finden sich auch im biblischen Hiobbuch, allerdings verschärft unter den Bedingungen des nachexilischen Monotheismus*: Nun ist es nur noch ein einziger Gott, der für Gutes und Böses verantwortlich sein muss, in welcher Form auch immer. Übrigens wird Hiob auch im biblischen Buch Hesekiel genannt – und das sogar in einem Atemzug mit Noah und Daniel. Auch hier geht es um die Frage nach menschlicher Gerechtigkeit und göttlicher Strafe und damit also darum, wann menschliches Leiden gerechtfertigt ist und wann nicht: »Wenn ich die Pest in dies Land schicken und meinen Grimm darüber ausschütten würde mit Blutvergießen, um Menschen und Vieh darin auszurotten, und Noah, Daniel und Hiob wären darin – so wahr ich lebe, spricht Gott der HERR: Sie würden durch ihre Gerechtigkeit weder Sohn noch Tochter retten, sondern allein ihr eigenes Leben« (Hes 14,19–20).

Siehe, das sind die Frevler; die sind glücklich für immer und werden reich. Soll es denn umsonst sein, dass ich mein Herz rein hielt und meine Hände in Unschuld wasche? Ich bin täglich geplagt, und meine Züchtigung ist alle Morgen da. (Ps 73,12–14)

In dem Denkgebäude des »Tun-Ergehen-Zusammenhangs« ist kein Platz dafür, dass auch dem Gerechten Leid widerfahren kann. Doch erst recht problematisch wird es, wenn man versucht, dieses Problem durch eine Umkehrung zu lösen. Dann nämlich gilt nicht mehr: Wer Schlechtes getan hat, dem ergeht es schlecht, sondern: Wem es schlecht geht, der muss Schlechtes getan haben – auch wenn ihm das vielleicht gar nicht bewusst ist. Ein problematischer Rückschluss, der bei Hiob ebenfalls nicht greift. Sein Schicksal lässt sich nicht erklären.

Das ganze Hiobbuch ist ein tiefgründiges Meisterwerk in der Beschäftigung mit der Frage, warum Leid geschieht. Das Buch steht damit in einer Reihe mit dem Buch des Predigers Kohelet, das sich

auf andere Weise, aber ebenso tiefgründig mit diesen Fragen herumschlägt (vgl. S. 250–256).

Theologische Dichtung und poetische Theologie – zur literarischen Besonderheit des Buches Hiob

Die Scharfsinnigkeit, mit der im Buch Hiob argumentiert, und die Vehemenz, mit der hier diskutiert wird, sind beeindruckend. Zusammen mit der Beobachtung, dass das Buch Hiob offensichtlich andere alttestamentliche Texte zitiert und damit interpretiert, ist das ein Hinweis auf die Zeit, in der das Buch Hiob in der heute vorliegenden Gestalt entstanden ist: Es gehört sicher zu den jüngeren Texten des Alten Testaments. Vermutlich wurde es erst nach dem Babylonischen Exil* fertiggestellt und aus mehreren verschiedenen Quellen zusammengefügt. Die Wissenschaft geht heute davon aus, dass das Hiobbuch im 5.–3. Jahrhundert v. Chr. seine endgültige Gestalt fand.

Das Buch Hiob stellt eine in Erzählung und Dichtung gekleidete Auseinandersetzung mit der kollektiven Erfahrung Israels dar, dass der »Tun-Ergehen-Zusammenhang« nicht gilt: Das Volk Israel wurde durch den Untergang Jerusalems und die Zerstörung des Tempels* seines politischen und religiösen Zentrums und damit seiner Identität beraubt. Dies war eine Katastrophe unglaublichen Ausmaßes, die eine theologische Auseinandersetzung unabdingbar machte. Dass es Israel gelang, diese Niederlage auf den Willen Gottes zurückzuführen, der damit sein Volk für den Abfall von ihm bestraft habe, stellte dabei den ersten Schritt der Verarbeitung dar. Doch diese Erklärung provoziert sofort die nächste Frage: Konnte es wirklich sein, dass ganz Israel und jeder in Israel schuldig geworden und deshalb von seinem Gott dem Untergang preisgegeben worden war? Am Beispiel der Person Hiobs wird dieses Problem mit all seinen Facetten beleuchtet. Es ist deshalb sicher kein Zufall, dass Hiob – zumindest in der Rahmenhandlung – zum Repräsentanten mindestens des Volkes Israel, wenn nicht sogar der ganzen Menschheit wird: Mit seinem Verhalten wird er zum Typus des leidenden Gerechten, der schweigend erduldet.

Randbemerkung

Das Hiobbuch wurde aus verschiedenen Quellen zusammengefügt. Der deutlichste Bruch besteht wohl zwischen der erzählenden Rahmenhandlung (Hiob 1,1–2,13; 42,7–17) und dem poetischen Dialogteil (Hiob 3,1–42,6). Vermutlich sind beide Teile ursprünglich unabhängig voneinander entstanden und stellen zwei verschiedene Versuche der theologischen Verarbeitung des in der Antike sehr bekannten Hiobthemas dar. Lange hat man geglaubt, bei der Rahmenerzählung handele es sich um ein uraltes Volksmärchen. Heute weiß man aber, dass diese eher junge und hochliterarische Kunstprosa darstellt; auch die Person des Satans kennt man sonst nur aus eher jungen Texten, was den Eindruck nochmal unterstreicht, dass diese Erzählung nicht älter ist als der Dialogteil.

Der Satan versucht Hiob im Auftrag Gottes – die Rahmenhandlung (Hiob 1,1–2,13; 42,7–17)

Die Handlung des Hiobbuches lässt sich mit wenigen Pinselstrichen malen: Hiob repräsentiert das Ideal eines frommen, rechtschaffenen und wohlhabenden Familienvaters: Zehn Kinder hat er, 10.000 Kamele und Schafe, außerdem noch 1.000 Eselinnen und Rinder. Ein wahrhaft sagenhafter Reichtum!

Doch mit dieser Idylle hat es bald ein Ende. Denn Gott erlaubt dem Satan, der als einer der Göttersöhne am himmlischen Hofstaat ein- und ausgeht, die Frömmigkeit Hiobs zu testen – und löst damit die Schicksalsschläge aus, die zum Verlust von Hiobs gesamtem Besitz und zur Auslöschung seiner Nachkommen führen. Vier Hiobsbotschaften erreichen Hiob, und zwar Schlag auf Schlag. Hiob bleibt gar keine Zeit, Atem zu holen und den einen Verlust auch nur zu verstehen, da wird ihm schon der nächste gemeldet: Das räuberische Nachbarvolk der Sabäer erschlägt Hiobs Knechte und stiehlt Rinder und Eselinnen, ein himmlisches Feuer vernichtet die Schafherden, die Chaldäer rauben die Kamele und eine Windböe bringt schließlich alle vier Seiten des Hauses zum Einsturz, in dem sich Hiobs Kinder zum Feiern versammelt haben.

All sein Besitz, seine Knechte, seine Nachkommen sind geraubt, tot oder zerstört, in jedem Fall unwiederbringlich verloren. Doch Hiob besteht den Test. Der Erzähler kommentiert: »In diesem allem sündigte Hiob nicht gegen Gott« (Hiob 1,22).

Der Satan ist deshalb noch nicht zufrieden. Erneut tritt er vor Gott und fordert, Hiobs Frömmigkeit prüfen zu dürfen. »Haut um Haut!«, so bringt er es auf den Punkt und meint damit: Hiob habe nur deshalb an Gott festgehalten, weil er selbst an Leib und Leben unangetastet geblieben sei. Und tatsächlich: Wider besseres Wissen und wider alle Erfahrung stimmt Gott erneut zu und lässt dem Satan freie Hand.

Das Ergebnis ist ein Bild des Jammers: Hiob bekommt Hautausschlag und sitzt schließlich krank und von Geschwüren gepeinigt auf der Müllhalde vor der Stadt und kratzt sich mit einer Scherbe.

Selbst auf der Müllkippe hält Hiob allen Unterstellungen des Satans zum Trotz an Gott fest und wird dafür am

Ende des Buches belohnt: Er kommt wieder zu Reichtum, erhält sogar das Doppelte an Besitz und seine Frau schenkt ihm weitere Kinder, unter denen besonders die Schönheit der nachgeborenen Töchter hervorsticht. Hiob stirbt schließlich reich an Jahren, nachdem er seine Nachkommen bis in die vierte Generation kennenlernen durfte.

Reden ist Silber, Schweigen ist Gold – der Dialogteil des Hiobbuches (Hiob 3,1–42,6)

Die Rahmenhandlung, in deren Verlauf Hiobs Geschichte erzählt wird, ist unterbrochen durch den Dialogteil, der aus mehreren sehr langen Gesprächsgängen besteht: Während Hiob nämlich in der Asche der Müllhalde vor der Stadt sitzt, kommen drei seiner Freunde zu Besuch: Elifas von Teman, Bildad von Schuach und Zofar von Naama. Auch sie sind, das zeigen die Angaben zu ihrer Herkunft deutlich, keine Israeliten – die Beschäftigung mit Fragen der Weisheit war offensichtlich ein internationales Phänomen. Deshalb steht in den ganzen langen Redegängen auch niemals der Name des jüdischen Gottes, dessen Verwendung ausschließlich Israeliten vorbehalten gewesen wäre.

Diese drei jedenfalls kommen zu Besuch, um Hiobs Leid zu teilen. Zunächst tun sie dies in geradezu vorbildlicher Weise: Eine ganze Woche lang schweigen sie gemeinsam mit Hiob und trauern so mit ihm. Darin beweisen sie große Nähe zu ihrem Freund, die sie allerdings verlieren, als sie den Mund aufmachen und in drei Redegängen versuchen, Hiob von ihrer Sicht auf sein Unglück zu überzeugen. An ihren Äußerungen merkt man nämlich: Hiobs Freunde sind gefangen in den Begründungsmustern ihrer Zeit. Sie können Hiob keinen Trost spenden, sondern nur darüber schwadronieren, wie sie sich sein Leid erklären. Als schließlich noch Elihu als vierter Freund hinzukommt, macht er es auch nicht besser – seine Reden treiben Hiob endgültig in die Verzweiflung. Wer solche Freunde hat, der braucht wahrlich keine Feinde mehr. So ergreift schließlich Gott selbst das Wort: Die sogenannten Reden aus dem Wettersturm (Hiob 38,1–42,6) sind von einer Sprachgewalt und poetischen Schönheit, die im Alten Testament ihresgleichen suchen. Am Ende kann Hiob deshalb nur noch feststellen, dass Gott im Recht ist.

Randbemerkung

Das Hiobbuch widmet sich der sogenannten Theodizeefrage. Den Begriff »Theodizee« prägte erst Gottfried Wilhelm Leibniz (1646–1716); es handelt sich um ein Kunstwort, das so viel bedeutet wie »Die Frage nach der Rechtfertigung Gottes (angesichts des Leids in der Welt)«. Doch zeigt das Buch Hiob, dass die Menschen schon in der Antike nach Wegen suchten, das Bekenntnis zu einem allmächtigen und barmherzigen Gott und das Leid in der Welt zusammendenken zu können. Dem antiken Philosophen Epikur werden Überlegungen zugeschrieben, wie es sein könne, dass Gott die Leiden der Welt nicht beseitige: Will er es nicht? Oder kann er es nicht? Beides ist unvorstellbar. Doch wenn Gott das Leid verhindern will und verhindern kann – und nichts anderes ist denkbar, wenn es um Gott geht –, wieso tut er es dann nicht?

Das Hiobbuch stellt also nicht nur die große Frage danach, wie sich der Glaube an Gott und das menschliche Leiden zusammendenken lassen, sondern bietet selbst auch einen umfassenden Versuch, diese Frage zu beantworten. Die Stärke dieses Buches ist es, dass die verschiedenen an diesem Drama beteiligten Personen jeweils verschiedene Antworten präsentieren: Am Schicksal Hiobs wird auf diese Weise geprüft, welche Erklärung angesichts von Leid wirklich trägt und wie die große Warum-Frage beantwortet werden kann, die die Theologie heute als »Theodizeefrage« bezeichnet.

Gott gegen den Teufel – der Dualismus der Rahmenhandlung

Nur in der Rahmenhandlung hat Gott einen teuflischen Gegenspieler, den Satan. Er ist der Auslöser für all das Unglück, das Hiob widerfährt.

Durch das Auftauchen des Satans in der Rahmenhandlung wird deutlich gemacht: Das Leid, das Hiob geschieht, kommt nicht direkt von Gott. Die Glaubensanfechtung, dass Gott dem Satan aber zumindest die Erlaubnis dazu erteilt, bleibt jedoch bestehen: Hiob wird zum Spielball einer Auseinandersetzung zweier himmlischer Kräfte. Aufgeworfen vom Verführer selbst, steht der Vorwurf im Raum, Hiobs Frömmigkeit basiere auf Eigennutz. So fragt der Satan Gott: »Meinst du, dass Hiob Gott umsonst fürchtet?« (Hiob 1,9). Damit deutet er an, dass Hiob nur so lange an Gott glaube, wie es ihm gut gehe, und sein Glaube gerade nicht »umsonst« sei. Zur Diskussion steht also der Vorwurf einer Frömmigkeit des »do-ut-des« – »Ich (Mensch) gebe, damit du (Gott) mir auch gibst!« Gott will allerdings nicht glauben, dass Hiob so berechnend sein soll. Im Grunde steht also nicht nur Hiob, sondern auch Gottes Vertrauen in ihn auf dem Prüfstand; man hat deshalb fast Verständnis dafür, dass Gott dem Satan erlaubt, diese Frömmigkeit zu testen. Dennoch lässt sich das eigentlich Ungeheuerliche nicht entkräften: Gott selbst macht sich hier zum Komplizen des Bösen. Im ersten Vers des Hiobbuches war Hiob charakterisiert worden als jemand, der Gott fürchte und sich vom Bösen fernhalte (Hiob 1,1). Doch bereits vom Beginn der Geschichte Hiobs an zeigt sich, dass sich diese scharfe Trennung zwischen Gott und dem Bösen nicht halten lässt, sondern dass die Grenzen verwischen: Gott hat dunkle Seiten, das muss Hiob am eigenen Leib erfahren. Und Gott ergeht es nicht besser als seinen Geschöpfen – auch er kann dem Bösen nicht ausweichen, sondern muss sich ihm stellen.

Der Verfasser der Rahmenhandlung bietet eine dualistische Lösung für die Theodizeeproblematik: Nicht Gott selbst verursacht menschliches Leid, sondern sein Gegenspieler. Und dabei ist es egal, ob Menschen sich solches Leid gegenseitig zufügen, oder ob es ihnen durch Naturkatastrophen widerfährt. Das spricht nämlich Gott nicht von seiner Verantwortung frei, denn er hätte ja die Macht gehabt, das Böse zu beschränken. Die Frage bleibt, warum er das nicht zum Wohle seiner Geschöpfe getan hat. Dass mit der Erklärung der Rahmenhandlung deshalb alle Probleme gelöst seien, wird man also nicht sagen können.

Die Reden der Freunde Hiobs

Auch Hiobs Freunde sind nach Kräften bemüht, Hiob dabei zu helfen, die große Warum-Frage zu beantworten. Doch je länger die drei reden, je mehr zeigt sich: Sie haben ihm nichts zu sagen. In drei Rededurchgängen heben sie nacheinander an, um Hiob ihre Position nahezubringen. Die Freunde brauchen dabei viele Worte und können Hiob doch nicht überzeugen.

Elifas von Teman: Hiob muss schuldig sein
(Hiob 4–7; 15–17; 22–24)

Elifas von Teman ist es, der den Reigen der Reden eröffnet. Für ihn ist klar: Es muss einen Grund für Hiobs Leiden geben. Er geht selbstverständlich davon aus, dass alles Leid von Gott kommt, aber einen Auslöser im menschlichen Verhalten hat – und diesen gilt es zu finden. So ermahnt er Hiob: »Bedenke doch: Wo ist ein Unschuldiger umgekommen? Oder wo wurden die Gerechten je vertilgt?« (Hiob 4,7).

Elifas' Fehler ist allerdings: Er schließt vom Ergehen aufs Tun zurück – und überschreitet damit endgültig eine Grenze. Denn niemand darf es wagen zu behaupten: Wenn es einem Menschen schlecht geht, muss er vorher etwas Schlechtes getan haben! Drei Mal kommt Elifas zu Wort, drei Mal reagiert Hiob auf seine Reden – und mit jedem Mal werden Elifas' Äußerungen schärfer. Beide beharren auf ihren Positionen, Hiob auf seiner Unschuld und Elifas auf der Richtigkeit des Lehrgebäudes, das seine Theologie prägt: Er kann nicht anders als von einer Schuld Hiobs auszugehen. Für Elifas ist die Lage eindeutig: Hiob muss schuldig sein, diese Schuld muss er eingestehen und dann wird Gott ihn wieder aufrichten. So einfach ist das aus Elifas' Sicht:

So vertrage dich nun mit Gott und mache Frieden; daraus wird dir viel Gutes kommen. Nimm doch Weisung an von seinem Munde, und fasse seine Worte in dein Herz. Bekehrst du dich zum Allmächtigen und demütigst du dich und tust das Unrecht weit weg von deiner Hütte. [...] Wenn du ihn bitten wirst, wird er dich hören, und du wirst deine Gelübde erfüllen. [...] Denn er erniedrigt die Hochmütigen; aber wer seine Augen niederschlägt, dem hilft er. Auch wer nicht unschuldig ist, wird errettet werden. (Hiob 22,21–23.27.29–30)

Bildad von Schuach: Vertrauen auf die Weisheit der Vorfahren (Hiob 8–10; 18–19; 25–27)

Bildad haut in die gleiche Kerbe wie Elifas. Auch er kann nur in Entweder-Oder-Kategorien denken: Wenn Hiob darauf besteht, im Recht zu sein, muss Gott im Unrecht sein. Er fragt provokant: »Meinst du, dass Gott unrecht richtet oder der Allmächtige das Recht verkehrt?« (Hiob 8,3). Für Bildad ist klar, dass die Antwort darauf nur Nein lauten kann. Bildad stellt sich, das verraten seine Äußerungen, das Verhältnis von Gott und Mensch wie eine Rechtsbeziehung vor. Er kann sogar behaupten, dass Hiobs Kinder selbst schuld an ihrem Tod gewesen seien:

Haben deine Söhne vor ihm gesündigt, so hat er sie ihrer Missetat preisgegeben. Wenn du aber dich zu Gott wendest und zu dem Allmächtigen um Gnade flehst, wenn du rein und fromm bist, so wird er deinetwegen aufwachen und wird wieder herstellen deine Wohnung, wie es dir zusteht. (Hiob 8,4–6)

Um die Richtigkeit seiner Ausführungen zu untermauern, beruft Bildad sich – und das ist gegenüber den Äußerungen von Elifas neu – auf die über Generationen gewonnene Lebenserfahrung. Er weiß: Die Tradition stellt dem Einzelnen

ein Orientierungswissen zur Verfügung, das weit über die eigene Lebenszeit hinausreicht.

Denn frage die früheren Geschlechter und merke auf das, was ihre Väter erforscht haben, denn wir sind von gestern her und wissen nichts; unsere Tage sind ein Schatten auf Erden. Sind sie es nicht, die dich lehren? (Hiob 8,8–10)

Dumm ist dieser Gedanke eigentlich nicht, den Bildad hier einträgt: Der Rückgriff auf die Erfahrungen der Vorfahren kann tatsächlich helfen, die Gegenwart zu bewältigen. Doch Bildad macht den Fehler, aus dieser Faustregel ein Gesetz zu machen. Deshalb können seine Antworten Hiob nicht zufriedenstellen; er beharrt weiterhin darauf, dass alles, was Bildad hier entfaltet, auf ihn nicht zutrifft.

Zofar von Naama: Keine Chance auf ein Gespräch (Hiob 11–14; 20–21)

Der Dritte im Bunde, Zofar, findet noch weniger Zugang zu Hiob. Man gewinnt schnell den Eindruck, dass es ihm nur noch um Beschämung geht. Für Zofar ist Hiob ein Maulheld, der zurechtgestutzt werden muss.

Meinst du, du kannst die Tiefen Gottes ergründen oder die Grenze des Allmächtigen erforschen? Er ist höher als der Himmel: Was willst du tun?, tiefer als die Unterwelt: Was kannst du wissen?, länger als die Erde und breiter als das Meer: Wenn er daherfährt und gefangen legt und Gericht hält – wer will's ihm wehren? (Hiob 11,7–10)

Das einzig Positive, das man Zofars Rede abgewinnen kann, ist, dass er für Hiob das Fass zum Überlaufen bringt. Mit diesen Freunden, so sagt es Hiob deutlich, will er zukünftig nichts mehr zu tun haben. Er bestreitet ihr Recht, im Namen Gottes zu sprechen und in seinem Namen über ihn zu urteilen: »Was ihr wisst, das weiß ich auch, und ich bin nicht geringer als ihr. [...] Aber ihr seid Lügentüncher und seid alle unnütze Ärzte« (Hiob 13,2.4).

Für Hiob gibt es nur noch einen Ausweg: Er wird von nun an ausschließlich mit Gott reden. Dieser Gedanke durchzieht den gesamten Dialogteil des Hiobbuches wie ein roter Faden, weil es bereits Elifas in seiner ersten Rede war, der genau das vorgeschlagen hatte: »Ich aber würde mich zu Gott wenden und meine Sache vor ihn bringen, der große Dinge tut, die nicht zu erforschen sind, und Wunder, die nicht zu zählen sind« (Hiob 5,8–9).

Elihu: Gott ist mehr als ein Mensch (Hiob 32–37)

Die Leserschaft weiß also schon, worauf das Hiobbuch zusteuert. Doch bevor es so weit ist, meldet sich überraschend ein weiterer Freund zu Wort, sein Name ist Elihu. Bisher war von ihm nicht die Rede, doch setzen seine Äußerungen voraus, dass er die ganze Zeit anwesend gewesen sei. Die Wissenschaft vermutet heute, dass diese Kapitel später ergänzt wurden. Denn eigentlich hatte Hiob seine eigenen Reden bereits mit einem Reinigungseid und einem Appell an Gott abgeschlossen: »O hätte ich einen, der mich anhört – hier meine Unterschrift! Der Allmächtige antworte mir! –, oder die Schrift, die mein Verkläger geschrieben! […] Zu Ende sind die Worte Hiobs« (Hiob 31,35.40).

Doch bevor Gott dann tatsächlich das Wort ergreift, drängelt sich Elihu dazwischen. Offensichtlich hatten frühe Bearbeiter des Hiobbuches den Eindruck, es sei noch nicht alles gesagt – sie legten deshalb Elihu die Worte und Positionen in den Mund, die sie selbst gern noch gesagt wissen wollten.

Elihu besteht darauf, dass Gott Hiob eine Botschaft habe zukommen lassen, und unterstellt ihm, dass er sie vielleicht nur nicht verstanden habe. Elihu beschreibt zwei Möglichkeiten, wie Gott mit Menschen Kontakt aufnimmt. Eine Möglichkeit wäre ein Traum, doch Elihu versteigt sich zu der Aussage, dass auch Krankheit und Schmerz eine Sprache Gottes seien:

Auch warnt er ihn durch Schmerzen auf seinem Bett und durch heftigen Kampf in seinen Gliedern, dieses Leben verleidet ihm das Brot, seiner Kehle die Lieblingsspeise. Sein Fleisch schwindet dahin, dass man's nicht ansehen kann, und seine Knochen stehen heraus, dass man lieber wegsieht; so nähert er sich der Grube und sein Leben den Toten. (Hiob 33,19–22)

Elihu behauptet sogar, dass in jedem Leiden ein Sinn stecke, den man nur wahrnehmen müsse. In Hiobs Fall sei seine Krankheit eine göttliche Warnung – und Hiobs Fehler bestehe darin, dies nicht zu verstehen.

Und wenn sie gefangen liegen in Ketten und elend, gebunden mit Stricken, so hält er ihnen vor, was sie getan haben, und ihre Sünden, dass sie sich überhoben haben, und öffnet ihnen das Ohr zur Warnung und sagt ihnen, dass sie sich von dem Unrecht bekehren sollen. Gehorchen sie und dienen ihm, so vollenden sie ihre Tage im Guten und ihre Jahre in Wonne. (Hiob 36,8–11)

Mit seinem Versuch, Hiobs Leiden als eine göttliche Erziehungsmaßnahme, ja, als eine Sprache Gottes zu deuten, hat sich Elihu sehr weit von Hiob entfernt. Maßt sich Elihu hier nicht an, die Gründe Gottes für sein Handeln zu ken-

nen? Was für eine Überheblichkeit! Im Grunde verstärkt Elihu damit nur noch Hiobs Gefühl, dass es allein Gott ist, auf dessen Hilfe und Erklärung er hoffen kann.

Frommer Dulder und theologischer Rebell – nun spricht Hiob selbst

Menschen reagieren ganz unterschiedlich auf die Erfahrung von Leid – und Hiob in Person ist da keine Ausnahme. Dass sich die Hiobbilder in Dialogteil und Rahmenhandlung fundamental unterscheiden, ist der Wissenschaft immer wieder aufgefallen: hier der fromme Dulder, der sein Schicksal in Gottes Hand legt – dort der kämpferische Rebell, der nicht unwidersprochen hinnimmt, dass hier andere ihm sein Leben erklären wollen.

Der Hiob der Rahmenhandlung erträgt sein Leid: weil er weiß, woher es kommt, oder obwohl er weiß, woher es kommt? Denn auch wenn die Erzählung des Rahmenteils den göttlichen Gegenspieler Satan als Verursacher von Hiobs Unglück identifiziert hat, so ist für ihn klar: »Ich bin nackt von meiner Mutter Leibe gekommen, nackt werde ich wieder dahinfahren. Der HERR hat's gegeben, der HERR hat's genommen; der Name des HERRN sei gelobt!« (Hiob 1,21).

Damit macht sich Hiob zum kompromisslosen Anwalt der absoluten Freiheit Gottes: Weil Gott das Leben gegeben hat, hat er auch das Recht, es zu nehmen. Gleichzeitig hält Hiob am Lob dieses Gottes fest und zeigt so: Das einzig Bleibende in einem menschlichen Leben ist seine Gottesbeziehung. Selbst als er von schweren Geschwüren geplagt ist, fragt Hiob nur: »Haben wir Gutes empfangen von Gott und sollten das Böse nicht auch annehmen?« (Hiob 2,10). Bewundernswert, wer so fragen kann! Zugleich wird deutlich: So darf nur der fragen, der Leid selbst erlebt hat. Als Hinweis von außen könnte eine solche Äußerung nur zynisch sein.

Hiobs Emotionslosigkeit ändert sich im Dialogteil: Jetzt ist er einer, der gegen sein Schicksal rebelliert, einer, der sein Leid herausschreit und sich nicht zufriedengibt, bis ihm nicht Gerechtigkeit widerfahren ist.

All sein Reden kennt nur ein Thema: Er ist unschuldig und nach allen menschlichen Maßstäben gerecht vor Gott. Das kann dann aber nichts anderes bedeuten, als dass Gott ihm gegenüber ungerecht gehandelt hat:

Wäre ich gerecht, so müsste mich doch mein Mund verdammen; wäre ich unschuldig, so würde er mich doch schuldig sprechen. Ich bin unschuldig! Ich möchte nicht mehr leben; ich verachte mein Leben. Es ist eins, darum sage ich: Er bringt den Frommen um wie den Gottlosen. (Hiob 9,20–22)

Wenn Hiob allerdings damit Recht hat, dass Gott alle Menschen – die Guten wie die Schlechten – gleichbehandelt, dann ist dies tatsächlich ungerecht. Mit Hiobs Schicksal steht nichts weniger als die Gerechtigkeit Gottes auf dem Spiel. Hiobs Urteil, dass die Erde in die Hand eines Frevlers gegeben sei (Hiob 9,24), ist aus seiner Sicht also mehr als berechtigt. Gleichzeitig hält Hiob an der Hoffnung fest, dass Gott ihn doch noch retten werde:

Aber ich weiß, dass mein Erlöser lebt, und als der Letzte wird er über dem Staub sich erheben. Nachdem meine Haut noch so zerschlagen ist, werde ich doch ohne mein Fleisch Gott sehen. Ich selbst werde ihn sehen, meine Augen werden ihn schauen und kein Fremder. Danach sehnt sich mein Herz in meiner Brust. (Hiob 19,25–27)

Die Rede Gottes aus dem Wettersturm I (Hiob 38–39)

Nach langen Kapiteln voller Dialoge, Beschuldigungen, Beteuerungen und theologischer Erklärungsversuche müssten nun eigentlich der Worte genug gewechselt sein. Nicht nur Hiobs Freunde haben gesprochen, auch er selbst ist ausführlich zu Wort gekommen – doch eines ist noch offen: die mit steigernder Vehemenz eingeforderte Antwort Gottes! Und nun endlich ergreift Gott selbst das Wort. Die sogenannten »Reden Gottes aus dem Wettersturm« sind Abschluss und Höhepunkt des Dialogteils zugleich – und außerdem ein letzter Dialog, dieses Mal zwischen Hiob und Gott selbst.

»Und der HERR antwortete Hiob aus dem Sturm und sprach ...« (Hiob 38,1). So beginnt das Gespräch zwischen Hiob und seinem Gott. Nun endlich ist aus dem unpersönlichen, abwesenden, abgewandten Gott, dem *Es*, für Hiob ein *Du* geworden. Endlich kommt Hiob mit Gott ins Gespräch. Viele Exegetinnen und Exegeten betonen: Dass Gott Hiob überhaupt antwortet, ist an sich bereits ein Akt der Zuwendung. Ob die Antwort, die Hiob hier erhält, ihm allerdings inhaltlich wirklich weiterhilft, ist damit noch nicht gesagt. Denn es mag zwar sein, dass Gott *mit* Hiob spricht, *über* ihn und seine Situation redet er hingegen nicht.

Bereits die knappe Einleitung in diese Rede lässt aufhorchen: Wenn hier geschildert wird, dass Gott sich aus dem Sturm offenbart, dann zeigt sich Gott als Beherrscher der Natur. Er nutzt die Elemente, um mit den Menschen in Kontakt zu treten – die Wissenschaft nennt das »Theophanie«*.

Und noch etwas fällt auf: Zum ersten Mal im Dialogteil des Hiobbuches steht hier der Gottesname, das Tetragramm* JHWH. Das ist ein klares Signal für die Leserschaft: Hier spricht der Gott Israels, dessen Namen man aus der Geschichte seines Volkes von den Anfängen bis in die eigene Gegenwart hinein bereits kannte. Der Gott, der Hiob antwortet, ist identisch mit dem Gott, der

Abraham das verheißene Land gezeigt, der die Israeliten unter Moses Führung aus der ägyptischen* Sklaverei geführt und der dem Volk Land, Königtum und Tempel* geschenkt hat.

Die Antwort, die dieser Gott nun gibt, wirkt allerdings zunächst enttäuschend. Denn sie besteht fast ausschließlich aus Gegenfragen:

Ich will dich fragen, lehre mich! Wo warst du, als ich die Erde gründete? Sage mir's, wenn du so klug bist! Weißt du, wer ihr das Maß gesetzt hat oder wer über sie die Messschnur gezogen hat? Worauf sind ihre Pfeiler eingesenkt, oder wer hat ihren Eckstein gelegt, als die Morgensterne miteinander jauchzten und alle Gottessöhne jubelten? Wer hat das Meer mit Toren verschlossen, als es herausbrach wie aus dem Mutterschoß? (Hiob 38,3–8)

In diesem Duktus geht es noch einige Zeit weiter. Und wer diesen Fragen nachsinnt, muss zugeben, dass ein (antiker) Mensch sie nur mit Nein beantworten konnte. Nein, niemand wusste, wie breit die Erde ist und welcher Weg zu Licht oder Dunkelheit führt (Hiob 38,18–19). Wer diese Verse liest, kommt ebenso wie Hiob zu der Einsicht: Die Welt ist nie in ihrer Gänze durchschaubar. Hiob nimmt deshalb Gottes Aufforderung – die man fast Herausforderung nennen möchte – nicht an. Er antwortet nicht auf diese Fragen, sondern bekennt: »Siehe, ich bin zu gering, was soll ich dir antworten? Ich will meine Hand auf meinen Mund legen« (Hiob 40,4).

Hiob verstummt angesichts der Größe Gottes und der Wohlordnung seiner Schöpfung. Und doch wäre die Rede Gottes aus dem Wettersturm missverstanden, wenn man sie nur als seinen Versuch lesen würde, Hiob zu überwältigen. Gott will den Menschen nicht klein machen, sondern ihn aufrichten. Und dies gelingt ihm dadurch, dass er dessen Blick weitet – weg von sich selbst. Gottes Wunder, auf die Hiob so sehnsüchtig gewartet hat, sie zeigen sich in seiner Bewahrung der Schöpfung. Auf diese Weise gerät die epische Schilderung der Natur fast zu einer therapeutischen Inszenierung:

Wer hat dem Wildesel die Freiheit gegeben, wer hat ihm die Bande gelöst, dem ich die Steppe zum Hause gegeben habe und die Salzwüste zur Wohnung? Er verlacht das Lärmen der Stadt, die Schreie des Treibers hört er nicht; er durchstreift die Berge, wo seine Weide ist, und sucht, wo es grün ist. Meinst du, der Wildstier wird dir dienen wollen und nachts bleiben an deiner Krippe? Kannst du ihm das Seil anknüpfen, um Furchen zu machen, oder wird er hinter dir in den Tälern den Pflug ziehen? Kannst du dich auf ihn verlassen, weil er so stark ist, und kannst du ihn für dich arbeiten lassen? Kannst du ihm trauen, dass er dein Korn einbringt und in deine Scheune sammelt? (Hiob 39,5–12)

Mit Beispielen wie diesen zeigt Gott Hiob: Es mag Geschöpfe geben, die aus Sicht des Menschen ungebändigt, wild und bindungslos erscheinen. Doch Gott als Herr über alles Leben hält die Beziehung zu diesen Tieren aufrecht. Er erweist sich als Herrscher auch über die dem Menschen entzogene fremde und lebensfeindliche Wildnis – denn sie ist ebenfalls Teil dessen, was er geschaffen hat. Doch wenn JHWH selbst dieses wilde Leben in seiner Hand hält und es wieder in den Regelkreis der Schöpfung einfügen kann, dann bedeutet das auch Hoffnung für Hiob, der sich ebenfalls aus den normalen Lebensstrukturen ausgeschlossen fühlt und manchmal den Tieren näher zu sein scheint als den Menschen (vgl. Hiob 30,29). Gottes Antwort an Hiob vermittelt ihm also Hoffnung im Leid, vermag dem Leid selbst aber keinen Sinn zu geben. Die Warum-Frage, die doch Hiob die ganze Zeit umtreibt, sie bleibt unbeantwortet. Hiob schweigt überwältigt – doch ist er auch getröstet?

Die Rede Gottes aus dem Wettersturm II (Hiob 40,6–41,26)

Und was tut Gott? Er hebt in einem zweiten Redegang erneut an – nun, um den eigentlich bereits zum Schweigen gebrachten Hiob erneut herauszufordern: »Gürte wie ein Mann deine Lenden! Ich will dich fragen; lehre mich! Willst du mein Urteil zunichtemachen und mich schuldig sprechen, dass du recht behältst?« (Hiob 40,7–8). Der Duktus wechselt, das fällt sofort auf. Hier geht es nun um Schuldigkeit, um ein (Gerichts)Urteil und um Rechtsprechung.

Hiob selbst hatte Gott einen Verbrecher genannt: »Die Erde ist in die Hand des Frevlers gegeben, und das Antlitz ihrer Richter verhüllt er. Wenn nicht er, wer anders sollte es tun?« (Hiob 9,24). Gegen diesen Vorwurf setzt sich Gott nun zur Wehr: Nicht er selbst ist ein Verbrecher, sondern in seiner Schöpfung wirken verbrecherische Kräfte. Drei davon werden hier genannt: menschliche Frevler sowie das Krokodil Leviatan und das Nilpferd Behemot. Diesen Zweien widmet der Verfasser des Hiobbuches eine ausführliche Naturpoesie, in der auch seine Faszination für diese beiden mächtigen Wesen des Bösen zum Ausdruck kommt (Hiob 40,15–24; 40,25–41,26). Denn trotz aller Bösartigkeit – und das ist vielleicht das Erstaunlichste – haben auch Behemot und Leviatan einen Platz in Gottes Schöpfung.

Heute wäre man geneigt zu fragen, wieso Gott sich dieser Tiere nicht ein für alle Mal entledigt: Will er es nicht oder kann er es vielleicht nicht? Mit dieser Frage steht im Grunde nichts weniger als Gottes Allmacht auf dem Spiel. Doch was heißt eigentlich »Allmacht«? Jede Macht braucht jemanden oder etwas, dem gegenüber sie ausgeübt werden kann. Eine absolute Allmacht, wie man sie Gott gerne zuschreiben möchte, wäre also ein Widerspruch in sich. Eine

Macht, die so mächtig ist, dass sie kein Gegenüber mehr zulässt, wäre keine Macht. Bereits in seiner ersten Antwort an Hiob hatte Gott gezeigt: Als Schöpfer dieser Welt ist seine Macht immer eine Macht in Beziehung zu seinen Geschöpfen – so wild, ungebändigt und zerstörerisch sie auch scheinen mögen. Dies gilt auch für Leviatan, Behemot und für alle menschlichen Bösewichte: Sie sind Teil der Schöpfung Gottes und dennoch ist Gott nicht für ihr Tun verantwortlich. Er hat sie geschaffen und dann ihrer Natur überlassen. Damit muss aber letztlich offenbleiben, wieso durch die an sich gute Schöpfung ein Riss geht, durch den das Böse immer wieder einbricht. Man kann nur konstatieren: In Gott hat der Realismus der Barmherzigkeit ebenso Platz wie die Realität des Bösen.

Nach Gottes zweiter Rede aus dem Sturm gibt Hiob sich endgültig geschlagen. Er kann nur noch zugeben, dass er ohne tiefere (Gottes-)Erkenntnis gesprochen habe, und seine Schuld gegenüber Gott eingestehen.

Und Hiob antwortete dem HERRN und sprach: Ich erkenne, dass du alles vermagst, und nichts, das du dir vorgenommen, ist dir zu schwer. »Wer ist der, der den Ratschluss verhüllt mit Worten ohne Verstand?« Darum hab ich ohne Einsicht geredet, was mir zu hoch ist und ich nicht verstehe. »So höre nun, lass mich reden; ich will dich fragen, lehre mich!« Ich hatte von dir nur vom Hörensagen vernommen; aber nun hat mein Auge dich gesehen. Darum gebe ich auf und bereue in Staub und Asche. (Hiob 42,1–6)

Und dennoch geht Hiob anscheinend getröstet aus diesem Dialog heraus. Denn bisher kenne er Gott nur »vom Hörensagen«, wie er selbst sagt – hat also nur von ihm gehört, statt mit ihm zu sprechen. Doch nun wird ihm eine unmittelbare Gottesschau und damit eine persönliche Gottesbegegnung zuteil. Und das scheint Hiob zu genügen.

Ein Ende à la Hollywood (Hiob 42,10–17)

Gott setzt den bußbereiten Hiob wieder ins Recht: Er hat sich richtig verhalten; die Freunde jedoch, die glaubten, im Namen Gottes zu sprechen, werden abgestraft. Das Urteil Gottes über Hiob und seine Freunde bildet das Scharnier zwischen dem umfangreichen Dialogteil und der Rahmenhandlung, die das gesamte Hiobbuch umklammert und die seine Geschichte nun zu Ende erzählt. Und das auf eine Art und Weise, die Hollywoods würdig wäre: Hiob hat seine Prüfung mit Auszeichnung bestanden und bekommt deshalb zurück, was er verloren hatte. Und nicht nur das, er erhält sogar das Doppelte seines früheren Besitzes!

Das Hiobbuch dringt dabei ganz selbstverständlich auf eine innerweltliche Wiederherstellung Hiobs. Was Hiob im Diesseits verloren hat, wird noch hier auf Erden ausgeglichen:

Und der HERR segnete Hiob fortan mehr als zuvor, er besaß vierzehntausend Schafe und sechstausend Kamele und tausend Joch Rinder und tausend Eselinnen. Und er bekam sieben Söhne und drei Töchter und nannte die erste Jemima, die zweite Kezia und die dritte Keren-Happuch. Und es fanden sich so schöne Frauen wie die Töchter Hiobs im ganzen Land nicht. Und ihr Vater gab ihnen Erbteil unter ihren Brüdern. Und Hiob lebte danach hundertvierzig Jahre und sah seine Kinder und Kindeskinder bis in das vierte Glied. Und Hiob starb alt und lebenssatt. (Hiob 42,12–17)

Doch hat dieses Ende bei allem Überfluss einen schalen Beigeschmack: Reichtum kann man ersetzen, aber die eigenen Kinder? Dass Hiob aufrichtig um sie getrauert hat, spielt plötzlich keine Rolle mehr. Und soll es Hiob und seine Frau wirklich trösten, dass die nachgeborenen Töchter für ihre Schönheit berühmt sind und ausgerechnet auch noch – so zumindest eine mögliche Deutung der hebräischen Namen – Turteltaube, Zimtblüte und Schminkbüchse heißen? Ganz sicher nicht.

Am Ende des Hiobbuches muss man deshalb festhalten: So wie das aufrichtige Reden von Gott bedeutet, die Spannungen im Gottesbild und die dunkle Seite Gottes nicht dualistisch aufzulösen, so heißt auch das aufrichtige Reden von Menschen und ihren Schicksalen, dass man nicht alles wiedergutmachen kann. Nicht jeder Schaden ist zu reparieren, Menschen sind nicht zu ersetzen und nicht immer wird alles wieder gut.

… zum Schluss

Bertolt Brecht dichtete in seinem Schauspiel »Der gute Mensch von Sezuan«:

»Wir stehen selbst enttäuscht und sehn betroffen
Den Vorhang zu und alle Fragen offen.«

Liest man das Hiobbuch, so scheinen mit dem Fallen des Vorhangs vermeintlich alle Fragen beantwortet und alle Probleme gelöst. Doch tatsächlich ist die eine große Frage nach dem Warum auch nach 42 Kapiteln nicht beantwortet: Warum

durch die gute Schöpfung Gottes dieser Riss geht, durch den das Böse immer wieder einbricht, muss offenbleiben. Beides gehört bleibend zu Gott und zu Gottes Schöpfung – die Realität des Bösen und der Realismus der Barmherzigkeit.

Doch auch wenn das Hiobbuch die Frage nach dem Warum des Leidens nicht beantwortet, so verrät es doch viel darüber, wie man sich im Leid verhalten kann und darf: Gott lässt zu, dass seine Geschöpfe ihn infrage stellen. Sie dürfen mit ihm streiten, ihn anklagen, auf ihn wütend sein. Für Hiob bedeutet all das schon den ersten Schritt zur Versöhnung. Gleichzeitig ist und bleibt Hiob der kompromisslose Anwalt der absoluten Freiheit Gottes: Weil Gott Leben gibt, darf er es auch wieder nehmen. Bewundernswert, wenn man das so sagen kann. Und doch wird beim Lesen deutlich: Das kann und darf nur sagen, wer selbst Leid erlebt. Jedes Dozieren über das Leiden anderer, das zeigt sich an den Freunden Hiobs, kann nur zynisch sein. Diese Erkenntnis hat bis heute nichts von ihrer Gültigkeit verloren.

Der Prediger

Wenn Weisheit auf Wirklichkeit trifft

Prediger oder Lehrer? Wer war Kohelet? 250
Was man im alten Israel unter Weisheit versteht 251
»Es ist alles eitel« – der Refrain des Kohelet 252
Welches Ziel hat das menschliche Leben? – Das Leiden des Kohelet 253
»Alles hat seine Zeit!« – Die Erkenntnis des Kohelet (Koh 3,1–9) 254
Nichts ist mehr selbstverständlich – die Folgerung des Kohelet 254
Gott fürchten – das ist Weisheit 255
…zum Schluss 256

Prediger oder Lehrer? Wer war Kohelet?

Überraschend modern gibt sich das Alte Testament im Buch des sogenannten »Predigers«: Es ist geprägt von einer Skepsis und Abgeklärtheit, von der man nicht denkt, dass sie weit über 2.000 Jahre alt ist.

Sein Name leitet sich übrigens von dem hebräischen* Wort *kohelet* ab, mit dem der Autor des Buches zu Beginn bezeichnet wird. Das heißt so viel wie »der Leiter einer Versammlung«. Der Person des Autors kommt man damit jedoch nicht wesentlich näher. Im Nachwort des Buches wird der »Prediger« allerdings als Schreiber, Schriftkundiger und Lehrer beschrieben und – ziemlich einzigartig für eine alttestamentliche Schrift – für seine schriftstellerische Fertigkeit gelobt:

Es bleibt noch übrig zu sagen: Der Prediger war ein Weiser und lehrte auch das Volk gute Lehre, und er hörte und forschte, er formte viele Sprüche. Der Prediger suchte, dass er fände angenehme Worte und schriebe recht die Worte der Wahrheit. (Pred 12,9-10)

Das Buch des Predigers enthält also weniger die Sprüche eines Predigers als die eines Lehrers. Und noch mit einem weiteren Missverständnis gilt es aufzuräumen: Was sich in dem Buch nämlich nicht findet, sind Worte des »Salomo«, auch wenn die Überschrift in der Lutherbibel das nahelegt. Die Lutherübersetzung nimmt damit vielmehr den Hinweis auf, der Prediger sei »Sohn Davids, des Königs zu Jerusalem« (Pred 1,1) gewesen – womit sicher auf die legendäre Weisheit des Königs Salomo angespielt werden soll (vgl. S. 149 ff.).

Heute weiß man aber, dass das Buch des Predigers nicht aus der Feder von Salomo stammen kann – und das aus einem ganz einfachen Grund: Es ist erst viele Jahrhunderte nach der Regierungszeit Salomos entstanden. Während das Königtum Salomos an den Beginn der Staatwerdung des antiken Israels gehört, weisen sprachliche Besonderheiten des Koheletbuches darauf hin, dass diese Schrift erst aus dem 3. Jahrhundert v. Chr. und damit aus der Spätzeit des Alten Testaments stammt.

Randbemerkung

Die Wissenschaft vermutet heute sogar, dass der Fingerzeig des Textes auf den »Sohn Davids« nochmal jünger ist als das Predigerbuch selbst – dass hier also eine spätere Redaktion* in den fertigen Text eingegriffen und diese Autorenzuschreibung ergänzt hat. Das war wohl der Versuch, die manchmal sperrigen und rebellischen Gedanken dieses Predigers durch den Verweis auf die Autorität des »weisen Königs Salomo« abzusichern. Denn was von Salomo stammt, kann so falsch doch wohl nicht sein!

Was man im alten Israel unter Weisheit versteht

Moderne Leserinnen verbinden mit dem Begriff der Weisheit oft Weltferne und kluge Sprüche, die mit dem alltäglichen Leben nichts zu tun haben. Das war im alten Israel wie überhaupt in den antiken Kulturen des Vorderen Orients allerdings anders: Weisheitstexte*, wie sie sich auch im Alten Testament finden, entstanden aus menschlichen Erfahrungen, die verallgemeinert und systematisiert wurden. Neben einer Weisheitstradition*, die an den Königshöfen angesiedelt war und sich auf die dort bereits gebräuchliche Schriftkultur stützen konnte, war im alten Israel auch eine familien- oder sippenbezogene Spruchweisheit verbreitet. Nicht nur »weise Männer«, sondern auch »weise Frauen« sorgten für ihre Überlieferung.

»Weisheit« zielt grundsätzlich auf das Verhalten des Einzelnen und sein Ergehen. So verstandener Weisheit wohnt wesentlich ein Element der Ordnung inne: Sie sortiert nicht nur Lebenserfahrung, sondern normiert Lebenswandel. Einerseits spiegelt sie dem Menschen wider, was unter dem »rechten Leben« zu verstehen ist, und andererseits konfrontiert sie mit den Folgen unmoralischen Tuns – um auf diese Weise den Anreiz zum richtigen Verhalten zu verstärken. Auch deshalb lässt sich plausibel machen, dass der Autor des Kohelet-Buches auch Lehrer ist – wobei man allerdings nicht wirklich weiß, seit wann in Israel von »Schulen« als Erziehungseinrichtungen gesprochen werden kann.

Immer wieder wird im Koheletbuch allerdings deutlich, wie sehr sich der Prediger inhaltlich von den Selbstverständlichkeiten traditioneller Weisheit entfernt hat. Deren Ordnung setzt nämlich voraus, dass menschliches Streben sich lohnt und dass Gott Weisheit, Erkenntnis und Einsicht schenkt, damit es den Frommen gut geht. So heißt es etwa im Buch der Sprüche von Gott: »Er lässt es den Aufrichtigen gelingen und beschirmt die Frommen« (Spr 2,7). Kohelet aber stellt genau diese Selbstverständlichkeit infrage: »Denn was hat ein Weiser dem Toren voraus?« (Pred 6,8).

»Es ist alles eitel« – der Refrain des Kohelet

An vielen Punkten ist der Prediger ein Kind seiner Zeit – und gleichzeitig ein Rebell, der sich ganz bewusst gegen die traditionelle Weisheit stellt und ihre Gültigkeit anzweifelt. Denn für Kohelet ist die sinngebende Ordnung brüchig geworden: Was trägt, wenn nichts mehr trägt, und worauf kann man sich noch verlassen? Man hört fast das Seufzen, wenn er etwa festhält: »Es gibt Gerechte, denen geht es, als hätten sie Werke der Gottlosen getan, und es gibt Gottlose, denen geht es, als hätten sie Werke der Gerechten getan« (Pred 8,14).

Kohelet beobachtet das menschliche Leben sehr genau und kann sich von den überkommenen Weisheiten der Tradition nur distanzieren. Seine Erkenntnis ist bitter, sein Nachdenken kann nur zu dem Schluss kommen: »Es ist alles ganz eitel!« (Pred 1,2; 12,8).

Diese Erkenntnis durchzieht das Buch Kohelet wie ein Kehrvers. Das hebräische* Wort *hebel*, das hier verwendet wird, beschreibt wörtlich einen Windhauch oder einen Atemzug – also etwas, das kaum spürbar ist und schnell vergeht. Kann man die »Vergänglichkeit« und »Nichtigkeit« allen Tuns besser auf den Punkt bringen? So hat auch Luther seine Übersetzung mit »Eitelkeit« vermutlich gemeint, auch wenn man heute unter »eitel« eher eine übermäßige Betonung äußerer Schönheit versteht.

Sehr deutlich tritt im Buch Kohelet ein »Ich« hervor, das sich als Stimme einer Zeit präsentiert, in der viele Selbstverständlichkeiten brüchig geworden sind. Für Kohelet ist der Zusammenhang zwischen einer Lebensführung, die vor Gott rechtschaffen ist, und einem erfolgreichen Leben fraglich geworden. Diese selbstverständliche Erwartung, die man in der Forschung vereinfacht »Tun-Ergehen-Zusammenhang« genannt hat, gilt für ihn nicht mehr. Doch was ist, wenn der Einzelne nicht mehr sicher sein kann, dass ein Lebenswandel, der sich an Gottes Geboten und dem Vorbild der Schrift orientiert, auch wirklich eine Belohnung nach sich zieht?

Diese Frage findet sich in der Tat an vielen Stellen der hebräischen* Bibel und sie ist auch anderen altorientalischen und ägyptischen* Überlieferungen nicht fremd; diese variieren das Thema »Leid und Gerechtigkeit« und heißen dann etwa »Gespräch des Lebensmüden mit seinem Gott«. Vermutlich stellt sich diese Frage jedem fromm lebenden Menschen irgendwann. So findet sich das Motiv des »leidenden Gerechten« auch anderswo in der Bibel, etwa in den Psalmen (vgl. Ps 13,2–3; Ps 22; Ps 69) oder in den sogenannten »Konfessionen« des Propheten Jeremia (vgl. S. 190):

HERR, wenn ich auch mit dir rechten wollte, so behältst du doch recht; dennoch muss ich vom Recht mit dir reden. Warum geht's doch den Gottlosen so gut, und die Abtrün- nigen haben alles in Fülle? Du pflanzt sie ein, sie schlagen Wurzeln und wachsen und bringen Frucht. Nahe bist du ihrem Munde, aber ferne von ihrem Herzen. Mich aber, HERR, kennst du und siehst mich und prüfst mein Herz vor dir. (Jer 12,1–3)

Doch während diese Texte eher dazu anregen, mit Gott selbst um seine Gerechtig- keit zu ringen, ist das Buch Kohelet schon einen Schritt weiter: Es macht aus seiner Einsicht, dass alles »eitel« sei, tatsächlich eine Weltsicht. Ähnlich radi- kal findet sich ein solcher Gedanke wohl nur im Buch Hiob, wenn auch in ganz anderer literarischer Form (vgl. S. 233–249).

Welches Ziel hat das menschliche Leben? – Das Leiden des Kohelet

Gleich zu Beginn seines Buches bringt Kohelet es auf den Punkt: »Was hat der Mensch für Gewinn von all seiner Mühe, die er hat unter der Sonne?« (Pred 1,3). Wie ein echter Philosoph beobachtet Kohelet die Natur und schließt daraus auf das menschliche Leben – auch das ein erstaunlich moderner Gedanke. Er erkennt: Alles verläuft in Zyklen.

Ein Geschlecht vergeht, das andere kommt; die Erde aber bleibt immer bestehen. Die Sonne geht auf und geht unter und läuft an ihren Ort, dass sie dort wieder aufgehe. Der Wind geht nach Süden und dreht sich nach Norden und wieder herum an den Ort, wo er anfing. (Pred 1,4–6)

Wenn alles unter der Sonne ziellosen Kreisläufen unterliegt, dann ist der mensch- liche Wunsch nach einer bleibenden Belohnung vergeblich und die Suche nach einer Absicht hinter dem menschlichen Leben aussichtslos. Kohelet kommt immer und immer wieder zu dem Schluss, dass die persönliche Zukunft durch

menschlichen Eifer nicht zu sichern ist. Denn: Zum einen hat der Mensch keine Einsicht in Gottes Plan und zum anderen lässt sich Gott nicht durch menschliches Tun beeindrucken.

»Alles hat seine Zeit!« – Die Erkenntnis des Kohelet (Koh 3,1–9)

So führt Kohelet dieses Nachdenken schließlich in eine Betrachtung der Zeit und zu einem der bekanntesten Texte dieses Buches:

Ein jegliches hat seine Zeit, und alles Vorhaben unter dem Himmel hat seine Stunde: Geboren werden hat seine Zeit, sterben hat seine Zeit; pflanzen hat seine Zeit, ausreißen, was gepflanzt ist, hat seine Zeit; töten hat seine Zeit, heilen hat seine Zeit; abbrechen hat seine Zeit, bauen hat seine Zeit; weinen hat seine Zeit, lachen hat seine Zeit; klagen hat seine Zeit, tanzen hat seine Zeit; Steine wegwerfen hat seine Zeit, Steine sammeln hat seine Zeit; herzen hat seine Zeit, aufhören zu herzen hat seine Zeit; suchen hat seine Zeit, verlieren hat seine Zeit; behalten hat seine Zeit, wegwerfen hat seine Zeit; zerreißen hat seine Zeit, zunähen hat seine Zeit; schweigen hat seine Zeit, reden hat seine Zeit. (Pred 3,1–7)

Alles hat also seine Zeit! In 14 streng poetisch aufgebauten Satzpaaren wird dieser Gedanke entfaltet. Und weil jedes Tun seine Zeit hat – und das meint: von Gott gegeben und nicht von Menschen gesetzt ist –, ist es müßig, daran rütteln zu wollen. Dem Menschen ist es ausschließlich aufgegeben, die rechte Zeit für das rechte Handeln zu finden. Mehr nicht. Alles andere ist der eitle und vergebliche Versuch, eine Ordnung zu verstehen und zu beeinflussen, die sich dem menschlichen Verstand doch entzieht. So ist also das Sein des Menschen zu beschreiben: Nicht nur, dass sein Planen und Tun keinen sicheren Gewinn bringt – sein Schicksal ist ganz der Zeit und dem Zufall ausgesetzt: »Man mühe sich ab, wie man will, so hat man keinen Gewinn davon« (Pred 3,9).

Nichts ist mehr selbstverständlich – die Folgerung des Kohelet

Was soll man aus der Sicht von Kohelet also tun?

Ich sah die Arbeit, die Gott den Menschen gegeben hat, dass sie sich damit plagen. Er hat alles schön gemacht zu seiner Zeit, auch hat er die Ewigkeit in ihr Herz gelegt; nur dass der Mensch nicht ergründen kann das Werk, das Gott tut, weder Anfang noch

Ende. Da merkte ich, dass es nichts Besseres dabei gibt als fröhlich sein und sich güt-
lich tun in seinem Leben. Denn ein jeder Mensch, der da isst und trinkt und hat guten
Mut bei all seinem Mühen, das ist eine Gabe Gottes. Ich merkte, dass alles, was Gott
tut, das besteht für ewig; man kann nichts dazutun noch wegtun. Das alles tut Gott,
dass man sich vor ihm fürchten soll. (Pred 3,10–14)

Es ist, wie es ist: Gott mutet dem Menschen ein Leben zu, in dem er permanent
planen und handeln muss – und verwehrt ihm zugleich jedes Verstehen der Zeit-
abläufe. Deshalb, so Kohelet, muss der Mensch zufrieden mit dem sein, was ihm
seine Zeit bietet. Mehr kann er sowieso nicht tun.

Und genau daran knüpft der theologische Zentralgedanke Kohelets an: Wenn es
dem Menschen nicht gegeben ist, durch sein Planen und Handeln selbst zu irgendeinem Erfolg zu kommen – dann ist notwendig jeder Gewinn eine Zuwendung Gottes und jedes Gelingen ein Geschenk seiner Gnade. Kohelet ist sich dabei sicher:
Gott hat alles so arrangiert, damit der Mensch Gott fürchtet und achtet.

Gott fürchten – das ist Weisheit

Dass die Furcht Gottes im Zentrum des frommen Lebens stehen soll, ist nun allerdings kein besonders neuartiger Gedanke, sondern eher ein zentrales Thema der
Weisheit überhaupt: »Die Furcht des HERRN ist der Anfang der Erkenntnis« (Spr 1,7).

Hier erweist sich Kohelet einerseits ganz als Kind seiner weisheitlichen* Tradition: Er erwartet, dass Gott gerecht ist und ein frommes und moralisches Leben
ermöglicht (vgl. etwa Pred 4,15–5,6). Doch andererseits zeigt er sich auch hier rebel-
lisch: Wo eigentlich dem Frommen kategorisch der Törichte gegenübergestellt
wird – ein prominentes Beispiel findet sich im Auftakt zum Psalter in Ps 1 –, kennt
Kohelet auch noch ein anderes Extrem: Aus seiner Sicht kann nicht nur die gott-
ferne Gedankenlosigkeit den Menschen ins Verderben führen, sondern ebenso
das Bemühen um die eigene übermäßige Rechtschaffenheit; ein fast ketzerisch
zu nennender Gedanke. Aus Kohelets Sicht stellt wahre Gottesfurcht die Mitte
zwischen diesen Extremen dar:

Sei nicht allzu gerecht und nicht allzu weise, damit du dich nicht zugrunde richtest.
Sei nicht allzu gottlos und sei kein Tor, damit du nicht stirbst vor deiner Zeit. Es ist gut,
wenn du dich an das eine hältst und auch jenes nicht aus der Hand lässt; denn wer
Gott fürchtet, der entgeht dem allen. (Pred 7,16–18)

Menschliches Wohlergehen lässt sich auch durch die größte Rechtschaffenheit
nicht garantieren, weil Gott in seiner Zuwendung von Gnade frei bleibt. Das Pro-

blem Kohelets liegt also nicht in der Gerechtigkeit oder Ungerechtigkeit Gottes. Diese entzieht sich der menschlichen Erkenntnis eh. Wer glaubt, durch sein eigenes Verhalten Sicherheit gewinnen zu können, der irrt. Nur in der inneren Bindung an Gott ist ein gutes Leben möglich – schlicht deshalb, weil Gott es so eingerichtet hat. Kohelets »Rezept« lautet: vernünftige Gottesfurcht bei gleichzeitigem Genuss des Augenblicks. Von da aus gedacht kann der »Prediger« zu einem bemerkenswert fröhlichen und bejahenden Lebensmotto kommen:

Siehe, was ich Gutes gesehen habe: dass es fein sei, wenn man isst und trinkt und guten Mutes ist bei allem Mühen, das einer sich macht unter der Sonne sein Leben lang, das Gott ihm gibt; denn das ist sein Teil. Denn wenn Gott einem Menschen Reichtum und Güter gibt und lässt ihn davon essen und trinken und sein Teil nehmen und fröhlich sein bei seinem Mühen, so ist das eine Gottesgabe. Denn er denkt nicht viel an die Kürze seines Lebens, weil Gott sein Herz erfreut. (Pred 5,17–19)

… zum Schluss

Das Buch Kohelet ist in der Forschung schon mal als »unheimlicher Gast« im Konzert der biblischen Schriften beschrieben worden, weil seine Botschaft zumindest in Teilen doch in deutlichem Kontrast zu den Hauptlinien alttestamentlicher Theologie steht. Zu skeptisch mutet sein Blick auf die Welt an, zu wenig ausgeprägt ist der Gedanke an Gottes gute Fügung allen Lebens.

Genau darin aber kommen die Gedanken des Predigers einer modernen Weltsicht sehr nahe, die durch die Aufklärung gegangen ist und Gott gern auf das Ethische reduziert. Allerdings sollte man hierbei nicht übersehen, dass Kohelet keineswegs den Glauben an Gott infrage stellt. Vielmehr lässt er Gott seine Souveränität und Freiheit – und den Menschen ebenfalls. Es gibt eben keinen unmittelbaren Zusammenhang zwischen menschlicher Moralität und Lebenserfolg. Und damit entfällt auch diese weltliche Motivation, sich um das rechte Handeln zu bemühen. Genau das aber lässt den ethischen Gedanken um so klarer hervortreten: Rechtes Handeln findet seine Begründung in der Furcht Gottes, also im Respekt vor Gott und seinem Gebot. Oder etwas moderner ausgedrückt: Wer sich an Gott bindet, wird seinem Willen entsprechend handeln.

Schön ist, welche Weltzugewandtheit daraus resultiert: Wenn Erfolg nicht das Ergebnis menschlicher Planung ist – dann ist jeder Erfolg eine Zuwendung Gottes und jedes Gelingen ein Geschenk seiner Gnade. Und die gilt es zu genießen.

Hanna und die Psalmen

Der Glaube singt

Hannas Kinderlosigkeit (1Sam 1,1–8) 257
Hanna in Silo – das Blatt wendet sich (1Sam 1,9–20) 258
Samuel, der erste Prophet in Israel (1Sam 1,27–28) 259
Der Dankpsalm der Hanna – der Glaube singt (1Sam 2,1–10) 260
Hanna singt von der Hoffnung auf Gott 261
Die Psalmen als Dichtung 262
Hanna blickt in die Zukunft: Israels Königtum von Gottes Gnaden 262
Der Psalter als Gebetbuch Israels 263
…zum Schluss 264

Hannas Kinderlosigkeit (1Sam 1,1–8)

Die Geschichte des Königreichs Israel, also die Geschichte der drei legendären Könige Saul, David und Salomo, und die Geschichte ihres Wegbereiters, des Propheten Samuel, sie beginnt so, wie alles menschliche Leben anfängt: mit einer Frau.

Am Anfang des Erzählkomplexes, der die Samuelbücher und die Königebücher umfasst, steht die Geschichte von Hanna, der Mutter Samuels. Sie ist die erste Hauptperson dieser Bücher, in der sonst vor allem Männer das Wort und das Sagen haben. Und liest man Hannas Lebensgeschichte, kommt diese Frau einem sofort nahe. Denn obwohl ihre historische Situation eine ganz andere ist, sind ihre Erfahrungen sehr menschlich: Es geht um unerfüllte Lebensträume; darum, dass man sein Versprechen halten muss; um Neid und Missgunst zwischen zwei Frauen; um die eigentlich unerklärliche Bevorzugung der einen; um Liebe und um die Erfahrung, dass Menschen und vielleicht besonders Männer und Frauen manchmal aneinander vorbeireden …

Randbemerkung

Unfruchtbarkeit galt im alten Israel als schweres Los: Der Status der Mutterschaft sicherte einer Frau nicht nur die gesellschaftliche Anerkennung, sondern die eigenen Kinder dienten gleichzeitig als wichtige Stütze für die Versorgung im Alter. Dies alles bleibt Hanna verwehrt, und zwar, wie der Text betont, weil Gott selbst ihr Nachwuchs verweigert. Wäre das Schicksal der Kinderlosigkeit allein nicht schon schlimm genug? Dass es hier im Willen Gottes verankert wird, macht es beinahe unerträglich. Und doch ist das Alte Testament voll von solchen Frauenschicksalen. Abrahams Frau Sara, Isaaks Frau Rebekka, ihre Schwiegertochter Rahel – sie alle teilen diese Erfahrung. Es scheint, als sei die Geschichte der Volkwerdung Israels eine Abfolge von Wundern Gottes. Und vielleicht ist genau dieser Eindruck ja beabsichtigt: Was Gott will, das geschieht. Und wen Gott für sich will, den erwählt er bereits im Mutterleib.

Genau das passiert nämlich auch Hanna mehrfach in dieser Geschichte. Wie in jedem Jahr hat sich die gesamte Familie nach Silo aufgemacht, um dort ihrem Gott JHWH zu opfern. Mit dabei sind neben Elkana seine beiden Frauen Hanna und Peninna – letztere mit ihren Kindern, erstere ohne, da sie kinderlos ist.

Die Tatsache, dass Hanna ihrem Mann keine Nachkommen schenken kann, ändert nichts an seiner Haltung ihr gegenüber: Er liebt sie. Das wiederum dürfte Peninna, die sich aufgrund ihrer Kinderschar doch eigentlich als die »bessere« Ehefrau erweist, ein Dorn im Auge gewesen sein. Auf dieser Reise nun eskaliert der Konflikt: Hannas Widersacherin Peninna kränkt und reizt sie und erwischt dabei treffsicher das, womit sie Hanna am meisten verletzen kann. Hanna schweigt und weint. Man muss Elkana zugutehalten, dass er sich zumindest bemüht, seine Frau zu trösten. Dass er sich dabei ziemlich tölpelhaft anstellt, steht auf einem anderen Blatt. Er fragt Hanna: »Bin ich dir nicht mehr wert als zehn Söhne?« (1Sam 1,8). Ihre Antwort ist nicht überliefert, vielleicht gibt es auch keine. Was soll sie darauf schon sagen? Lieber geht sie ins Heiligtum, um zu beten.

Hanna in Silo – das Blatt wendet sich (1Sam 1,9–20)

Im Rückblick auf die Geschichte Israels gewinnt man oft den Eindruck, es habe nur den Jerusalemer Tempel* als einzigen JHWH-Kultort gegeben. Doch tatsächlich gab es in Israel viele Heiligtümer und das in Silo dürfte wohl zu den bedeutendsten gehört haben. Immerhin wächst hier Hannas Sohn Samuel, der erste Prophet der Königszeit, auf – die Forschung vermutet heute, dass die Erzählung davon schon sehr alt ist und tatsächlich historische Erinnerungen bewahrt hat.

Im Heiligtum in Silo jedenfalls weiß Hanna sich nun keinen anderen Rat mehr, als JHWH ihren Kummer vor die Füße zu werfen. Sie weint und betet und sie

macht ein für eine Frau in ihrer Situation sehr vollmundiges Versprechen: »HERR Zebaoth, wirst du das Elend deiner Magd ansehen und an mich gedenken und deiner Magd nicht vergessen und wirst du deiner Magd einen Sohn geben, so will ich ihn dem HERRN geben sein Leben lang, und kein Schermesser soll auf sein Haupt kommen« (1Sam 1,11).

Hanna ist es bitterernst, doch unterstellt wird ihr Trunkenheit. Und das von Eli, dem in Silo tätigen Priester. Wie häufiger in den biblischen Geschichten weiß die Leserschaft mehr als die beteiligten Personen: Weil Hanna entgegen der damals herrschenden Gepflogenheiten offensichtlich lautlos betet und also nur den Mund bewegt, glaubt Eli, sie sei betrunken. Doch erstaunlich selbstbewusst weist sie seine Vorwürfe zurück. Der alte

Randbemerkung

Mit ihrem Versprechen gegenüber Gott, ein Leben lang auf jeden Haarschnitt zu verzichten, spielt Hanna auf die Tradition des sogenannten Nasiräats an: Ein Nasiräer – wörtlich: ein »Ausgesonderter« – weihte sein Leben ganz dem Dienst Gottes; erkannt wurde er an seinem langen Haar sowie an der Enthaltsamkeit von alkoholischen Getränken (vgl. Num 6,1–21). Leider verraten die biblischen Texte nicht genau, welche Aufgaben die Nasiräer hatten; deutlich wird in jedem Fall: Nasiräer sind in besonderer Weise heilig und gottgeweiht. Und wenn Samuel, dem Versprechen seiner Mutter folgend, Nasiräer wird und später außerdem als Priester am Heiligtum und zugleich als Prophet tätig ist, so kann man seine besondere Stellung kaum deutlicher zum Ausdruck bringen.

Priester ist beeindruckt, ein bisschen wider Willen, wie es scheint – aber immerhin: Eli verspricht Hanna, dass Gott ihr Gebet erhören werde. Und tatsächlich: Hanna wird schwanger und hält ein Jahr später den lang ersehnten Sohn in den Armen. Sie nennt ihn Samuel, weil sie ihn, so die Begründung, von Gott erbeten habe. Dass es hier Hanna als Mutter selbst ist, die ihrem Sohn den Namen gibt, ist in den biblischen Geschichten selten, passt aber zu ihrem selbstbestimmten Auftreten.

Samuel, der erste Prophet in Israel (1Sam 1,27–28)

Selbstbewusst entscheidet Hanna, ihren Ehemann nicht schon kurz nach der Geburt zum erneuten Opfer* nach Silo zu begleiten. Sie weiß ja bereits: Wenn sie mit Samuel nach Silo gehen wird, wird er für immer dortbleiben. Doch das soll erst geschehen, wenn der Sohn abgestillt ist, nach damaliger Sitte etwa im Alter von drei Jahren. Erst zu diesem Zeitpunkt macht sich Hanna wieder auf nach Silo und begegnet dort erneut dem Priester Eli. Sie teilt ihm mit: »Um diesen Knaben bat ich. Nun hat der HERR mir gegeben, was ich von ihm erbeten habe. Darum gebe ich ihn dem HERRN wieder sein Leben lang, weil er vom HERRN erbeten ist« (1Sam 1,27–28).

Die Geschichte von Hanna und Eli endet mit dem lapidaren Hinweis, dass sie alle dort in Silo beteten. Kein Wort über den sicher tränenreichen Abschied des kleinen Samuel von seiner Mutter, kein Wort über Hannas eigene Emotionen, weil sie den lang ersehnten Sohn wieder hergeben muss. Lediglich die kleine Notiz, dass sie für Samuel jedes Jahr ein Obergewand mache und es ihm nach Silo bringe, verrät etwas von ihrer mütterlichen Fürsorge.

Der Dankpsalm der Hanna – der Glaube singt (1Sam 2,1–10)

Hanna gibt Samuel Gott zurück, weil sie ihn von ihm erbeten hatte. Damit betritt nun Samuel selbst die Bühne; Hanna hingegen verlässt sie endgültig. Die kurzen Hinweise darauf, wie es ihr in den folgenden Jahren ergangen ist, zeugen vom typischen Lebenslauf einer Frau in der Antike: An der Seite von Elkana empfängt und gebiert sie mehrere weitere Kinder. Doch bevor sie sich stumm in dieses Schicksal fügt, verabschiedet sie sich mit einem grandiosen Psalm, dem sogenannten »Danklied der Hanna« (1Sam 2,1–10).

Und Hanna betete und sprach: Mein Herz ist fröhlich in dem HERRN, mein Horn ist erhöht in dem HERRN. Mein Mund hat sich weit aufgetan wider meine Feinde, denn ich freue mich deines Heils. Es ist niemand heilig wie der HERR, außer dir ist keiner, und ist kein Fels, wie unser Gott ist. Lasst euer großes Rühmen und Trotzen, freches Reden gehe nicht aus eurem Munde; denn der HERR ist ein Gott, der es merkt, und von ihm werden Taten gewogen. Der Bogen der Starken ist zerbrochen, und die Schwachen sind umgürtet mit Stärke. Die da satt waren, müssen um Brot dienen, und die Hunger litten, hungert nicht mehr. Die Unfruchtbare hat sieben geboren, und die viele Kinder hatte, welkt dahin. Der HERR tötet und macht lebendig, führt ins Totenreich und wieder herauf. Der HERR macht arm und macht reich; er erniedrigt und erhöht. Er hebt auf den Dürftigen aus dem Staub und erhöht den Armen aus der Asche, dass er ihn setze unter die Fürsten und den Thron der Ehre erben lasse. Denn der Welt Grundfesten sind des HERRN, und er hat die Erde darauf gesetzt. Er wird behüten die Füße seiner Heiligen, aber die Frevler sollen zunichtewerden in Finsternis; denn viel Macht hilft doch niemand. Die mit dem HERRN hadern, müssen zugrunde gehen. Über ihnen wird er donnern im Himmel. Der HERR wird richten der Welt Enden. Er wird Macht geben seinem Könige und erhöhen das Horn seines Gesalbten. (1Sam 2,1–10)

Oft ist beobachtet worden, dass die Verse dieses Liedes wenig Bezug auf Hannas persönliches Schicksal nehmen: Während ihre Kinderlosigkeit nur in einem

Satz kurz anklingt, reicht Hannas Gesang weit über ihre Zeit und ihr eigenes Leben hinaus. Doch verdankt sich diese inhaltliche Ausrichtung, da ist sich die Wissenschaft heute einig, weniger dem prophetischen Wissen Hannas als vielmehr der Arbeit eines späteren Autors: Man geht davon aus, dass nicht Hanna selbst diese Worte gebetet hat, sondern dass sie ihr von anderer Hand in den Mund gelegt worden sind. Denn: Hannas Psalm ist auf vielfältige Weise mit den Themen der Samuelbücher insgesamt verbunden und ist also offensichtlich als Leseanweisung für alles Folgende gedacht. Die in 1Sam 1 geschilderte Geschichte von Hanna und Elkana ist also viel mehr als eine Familiengeschichte – sie ist der Auftakt zur weiteren Geschichte Gottes mit seinem Volk!

Hanna singt von der Hoffnung auf Gott

Hannas Psalm malt in lebhaften Bildern aus, wie Gottes Eingreifen menschliche Verhältnisse umwälzt. Er ist es, der Hungernde satt macht und Reiche hungern lässt, der Schwachen zu Macht verhilft und sie den Starken wegnimmt und der der eigentlich unfruchtbaren Frau Kinder schenkt, während die mit Kindern Gesegnete ihre Lebenskraft verliert. Denn Gott durchschaut den Hochmut der Menschen und richtet nach gerechtem Maß. Die Gefährdung menschlichen Lebens bleibt zwar bestehen, aber Hannas Lied wird getragen von der Gewissheit, dass Gott alles in allem herrscht. Und das gilt hier sogar für den Tod. Wenn damit die negativen Erfahrungen im Willen Gottes verankert werden, zeugt das von einer theologischen Reflexion, die erst spät in der alttestamentlichen Überlieferung zu finden ist. Ihren Höhepunkt findet sie in diesem Psalm in der Formulierung: »Der HERR tötet und macht lebendig, führt ins Totenreich und wieder herauf« (1Sam 2,6).

Als sich im Glauben Israels langsam die monotheistische* Erkenntnis durchsetzte, dass ein einziger Gott verantwortlich für alles sei, was Menschen begegnet, blieb kein Platz mehr für eine Todesgottheit, der man lebensfeindliche oder bedrohliche Elemente zuschieben konnte. Der eine Gott ist damit in seiner umfassenden Schöpfermacht allein für Leben und Sterben verantwortlich, er garantiert die Ordnung der Welt und die Gerechtigkeit im menschlichen Zusammenleben. Und er ist derjenige, dem Menschen ihre Klage (und Anklage!) zurufen, wenn die eigene Lebenserfahrung als ungerecht empfunden wird. Hannas Psalm thematisiert ganz realistisch die Schattenseiten menschlichen Lebens, aber er tut das im Modus einer besonderen Gewissheit. Die Umkehrung der Verhältnisse gilt als so sicher, dass sie im Hymnus schon gefeiertes Geschehen ist. Mit Gottes Eingreifen ist jederzeit zu rechnen. Der Mensch verdankt sein Leben in allen Facetten allein Gott.

Die Psalmen als Dichtung

Auch was Inhalt, Form und Theologie angeht, ist Hannas Psalm ein typischer Vertreter seines Genres: Wie (fast) alle Psalmen bietet auch dieser Psalm bei der Lektüre einen merkwürdig schaukelnden Eindruck: Eine Aussage wird nicht einfach nur getätigt, sondern im folgenden Satz nochmal etwas anders wiederholt. Beispiele finden sich in Hannas Psalm zuhauf:

»Mein Herz ist fröhlich in dem HERRN, mein Horn ist erhöht in dem HERRN.«
»Lasst euer großes Rühmen und Trotzen, freches Reden gehe nicht aus eurem Munde«
»Der HERR tötet und macht lebendig, führt ins Totenreich und wieder herauf.«

Der Fachbegriff dafür lautet »Parallelismus membrorum«. So wie sich Gedichte im Deutschen oft reimen und ein bestimmtes Versmaß aufweisen, so hat man bei hebräischer* Poesie den Eindruck, mit der Ausformulierung des Themas verhalte es sich wie mit einem Pendel, das hin- und herschwingt und dabei den eigentlichen Mittelpunkt zwar immer wieder berührt, aber dort nicht stehen bleibt. Vielleicht spiegelt sich darin die Erfahrung der Menschen, dass die Komplexität eines Sachverhalts es verbietet, ihn in allzu eindeutige Worte zu fassen.

Hanna blickt in die Zukunft: Israels Königtum von Gottes Gnaden

Am Ende des Psalms rückt eine besondere Verheißung in den Blick: »Die mit dem HERRN hadern, müssen zugrunde gehen. Über ihnen wird er donnern im Himmel. Der HERR wird richten der Welt Enden. Er wird Macht geben seinem König und erhöhen das Horn seines Gesalbten« (1Sam 2,10).

Damit wird Hannas Psalm am Beginn der Samuelbücher zu einem Scharnier: Der künftige König Saul, den Samuel demnächst salben wird, soll sich daran erinnern, dass er seine Macht nicht sich selbst verdankt, sondern Gott. Dessen Herrschaft ist es, die hinter dem Experiment »Königtum« in Israel steht (vgl. S. 127 f.).

Der heute merkwürdig anmutende Begriff »das Horn erhöhen« ist ein Ausdruck für Macht und Stärke; hier dürfte ein Bild aus der Tierwelt, nämlich der drohend erhobene Kopf des Widders, Pate gestanden haben. Wenn also Saul als erster König schon bald aufgrund der Macht, die Gott ihm verliehen hat, überheblich wird, so weiß die Leserin bereits, dass er scheitern wird. Es gilt: Wer vom Glück begünstigt ist, soll sich nicht selbst rühmen, sondern Gott. Hannas Psalm dient hier also als Lesehilfe für die folgenden Geschichten rund um Samuel, Saul und David.

Hannas Psalm schließt mit einem Ausblick auf das Königtum insgesamt: Dieses wird hier zurückgeführt auf den einen wahren König im Himmel, JHWH selbst. Spannend ist die Art und Weise, wie dieser hier beschrieben wird. Grundlage dafür bildet das typisch altorientalische Weltbild, das auch in diesem Psalm zum Ausdruck kommt: Die Erde ruht auf Säulen, die die Erdscheibe auf den Fluten des Urmeeres tragen und zugleich das Himmelsgewölbe halten, welches wiederum die zerstörerischen Wasser von außen abhält. Die Welt wird so als Lebenskosmos geschildert, dessen Bewahrung inmitten feindlicher Chaosmächte sich allein Gott verdankt.

Der Psalter als Gebetbuch Israels

Hannas Psalm ist in vielerlei Hinsicht ein typischer Repräsentant seiner Gattung*. Er zeugt von persönlicher Frömmigkeit und bietet zugleich eine theologische Deutung, die weit über ein individuelles Schicksal hinausreicht. Dies verbindet ihn mit den anderen alttestamentlichen Psalmen, wie sie im Psalter gesammelt wurden.

Die Wissenschaft vermutet heute, dass viele Psalmen deshalb zu Sammlungen zusammengestellt wurden, weil sie eine Funktion im Tempelkult* hatten. Dazu gehören etwa die Korachpsalmen (Ps 44–49; 84–88), die Asafpsalmen (Ps 73–83) oder die sogenannten Wallfahrtspsalmen (Ps 120–134). Daneben hat sich aber auch die Erinnerung daran bewahrt, dass Psalmen außerhalb des Kultes, im Alltag, Verwendung finden konnten. Ein besonders prominentes Beispiel dafür bietet der Psalm Hiskias (Jes 38): Der todkranke König fleht auf dem Krankenbett zu Gott um Heilung, dieser erhört ihn und lässt ihm durch Jesaja seine Genesung mitteilen. Daraufhin spricht Hiskia einen Dankpsalm. Und egal ob Jona nun wirklich drei Tage im Walfischbauch saß oder nicht; den antiken Erzählern war klar, was er in einer solchen Situation getan haben muss – nämlich einen Psalm beten (Jona 2,3–10).

Man geht heute sogar davon aus, dass es im Psalter auch Psalmen gibt, die nicht im Kult* verwendet wurden, son-

Randbemerkung

Die einzelnen Psalmen wurden immer weitergeschrieben, ergänzt und umgestellt. Dies zeigt, dass die Menschen damals die überlieferten Texte immer wieder als Ausgangspunkt verwendeten, um eigene Gedanken, Beispiele und Gefühle einzutragen und die Psalmen für den kultischen* oder gottesdienstlichen Gebrauch anzupassen. Die Texte, so wie sie heute im Psalter stehen, sind das Endprodukt dieser Sammlung und Fortschreibung. Und indem die Redaktion* des Psalters diesen Texten eine Rahmung und eine Reihenfolge gab, fügte sie diese Sammlung in die Komposition der hebräischen* Bibel ein. So konnte der Psalter zum Gebet- und Gesangbuch Israels werden.

dern die direkt für den privaten Gebrauch, den Hausgebrauch sozusagen, geschrieben wurden. Ein besonders berühmtes Beispiel dafür ist Psalm 23 (»Der Herr ist mein Hirte«).

Den biblischen Psalmen ist nichts Menschliches fremd. Sie kennen unfassbare Not und tiefstes Elend ebenso wie himmelhochjauchzenden Jubel – und sie können all das mit dem Gott JHWH zusammendenken: Gott ist der himmlische König, der alles regiert, und er ist der zugewandte Erbarmer, an den man sich wenden kann, wenn man Hilfe braucht.

...zum Schluss

Hannas Lied erklingt aus dem Mund einer Frau, die mit überraschendem Selbstbewusstsein und großer Klarheit und Klarsichtigkeit ihren Weg und damit den ihres Volkes geht. Sie weiß um die Bedeutung, die ihr Sohn haben wird. Sie handelt in Verantwortung vor dieser Berufungsgewissheit: Sie gibt Samuel in die Obhut des Tempels und eröffnet ihm damit die Laufbahn, für die er bestimmt ist. Als Prophet wird er die weiteren Geschicke Israels und Judas wesentlich mitbestimmen und den Übergang zwischen der Zeit der Richter und dem beginnenden Königtum begleiten.

Hannas Psalm ist dabei ein eindrucksvolles Beispiel der (Literatur)Gattung* der Psalmen, die zu den bewegendsten Texten gehören, die das Alte Testament überliefert: Menschen finden ihre Erfahrungen in den Worten der Psalmen aufgehoben. Auch Hannas Dank kann mitsingen, wer Not und Hilfe gespürt hat. Wer möchte, kann sich die Stimme Hannas also leihen, um mit ihren Worten das zu sagen, was er oder sie selbst fühlt.

Weil die Psalmen Worte für all diese Situationen und Emotionen finden, verleihen sie auch dann Sprache, wenn man sonst stumm bleiben müsste. Insofern sind die Psalmen nicht nur das Gebetbuch Israels (und der Menschen, die sich im Glauben mit Israel verbunden wissen), sondern sie verhelfen Menschen auch zu Worten im Angesicht Gottes.

Stammbaum

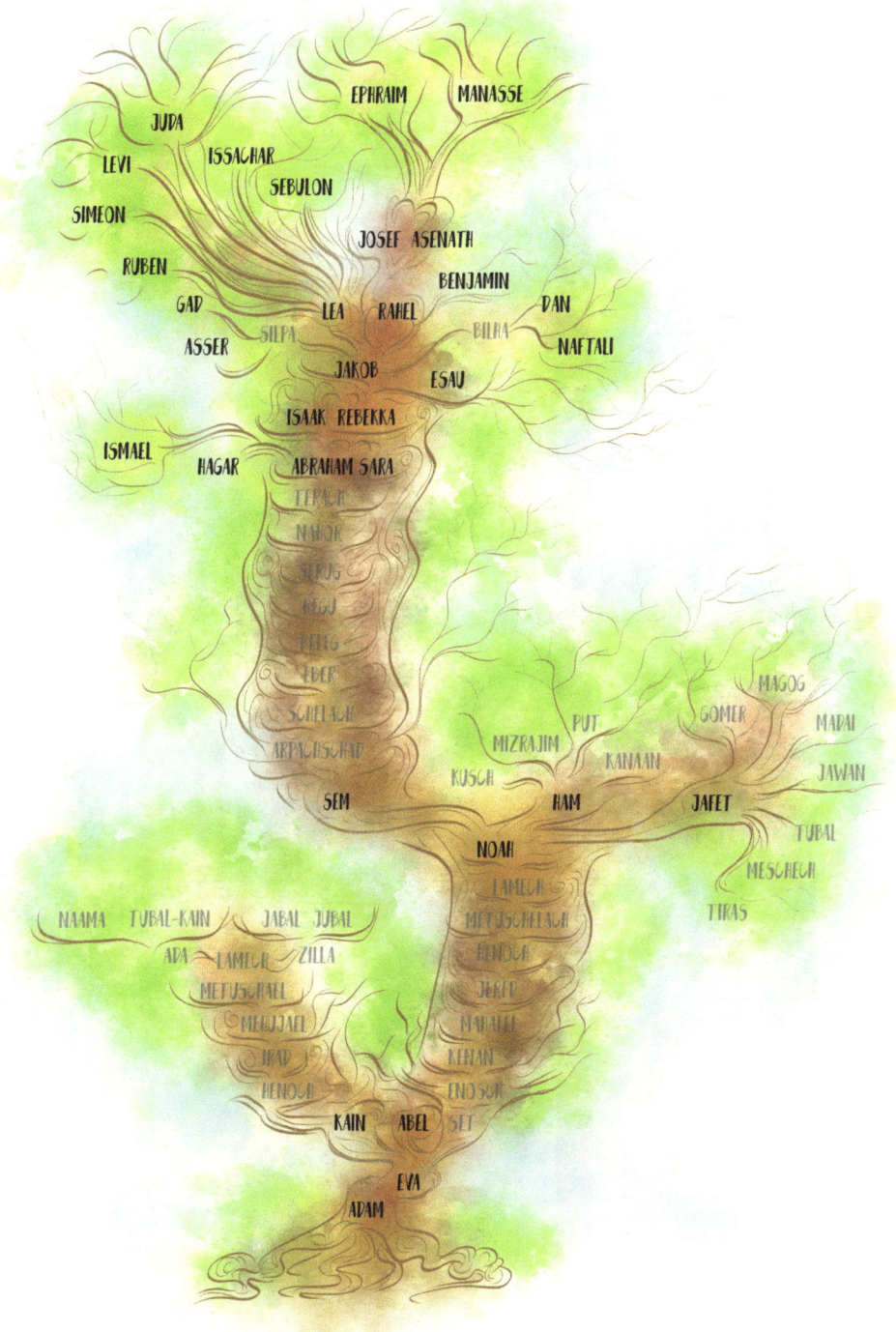

Zeitstrahl

Palästina im 1. Jahrtausend

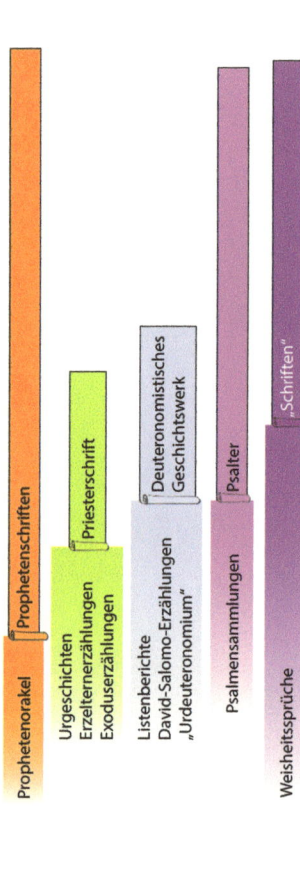

	Ende d. ägypt. Vorherrschaft Seevölker, Philister, Aramäer	Assyrische Vorherrschaft und Herrschaft		Babyl. Herrschaft	Persische Herrschaft	Hellenistische Herrschaft	Römische Herrschaft

Übergang von vorstaatlicher Zeit zur Königszeit

Teilung von Nordreich (Israel) und Südreich (Juda)

Assyrische Eroberung Samarias 722 v. Chr. Ende Israels

Assyrische Belagerung Jerusalems 701 v. Chr.

Babylonische Eroberung Jerusalems 587 v. Chr. Beginn der Exilszeit

Zweiter Tempel Ende der Exilszeit

Anfang der griechischen Übersetzung des AT (Septuaginta)

Makkabäeraufstand 167 v. Chr.

Neubau des Tempels unter Herodes

Vorzeit	1000	900	800	700	600	500	400	300	200	100

Wann haben diese Menschen* gewirkt? So erzählt es die Bibel:

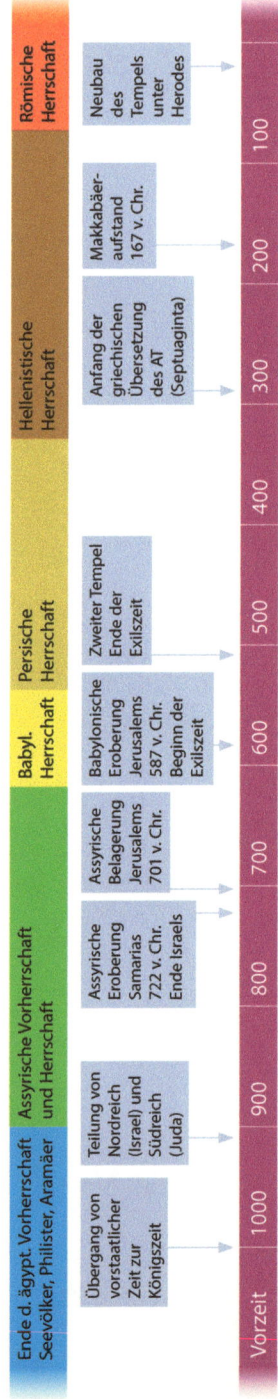

Debora, Mose, David, Hanna, Salomo, Rut, Elia, Amos, Jesaja, Jona, Jeremia, Daniel

* Die weisheitlichen Figuren Hiob und Kohelet werden in den Erzählungen historisch nicht eingeordnet.

Wann wurden die Erzählungen aufgeschrieben? So sieht es die Wissenschaft:

Prophetenorakel → Prophetenschriften

Urgeschichten, Erzelternerzählungen, Exoduserzählungen → Priesterschrift

Listenberichte, David-Salomo-Erzählungen, „Urdeuteronomium" → Deuteronomistisches Geschichtswerk

Psalmensammlungen → Psalter

Weisheitssprüche → „Schriften"

Glossar

Akkadisch: Das Akkadische ist die älteste schriftlich überlieferte semitische* Sprache, eine Kombination aus Wort- und Silbenschrift. Geschrieben wurde Akkadisch als Keilschrift, also mit keilförmigen Stäben in Tonscheiben geritzt. Die akkadische Schriftsprache wurde um 3200 v. Chr. in Südmesopotamien* für administrative Zwecke geschaffen und diente später zur Wiedergabe verschiedener altorientalischer Sprachen.

Apokalypse/Apokalyptik: Als apokalyptische Literatur bezeichnet die Forschung bestimmte biblische Texte, die den Geschichtsverlauf im Blick auf sein bevorstehendes Ende beschreiben. Diese Prophezeiungen gehen davon aus, dass die menschliche Geschichte sich von der Schöpfung an stetig verschlimmert habe. Das Unheil führe unweigerlich in eine Umkehrung zu einem neuen, besseren und gerechteren Weltalter. Deshalb sei es wichtig, den Zeitpunkt dieser Kehre zu erkennen, der häufig als großes Weltengericht dargestellt wird. Der Verkünder einer Apokalypse deckt die göttlichen Pläne für Geschichte und Vollendung auf, indem er die Zeichen der Zeit entschlüsselt und sein geheimes, durch Träume oder andere Medien (wie etwa deutende Engel*) erschlossenes Offenbarungswissen weitergibt. Als apokalyptische Bücher gelten in der Bibel das Buch Daniel und die Offenbarung des Johannes. Apokalyptisch grundierte Texte finden sich auch in Jes 24–27, Sach 9–14 und Mk 13.

Apokryph/Apokryphen: Unter den alttestamentlichen Apokryphen versteht man die »verborgenen« Bücher des Alten Testaments (griechisch *apokryph*), die im 1. Jahrhundert n. Chr. nicht in den hebräischen* Kanon* des Tanach* aufgenommen wurden, aber in der Septuaginta* oder in der lateinischen Bibelübersetzung (genannt Vulgata) kanonischen* Rang einnehmen. Die meisten dieser Schriften sind in der Zeit vom 3. Jahrhundert v. Chr. bis ins 1. Jahrhundert n. Chr. entstanden und genießen wie etwa das Buch Jesus Sirach auch in der jüdischen Theologie eine hohe Wertschätzung. Weiter gehören dazu unter anderem die poetischen Bücher Weisheit Salomos und Psalmen Salomos, Baruch und der Brief Jeremias, die geschichtlichen Bücher Judit, Tobit, das 1. und 2. Makkabäerbuch und andere.

Aramäer/aramäisch: Als Aramäerreiche bezeichnet man eine Vielzahl kleinerer Staaten, die sich vom 11. bis 8. Jahrhundert v. Chr. von Palästina bis nach Anatolien und von Syrien bis nach Nordmesopotamien* erstreckten. Die Aramäer waren damit die nördlichen Nachbarn des Nordreiches* Israel. Im Laufe der Jahrhunderte kam es zu unterschiedlichen Abgrenzungen der Machtsphären. Dies führte zu Kriegen vor allem zwischen dem Königreich Aram-Damaskus und dem Königreich Israel. Dabei kam es vereinzelt aber auch zu Koalitionen gegen die Großmächte. Die aramäische Sprache hat Spuren in einigen Büchern des Alten Testaments hinterlassen (z. B. bei Jeremia, Daniel und Hiob). Sie ist dem Hebräischen* eng verwandt und verdrängte es in Palästina zunehmend.

Aschera: Die Aschera, auch als Astarte bezeichnet, ist eine kanaanäische* Fruchtbarkeits- und Vegetationsgöttin. Sie konnte als Gefährtin des Hauptgottes El* dargestellt und auch als Mutter anderer Götter verehrt werden. Grüne Bäume oder an deren Stelle Holzpfähle (deshalb als »Ascheren« bezeichnet) symbolisierten die Gegenwart der Göttin und wurden angebetet. Der Aschera-Kult* fand auch in Israel Verbreitung (Ri 3,7; 1 Kön 18,19). Aus einigen archäologischen Zeugnissen geht hervor, dass Aschera zeitweilig auch als Gefährtin JHWHs angesehen wurde, ein Hinweis auf den vorexilischen Synkretismus* der JHWH-Religion. Beim Propheten Hosea und in der Geschichtsdeutung der Deuteronomisten* wird die Verehrung der Aschera scharf kritisiert (vgl. 2Kön 13,6; 17,6; 23,4; Ri 6,25) und als »Hurerei« verurteilt (Hos 4,12–14).

Ägypten/Ägypter/ägyptisch: Von Bedeutung für die Geschichte des Alten Testamentes ist in der Epocheneinteilung des Alten Ägyptens die Zeit des »Neuen Reiches« (1540–1070 v. Chr.), die sogenannte »Dritte Zwischenzeit« (1069–664 v. Chr.) sowie die »Spätzeit« (664–332 v. Chr.). Im »Neuen Reich« trat Ägypten als starke Macht in der Levante* auf. Die Bibel zeichnet zudem den Exodus* der Israeliten in Verhältnisse ein, wie sie zur Zeit der Ramsessiden (1295–1069 v. Chr.) geherrscht haben. In den folgenden Jahrhunderten war Ägypten weiterhin als Großmacht präsent und bot sich mal als Koalitionspartner, mal als Gegner an, weil es politischer Gegenspieler des assyrischen* wie auch des babylonischen* Reiches blieb. Mit den machtpolitischen Umwälzungen des 6. Jahrhunderts v. Chr. geriet auch Ägypten erst unter persische*, dann unter hellenistische* und schließlich unter römische Herrschaft.

Assyrer/Assyrien/assyrisch: Der Ursprung des assyrischen Reiches im 18. Jahrhundert v. Chr. lag im nördlichen Mesopotamien*. Der Name verdankt sich dem höchsten Gott wie auch der ersten Hauptstadt Assur. Das Reich existierte über einen Zeitraum von etwa 1.200 Jahren, der in drei Perioden eingeteilt wird. Bestimmend für die Zeit des Alten Testaments wurde das neuassyrische Reich ab dem 9. Jahrhundert v. Chr. Es gilt als eines der ersten Großreiche der Weltgeschichte. Sein Mittelpunkt lag am Fluss Tigris, zu seinen größten Städten zählten neben Assur die Städte Nimrud und Ninive. Letztere wurde zur Hauptstadt unter König Sanherib Anfang des 7. Jahrhunderts v. Chr. In seiner größten Ausdehnung unter König Assurbanipal Mitte des 7. Jahrhunderts erstreckte sich das Reich im Osten über Babylon* bis hinein in den heutigen Iran, im Westen bis ans Mittelmeer und über das Alte Ägypten* bis nach Nubien, den heutigen Sudan. Das neu-

assyrische Reich war zentral verwaltet und in Distrikte aufgeteilt. Seine wirtschaftliche Stärke verdankte es fortwährender Expansion. Eroberte Königreiche wurden gewöhnlich in Provinzen umgewandelt, die einem Gouverneur unterstanden. Mit der Eroberung waren häufig Deportationen verbunden. Damit wurde die Bevölkerung Assyriens vermehrt und der einheimische Widerstand gebrochen. Im Jahr 724 v. Chr. unterwarf der assyrische Herrscher Salmanassar V. den israelitischen König Hoschea. Die Einnahme Samarias, der Hauptstadt des Nordreiches* Israel, 722 v. Chr. schreibt man seinem Nachfolger Sargon II. zu. In den Jahren 616–609 v. Chr. wurde das assyrische Reich von den Babyloniern* erobert.

Ätiologie: Als Ätiologie bezeichnet man eine Erzählung, die gegenwärtige Gegebenheiten durch Vorgänge in der Vergangenheit erklären oder begründen soll. Das kann eine besondere Naturerscheinung sein oder ein Ereignis, ein bestimmter Brauch oder auch der Name eines Volkes oder eines (heiligen) Ortes. So begründet Gen 28 die besondere Heiligkeit des Ortes Bethel, Gen 11 die Vielfalt der Sprachen. Viele Erzählungen im Alten Testament zeigen ätiologische Motive, ohne dass die gesamte Erzählung in diesem ätiologischen Sinn aufgehe.

Baal (Gottheit): »Baal« ist ein semitischer* Begriff, der zunächst »Herr« oder »Besitzer« bedeutet. Baal war aber auch der Titel eines Wettergottes. Zudem finden sich Namensverbindungen, die Baal als Herren über bestimmte Orte ausweisen (»Herr des Zaphon«). Als Gottheit hatte Baal seinen Ursprung in Ugarit* Anfang des 2. Jahrtausends v. Chr. Er gehörte in die Götterwelt Kanaans*, wo er nicht nur über die Jahreszeiten und die Ernte bestimmte, sondern auch als Schöpfergott betrachtet wurde. Die umfassende Baalsverehrung im Nahen Orient zeigt sich in zahlreichen Orts- und Personennamen. Sie ist belegt bis nach Phönizien und Ägypten* und weit bis nach dem Untergang des Reiches Ugarit* im 12. Jahrhundert v. Chr. Im Alten Testament wird Baal zum Gegner JHWHs stilisiert und seine Verehrung insbesondere in deuteronomistisch* geprägten Texten zum Inbegriff heidnischen Götzendienstes* (vgl. 1Kön 16; Jer 11,13–17).

Babylonien/Babylonier/babylonisch: Babylonien bezeichnet eine Landschaft am Unterlauf der Flüsse Euphrat und Tigris, zwischen Bagdad im heutigen Iran und dem Persischen Golf. Das kulturelle Zentrum dieser fruchtbaren Ebene war die Stadt Babylon, Herrschaftssitz des babylonischen Reiches. Das erste babylonische Reich wurde Mitte des 19. Jahrhunderts v. Chr. gegründet. Unter König Hammurapi entwickelte es sich von 1792 v. Chr. an zu einer Großmacht in Mesopotamien*. Diesen politischen Einfluss verlor das Reich in der sogenannten mittelbabylonischen Zeit ab 1500 v. Chr., blieb aber kulturell bedeutend. Um 1000 v. Chr. erlangten die Assyrer* in der Region die Vorherrschaft und vereinten Babylonien Mitte des 8. Jahrhunderts v. Chr. mit dem neuassyrischen* Reich unter einer Doppelmonarchie. Unter Nabopolassar (626–605 v. Chr.) gelang es Babylon, das Kräfteverhältnis umzukehren und Assur und Ninive einzunehmen. Das babylonische Reich übernahm die Nachfolge des neuassyrischen* Reiches. Nebukadnezar II. (605–562 v. Chr.) vollendete das Werk seines Vaters und führte das Reich zu seiner größten Macht. Er eroberte 597 v. Chr. Jerusalem und deportierte den König und einen Teil der Bevölkerung. Nach einem Aufstandsversuch des von ihm eingesetzten Statthalters Zedekia zerstörte er 587 v. Chr. die Stadt und führte die Oberschicht ins Exil*. 539 v. Chr. wurde Babylonien von den Persern* erobert.

Babylonisches Exil: Die Exilierung der Bewohnerinnen und Bewohner, insbesondere der Oberschichten besiegter Völker, gehörte zu den üblichen Instrumenten altorientalischer Kriegsführung. Es ging um die Verhinderung zukünftiger Aufstände nach der Eroberung. Im Alten Testament wird insbesondere die babylonische* Deportation jüdischer Oberschichten in die Stadt Babylon* Anfang des 6. Jahrhunderts v. Chr. als »Exilierung« (hebräisch galut) bezeichnet. Die Schar der Exilierten bildete den Kern der

jüdischen Diaspora* in Babylonien*. Theologisch deuteten insbesondere die Träger des Deuteronomistischen Geschichtswerkes* das Exil als Strafe Gottes für die Sünden des Volkes Israel und seiner Könige.

Beschneidung: Die Beschneidung von Männern als operative Entfernung der Vorhaut ist ein Brauch, der in Palästina schon vorisraelitisch belegt ist. Forscher vermuten mit Hinweis auf Ex 4,24–26, dass eine entsprechende Beschneidung männlicher Kinder dann auch im frühen Israel vorgenommen und zum Zeichen der Stammeszugehörigkeit wurde. Erst in der Exilszeit* wurde aus der Beschneidung das zentrale Identitätsmerkmal jüdischer Männer, weil es auch außerhalb des verheißenen Landes und abseits eines geordneten Tempeldienstes aufrechterhalten werden konnte (so in der Priesterschrift*, vgl. Gen 17).

Bund: Die Rede vom Bund (hebräisch berith) beschreibt das besondere Verhältnis JHWHs zu seinem auserwählten Volk Israel. Ursprünglich kommt der Begriff aus dem altorientalischen Vertragsrecht. Zu unterscheiden sind von daher drei Formen von Verträgen: Verträge zwischen Gleichen; Verträge, die in einem Machtgefälle bestimmte Bedingungen festlegen; sowie Verträge, in denen sich der Mächtigere selbstverpflichtet. Alle diese Konzepte finden sich auch in den biblischen Bundesschlüssen. So erscheint der Bund im Deuteronomium* als beiderseitige Verpflichtung, aber in einem Machtgefälle nach dem Vorbild assyrischer* Loyalitätsverpflichtungen. Im Buch Exodus (Ex 24) wird in vergleichbarer Weise vom Bund gesprochen, der Israel Bedingungen auferlegt, die im »Bundesbuch*« festgehalten sind. Später wird daraus die klassische Folge: Erwählung – Bund – Bundesbruch – neuer Bund, die auch das Deuteronomistische Geschichtswerk* prägt. Nachdeuteronomistisch verheißt Jer 31 einen »neuen« Bund, der bedingungslos sein wird. Schließlich kennt auch die deuteronomistische* Davidserzählung eine Bundeszusage in 2Sam 7; dieser »Davidbund« als Dynastiezusage wird in der jeremianischen Verheißung wieder aufgenommen (vgl. Jer 23,1–8; 33,19–22). In der priesterschriftlichen* Bearbeitung von Genesis kommt es zu zwei aufeinanderfolgenden Bundesschlüssen als bedingungslose Selbstverpflichtung Gottes mit Noah (Gen 9) und Abraham (Gen 17). Die Beschneidung* (Gen 17) ist keine Leistung, sondern als Bundeszeichen Ausdruck eines Bekenntnisses zu diesem Gott.

Bundesbuch: Als Bundesbuch wird eine Sammlung von Rechtsbestimmungen und Mahnungen in Ex 20,22–23,33 bezeichnet. Die Bezeichnung geht zurück auf Ex 24,7: »Und er [Mose] nahm das Buch des Bundes und las es vor den Ohren des Volks«. Das Bundesbuch gilt als eine der ältesten Sammlungen von Rechtstexten* im Alten Testament. Nach neuerer Deutung steht hinter dem Bundesbuch weniger die Absicht, staatlich justiziables Recht festzuhalten, als vielmehr ethische Normen für das Volk des Bundes* auszudrücken, die insbesondere die Solidarität mit den Schwachen ins Zentrum stellen.

Bundeslade: Die Bundeslade gilt als zentrales Heiligtum der Israeliten seit der Begegnung mit JHWH auf dem Sinai. Nach der Überlieferung des Buches Exodus wurden die Steintafeln des Mose mit den Zehn Geboten* zunächst in der Bundeslade umhergetragen und mit ihr in einem zerlegbaren Zelttempel, der Stiftshütte, aufbewahrt (Ex 25; 37). Die Bundeslade fand später ihren Standort in einem Tempel in Silo im Land Israel. Die Überführung nach Jerusalem erfolgte nach 2Sam 6 durch König David. 1Kön 8 erzählt, wie die Bundeslade unter Salomo in das Allerheiligste des Jerusalemer Tempels* verbracht wird. Auch wenn alle diese textlichen Bezeugungen aus der späten Königszeit oder aus der Zeit nach dem Exil* stammen, spricht religionsgeschichtlich nichts gegen die Annahme, auch das Volk Israel habe – wie es für andere Völker, etwa Ägypten*, belegt ist – Kultgegenstände in einer Art Truhe oder Kasten mit sich getragen. Dieser Kasten wäre später zum Ort der JHWH-Präsenz im Jerusalemer Tempel* geworden. Hier war die Deckplatte (hebräisch *kapporet*), auf der nach der Beschreibung in Ex 25 Cheruben* befestigt waren, zentral für das Sühnegeschehen am gro-

ßen Versöhnungstag (Lev 16). Während also die Verehrung JHWHs an der Bundeslade für die Königszeit in Israel wahrscheinlich ist, verliert sich ihre Spur vollständig nach der Eroberung des Tempels* 587 v. Chr. (vgl. 2Kön 25). Das spurlose Verschwinden erlaubte die Entstehung der Legende, dass Jeremia die Bundeslade in einer Höhle versteckt habe (2Makk 2,5), was allerdings der Überlieferung des Jeremiabuches selbst widerspricht (vgl. Jer 3,6).

Cherub/Cheruben/Cherubim: Cheruben sind geflügelte Mischwesen mit einem Menschengesicht und einem Löwenkörper, ähnlich der Sphinx in Ägypten*. Im Alten Orient haben Cheruben die Funktion, eine Gottheit zu bewachen oder zu tragen (vgl. Gen 3,24; Hes 28,14.16; 2Sam 22,11; Ps 18,11). Diese Funktion wird auch deutlich in der symbolischen Ausgestaltung der Bundeslade* (Ex 25,18–22; 37,7–9). Im Allerheiligsten des Tempels* in Jerusalem haben die Cheruben sowohl eine schützende als auch eine die Gegenwart JHWHs symbolisierende Funktion (vgl. 1Kön 6,23–28; Jes 6,1).

Deuteronomium: Das Deuteronomium ist in seinem Kernbestand (Dtn 12–26: »Urdeuteronomium«) ein Gesetzbuch, das als Weiterentwicklung des Bundesbuches* betrachtet wird. Dieser Kernbestand ist vielfach gerahmt und erweitert worden und bildete die Vorlage und möglicherweise auch die Einleitung in das sogenannte »Deuteronomistische Geschichtswerk«*. Zentrales Motiv ist die Kultzentralisation*, also die Verortung jeder rechtmäßigen Verehrung JHWHs im Jerusalemer Tempel*. Nachdem das »Urdeuteronomium« lange mit dem Gesetzbuch identifiziert wurde, das König Josia nach 2Kön 22–23 im Tempelbezirk* findet und auf dem seine dort beschriebene »josianische Reform« beruht, ist die heutige Forschung kritischer – auch, weil es keine belastbaren archäologischen Belege für eine solche Reform gibt. Dennoch lassen sich die grundlegenden Regelungen, die in Dtn 12–26 festgehalten werden, wie auch die literarische Form, die an assyrische* Vasallenverträge anknüpft, schlüssig im 7. Jahrhundert v. Chr.

verorten. Sie spiegeln damit die Zeit der Könige Hiskia und Josia wider, unter denen Jerusalem und sein Tempel* immer mehr zum Zentrum der JHWH-Verehrung wurden.

Deuteronomistisches Geschichtswerk/ deuteronomistisch: Als Deuteronomistisches Geschichtswerk (DtrG) bezeichnet die historisch-kritische Forschung ein Werk, das die Bücher Deuteronomium* bis 2. Könige umfasst, also Dtn, Jos, Ri, 1–2Sam, 1–2Kön (ohne das Buch Rut). Das Werk beschreibt die Geschichte Israels von den letzten Tagen der Wüstenwanderung über die Landnahme* bis zum Ende der Königszeit. Es zeichnet sich durch sprachliche Gemeinsamkeiten und häufig wiederkehrende typische Wörter und Redewendungen aus. Auffällig viele Textpassagen, vor allem Reden, Gebete und Kommentare, sind durch Vor- und Rückverweise eng miteinander verbunden. Die meisten Forschenden vermuten, dass sich diese sprachlichen und theologischen Eigenheiten einem bewussten Rückgriff auf das Deuteronomium* als normativer Urkunde verdanken. Das DtrG deutet die beschriebene Zeit theologisch als Geschichte von Schuld und Abfall vom rechten Gottesglauben, die in die Strafe des Babylonischen Exils* führte. In der neueren Forschung wird die literarische Arbeit der Träger dieses Geschichtswerkes (»Deuteronomisten«) vor allem als fortlaufende Redaktion* der biblischen Bücher beschrieben, die vorhandenes Material bearbeitete und durch weitere Überlieferungen ergänzte. Die Abgrenzungen im Einzelnen sind umstritten, auch die Frage, ob es sich je um ein einzeln bestehendes »Werk« im literarischen Sinne gehandelt habe. »Deuteronomistische« Redaktionen* sind auch für alttestamentliche Bücher außerhalb des beschriebenen Geschichtswerkes geltend gemacht worden (etwa im Pentateuch* und in prophetischen Büchern).

Diaspora: Das griechische Wort Diaspora ist als theologischer Begriff erst in der Septuaginta* im 3. Jahrhundert v. Chr. belegt und leitet sich von dem griechischen Verb für »ausstreuen, zerstreuen« ab. Es erfasst die Situation von Menschen jüdischen Glaubens außerhalb

Palästinas und deren Trennung vom Heimatland. Eine jüdische Diaspora in Assyrien* und Babylonien* entstand aufgrund von großen Deportationen nach militärischen Niederlagen 722 v. Chr. nach dem Untergang des israelitischen Nordreiches* und 587 v. Chr. nach der Eroberung Jerusalems. Zu dieser Zeit gab es auch eine Flucht nach Ägypten* sowie nach Syrien und Phönizien. In der theologischen Deutung wurde die Zerstreuung als Exil* erfahren und als Strafe JHWHs verstanden. Allerdings lebten jüdische Menschen aus sehr vielfältigen Gründen außerhalb Palästinas, etwa als Kaufleute, als Soldaten und häufig als Flüchtlinge vor Hunger, Gewalt oder Krieg. Vor diesem Hintergrund konnte auch immer wieder zur Heimkehr der Diaspora aufgerufen werden (vgl. Jes 48,20; 52,11–12; Sach 2). Dabei bedeutete im Selbstverständnis der Diaspora die Existenz fern von Palästina nicht unbedingt Gottverlassenheit. Es gab etwa die Vorstellung, dass Gott mitziehe oder im Ausland für die Verstreuten »zum Tempel« werde (Hes 11,16). Oft gingen gerade von den Diasporagruppen entscheidende theologische Impulse aus. So pflegte das ägyptische* Judentum in hellenistischer* Zeit einen regen Austausch mit Juden in Jerusalem und die babylonische* Diaspora entwickelte sich um die Zeitenwende zu einem Zentrum des rabbinischen Judentums.

Edom/Edomiter/edomitisch: Edom bedeutet »rot«; nach der biblischen Überlieferung bezieht sich der Name auf die rötliche Haut oder die rötlichen Haare von Esau (Gen 25,25); historisch geht er möglicherweise auf die Farbe der Sandsteingebirge im südlichen Teil der Jordansenke zurück, dem Stammesgebiet der Edomiter. Der Staat Edom war vermutlich im 9. und 8. Jahrhundert v. Chr. ein Nachbar des Reiches Juda*, befand sich aber schon früh im Status eines Vasallen Assyriens* und war später wie Juda Teil des babylonischen* Reiches.

El (Gottheit): El ist im Semitischen* ein Gattungsbegriff für »Gott«. Daneben gibt es auch den Namen »El« für einen Wettergott, der insbesondere in Ugarit* in der Mitte des 2. Jahrtausends v. Chr. verehrt wurde. Beide Verwendungen sind nicht immer sicher zu unterscheiden. Im 1. Jahrtausend v. Chr. begegnet El in vielen Quellen im Umfeld Palästinas als Göttervater, Schöpfer und Zentralgottheit. Entsprechend häufig findet sich El auch als Namenselement. Als Gefährtin des El galt die Aschera*. In der Frühzeit Israels wurde die Gottheit El synkretistisch* mit JHWH verbunden. So sind vermutlich im Verlauf der religionsgeschichtlichen Entwicklung zum alttestamentlichen Monotheismus* Eigenschaften beider Gottheiten zu einer verschmolzen, wovon der Volksname »Isra-El« für das Volk JHWHs noch zeugt.

Engel: Als Engel (hebräisch *malak:* »Bote«) treten im Alten Testament menschliche Gesandte Gottes auf. Sie vermitteln zwischen Gott und menschlicher Wirklichkeit. So erscheinen sie einerseits in Theophanien* als Begleiter Gottes wie ein himmlischer »Thronrat« (vgl. Ps 82; Jes 6; 1Kön 22,19–20; Hes 1–3). Andererseits verkörpern sie Gottes Gegenwart in direkten Begegnungen als Retter (vgl. 1Kön 19; Dan 3) oder als Offenbarungsmittler (vgl. Dan 10). Nur im Danielbuch werden sie mit Namen genannt (Gabriel: Dan 8,16; 9,21, Michael: Dan 10,13.21; 12,1); der Name Rafael taucht im apokryphen* Buch Tobit auf.

Eschatologie/Eschatologisierung: Eschatologie bezeichnet die prophetische Lehre von der endzeitlichen Hoffnung auf die Vollendung der Schöpfung. Die Forschung unterscheidet im Alten Testament zwischen präsentischer und futurischer Eschatologie. Präsentische Eschatologie meint die Vorstellung, dass die Wende der Zeit schon geschehen sei und die eschatologische Heilszeit bereits begonnen habe. Im Alten Testament liegt diese Vorstellung der Zionstheologie* zugrunde, die besonders in den Psalmen bezeugt ist (Ps 46; 48). Futurische Eschatologie findet sich vor allem in den Prophetenbüchern und in den Geschichtsbüchern. Sie bietet eine sich ergänzende, aber auch widersprechende Vielfalt von Bildern, mit denen die kommende Heilszeit ausgemalt wird, im Besonderen: ein neuer Exodus, JHWHs Gegenwart als König auf Erden, das neue Jerusalem, ein neuer König aus Davids Geschlecht, eine neue Schöpfung, umfassender Friede und

Gerechtigkeit, die Vernichtung feindlicher Völker im Gericht oder die Einbeziehung der Völker in Israels Heil, die Aussonderung der Gerechten zum Heil oder die umfassende Reinigung des ganzen Volkes von den Sünden, Vergebung und ein neuer Bund*. Eine solche Verlagerung überlieferter Traditionsgüter in zukünftige Erwartung ist typisch für späte Schriften und Überarbeitungen alttestamentlicher Bücher und wird »Eschatologisierung« genannt.

Exil/Exilierung/exilisch: siehe Babylonisches Exil

Exodus: Als Exodus (lateinisch »Auszug«) bezeichnet man den »Auszug aus Ägypten*«, also die Erzählung von der Rettung der Israeliten aus der Sklaverei des ägyptischen* Pharaos unter der Führung des Mose. Sie wird im biblischen Buch Exodus (Ex 1–15) beschrieben. Der Exodus gilt als Urdatum der Geschichte Israels mit seinem Gott und ist ein Grund für die Heiligung des Sabbat* (Dtn 5,6.15).

Gattung: Der Begriff der Textgattung ordnet literarische Werke inhaltlich oder formal bestimmten Gruppen zu. Im Alten Testament begegnen vor allem erzählerische Gattungen (Sage, Mythos, Legende, Novelle, Märchen, verschiedene Arten der Erzählung), Gattungen prophetischer Rede (Gerichtsworte, Heilsverheißungen), weisheitliche* Gattungen (Lehrrede, Lehrgedicht, Sprichwort, Rätselspruch, Mahnwort), Rechtsgattungen, Lieder (Psalmen), Klagen und Gebete. Die Erkenntnis einer Gattungszugehörigkeit und ihres »Sitzes im Leben«* ist bei der Interpretation von Texten zu berücksichtigen, sie kann sich allerdings im Zuge der Literargeschichte* eines Textes auch verändern, wenn etwa ein Liebeslied zum prophetischen Spottlied wird (vgl. z. B. Jes 5,1–7).

Genealogie/genealogisch: Genealogien sind Notizen über die Abstammung einer Person oder Gruppe von einem oder mehreren Ahnen. Sie beantworten Fragen nach Herkunft und Ursprung und legitimieren Ansprüche und Autorität. Im Alten Testament liegt ihre Funktion vor allem darin, Identität zu vermitteln. Mittels des genealogischen Systems und der damit verknüpften Erzähltexte schält sich in den Erzelterngeschichten das »Volk Israel« heraus, wie es am Übergang vom Buch Genesis zum Buch Exodus in die Geschichte tritt und schließlich in den »zwölf Stämmen«* aufgeht. »Geschlechtsregister« (hebräisch *toledot*) finden sich deshalb vor allem im Buch Genesis, also in den biblischen Ursprungsmythen und den Erzelterngeschichten, aber auch im Buch Rut (4,17–22), wo ein Stammbaum von Ruts Sohn Obed bis zum großen König David gezogen wird.

Gesalbter/gesalbt: Der Titel »Gesalbter« (hebräisch *maschiach*/griechisch *messias*) ist abgesehen von wenigen Ausnahmen im Alten Testament Königen vorbehalten. Die Salbung als Ritual zur Einsetzung eines Königs ist nur in der israelitischen Tradition belegt. Gesalbt wurden Saul, David und dessen Nachkommen. Ausnahmsweise erhält in Jes 45,1 der Perserkönig* Kyros den Titel »Gesalbter« in einer Gottesrede. In manchen Verheißungen klingt die Vorstellung der Wiederkehr des »Gesalbten« David an und wird mit der Vorstellung vom Gottessohn* verbunden (Ps 89). Ob das Alte Testament dabei eine Messiaserwartung kennt, ist allerdings umstritten. Prophetische Texte, die aus christlicher Perspektive klassischerweise als »messianisch« charakterisiert werden (wie Jes 7; 9; 11; Mi 5 oder Sach 9) benutzen den Titel nicht. In der alttestamentlichen Eschatologie* ist das Motiv eines kommenden Herrschers nur eines unter vielen anderen. Viele entsprechende Verheißungen lassen sich zudem präsentisch auf eine gegenwärtige Königsherrschaft beziehen.

Geschichtswerk: siehe Deuteronomistisches Geschichtswerk

Götze/Götzendienst: Die Anbetung eines fremden Gottesbildes wird als Götzendienst bezeichnet. Im Griechischen wird hier von *eidolon* gesprochen, also dem Abbild einer Gottheit, die aus Sicht der eigenen Religion ein »Abgott«, also – wie Luther übersetzte – ein »Götze« sei.

Gottessohn: Die Vorstellung, dass der König Gottes »Sohn« sei, ist ein typisches Motiv altorientalischer Königsideologie. Im Alten Testament findet sie sich etwa in den sogenannten

Königspsalmen. Der König gilt als Gottes Sohn, von ihm gezeugt beziehungsweise adoptiert (Ps 2,7; 110,3), Gott ist sein Vater (Ps 89,27), er thront zu Gottes rechter Hand (Ps 110,1) und die Welt ist ihm übereignet wie ein Erbe (Ps 2,8–9; 72,8; 89,26). In seiner Herrschaft, in der sich die Herrschaft Gottes widerspiegelt, ist der Segen der Völkerwelt begründet (Ps 72). Im Neuen Testament wird der Titel »Gottessohn« zum Ausdruck der messianischen* Verehrung Jesu von Nazaret.

Hebräer/hebräisch: Die Herkunft des Begriffes »Hebräer« (*iwri*; vgl. Gen 4,13 von Abraham) ist unklar. Er taucht im Alten Testament in der Regel als Fremdbezeichnung für die Israeliten auf (etwa in der Josefsgeschichte, vgl. Gen 39,14.17; 40,15; 41,12; 43,32) und hat hier eine geringschätzige Bedeutung. Forscher vermuten daher einen Zusammenhang mit dem Begriff *hapiru*, der im Akkadischen* und Ägyptischen* in abwertender Weise Menschengruppen bezeichnet, die etwa als Migranten außerhalb der Gesellschaftsordnung standen und als einfache Arbeiter, Söldner oder auch Banditen ihr Leben fristeten. Im Zuge der alttestamentlichen Überlieferung wurde der Begriff »Hebräer« synonym zu dem Terminus »Israelit« gebraucht (vgl. Ex 2,11.13; Dtn 15,12) und »Hebräisch« bezeichnete die Sprache dieses Volkes. Darin könnte sich die Erinnerung bewahren, dass zur Zeit der Landnahme* in Palästina auch die *hapiru* Teil des Volkes Israel wurden.

Hellenismus/hellenistisch: Als Hellenismus im engeren Sinne wird die Epoche der antiken griechischen Geschichte vom Regierungsantritt Alexanders des Großen 336 v. Chr. bis zur Eingliederung der Herrschaftsbezirke seiner Nachfolger in das römische Reich im Jahr 30 v. Chr. bezeichnet. Alexander eroberte das Großreich der Perser*; unter seinen Nachfolgern aber zerfiel dieses in den sogenannten Diadochenkämpfen in drei hellenistische Reiche: die Antigoniden in Griechenland, die Seleukiden in Mesopotamien* und Persien* und die Ptolemäer in Ägypten*. Ein wichtiges Kennzeichen der hellenistischen Epoche ist die kulturelle Durchdringung des Nahen Orients durch die griechische Philosophie und Sprache

und damit die gegenseitige Befruchtung altorientalischer und griechischer Kultur. Auch
das gebildete Judentum dieser Zeit war in wei-
ten Teilen hellenistisch geprägt, ihm verdankt
sich die vollständige griechische Übersetzung
der hebräischen* Bibel, die Septuaginta*.

Hethiter/hethitisch: Die Hethiter waren ein
kleinasiatisches Volk, das im 2. Jahrtausend
v. Chr. auch in Syrien und Kanaan* politisch
und militärisch einflussreich war. Ihre Hauptstadt war seit 1600 v. Chr. Ḫattuscha im
heutigen türkischen Anatolien. Die Hethiter behaupteten sich über Jahrhunderte
gegen den Einfluss Ägyptens* in der
Levante* und herrschten auch über Ugarit*. Ihre Macht schwand mit dem Einbruch
der sogenannten Seevölker in Kanaan*.

Höhenheiligtümer: siehe Kultzentralisation

Hohepriester: Im Judentum gilt die
Bezeichnung Hohepriester in der Zeit des Jerusalemer Tempels* als religiöser Titel für das
oberste Priesteramt (hebräisch *kohen gadol*). In
der Überlieferung der Priesterschrift* und der
Bücher der Chronik werden die »Aaroniden« –
die Bezeichnung gründet in der genealogischen*
Rückführung auf Aaron, den Bruder des Mose –
zum einzig legitimen Priestergeschlecht.

Kanaan/Kanaanäer: Kanaan ist die alte
Bezeichnung für das Land Palästina westlich
des Jordanflusses bis zum Meer. Die älteste
Erwähnung stammt von einer Königsstatue
aus dem Jahr 1450 v. Chr. Die wichtigsten
kanaanäischen Städte waren Hazor, Megiddo
und Lachisch. Im 2. Jahrtausend v. Chr. befand
sich Kanaan zum größten Teil unter ägyptischer* Herrschaft, bis die Ägypter* ab dem
12. Jahrhundert v. Chr. nach und nach die Kon-
trolle über die Levante* verloren. Kanaan gilt
in der biblischen Überlieferung als das Land,
welches das Volk Israel mithilfe seines Gottes JHWH eroberte. Entsprechend erscheint
Kanaan wie seine Bewohnerschaft und Kultur im Alten Testament häufig als stereotypes
Feindbild. Die Forschung weiß heute, dass die
Idee einer solchen Landnahme* ein Konstrukt
ist. Vielmehr ist von einer gegenseitigen Durch-

dringung der Kulturen und einem Synkretismus* religiöser Vorstellungen auszugehen.

Kanon/Kanonisierung: Der Kanon der Bibel
bezeichnet die Reihe von Büchern, die das
Judentum und das Christentum als Bestand-
teile ihrer Heiligen Schrift festgelegt und so
zum Maßstab ihrer Religionsausübung gemacht
haben. Im Judentum wurde zuerst der Pentateuch* zur Heiligen Schrift, dem weitere prophetische und weisheitliche* Schriften zur Seite
gestellt wurden. Etwa 100 n. Chr. wurde endgültig festgelegt, welche hebräischen* Schriften zum dreiteiligen Tanach* gehören. Da das
Judentum keine oberste Lehrautorität kennt,
blieben griechisch übersetzte Bibelversionen
neben dem Tanach* bestehen. Die Alte Kirche
übernahm alle Schriften des Tanach* und stellte
sie als Altes Testament dem Neuen Testament
voran, das um 400 n. Chr. endgültig kanonisiert wurde. Die römisch-katholische Kirche
und orthodoxe Kirchen übernahmen zudem
weitere Bücher aus der griechischen Septuaginta* in ihr Altes Testament (sogenannte Apokryphen*). Die Lutherbibel begrenzte das Alte
Testament auf die 39 Bücher, deren hebräische* Texte auch im Tanach* kanonisiert sind.

Kult/Kultus/kultisch: In der Religions-
geschichte beschreibt der Begriff Kult oder
Kultus die Gesamtheit religiöser Handlungen
einer Religionsgemeinschaft, also Gottesdienst, Ritual, Gebet, kultische Mahlzeiten,
Rezitation und sakrale Musik. Auch religiöse
Opfer* gehören dazu. Zumeist sind kultische
Handlungen an bestimmte Orte gebunden
(Tempel oder andere Stätten, im Alten Testament oft als Kulthöhen* bezeichnet). Zentrale Kultstätte der JHWH-Religion wurde
nach und nach der Jerusalemer Tempel*.
Kultobjekte konnten im Umfeld Israels verschiedene Gegenstände sein (wie etwa die
Bundeslade*), aber es wurden auch Statuen von Gottheiten errichtet und verehrt.

Kulthöhe/Kultstätte: siehe Kult, Kultzentralisation, Monolatrie

Kultzentralisation: Dem Deuteronomistischen
Geschichtswerk* zufolge kam es unter dem

judäischen König Josia (627–609 v. Chr.) zu einer umfassenden Kultreform mit dem Ziel der Zentralisation des JHWH-Kultes* im Jerusalemer Tempel*. Archäologisch lässt sich eine solche Umwälzung allerdings nicht rekonstruieren. Vielmehr ist für diese Zeit eine Durchmischung der judäischen Religionspraktiken und auch der Volksfrömmigkeit mit Symbolen und Kultgegenständen assyrisch*-babylonischer* Herkunft nachzuweisen, wie sie in Zeiten assyrischer* Vorherrschaft in Juda auch zu erwarten ist. Mit der deuteronomistischen* Kultzentralisation wird vielmehr ein religionspolitisches Programm des späten 6. Jahrhunderts v. Chr. 100 Jahre in die Vergangenheit zurückprojiziert. Die Stoßrichtung dieser religionspolitischen Neuordnung lag dabei auf der Reinigung der JHWH-Religion. JHWH sollte als der eine Gott festgehalten werden, der ausschließlich unsichtbar im Allerheiligsten des Jerusalemer Tempels* zu verehren sei. Eine Vermischung mit anderen religiösen Vorstellungen sollte abgewehrt und andere Orte der Götterverehrung ausgeschlossen werden.

Landnahme: Der Begriff bezeichnet die kriegerische Übernahme des Landes Kanaan* durch die aus Ägypten* nach dem Exodus* eingewanderten Israeliten. Historische und archäologische Forschungen haben allerdings gezeigt, dass es keine Belege für eine solche kriegerische Einnahme des Landes gibt. Man geht heute davon aus, dass Israel als Volk erst im Land selbst aus verschiedenen Gruppierungen entstanden ist und der religiöse Gegensatz zu Kanaan* erst nachträglich in die Vorzeit zurückprojiziert worden ist. Möglicherweise gab es eine vom Süden nach Kanaan* einwandernde Gruppe, die auch den JHWH-Glauben als integrierendes Element mitbrachte. Dieser Gruppe wäre Israels Bewusstsein zu verdanken, dass es ursprünglich ein Fremdling in Kanaan* war und dass das Land eine gute Gabe JHWHs ist. Hinzu kam vermutlich eine Sesshaftwerdung ehemals nomadischer Gruppen, die nach Palästina einwanderten, sowie soziale Umwälzungsprozesse im Land selbst, bei denen eine entrechtete Landbevölkerung, für die der Name *hapiru* (siehe Hebräer*) überliefert ist, gegen die Stadtstaaten aufbegehrte. Aus diesen drei Bevölkerungsgruppen erwuchs nach und nach das Volk Israel, dessen einigendes Band der JHWH-Glaube war.

Levante: Als Levante im engeren Sinne bezeichnet man die Ostküste des Mittelmeeres und ihr Hinterland, also das Gebiet der heutigen Staaten Syrien, Libanon, Israel, Jordanien sowie der palästinensischen Autonomiegebiete und des Südens der Türkei. Die Levante war aufgrund ihrer geopolitischen Lage zwischen den Großmächten und der wichtigen Handelswege zwischen ihnen immer wieder umkämpft, auch in biblischer Zeit.

Literarkritik/literarkritisch/Literargeschichte/ literargeschichtlich: Die Literarkritik ist ein Werkzeug der historisch-kritischen Methode der Bibelexegese. Sie untersucht den biblischen Text im Hinblick auf seine schriftlichen Vorformen, Vorlagen und Quellen. Ihr Ziel ist eine möglichst genaue Rekonstruktion des schriftlichen Wachstums eines Textes, also seine Literargeschichte. Viele biblische Texte enthalten Merkmale, die ihre Einheitlichkeit infrage stellen. Dazu gehören inhaltliche Spannungen und Widersprüche, Verdoppelungen des Inhalts, abrupte Unterbrechungen in Erzählungen, Wechsel in der Sprachverwendung, z. B. in Bezug auf den Gottesnamen, und andere syntaktische und semantische Auffälligkeiten. Diese Merkmale sind Hinweise darauf, dass biblische Texte nicht auf einzelne Autoren zurückgehen, sondern im Laufe ihrer Entstehungsgeschichte vielfach bearbeitet worden sind. Die Literarkritik bemüht sich, diesen Prozess der Textentstehung von der Erstverschriftung bis zur Kanonisierung* zu beschreiben und die unterschiedlichen Stufen des Textwachstums herauszuarbeiten und historisch zu verorten.

Magie/Magier/magisch: Magische Praktiken sind im Alten Orient vielfältig belegt. Sie wurden öffentlich im Kult* praktiziert zur Reinigung und Entsühnung. Auch im Rahmen von Heilungsritualen und in der privaten Frömmigkeit sind magische Praktiken üblich gewesen, wie beispielhaft in den Elia-Erzählungen deutlich wird (vgl. 1Kön 17–18). Magische ebenso wie mantische* Praktiken werden insbesondere im deuteronomistisch* und priesterschriftlich* geprägten Schrifttum sehr kritisch beurteilt (vgl. Lev 19 und Dtn 18). Die Autorisierung durch JHWH wird zum Kriterium der Unterscheidung zwischen der legitimen Magie der autorisierten Ritualspezialisten (Priester und Propheten) und unautorisierter religiöser Praxis, wozu insbesondere Schadenszauber gehören.

Makkabäer/Makkabäeraufstände: Die Makkabäer waren die Anführer eines jüdischen Aufstandes gegen die seleukidischen* Herrscher. Sie begründeten nach ihrem Sieg das königliche und hohepriesterliche* Geschlecht der Hasmonäer und erkämpften sich für 100 Jahre (165–63 v. Chr.) die Herrschaft in Judäa. Die Ereignisse werden in den apokryphen* Makkabäerbüchern beschrieben. Im Zuge der Auseinandersetzung mit den Seleukiden* in der Makkabäerzeit wurde der Jerusalemer Tempel* im Jahre 167 v. Chr. entweiht. Im Jahr 164 v. Chr. geschah nach dem Sieg der Makkabäer die Neueinweihung. Daran erinnert das jüdische Chanukka-Fest.

Mantik/mantisch: Als Mantik bezeichnet die Forschung Formen des Wahrsagens und der Prophezeiung mittels magischer* Praktiken wie Opferschau, Losverfahren, Würfeln oder der Lesung aus dem Rauchopfer. Entsprechende Praktiken hat es vermutlich auch im vorexilischen Israel gegeben. Sie werden allerdings im nachexilischen Schrifttum regelmäßig verurteilt, wohingegen die durch JHWH bewirkte Deutung von Träumen wie in der Josefsnovelle oder im Danielbuch genauso legitim erscheinen wie die direkte Offenbarung zukünftiger Ereignisse im vollmächtigen prophetischen Reden.

Mesopotamien/mesopotamisch: Mesopotamien bezeichnet eine fruchtbare Kulturlandschaft in Vorderasien, die durch die großen Flusssysteme des Euphrat und Tigris geprägt wird (»Zweistromland«).

Messias: siehe Gesalbter

Moab/Moabiter/moabitisch: Die Moabiter sind erstmals im 13. Jahrhundert v. Chr.

auf einer ägyptischen* Inschrift als Volk belegt. Nach wechselhaften Auseinandersetzungen mit den Israeliten wurden die Moabiter vom Nordreich* Israel unter der Dynastie Omri besiegt und blieben bis etwa 850 v. Chr. tributpflichtig. Dann befreite der moabitische König Mescha sein Land und eroberte ein zusammenhängendes Gebiet von der Nord- bis zur Südspitze des Toten Meeres. Um 720 v. Chr. wurde Moab von den Assyrern* besiegt.

Monolatrie: Unter Monolatrie versteht man die Verehrung nur einer einzigen Gottheit als Stammes-, Volks-, National- oder Landesgott, der neben anderen Göttern einer polytheistischen* Götterwelt steht. Diese Alleinverehrung eines Gottes unterscheidet sich vom Monotheismus* darin, dass sie die Existenz anderer Gottheiten nicht bestreitet.

Monotheismus/monotheistisch: Als Monotheismus bezeichnet man im Gegensatz zum Polytheismus* die alleinige Anerkennung und Verehrung einer universalen Gottheit, neben der keine anderen Gottheiten möglich sind. Erste Bewegungen in diese Richtung sind in Israel schon unter assyrisch*-babylonischer* Vorherrschaft zu vermuten. So beschreibt das Buch Hosea Praktiken, Götterbilder und Opferkulte* Israels, die seit Jahrhunderten im Land beheimatet waren, als Elemente von Fremdgötterkulten und verlangt ihre Ausrottung, um die Alleinverehrung JHWHs durchzusetzen. Es bereitet so den Weg für die deuteronomistische* Geschichtsdeutung. Theologisch exklusive monotheistische Konzepte sind in Israel erst nachexilisch belegt. Insbesondere in späten Texten des Jesajabuches (»Deuterojesaja«) wie auch des Deuteronomiums* wird JHWH explizit als einziger universaler Schöpfergott gepriesen, dessen Herrschaft andere Gottheiten ausschließt (Jes 43,10–11; 45,14; Dtn 4,35.39; 32,39). Entsprechende Entwicklungen sind zu dieser Zeit auch in anderen altorientalischen Staaten nachzuweisen, etwa in Persien*.

Nordreich: Als Nordreich wird im Unterschied zum Südreich* das Reich des Staates Israel bezeichnet, das nach biblischem Bericht von Jerobeam als erstem König regiert wurde. Seit der Dynastie der Omriden in der ersten Hälfte des 9. Jahrhunderts v. Chr. war Samaria die Hauptstadt. Unter wechselnden Dynastien bestand Israel als Staat bis 722 v. Chr. und wurde dann nach der Eroberung durch die Assyrer* in die assyrische* Provinz Samaria überführt.

Orakel: Ein Orakel bezeichnet eine mithilfe eines Rituals oder einer anderen Form der Eingebung (z. B. Träume) gewonnene Offenbarung, die der Beantwortung von Zukunfts- oder Entscheidungsfragen dient. Im antiken Orient wurden Orakel von Priestern und Propheten an Tempeln ausgesprochen, manchmal aber auch von anderen entsprechend begabten Menschen (siehe auch Mantik*).

Opfer: Ein (Kult*-)Opfer bezeichnet als religiöser Begriff die Darbringung eines Objektes oder Tieres an eine Gottheit. Beim Opfern von Tieren kann deren Fleisch und Blut nach bestimmten Regeln bei einem kultischen* Mahl verzehrt werden. Ein Opfer ist somit Ausdruck des Dankes, kann aber auch die Funktion haben, die Gottheit wohlgefällig zu stimmen, oder eine Sühneleistung zu vollziehen. In der Regel leitet ein Priester die Opferung und nimmt eine Mittlerrolle zwischen den Menschen und der jeweiligen Gottheit ein. Zentrales Opferfest im Jerusalemer Tempel* war der jährliche Versöhnungstag (»Jom Kippur«), an dem allein der Hohepriester* das Allerheiligste aufsuchen durfte. Dort wurde nach Lev 16 das Opferblut von zwei Tieren über der Bundeslade* versprengt, um stellvertretend für das Volk die Vergebung der Sünden zu erlangen. Das Alte Testament erzählt in den Erzelterngeschichten auch von Opfern außerhalb des Tempeldienstes: so in Gen 8 vom Dankopfer Noahs nach der Sintflut und in Gen 4 vom Brandopfer als Streitpunkt zwischen Kain und Abel. Manche Psalmen kennen einen übertragenen Gebrauch des Begriffes »Opfer« (vgl. Ps 50,7–15; 119,108), in der prophetischen Literatur erfährt geheuchelte Opferpraxis auch Kritik (vgl. Am 5,21–27).

Pentateuch: Als Pentateuch werden die Fünf Bücher Mose, also Genesis, Exodus, Levitikus, Numeri und Deuteronomium*, bezeichnet.

Perser/Persien/persisch: Als altpersisches Reich wird das antike Großreich der Perser bezeichnet, das zeitweise vom östlichen Balkan bis nach Nordwestindien und Ägypten* reichte. Es bestand in unterschiedlicher Ausdehnung von etwa 550–330 v. Chr. Für die Geschichte des Alten Testaments ist es von großer Bedeutung, weil der persische König Kyros 539 v. Chr. Babylonien* eroberte und damit die Herrschaft über Palästina übernahm, was erhebliche wirtschaftliche und kulturelle Veränderungen zur Folge hatte. Infrastruktur und Verwaltung wurden effizienter, der Umgang mit vorhandenen örtlichen Traditionen und Religionen toleranter. Das ehemalige Nordreich* und das ehemalige Südreich* wurden in die persischen Provinzen Samaria und Jehud überführt.

Philister/philistäisch: Die »Philister« waren ein Volk, das ab dem 12. Jahrhundert v. Chr. die Küste des historischen Palästina bewohnte. Sie gründeten einen Bund der Stadtstaaten Aschdod, Aschkelon, Ekron, Gat und Gaza. Die Philister waren technisch und militärisch gut ausgerüstet und stellten so für die angrenzenden Völker in Kanaan* eine starke Bedrohung dar. Das Alte Testament berichtet, es sei seit der Davidszeit zu Kämpfen zwischen den Israeliten und Philistern gekommen. Der philistäische Städtebund fiel wie das Nordreich* Israel im 8. Jahrhundert v. Chr. unter assyrische* Herrschaft.

Polytheismus/polytheistisch: Als Polytheismus bezeichnet man eine Religion, die mehrere Gottheiten kennt. Im Alten Orient galt das für alle Nachbarvölker Israels zumindest bis in persische* Zeit. Nach archäologischer Erkenntnis war auch die Religion des vorexilischen Israels selbst polytheistisch. Neben JHWH wurden in Palästina auch andere weibliche und männliche Gottheiten verehrt, die aus der Umwelt Israels bekannt sind. Orte der Verehrung waren in der Regel Kulthöhen*, die diesen Göttern geweiht waren, etwa den ugaritischen* Gottheiten Aschera* und El* oder

der assyrisch*-babylonischen* Fruchtbarkeits-
göttin Ischtar. Aber auch in Städten wie Jerusalem kann es Tempel anderer Götter gegeben
haben. Und insbesondere in der privaten
Frömmigkeit hatten Lokalheilige und häus-
liche Gottheiten Bedeutung. Erst mit dem deuteronomistischen* Blick auf die Geschichte
wurde diese Praxis verurteilt und die alleinige
Verehrung JHWHs gefordert – ein Prozess,
der sich bis in hellenistische* Zeit hinzog.

Priesterschrift/priesterschriftlich: »Priesterschrift« ist die traditionelle Bezeichnung einer
literarischen Schicht des Pentateuchs*. Sie
zeichnet sich durch Wortwahl, Stil und literarische Eigenarten aus und stellt damit eine
literarkritisch* identifizierbare Textschicht
dar. Ihren Namen verdankt sie dem erkennbaren Interesse an Kult* und Gesetz, auch
wenn sie sich darauf nicht beschränkt, sondern als umfassendes Geschichtswerk aus
exilisch*-nachexilischer Zeit zu beschreiben
ist. Die Priesterschrift spannt einen Bogen
von der Schöpfung bis zum Blick auf das
gelobte Land. Zu den theologischen Zentral-
gedanken gehören die Ordnung der Schöpfung durch den einen Gott, die sich als genealogische* Grundlegung durch die ganze
Urgeschichte zieht, Gottes Bund* mit Abraham, der Exodus* als Erwählung des Volkes Israel mit der Offenbarung JHWHs
am Sinai und der Gottesbegegnung in
seinem mitwandernden Heiligtum.

Ptolemäer/ptolemäisch: siehe Hellenismus

**Redaktion/redaktionell/Redaktionskritik/
Redaktionsgeschichte:** Die Redaktionskritik
folgt der Literarkritik*. Wo Texte ergänzt und
miteinander kombiniert wurden, muss es
auch eine Instanz gegeben haben, die diese
Arbeit vollzogen hat. Diese nennt man Redaktion oder Redaktor. Es geht um die Fragen,
wie der Redaktor Texte neu gestaltet hat und
welche inhaltlichen Absichten er damit verfolgte. Durch redaktionelle Zusammenstellung,
Überleitungen, inhaltliche Einbettungen,
Erklärungen und weitere literarische Arbeit
erhielten biblische Texte neue Bedeutungs-
rahmen. So wurden theologische Inhalte

in einem Prozess innerbiblischer Exegese
immer wieder neu interpretiert. Diesen Prozess rekonstruiert die Redaktionsgeschichte.

Sabbat: Der Sabbat (hebräisch *schabbat*)
ist im Judentum der siebte Wochentag, ein
Ruhetag, an dem keine Arbeit verrichtet werden soll. Seine Einhaltung ist eines der Zehn
Gebote nach Ex 20,8 und Dtn 5,12. Der
Schöpfungsmythos in Gen 1,1–2,4a erklärt
in ätiologischer* Absicht die Entstehung von
Tag und Nacht, von Festzeiten, von Tagen und
Jahren durch den Wandel der Gestirne. Die
Besonderheit des Sabbat aber wird darauf
gegründet, dass der Schöpfergott selbst am
siebten Tag ruht (Gen 2,2–3). So wird die Einhaltung dieses Ruhetages seit exilischer* Zeit
zu einem Zeichen der Zugehörigkeit zu diesem Gott, der Israel im Exodus* befreit hat.

Schalom: Der hebräische* Begriff Schalom bedeutet zunächst Unversehrtheit
und Heil. Doch mit dem Begriff ist nicht
nur die Befreiung von jedem Unheil und
Unglück gemeint, sondern auch Gesund-
heit, Wohlfahrt, Sicherheit, Frieden und
Ruhe. Schalom ist ein zentraler Begriff prophetischer Heilsverheißung. In vielen semitisch*-sprachigen Ländern ist Schalom/
Salaam eine Grußformel, die auch schon im
Alten Testament belegt ist (vgl. Ri 19,20).

Seleukiden/seleukidisch: siehe Hellenismus

Semitisch: Das Semitische beschreibt eine
Sprachfamilie, zu der u. a. das Akkadische*,
das Hebräische* wie auch das Aramäische*
und das Arabische gehören. Entsprechend
kann »semitisch« auch die Zugehörigkeit
zu einem Volk bezeichnen, das eine semitische Sprache sprach oder spricht. Der Name
verdankt sich dem genealogischen* Bezug
auf die sogenannte Völkertafel in Gen 10,
wonach Sem ein Sohn des Noah ist.

Septuaginta: Als Septuaginta bezeichnet
man die Übersetzung des Alten Testaments
aus dem Hebräischen* und Aramäischen* in
die griechische Alltagssprache (»Koine«). Sie
wurde der Legende nach von 70 Gelehrten

vollzogen, daher der Name »Übersetzung der Siebzig« (Die Kurzform LXX steht für die römische Zahl 70.). Die Septuaginta ist eine große Leistung des Frühjudentums, die das griechisch sprechende Judentum hellenistischer* Zeit mit den ursprünglichen Glaubenstraditionen verband, wie sie in der Tora* überliefert sind. Die Septuaginta wurde zum Gebrauchstext in den Gemeinden und zur Grundlage für theologische und historische Werke (wie die von Philo und Josephus) die im griechischsprachigen Judentum entstanden. Auch die Autoren des Neuen Testaments beziehen sich wesentlich auf die Septuaginta.

Seraph/Seraphim: Das Wort Seraphim bedeutet »die Brennenden« und bezeichnet mythische Schlangenwesen. In Jes 6 werden feurige, sechsflügelige Engelwesen* Seraphim genannt, die Gottes Thron umschweben und immerfort »heilig, heilig, heilig« ausrufen.

Sitz im Leben: Als »Sitz im Leben« bezeichnet man in der historischen Exegese* die sozialen und kulturellen Bedingungen, denen eine Gattung* von Texten ihre Entstehung verdankt und innerhalb derer sie ihre besondere Funktion hat, also etwa ein Leichenlied in einem Trauerritus. Allerdings ist bei der Interpretation zu berücksichtigen, dass in der schriftlichen Überlieferung eines Textes der ursprüngliche »Sitz im Leben« an Bedeutung verlieren kann, weil sich die Funktion des Textes verändert, etwa wenn ein Klagelied zu einer prophetischen Unheilsansage wird (vgl. Jer 9,16–20).

Stämme Israels: siehe Zwölf Stämme

Sumer/sumerisch: Als Sumer bezeichnet man den südlichen Teil der Kulturlandschaft Mesopotamiens*. In dieser Region vollzogen die dort lebenden Sumerer erstmals in der Menschheitsgeschichte den Übergang zur Hochkultur und erfanden mit der Keilschrift im ausgehenden 4. Jahrtausend v. Chr. die Schrift. Die Basis der sumerischen Stadtstaaten bildeten zunächst die Tempel. Daneben stand der Stadtfürst. Später entwickelten sich größere Herrschaftsgebiete unter einem König mit wechselnden Haupt-

städten, von denen Akkad und Ur zentrale Bedeutung hatten. Für die Geschichte des Alten Testaments ist besonders die sumerische Kultur, Schrift und Religion wichtig, weil sie die Reiche Assyriens* und Babyloniens* maßgeblich geprägt hat.

Südreich: Als Südreich wird im Unterschied zum Nordreich* das Reich Juda bezeichnet, die spätere persische* Provinz Jehud. Juda wurde nach biblischem Bericht von der Reichsteilung um 900 v. Chr. bis zur Eroberung durch die Babylonier* 587 v. Chr. von Königen aus der Dynastie Davids regiert.

Synkretismus: In der Religionswissenschaft bezeichnet Synkretismus die Verbindung und Vermischung von Religionen oder religiösen Traditionen. Synkretistische Entwicklungen im Sinne von Austauschprozessen zwischen Religionssystemen sind für alle Religionen zu belegen. Die Entstehung und Geschichte des Judentums ist wie die des Christentums von vielfältigen Synkretismen geprägt, die sich auch schon in den biblischen Schriften nachverfolgen lassen, etwa im Verhältnis von JHWH zu Baal* und El* oder in der Aufnahme der Vorstellung weiblicher Schutzgöttinnen in den Bildern der als weibliche Gestalt personifizierten Stadt Jerusalem (»Tochter Zion«).

Tanach: Als Tanach kann die hebräische* Bibel bezeichnet werden. Der Tanach besteht aus den drei Teilen *tora* (»Weisung«), *nevi'im* (»Propheten«) und *ketuvim* (»Schriften«). *TNK* ist die Zusammenstellung der hebräischen* Anfangsbuchstaben dieser Teile. Zur Tora* gehören die Fünf Bücher Mose, zu den Propheten die sogenannten »Vorderen Propheten«, die auch Geschichtsbücher heißen, und die »Hinteren Propheten«, die klassischen Prophetenbücher. Zu den Schriften gehören etwa das Buch Rut, der Psalter, die Weisheitsbücher* und andere.

Tempel in Jerusalem: Der Jerusalemer JHWH-Tempel wird als Salomonischer Tempel bezeichnet, weil das 1. Königebuch seinen Bau in der Regierungszeit des Salomo ansetzt. Historische und archäologische Erwägungen sprechen allerdings eher für eine Bauzeit im

8.–7. Jahrhundert v. Chr. Die archäologische Rekonstruktion dieses Tempels ist auf die Angaben in 1Kön 6–7 angewiesen. Danach bestand der Tempel nach dem Vorbild syrischer Tempelanlagen aus drei nacheinander angeordneten Räumen: Vorhalle, Hauptraum, Allerheiligstes. Nebenräume, die möglicherweise später angebaut wurden, haben in drei Stockwerken diesen eigentlichen Tempelbau umgeben. Das Allerheiligste war ein kastenartiger Einbau, worin unter den Flügeln zweier großer Cherubim* die Bundeslade* stand. Im Hauptraum standen der Räucheraltar, der Schaubrot-Tisch und zwei Reihen von Leuchtern. Dieser Salomonische Tempel wurde 587 v. Chr. durch die Babylonier* zerstört, sein Wiederaufbau begann erst nach der Heimkehr aus dem Exil* 520 v. Chr. Dieser nachexilische Tempel hatte keine Lade mehr im Allerheiligsten, der Raum blieb leer und war zudem nur durch einen Vorhang von der Haupthalle abgetrennt. Es gab nur noch einen siebenarmigen Leuchter, die Menora. 20 v. Chr. begann der römische Herrscher Herodes der Große mit einem langwierigen Umbau des Tempels, der einem Neubau gleichkam. Die Plattform des Tempelberges wurde aufgeschüttet und erheblich vergrößert. Die Grundflächen von Heiligem und Allerheiligstem wurden zwar beibehalten, doch wurde das Gebäude höher und prächtiger und mit einer viel größeren Vorhalle versehen. Vor dem Tempel war der Priestervorhof mit dem Opfer*-Altar, davor der Hof für die Israeliten, noch davor der Hof für die Frauen. Nichtjuden durften nur den Bereich eines äußeren Vorhofes betreten. Dieser Tempel wurde 70 n. Chr. durch die Römer zerstört, woran im Judentum mit dem Fastentag Tischa Beav erinnert wird.

Tetragramm: Als Tetragramm bezeichnet die Wissenschaft die vier hebräischen* Konsonanten Jod, He, Waw, He, die den Gottesnamen JHWH bilden. Weil dieser Name in der jüdischen Tradition nicht ausgesprochen wurde, setzte sich in der jüdischen Synagoge die Anrede *adonaj* (»Herr«) oder *adonaj elohim* (»Herr Gott«) bei Bibellesungen durch. So überliefern die hebräischen* Schriftzeugen in der Regel eine Vokalisation (siehe Text-

kritik*) zur Lesung *adonaj*. Da auch das Ersatzwort *adonaj* heute nur im Gebet genannt wird, lesen Jüdinnen und Juden den Gottesnamen beim alltäglichen Vorlesen eines Bibel- oder Gebetstextes als *haschem* (»der Name«).

Textkritik: Ziel der Textkritik ist es, den ursprünglichen Bestand eines Textes zu rekonstruieren. Dabei stellt der Text des Alten Testaments die Forschung vor die besondere Herausforderung, dass das Hebräische* ursprünglich eine Konsonantensprache ist. Vokale wurden gesprochen, aber nicht geschrieben. Erst im Mittelalter begann man, über und unter den hebräischen* Buchstaben Vokale zu notieren, im Grunde als Aussprachehilfe, die sogenannte »Punktierung« (Vokalisation). Im Laufe der Zeit setzte sich dabei die Punktierungstradition einer bestimmten Gelehrtenschule durch, die man heute »masoretisch« nennt. Als die Masoreten die Vokale im hebräischen* Text ergänzten, mussten sie sich bei Wörtern mit mehrdeutigem Konsonantenbestand oder grammatikalischen Formen entscheiden, welche Bedeutung diese Begriffe durch die Ergänzung der Vokale gewinnen sollten. Textkritisch ist daher auch immer zu prüfen, ob es andere Textzeugen gibt und ob die festgelegte Bedeutung dem ursprünglichen Sinn entsprechen kann.

Theophanie: »Theophanie« und »Epiphanie« sind theologische Fachbegriffe, die eine Gotteserscheinung bezeichnen. In der Bibel ist eine solche Gottesoffenbarung immer auch mit Gottes Verbergen verbunden. Denn Gott erscheint nicht in einer erkennbaren Gestalt, sondern in Natur- oder Wetterphänomenen (vgl. Ex 3,1–5; 1Kön 18,30–38) oder einfach nur als Wort oder Handlung mit Offenbarungscharakter. Wenn sich Gott zeigt, erzeugt das Furcht. Deshalb tritt oft ein Mittler auf (Gottes Engel*, vgl. Ri 6,17–22; 13,11–15). Eine Theophanieerfahrung ist nur wenigen auserwählten Menschen vorbehalten (in besonderer Weise Mose: Ex 3,1–14; 19,14–16; 33,18–20 u. ö., aber auch Elia: 1Kön 19). In den Psalmen finden sich vielfach Theophaniemotive, um Gottes Macht und Größe zu beschreiben (Ps 18,8–16; 50,2–3; 68,8–9; 77,17–20; 144,5–6). In der

Prophetie kann die eschatologische* Wiederkunft Gottes zum Gericht (»Tag JHWHs«) mit Elementen der Theophanie verbunden werden (z. B. Joel 1,15; 2,1–2; 3,4; Zef 2,2).

Tora: Im engeren Sinne bezeichnet die Tora den ersten Teil des Tanach*, also den »Pentateuch«*. Im weiteren Sinne bezeichnet die Tora die hebräische* Bibel, also den Tanach* insgesamt. Als solche ist die Tora die grundlegende Schrift des Judentums, die im Fest Simchat Tora (»Freude an der Tora«) gefeiert wird. Im rabbinischen Judentum kann auch von einer »mündlichen Tora« gesprochen werden, womit die Auslegung der Tora gemeint ist, die sich in »Halacha« – rechtliche – und »Aggada« – erzählerische – Auslegung unterteilen lässt. Der hebräische* Begriff »Tora« wird mit »Weisung«, »Lehre« oder »Gesetz« wiedergegeben.

Tradenten/tradieren: Als Tradenten kann man die Menschen oder Menschengruppen bezeichnen, die biblische Texte aufschreiben und weitergeben. Umstritten ist, ob es in der Überlieferung der alttestamentlichen Texte bestimmte Schreiberschulen gab, die als Tradentengruppen wirkten (etwa die »Deuteronomisten« oder bestimmte Prophetenschulen), oder ob es sich einfach um Gruppen höfischer Schriftgelehrter handelte.

Ugarit/ugaritisch: Der Stadtstaat Ugarit ist eine seit etwa 2400 v. Chr. keilschriftlich bezeugte Hochkultur im Nordwesten des heutigen Syrien. Ugarit war ein wichtiges Handelszentrum und auch religiös von hoher Bedeutung. Trotz seines Reichtums war Ugarit militärisch schwach und musste sich deshalb mit den Großmächten jener Zeit – den Ägyptern* und den Hethitern* – arrangieren. Ende des 2. Jahrtausends v. Chr. zerfiel das Reich unter dem Ansturm der sogenannten Seevölker, die die gesamte Levante* und auch Ägypten* heimsuchten.

Vaticinium ex eventu: Der Ausdruck »vaticinium ex eventu« (lateinisch »Weissagung vom Ereignis her«) bezeichnet die Einfügung eines schon geschehenen Ereignisses in einen Text als Voraussage. Die Prophezeiung wird dabei im chronologischen Ablauf des Textes vor dem Auftreten des Ereignisses beschrieben.

Weisheitstexte/weisheitlich: Der Weisheitsliteratur im Alten Testament werden die Bücher Hiob, Prediger, Sprüche, das Buch der Weisheit und einige Psalmen zugerechnet. Weisheitsliteratur ist aber auch aus anderen altorientalischen Quellen überliefert. Zudem finden sich in vielen Schriften des Alten Testaments Spuren weisheitlichen Denkens, also des Versuches, Erfahrungen des Alltags zu erfassen, zu ordnen, zu allgemeinen Regeln zu bringen und nachfolgenden Generationen weiterzugeben.

Zebaoth: Der Gottestitel Zebaoth bezieht sich immer auf JHWH und kommt ausschließlich in Verbindung mit dem Gottesnamen vor. Er bezeichnet die »Heere«, JHWH Zebaoth heißt also so viel wie »Herr/JHWH der Heerscharen«. An einigen Stellen ist der Bezug zu irdischen Heeren (1Sam 17,45), an anderen zu himmlischen Heeren oder Mächten (Jes 45,12–13; Ps 89,7–9) zu erkennen. Insgesamt betont der Titel die besondere Macht Gottes und seine Fähigkeit, rettend oder auch strafend in die Geschichte einzugreifen (vgl. Ps 80,5.8.15.20).

Zion: Der Begriff Zion bezieht sich entweder auf den Berg, auf dem Jerusalem erbaut ist, oder er meint die Stadt selbst. Während er an vielen Stellen lediglich eine poetische Variation zum Städtenamen Jerusalem darstellt, wird er an anderen Stellen als theologischer Schlüsselbegriff für die Heiligkeit und Uneinnehmbarkeit der Stadt und des Tempelbergs benutzt (»Zionstheologie«*). Die personifizierende Redeweise von der »Tochter Zion« lässt sich von diesem Gebrauch abheben. In entsprechenden Texten, die sich besonders in der prophetischen Literatur finden, wird die Stadt Jerusalem als Frau dargestellt. Sie tritt als Klagende und Verlassene auf oder wird beklagt (Klgl 1–2); sie wird als Ehebrecherin und Hure angeklagt (Hes 16); sie erscheint als Braut JHWHs und Heilsbringerin für ihr Volk (Jes 54; 60–62).

Zionstheologie: Als Zionstheologie bezeichnet die Forschung theologische Strömungen,

wonach Zion*, Jerusalem und der Tempel-
berg* JHWHs besonderen Schutz genießen.
Damit sind verschiedene Motive verbunden,
etwa, dass der Zion* von Gott selbst gegründet
wurde (Jes 14,32), dass Gott dort wohne
(Jes 8,16–18; Ps 9,12; 135,21) und als König
regiere (Ps 14,7; 50,2–6; 128,4). Vom Zion*
sendet Gott Hilfe und Segen (Ps 53,7; 128,5;
134,3), Jerusalem ist seine heilige Stadt (Ps 46;
48). Mit der Eroberung des Tempelbergs durch
die Babylonier* 587 v. Chr. gerieten viele zions-
theologische Vorstellungen in die Krise und es
setzte eine Eschatologisierung* bestimmter
Traditionen ein. So erwartete man nun am
Zion* Gottes zukünftiges Weltgericht (Jes
2,2–5; Mi 4,1–4; Sach 9,14) und Jerusalem
gewann heilsgeschichtliche Bedeutung (Jes 62).

Zwölfprophetenbuch: Das Zwölfpropheten-
buch umfasst die Schriften der sogenannten
»Kleinen Propheten« Hosea, Joel, Amos,
Obadja, Jona, Micha, Nahum, Habakuk,
Zefanja, Haggai, Sacharja und Maleachi.
Die Zusammenstellung der zwölf Einzel-
schriften ist das Ergebnis eines redak-
tionellen* Prozesses zwischen 600 und
200 v. Chr. Zum Kern gehörten die Bücher
Hosea und Amos, zum Schluss kamen
Jona und Maleachi dazu. Ältester Beleg
für die Existenz eines Zwölfpropheten-
buches ist ein Hinweis im apokryphen*
Buch Jesus Sirach 49,10 um 175 v. Chr.

Zwölf Stämme: Das Zwölf-Stämme-System ist
eine Rückprojektion des Gesellschaftsideals
exilischer* und nachexilischer Autoren in die
vorstaatliche Zeit Israels (Num 1–2; 10,11–28;
26; Dtn 33,6–24; Jos 13–19; Ri 20–21). Hier
wird die Frühgeschichte zum Ideal einer sich
selbst regulierenden Stammesgesellschaft stilisiert, deren Zusammenhalt nicht durch politische Herrschaft bestimmt wird, sondern durch
solidarische Verwandtschaftsstrukturen. In
genealogischer* Weise wird mit den zwölf Stämmen eine einheitliche Abstammung des »Volkes
Israel« von den zwölf Söhnen Jakobs konstru-
iert mit dem Ziel, die Erwählung und Segnung
der Erzeltern und die damit verbundene Land-
zuteilung als gültig für alle Nachkommen dieser
»Stämme« zu erweisen. Die zwölf Stämme sind
danach: Ruben, Simeon, Levi, Juda, Sebulon,
Issachar, Dan, Gad, Ascher, Naftali, Josef und
Benjamin. Die Zwölfzahl ist dabei eine symbolische: Nach Num 26 bekommen alle Stämme
ihr Land zugewiesen außer den Nachkommen
Levis, die als Priestergeschlecht ausgesondert
werden. Vermutlich um die Zwölfzahl des Landbesitzes zu erhalten, wird in der weiteren literarischen Überlieferung der Stamm Josef in
die Stämme Manasse und Ephraim aufgeteilt.

Sach- und Personenregister

Aaron   14, 92, 97, 101, 103, 107
Abel   13, 30, 37–39
Abraham   13–14, 18, 23, **49,** 67, 86, 97, 245
Ägypten   13, 18, 43, 80, 82, 85, 87, 94, 99, 120, 139, 170, 180, 191, 217
Ahab   155, 157
Antiochus IV.   221
Aschera   21, 157

Baal   20, 105, 124, 156–158, 161
Babylonisches Exil   15–22, 31, 41, 51, 59, 68, 76, 83, 93, 106, 122, 137, 163, 175, 179–182, 194, 203
Batseba   137, 143
Behemot   246
Benjamin   85–87, 186
Berufung   102, 166, 185, 190, 205
Bethel   24, 65, 74, 108, 117, 201
Bethlehem   129, 140, 226
Bilha   69, 77
Boas   229–231
Bund   18, 23, 46, 51–53, 93, 103, 105–108, 111, 196
Bundesbuch   103, 108
Bundeslade   134, 146, 258

David   14, 23, **126,** 143–145, 177, 182, 203, 226, 232, 263
Deboralied   124
Dekalog   → Zehn Gebote
Deportation   15, 187
Deuterojesaja   179–182
Deuteronomium   24, 108, 192–193, 227, 230
Deuteronomistisches Geschichtswerk   23–26, 109, 119, 122, 137, 145, 157, 163, 180

Deuteronomistische Redaktion   24, 109, 192–194
Dornbusch   102, 105, 111

Edom   62, 65, 124, 141, 204
Ehe   34, 54, 59, 80, 83, 137, 149, 157, 229–231
El   21, 24, 72, 108, 121, 217
Elia   43, **152**
Elisa   154, 160
Engel   66, 96, 155, 171, 216, 220, 238
Ephraim   75, 87–89, 117
Erstgeburt   63, 71
Esau   62–65, 73, 78
Esra   15, 230
Eva   16, **30**
Exilszeit   → Babylonisches Exil
Exodus   14, 43, 90, 94, 99, 105, 107, 113, 159, 180, 230

Frauenleben   33–35, 37, 49, 54, 59, 70, 81, 116, 134–136, 148, 150, 227, 229
Fremdlingschaft   50, 87, 227
Fürbitte   111, 192, 202

Garten Eden   30, 32, 37
Gebet   147, 171, 190, 208, 216, 258, 261
Gelobtes Land   14, 18, 50, 108
Gericht   150, 163, 168, 176, 186, 200–202, 219, 246
Goldenes Kalb   14, 24, 107
Goliat   126, 130, 141
Gotteserscheinung   → Theophanie
Gottesknecht   181
Gottesname   → JHWH
Gotteswort   13, 31, 49, 104, 134, 172, 185, 192, 237

Hagar   54–55, 59
Hanna   125, **257**

Heiden, heidnisch   65, 95, 106, 161, 178, 180, 210, 215
Heiliger Krieg   124
Henoch   40, 154, 212
Hesekiel   57, 200, 212, 221
Himmelfahrt   162
Hiskia   95, 109, 165, 170–172, 263
Horeb   43, 96, 102, 158–160
Hosea   25, 67, 158, 201
Hungersnot   53, 84, 94, 157, 226, 261

Isaak   13, 54, 57, 62, 64, 74, 158
Isebel   155–157, 161
Ismael   55, 60
Israel
- Entstehung   14, 21, 59, 90, 93, 120
- Jakob als Israel   62, 67, 71
- Staat   16, 127–129, 133, 138, 145, 167, 172, 255–256
- Volk   16, 53, 75, 93, 103, 120–121, 180, 199

Jabbok   67, 71–73
JHWH   18–20, 93, 95, 97, 106–108, 121
Jordan   14, 101, 162
Josef   63, 70, **77,** 203, 216
Josia   23, 83, 105, 109, 175, 193
Josua   14, 101, 109

Kain   30, 38–39
Kanaan   47, 50, 87, 101, 118–120
Karmel   157–158
Klage
- Prophetische Klage   159, 187–190
- Stadtklage   174–175, 188–190, 198
- Totenklage   133, 196–197

Konfessionen (Jeremias) 189–
192, 253
Kult 15, 17, 23, 66, 74, 95,
103, 107, 140, 155, 161, 173,
193, 222, 258
Kultzentralisation 25, 109,
112

Laban 66–71
Lea 68–73
Leid → Konfessionen Jeremias;
→ Theodizee
Leviatan 246–247

Manasse 75, 88
Manna 101–102
Menschensohn 219–220
Menetekel 217
Messias 27, 126, 135, 219–
220
Micha ben Jimla 155
Michal 131, 134–135
Mirjam 95, 100, 116, 123
Monolatrie 124, 181
Monotheismus 19, 111–112,
124, 180–181
Mose 18, 23–25, 90, **96**, 121,
147, 154, 159, 163, 194, 196
- Abschiedsrede 108–109,
111

Nasiräer 259
Nathan 24, 134–137, 143–
144, 146, 148, 155
Nebenfrau 54–55, 77, 135,
145
Nebukadnezar 186, 191–192,
213–218
Nehemia 15, 230
Ninive 171, 186, 205–210
Noah 14, 23, **40**, 212, 235
Noomi 226–231

Omri 156, 160
Opfer 17, 38, 42, 45, 52, 99,
106, 128–129, 147, 158,
181, 202
Opferung Isaaks 58–59

Paradies 16, 30–37, 45, 48,
203
Passa 89–100

Paulus 27, 39
Pharao 13, 54, 79–84, 87,
94–100
Plagen (in Ägypten) 98–99
Priesterschrift 22–23, 31, 43,
68, 76, 90, 103
Perser 15, 18, 90, 176, 180,
217–218
Prediger 16, 151, 234, **250**
Prophet 15, 25–26, 97, 100,
105, 111, 116, 127, 143–144,
155–158, 167–168, 186,
190, 205
- Hofprophet 25, 136, 155,
168
- Gerichtsprophet 163, 186,
200, 204–205
- Prophetin 100, 117–118,
201
Prophetenbuch 25, 162, 176,
189, 191–192, 201
Prophetenjünger 162, 166
Psalter 208, 255, 263–264

Rahel 68–74
Rebekka 59, 62–70
Regenbogen 44–45, 48
Rehabeam 14, 147–148
Reichsteilung 14–15, 147–148
Richterschema 119–120
Richterzeit 116–117, 122,
127, 133

Sabbat 102, 164, 183, 222
Salomo 23, 136–137, **143**,
250–251
Samaria 20, 22, 156, 169,
174, 198
Samuel 25, 127–129, 134,
257–263
Sanherib 171
Sara **49**, 257
Satan 235–238, 243
Saul 127–134, 139, 141, 161,
185, 257, 262
Schilfmeer 99–101
Schma Jisrael 21
Schöpfung 19, 22–23, 30–32,
39, 45–46, 53, 183, 210,
219–220, 244–247, 261
Segen 49–50, 53, 59, 61–65,
70–71, 73–76, 88–89

Seïr 20, 73, 121, 124
Silo 127, 134, 258–259
Sinai 14, 20, 24, 102–108,
121, 134, 196
Sintflut 41–46
Sklaverei 13, 80, 82, 94–96,
121, 245
Speisegebote 213
Stämme Israels 14, 23, 70, 75,
88–90, 119, 121, 127, 133,
138, 147–148
Stierbild 24, 66, 108

Tempel von Jerusalem 14, 15,
17, 23, 26, 66, 75, 93, 100,
103, 106, 146–147, 157,
167, 183, 187, 213, 222,
258, 263
- Tempelrede des Jeremia
192–193
Tempelkult 75, 173, 193, 263
Theodizee 237–238
Theophanie 102–103, 159,
219, 244–245
Tiglat-Pileser III. 169–170
Tochter Zion 140, 175, 182,
188
Traum 54, 65–66, 78, 81–82,
214
Tritojesaja 179

Unfruchtbarkeit 50, 62, 69,
257, 260

Wachteln 101–102
Weisheit 16, 80, 144–146,
149–151, 215, 234, 237, 240,
251–252, 255–256
Wettergott 20–21, 97, 121,
124
Witwe 156, 175, 226–229
Wüstenwanderung 95, 101–
102, 230

Zeichenhandlung 170, 189–
190, 192
Zehn Gebote 14, 101–106,
109
Zion / Zionstheologie 17–18,
103, 140, 172–175, 178, 182
Zwölfprophetenbuch 200,
203, 208

Bibelstellenregister

Gen 1   31
Gen 1,1   13
Gen 1,31   31–32
Gen 2–3   31
Gen 2,4a   32
Gen 2,7   32
Gen 2,9   35
Gen 2,18–24   33
Gen 2,23–24   33
Gen 3,1–7   34–35
Gen 3,14–24   37
Gen 3,14   34
Gen 3,19   32
Gen 4,1–16   38–39
Gen 4,2   37
Gen 5,1–32   40
Gen 6,5–22   42–43
Gen 6,5–8   41
Gen 7,21–23   44
Gen 8,1–22   44–45
Gen 8,21–22   45
Gen 9,1–17   45–46
Gen 9,18–29   46–47
Gen 11,27–33   49
Gen 12,1–9   49–50
Gen 12,10–20   53–54
Gen 15   51–53
Gen 16,1–6   54–55
Gen 17   51–53
Gen 18,1–15   55–56
Gen 18,16–33   56–57
Gen 19,30–38   230
Gen 20,1–18   54
Gen 21–22   57–59
Gen 21,9–21   55
Gen 22   58–59
Gen 23–25   59–60
Gen 25,23   62
Gen 25,24–28   62–63
Gen 25,31–34   63
Gen 27,1–40   64–65
Gen 28,10–22   65–67
Gen 29,1–30   68

Gen 29,31–30,24   69–70
Gen 30,1–2   69
Gen 30,22–24   69
Gen 30,24   70
Gen 30,25–31,54   70–71
Gen 32,23–33   71–72
Gen 33   73
Gen 35   75
Gen 37,1–4   77–78
Gen 37,5–11   78–79
Gen 37,6–7   78
Gen 37,10–11   78
Gen 37,12–36   79–80
Gen 37,35   80
Gen 39   80–81
Gen 39,2   80
Gen 39,21–41,40   81–82
Gen 41,37–57   82–83
Gen 42   84–85
Gen 43–44   85–86
Gen 45   86–87
Gen 45,28   87
Gen 46–48   87–89
Gen 49   88
Gen 49,29–50,26   90
Gen 50,19–20   79, 89

Ex 1   94
Ex 2   95–96
Ex 3,1–12   96–97
Ex 3,12   102
Ex 3,13–15   97–98
Ex 3,14   19
Ex 7–13   98–99
Ex 12,26–27   99
Ex 12–15   99–100
Ex 12–13   100
Ex 16   101–102
Ex 19,5   105
Ex 20,1–17   104–105
Ex 20,22–23,33   103
Ex 24,1–11   105–106
Ex 25–31   103

Ex 32   107–108
Ex 33,21–23   110
Ex 35–40   103

Lev 25,25–34   229

Num 11,7–9   102
Num 13,28–14,4   108–109
Num 14,26–27   108
Num 21,4–9   95

Dtn 4,32–35   110
Dtn 5,4–5   103
Dtn 6,4   21
Dtn 8,2–6   101
Dtn 12–26   109
Dtn 12,2–5   112
Dtn 16,1–8   100
Dtn 18,14   194
Dtn 18,15   111
Dtn 18,17–18   194
Dtn 18,20–22   192
Dtn 18,21–22   111
Dtn 21,15–17   63
Dtn 23,4–7   230
Dtn 24,19   227–228
Dtn 25,5–6   229
Dtn 26,5   20
Dtn 28   109
Dtn 34,1–4   109
Dtn 34,5–6   110
Dtn 34,10–12   111

Jos 1,7–8   109

Ri 2,11–19   119–120
Ri 4,4–5   117–118
Ri 4,6–10   118
Ri 4,11–24   118–119
Ri 5   122–123
Ri 5,4–5   20, 124
Ri 5,20–21   123
Ri 8,23   117

Rut 1,16-17   227
Rut 2-3   228
Rut 2,11   226
Rut 3,1-5   228
Rut 3,9   230
Rut 4   229-230
Rut 4,11-12   230
Rut 4,14-15   231
Rut 4,17   231

1Sam 1,1-8   257-258
1Sam 1,9-20   258-259
1Sam 1,11   259
1Sam 1,27-28   259-260
1Sam 2,1-10   260-261
1Sam 2,6   261
1Sam 2,10   262
1Sam 8,7   128
1Sam 8,10-17   127-128
1Sam 9-15   127-129
1Sam 13,13-14   128
1Sam 15,22   129
1Sam 15,35   129
1Sam 16-17   129-130
1Sam 18-20   130-132
1Sam 20,41-42   131-132
1Sam 24   132
1Sam 24,7   132
1Sam 26   132
1Sam 27,1-6   132
1Sam 31   132

2Sam 1   132
2Sam 1,23-27   133
2Sam 2   133-134
2Sam 2,1-4   133
2Sam 3,2-5   135
2Sam 5   133-134
2Sam 5,13   135
2Sam 6-8   134-135
2Sam 6   146
2Sam 7,8   134-135
2Sam 7,12-16   134-135
2Sam 7,13   146
2Sam 11,11   136
2Sam 12,1-7   136-137, 155
2Sam 21,19   130
2Sam 24,1-9   238

1Kön 1-2   143-144
1Kön 1   135-136
1Kön 2   144
1Kön 3,10-14   144

1Kön 3,26-28   150
1Kön 5-8   146-147
1Kön 8,22-53   147
1Kön 8,54-56   147
1Kön 10   145-146
1Kön 10,6-9   146
1Kön 11,4-6   149
1Kön 11,11-13   149
1Kön 11,41   151
1Kön 12   147-148
1Kön 12,26-33   66
1Kön 12,28-30   108
1Kön 16,29-33   156-157
1Kön 17,8-24   156
1Kön 18   157-158
1Kön 19   158-160
1Kön 19,4   155
1Kön 21   160-161
1Kön 22   155

2Kön 1   161
2Kön 2   162
2Kön 2,11   154
2Kön 14,25   205, 208
2Kön 17,15   106
2Kön 17,38-39   106
2Kön 18,4   95
2Kön 22-23   23, 105, 193

1Chr 21,1-17   238

Hiob 1,1-2,13   235-236
Hiob 1,1   233
Hiob 1,9   238
Hiob 1,21   243
Hiob 2,10   243
Hiob 4-7   239-240
Hiob 8-10   240-241
Hiob 11-14   241
Hiob 15-17   239-240
Hiob 18-19   240-241
Hiob 19,25-27   244
Hiob 20-21   241
Hiob 22-24   239-240
Hiob 22,21-23   240
Hiob 22,27   240
Hiob 22,29-30   240
Hiob 25-27   240-241
Hiob 31,35   242
Hiob 31,40   242
Hiob 32-37   242-243
Hiob 38-39   244-246
Hiob 40,4   245

Hiob 40,6-41,26   246-247
Hiob 42,1-6   247
Hiob 42,10-17   247-248

Ps 8,5-7   32
Ps 44-49   263
Ps 52,1-2   141
Ps 73,12-14   234
Ps 73-83   263
Ps 84-88   263
Ps 120-134   263

Spr 1,7   255
Spr 2,7   252
Spr 6,23-26   81

Pred 1,1   250
Pred 1,2   252
Pred 1,3   253
Pred 1,4-6   253
Pred 3,1-7   254
Pred 3,9   254
Pred 3,10-14   254-255
Pred 5,17-19   256
Pred 6,8   252
Pred 7,16-18   255
Pred 8,14   252
Pred 12,9-10   250

Hhld   3,7-11   151

Jes 1   174-175
Jes 1,1   165
Jes 1,7-8   174-175
Jes 1,21-23   175
Jes 2,2-4   178
Jes 4,2-3   176
Jes 5   174-175
Jes 6-8   168-169
Jes 6   166-168
Jes 7,3   177
Jes 7,9   169
Jes 7,10-14   177
Jes 7,14   184
Jes 8,1   169
Jes 8,3-4   169
Jes 8,16   166
Jes 9,1-6   178
Jes 10,12-13   176
Jes 11   178
Jes 11,6-8   48
Jes 12,6   172
Jes 17,12-14   173

Jes 20,1-4   170
Jes 22,4   170
Jes 22,13   170
Jes 32,1-3   176
Jes 36-39   170-172
Jes 37,36-37   171
Jes 38   263
Jes 39,5-8   172
Jes 40-55   179-181
Jes 41,10   179
Jes 45,22   180
Jes 45,4-5   180
Jes 51,1-2   60
Jes 52,11-12   182
Jes 52,13-53,12   181
Jes 54,9   47
Jes 61,1-2   183
Jes 65,17-19   168
Jes 65,22-25   183

Jer 1,4-10   185-186
Jer 1,13-16   188
Jer 4,23-26   187
Jer 5,14   186
Jer 5,26-28   188
Jer 6,22-23   188
Jer 7   193-194
Jer 7,9   105
Jer 8,19   188
Jer 12,1-3   253
Jer 15,17-18   190
Jer 15,20   190
Jer 16,1   189
Jer 16,5   189
Jer 18,3-6   189
Jer 18,12   189
Jer 19   189
Jer 20   189
Jer 20,7-8   190

Jer 20,10-11   190
Jer 23,5-6   140
Jer 23,28   192
Jer 26   194
Jer 27,14-15   187
Jer 28,13   192
Jer 29,7   196
Jer 30-33   195-196
Jer 31,31-34   196
Jer 32   189
Jer 36   195-196
Jer 36,32   195
Jer 37-44   191
Jer 42   191
Jer 51,59-64   189

Hes 14,14-15   212
Hes 14,19-20   235
Hes 18,20   57

Dan 1   213-214
Dan 2   214-216
Dan 3   216
Dan 5   217
Dan 6   218
Dan 7   219-220
Dan 10-12   220
Dan 12,1-3   221

Hos 4,2   105
Hos 6,4   89
Hos 8,7   158
Hos 12,4-7   67
Hos 12,5   72
Hos 12,13-14   67

Am 1,1   197
Am 1,2   198
Am 3-6   198-199

Am 3,2   200
Am 3,7   202
Am 3,8   198
Am 5,11-12   199
Am 5,14-15   203
Am 5,16-17   199
Am 5,21-24   202
Am 7-8   202-203
Am 7,10-17   201
Am 7,14   197
Am 8,2   203
Am 8,7-10   200
Am 9,11-15   203-204

Jona 1,1-16   206-207
Jona 2   207-208
Jona 3-4   209-210
Jona 3,1-2   208
Jona 4,2   206
Jona 4,10-11   210

Mi 5,1   140
Mi 5,3-4   140

Sach 3,1   238
Sach 9,9-10   140

Mal 3,1   164
Mal 3,23-24   164

1Makk 1,54   222
1Makk 1,57   222

Sir 25,24   34
Sir 47,2-11   141
Sir 48,1-3   163
Sir 49,12   200

Literatur

Albertz, Rainer, Elia. Ein feuriger Kämpfer für Gott, BG 13, Leipzig ⁴2015.

Barthel, Jörg, Prophetenwort und Geschichte. Die Jesajaüberlieferung in Jes 6–8 und 28–31, Tübingen 1997.

Bauks, Michaela, Theologie des Alten Testaments, Göttingen 2019.

Bauks, Michaela/Koenen, Klaus/Pietsch, Michael (Hg.), Das wissenschaftliche Bibellexikon im Internet (Alttestamentlicher Teil), www.wibilex.de.

Berges, Ulrich, Jesaja. Der Prophet und das Buch, BG 22, Leipzig ³2018.

Dietrich, Walter, David. Der Herrscher mit der Harfe, BG 14, Leipzig ²2016.

Dietrich, Walter/Mathys, Hans-Peter/Römer, Thomas/Smend, Rudolf, Die Entstehung des Alten Testamentes, Stuttgart 2014.

Dohmen, Christoph, Die Bibel und ihre Auslegung, München ³2006.

Dohmen, Christoph, Mose. Der Mann, der zum Buch wurde, BG 24, Leipzig ³2018.

Finkelstein, Israel/Silberman, Neil A., David und Salomo. Archäologen entschlüsseln einen Mythos, München 2006.

Fischer, Georg, Jeremia. Prophet über Völker und Königreiche, BG 29, Leipzig 2015.

Fischer, Irmtraud, Rut, HThKAT, Freiburg im Breisgau 2009.

Gertz, Jan Christoph (Hg.), Grundinformation Altes Testament. Eine Einführung in Literatur, Religion und Geschichte des Alten Testaments, Göttingen ⁶2019.

Groß, Walter, Richter, HThKAT, Freiburg im Breisgau 2009.

Hossfeld, Frank-Lothar/Zenger, Erich, Psalmen, 2 Bände, HThKAT, Freiburg im Breisgau ²2000.2008.

Jeremias, Jörg, Der Prophet Amos, ATD 24.2, Göttingen 1995.

Kaiser, Otto, Der Gott des Alten Testaments, 3 Bände, Göttingen 1993.1998.2003.

Kaiser, Otto, Jesaja 1–12, ATD 17, Göttingen 1981.

Kaiser, Otto, Jesaja 13–39, ATD 18, Göttingen 1983.

Kessler, Rainer, Samuel. Priester und Richter, Königsmacher und Prophet, BG 18, Leipzig 2007.

Klein, Renate A., Jakob. Wie Gott auf krummen Linien gerade schrieb, BG 17, Leipzig 2007.

Köckert, Matthias, Abraham. Ahnvater – Vorbild – Kultstifter, BG 31, Leipzig 2017.

Kratz, Reinhard Gregor, Prophetenstudien, FAT 74, Tübingen 2017.

Lux, Rüdiger, Hiob. Im Räderwerk des Bösen, BG 25, Leipzig ³2018.

Lux, Rüdiger, Josef. Der Auserwählte unter seinen Brüdern, BG 1, Leipzig ³2020.

Rendtorff, Rolf, Theologie des Alten Testaments, 2 Bände, Neukirchen-Vluyn 1999.2001.

Saur, Markus, Die theologische Bedeutung der alttestamentlichen Weisheitsliteratur, BThSt 125, Neukirchen 2012.

Seebass, Horst, Genesis. 1. Urgeschichte, Neukirchen-Vluyn 1996.

Steck, Odil Hannes, Gott in der Zeit entdecken. Die Prophetenbücher des Alten Testaments als Vorbild für Theologie und Kirche, BThSt 42, Neukirchen-Vluyn 2001.

Weber, Beat, Werkbuch Psalmen, 3 Bände, Stuttgart 2001.2003.2010.

Wischnowsky, Marc, Tochter Zion. Aufnahme und Überwindung der Stadtklage in den Prophetenschriften des Alten Testaments, WMANT 89, Neukirchen-Vluyn 2001.

Zenger, Erich u. a. (Hg.), Einleitung in das Alte Testament, Stuttgart ⁹2015.

Zimmermann, Mirjam/Zimmermann, Ruben (Hg.), Handbuch Bibeldidaktik, Göttingen ²2018.